U0870809

PUHUA BOOKS

我们一起解决问题

项目管理认证考试系列

PMP备考宝典

杨 述◎著

人民邮电出版社
北 京

图书在版编目（CIP）数据

PMP 备考宝典 / 杨述著. -- 北京 : 人民邮电出版社, 2021.5
ISBN 978-7-115-56513-6

Ⅰ. ①P… Ⅱ. ①杨… Ⅲ. ①项目管理－资格考试－自学参考资料 Ⅳ. ①F224.5

中国版本图书馆CIP数据核字(2021)第084925号

内容提要

随着科技的高速发展和各行业的转型升级，项目管理专业人才已经成为我国最迫切需要的人才之一。PMP 是目前含金量极高的项目管理专业人士资格认证，从事项目管理工作的人员对获得 PMP 资格认证的需求与日俱增，国内报考人数呈指数级增长。

本书作者围绕项目管理专业认证考试 PMP 新版考试大纲和 PMP 知识体系的发展趋势，并结合自己 20 年项目管理领域的研究、实践和教学经验，系统梳理了 PMP 考试的知识点，并将其还原到项目管理的真实场景中解读。除此之外，作者还对 PMP 考试中容易混淆的概念进行了总结，针对重点、难点、考点精心准备了 100 问及解答、每章测试题及解析。本书可以帮助 PMP 备考者在短时间内消化和吸收大量的项目管理专业知识，建立完整的项目管理思维体系，顺利通过认证考试并取得优异成绩。

本书是参加 PMP 考试人员的必备参考书，对项目管理人员的实践应用也极具参考价值。

◆ 著 杨 述
责任编辑 杨佳凝
责任印制 胡 南
◆人民邮电出版社出版发行 北京市丰台区成寿寺路 11 号
邮编 100164 电子邮件 315@ptpress.com.cn
网址 https://www.ptpress.com.cn
北京宝隆世纪印刷有限公司印刷
◆开本：787×1092 1/16
印张：22.25 2021 年 5 月第 1 版
字数：400 千字 2021 年 5 月北京第 1 次印刷

定 价：118.00 元

读者服务热线：（010）81055656 印装质量热线：（010）81055316
反盗版热线：（010）81055315

前言

翻开这一页，你就踏上了一段不平凡的人生路。

在这个数字时代，创新驱动、资源整合、价值交付是企业的关键能力，项目管理不仅是企业经营管理的核心，更是提升企业关键能力、实现企业转型升级的根本动力。各行各业对项目管理人才的需求爆发，项目管理已成为广大职场人士的必备职业技能。PMP 是项目管理专业人士资格认证，近年来国内报考人数呈指数级增长，许多知名企业把拥有 PMP 证书作为项目管理者上岗的重要条件。

在 20 年的项目管理教学中，我每年都会辅导大量备考 PMP 的学生，他们都很努力，绝大多数学生都通过了考试，并且成了项目管理忠实的实践者和传播者。然而，他们所经历的备考过程却异常艰辛，花了大把的时间却不得要领，成就感不多，挫败感不少。他们在备考及考试中通常遇到的问题如下。

1. 虽然考生将《PMBOK® 指南》(第 6 版）作为主要的备考资料，但是它独特的逻辑结构和写作方式让考生百思莫解，更不知道书中这些抽象的概念和理论该如何应用到现实中，以及为什么这么用。
2. 不同行业的项目管理差异显著，例如，互联网行业的敏捷场景和工程建设行业的经典场景从理念到方法都不一样。PMP 考题虽然覆盖了所有行业，但没有交代行业背景，初学者往往一头雾水。
3. 在项目管理知识体系中，容易混淆的概念特别多。很多考生往往在单看某一概念时似乎很明白，但在考试中，当这些相似的概念混合在一起出现时，就不知道该选哪个了。

4. 很多考生的思路和出题人不同，所以对知识的理解和应用脱节，导致其“一听课就懂，一做题就错”。

我在回顾自己解答学生们遇到的大量问题时，发现这些问题有非常明显的规律性，不能再看着一届一届的学生遭受同样的折磨，是时候认真总结一下 PMP 备考这件事了，于是就有了这本书。

只有知道项目管理知识在现实中怎么用，才能真正理解这些知识。本书的定位是尽可能把枯燥、抽象的理论还原到真实的项目场景中，我相信带你体验一次比给你讲一百次都管用。

很多学生期待能去知名企业工作，即使暂时没有机会，也非常有兴趣了解知名企业的项目是怎么管理的。事实上，了解这些知名企业的项目管理模式不仅对通过 PMP 考试有帮助，而且对自己的工作也非常有启发，因为正是这些知名企业在实践中创造并持续改进着 PMP 考试中的知识体系。本书用大量生动的企业案例帮助你准确理解 PMP 高频考点，高效掌握项目管理的知识脉络，了解知名企业的管理模式，并且提升进入这些知名企业的机会。

在统计并分析了大量的学生模考成绩后，我发现提高 PMP 考试分数的关键在于把握易混淆概念中细微差别的能力。例如，考试中出现的审计和审查、治理和管理、完工预算和项目预算、启动会和开工会、资源平衡和资源平滑等是很多学生不容易分清的概念。为了方便考生对比和分析，本书专门整理出 PMP 考试中易混淆的知识点，包括 15 个会议、2 个日历、3 个日志、3 个登记册、4 个分解结构、4 个评估、5 个清单、5 个报告、5 个审计、6 个矩阵以及 40 个分析，这些都是高频考点，相信对你会有帮助。

学生问的问题其实暴露了他们学习中的薄弱环节。例如，项目成果已交付验收，还能不能变更？计划和基准是什么关系？把干不完的工作分包出去，是风险减轻，还是风险转移？每届学生都问过这些问题，说明是共性的问题。本书专门用一章汇总和解答了多年来备考学生问得最多的 100 个问题。

中西文化的差异是显著的，我们成长的经历、所处的环境、考虑问题的方式和处理问题的习惯都与出 PMP 考题的人不同，这也是中国考生遇到的障碍之一。只有了解出题人的思路，才能准确把握考点。在这本书中，我总结了 10 个成语，反映了项目管理的价值观和方法论。这 10 个成语帮助过很多学生，相信对你也会有价值。

我常常看到学生们在备考过程中被一些质量不过关的题折腾得苦不堪言。这些题要么词不达意，要么逻辑混乱，甚至答案错误，不但对备考没有帮助，还浪费了学生宝贵的时间，更让学生对知识的理解产生错乱，可谓害人不浅。本书在前两篇的每一章都为考生精心准备了 PMP 测试题及解析，每道题都很经典，代表着一组常考的知识点，考生可以用一道题解决一类考点。

PMP 考试可谓与时俱进，每次考试都在迭代更新，特别是新的考纲揭示了考核范围的重大调整。在总结历年 PMP 考试规律的基础上，经过对 PMP 考试发展趋势的研究，本书针对最新考纲的要求，增加了大量敏捷、领导力等全新的知识，并清晰地对比了敏捷场景和经典场景下项目管理的不同之处。

过去 20 多年，我一直沉浸在项目管理领域，向业界大师求教，与同行切磋，与企业管理者交流，参与企业项目管理实践，与超过 5 万名学生进行互动，聆听他们真实的故事。这本书凝聚了他们的智慧，让项目管理知识体系从抽象、陌生和冰冷变得立体、亲切和生动。

我把 PMP 考试中高频出现的 200 多个知识点还原到真实的项目场景中，我坚信只有真正理解才能每击必中。这本书融合了我的学生中很多学霸的备考心经。

本书充分应用了项目管理的思想，从需求调研、方案设计到样稿评审、阅读体验、内容取舍，甚至书名的选择都是很多学生充分参与的结果。他们有的已经通过考试，有的还正在备考。他们的体验最真实，给予的反馈意见非常宝贵。最佳的备考效果和最优的读者体验是我们共同的心愿，我在这里对他们的贡献表示衷心的感谢！

特别需要感谢人民邮电出版社负责本书的责任编辑杨佳凝，正是她专业、用心的编辑工作才让本书的文字表述更加准确和规范，也正是因为她和她的团队夜以继日、不辞辛苦地付出，才让本书高效出版，带着墨香与你见面。

需要特别提醒的是，尽管本书针对最新考纲进行了全知识点讲解，但并不能取代《PMBOK® 指南》（第 6 版）。本书在目录编排上特意与《PMBOK® 指南》（第 6 版）保持一致，方便考生对照查找。我建议考生将这两本书结合起来阅读，如此才能发挥出它们的价值。

我相信本书读者的目标不仅是通过 PMP 考试，而是成为项目管理专业人士！天道酬勤，备考中的每一份辛苦都是通向成功的阶梯。参加 PMP 考试，你收获的远不只是一纸证书，还有认知升级。学以致用、知行合一才是你的追求。项目管理思想将融入你的血液，改变你的工作方式，重塑你的生活理念，奠定你在风云变幻中淡定从容的人生格局。

人生没有白走的路，每一步都算数！将来的你，一定会感谢现在努力打拼的自己！

下面是我作的一首诗，送给谱写自己命运的你。

徵途

霜風雪雨志未消，
自將磨礪赴風潮。
初心不與歲月老，
知行致遠到碧霄。

柳述
在陪伴你奋斗的日子里

目录

第一篇 基础篇

第二篇 过程篇

第三篇 突破篇

第一篇

基础篇

第 1 章　引论

1.1　概述和目的

1.1.1　项目管理的前世今生

项目管理的起源和发展

自从有了人类活动，就有了项目。例如，原始人已经懂得不能单打独斗，要靠分工配合才更容易捕获猎物。

直至今天，人类需要和不同专业、不同优势以及拥有不同资源的人协作，才能共同实现目标。分工协作是开展项目管理的原生动力。

1910 年，美国机械工程师和管理学家亨利·甘特（Henry L. Gantt）发明了横道图，如图 1-1 所示。

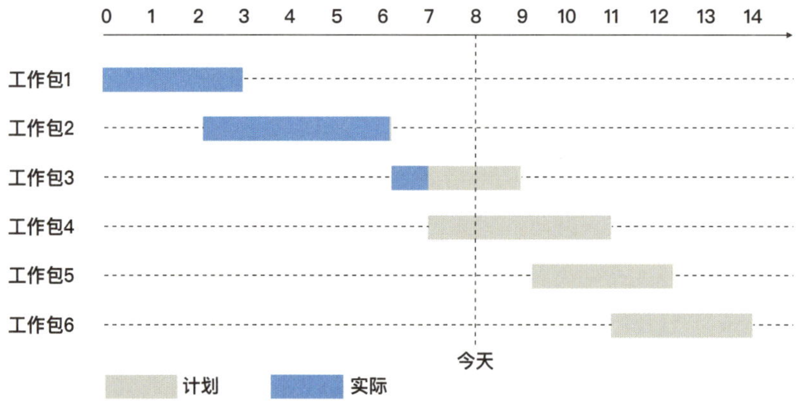

图 1-1　横道图

1956 年，美国杜邦公司和雷明顿·兰德公司发现，只要缩短最长路线上的活动历时，就能缩短整个项目工期。关键路径法（Critical Path Method）的出现是项目管理发展中的重要里程碑，如图 1-2 所示。

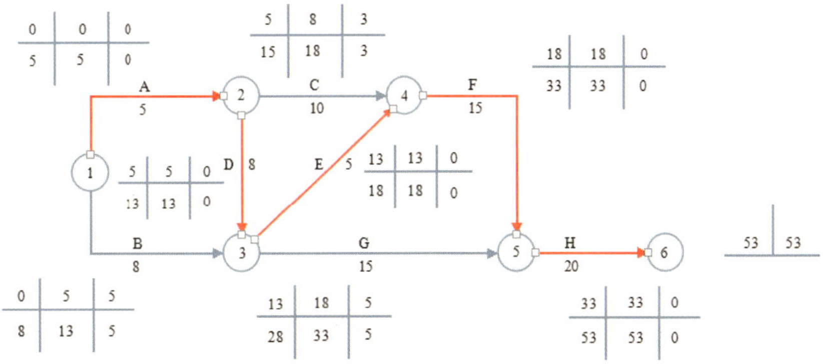

图 1-2 关键路径法

1958 年，美国海军在实施北极星导弹计划中发展出了计划评审技术（PERT），利用“三值加权”的方法进行工期估算，大幅提升了计划编制的效率，如图 1-3 所示。

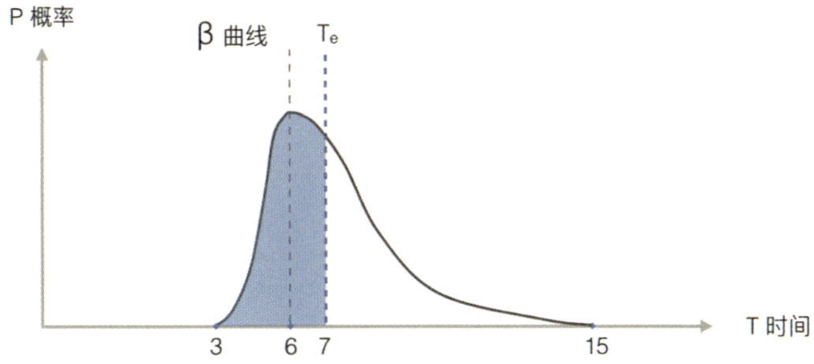

图 1-3 计划评审技术

1960 年，华罗庚教授将项目管理引入中国。当时的“项目管理”被称作统筹法和优选法。

1965 年，国际项目管理协会（IPMA）成立。

1969 年，美国项目管理协会（PMI）成立。

经典项目场景与敏捷项目场景

自 20 世纪 60 年代起，项目管理的思想日趋成熟，影响和改变着各个行业。不管是工程建设、航空航天、汽车、医药、电子，还是软件开发，项目管理迅速被认可和采用。这些行业不断产生新的项目管理实践，反哺和丰富着项目管理学科，使项目管理的知识体系根强苗壮、枝繁叶茂。

然而，实践是检验真理的唯一标准，实践中原本根深蒂固、逻辑自洽的项目管理知识体系（三大基准、五大过程组、十大知识领域等）不断受到挑战。

20 世纪 70 年代诞生了面向快速交付和应对变化的迭代开发和增量开发，80 年代出现了螺旋开发模型，90 年代产生了 Scrum 框架。直到 2001 年，《敏捷宣言》犹如一声惊雷，宣告敏捷项目管理方法诞生了，如图 1-4 所示。

敏捷宣言

我们正在揭示更好的软件开发方法，我们使用它并且帮助其他人使用
通过这些方法，我们意识到：

个体与交互 胜过 过程和工具

可用的软件 胜过 完备的文档

客户协作 胜过 合同谈判

响应变化 胜过 遵循计划

注：在每组对比中，右项并非全无价值，但我们更看重左项的价值

图 1-4 敏捷宣言

如图 1-5 所示，有别于经典项目场景，敏捷项目场景强调交互协作、尊重个体、面向价值、响应变化，这些理念迅速得到了项目管理者的关注，尤其在需求易变、需要快速响应的互联网软件行业中更加受到青睐。敏捷项目管理方法已然成为项目管理知识体系的重大分支，并自成体系。

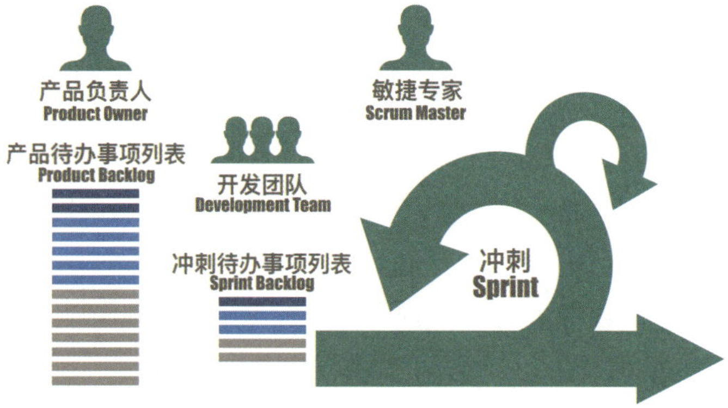

图 1-5 敏捷开发框架

以软件项目为例，在经典项目场景中，项目团队使用瀑布开发模型（Waterfall Development Model），强调计划严谨、文档详细、过程合规；而互联网产品开发具有需求易变的特征，需要用户持续参与和反馈，所以，项目团队多采用敏捷开发方法，该方法具有测试驱动开发、持续集成、持续交付等特点。

本书按照经典项目场景和敏捷项目场景来阐述不同的项目管理方法和工具，以便帮助读者建立清晰的知识脉络，不陷入混乱的逻辑中。

1.1.2 PMP 备考学习建议

知识体系与章节设计

本书共三篇。

第一篇（基础篇）对应的是《PMBOK® 指南》（第 6 版）前三章的内容（引论、项目运行环境、项目经理的角色），从宏观上讲述了项目管理的基本要素及项目管理的思想，带领读者融入项目管理的世界。

第二篇（过程篇）对应的是《PMBOK® 指南》（第 6 版）第 4 章至第 13 章的内容，即项目管理的十大知识领域，作者分别在每个知识领域中解读项目管理的过程、逻辑和知识点。而且，作者在前两篇的每一章末尾都设置了测试题及解析，帮助读者检验学习效果，巩固对知识点的掌握。

第三篇（突破篇）梳理了 PMP 考试中容易混淆的知识点，以及常出现的概念、方法、工具的规律，帮助读者从纷乱中理出头绪，实现认知升级。

项目管理的价值观与方法论

对于中国考生而言，PMP 考试有两关要过：第一关是认知升级，考生通过学习和梳理项目管理知识，提升自己对项目管理的认知；第二关是思维升级，由于中西方文化的差异、企业管理模式的差异，考生不能只依赖自己在项目中的实际经验，还要理解出题人的价值理念和思维方式，才能顺利通过考试。

考生靠死记硬背《PMBOK® 指南》（第 6 版）中的内容是没有多大价值的。大量刷题也不是一个好方法，因为题目来源五花八门，质量并不都可靠。考生与其在一些“脏题”①上纠结，不如把宝贵的时间用在理解出题人的价值理念和思维方式上。

有一些同学在 PMP 考试中取得了非常好的成绩，他们写的备考心得中往往提到我在课堂上讲过的 10 个成语，这 10 个成语代表了项目管理的价值观和方法论。考生如果在考试中遇到拿不定主意的考题，就可以试着跟随这 10 个成语的指引做出选择，提高答题的准确率。现在我把这 10 个成语分享给你，希望对你也有启发。

1. 未雨绸缪

项目管理强调计划的重要性和风险的事前管理。这个思想和我们的行为习惯并不一致。中国有句老话：车到山前必有路，船到桥头自然直。这种赌性十足的想法用在

① 脏题是指质量不过关的题，通常不止一个正确答案或完全没有正确答案，甚至题目本身不符合逻辑。

项目上就不靠谱了。

现实中的我们往往只把计划挂在嘴上，应付差事，不管是行动上还是思想上都缺乏对计划最基本的尊重，拿“计划赶不上变化，变化赶不上领导一句话”当借口，来掩盖自己在计划上的懒惰，项目常常是“脚踩西瓜皮，溜到哪里算哪里”。

项目管理中强调的风险管理也是同样的道理。风险管理的高手不是在风险发生时临危不乱，而是提前识别项目的各种风险，分析这些风险发生的概率和造成的影响，并且做出应对计划，如此才能真正地从容优雅。

2. 防微杜渐

项目管理五大过程组中的“监控过程组”监控的是项目实际执行的情况和计划是否一致，如果不一致，就意味着出现偏差。例如一个软件开发项目，团队按计划到今天应该完成 20 个功能点的开发，而实际只完成了 18 个，这就出现了进度偏差，团队就要想办法采取措施及时纠正，不能让偏差继续扩大。如果最后偏差大到失控，那就无法挽回了。

就像我们每年都应该体检一样，如果患有疾病，只要我们能尽早发现、尽早治疗，我们承受的痛苦和付出的代价就会最小。

3. 资源集成

项目管理中强调资源集成，意思是项目经理不应该把自己困在具体的技术或业务中。项目经理的主要任务是找到最合适的人去搞定这些事，这就是资源管理。如果在公司内部找不到，就去外面找，即通过外包的方式整合合适的资源，共同实现项目目标。

“项目越大，资源越不是你的，不为你所有，只为你所用！”擅长整合资源的项目经理会更优秀，擅长整合资源的企业往往能成为产业的龙头。

例题 1-1　项目经理启动一个具有复杂需求的大型项目，升级现有的企业资源规划（ERP）系统。然而，组织没有足够的技能和经验，项目经理应该怎么做？

A. 请人力资源部门招聘具备必要技能和经验的资源

B. 减少项目需求，这样就可以使用现有的组织资源

C. 分包给拥有必要技能和经验的供应商

D. 要求人力资源部门开展能力评估，并提供必要的 ERP 培训

正确选项是 C。俗话说，没有金刚钻，不揽瓷器活。项目管理的思想是让专业的人做专业的事。从全社会整合资源是项目管理的趋势。而选项 D，让自己的员工花大

量时间和精力去学会这些技能，往往来不及，而且这样的项目不常有，这是一种典型的资源浪费。

4. 恰到好处

恰到好处就是不多不少，刚刚好！项目范围管理强调“做什么，且只做什么”。也就是说，为了达到项目目标，团队要明确必须做的工作（即项目范围），而且只做这些工作。如果团队成员超出范围做了任何本来不用做或者可做可不做的事，必然消耗时间和资源，这才是导致项目延误、成本超支的罪魁祸首。

质量管理也一样，质量不合格不行，质量超出标准也不好，因为超出标准的质量意味着多花了时间或者多花了钱，而且没人认可。我们要重新审视自己的“价值观”，在项目管理的世界里不要追求完美。完美并不美，恰到好处才最美！

5. 循规蹈矩

《PMBOK® 指南》（第 6 版）里的五大过程组 /49 个过程，就为我们定义了一套做项目的规范动作。如果按这 49 个过程来开展项目，你就有章可循，有据可查。即便你认为这些过程十分教条和烦琐，想要放弃，也要认真想想这些可都是大量优秀企业的经验总结，按他们的套路来，不一定卓越，但至少不会太差。

6. 锲而不舍

虽然需求层出不穷，变更无休无止，风险变幻莫测，项目风雨飘摇，但是我们仍不能动摇那颗执着的心。没有哪个项目可以随随便便成功，我们需要有直面变化的勇气，坚持才能胜利。

7. 积微成著

与其总抱怨没有模板可以套，没有经验可以用，不如从我做起，从现在做起，把项目过程中的需求跟踪、变更日志、计划更新的点点滴滴记录下来。只有日积月累，才会有组织过程资产。聚沙成塔、集腋成裘，伟大的公司都是在不起眼的细节上“傻傻”地坚持！

例题 1-2　项目经理正在负责一个紧急的项目，尽管时间有限，但他决定从这个项目中收集经验教训。项目经理应该如何收集经验教训？

A. 在项目完成后整理经验教训

B. 请公司知识管理部门派专人记录经验教训

C. 如果时间允许，召开经验教训总结会

D. 从项目启动开始，持续记录经验教训

正确选项只能是 D。我们在记录经验教训时，需注意三点：一是不能靠别人（项目团队之外的人），二是不能拖到项目结束，三是不能依赖所谓的总结会，而是应该持续并随时随地记录，贯穿项目始终。

8. 公开透明

企业要创造公开透明的氛围，鼓励每个团队成员主动沟通、积极参与，因为项目的成功离不开所有参与者的努力。除了涉密信息，尽量让项目信息高效发布、充分共享。

9. 同舟共济

项目是一条船，从此岸驶向彼岸。相关方都是同一条船上的人，一荣俱荣，一损俱损。我们做项目必须有诚信、共赢的思想，目标是让各方都满意！

例题 1-3　一家供应商报了一个低得让人不可思议的报价。作为项目经理，你该怎么办？

A. 让这家供应商签署一份保证函，保证按这个价格供货

B. 把这家供应商的名称报给公司的采购部，以后还可以从这家供应商采购

C. 把这件事记录到风险登记册中

D. 请这家供应商重新评估需求，重新报价

正确的选项只能是 D。供应商的报价低得让人不可思议，通常的原因是供应商对你的需求理解得不准确或不完整。这时，你不要沾沾自喜，以为占到便宜。如果半路更换供应商，会对项目造成难以承受的冲击，影响工期、成本、质量，这些坑都得你自己填。你要记住：不要占任何人的便宜，出来混迟早是要还的，大家好才是真的好！

10. 各司其职

例题 1-4　项目发起人从你的团队中抽调两名成员去做他认为更重要的工作。你是项目经理，你该怎么办？

A. 接受这个现实

B. 寻求高级管理层的支持

C. 向变更控制委员会（CCB）发起一项变更请求

D. 通知那两名成员马上回来

你可能不敢轻易选 D，然而正确答案就是 D。项目章程规定，团队的分工由项目经理负责，这是白纸黑字对项目经理的授权。就算他是发起人，也不能越级指挥你的

团队成员干他认为重要的工作，这是原则。如果这份工作真的更重要，那么发起人需要提出变更，走变更控制程序。如果变更被批准，则由项目经理来调整计划，分配资源。

在实际工作中，你可能会选 A，面对甲方，选择认怂。这说明，通过 PMP 考试的要义既不是背书，也不是刷题，而是去适应和理解《PMBOK® 指南》（第 6 版）作者和出题人的价值理念和方法论。

PMP 考试中的角色与出场频率

在 PMP 考试中，各种角色及其出场频率如图 1-6 所示。

1. 高级管理层

企业里的高层领导特指项目经理的直接或间接领导，如项目总监、事业部总经理、CEO 等。高级管理层出现次数不多，他们掌握着项目的管理储备。当项目遭遇未知风险时，由高级管理层决策是否动用管理储备来应对。

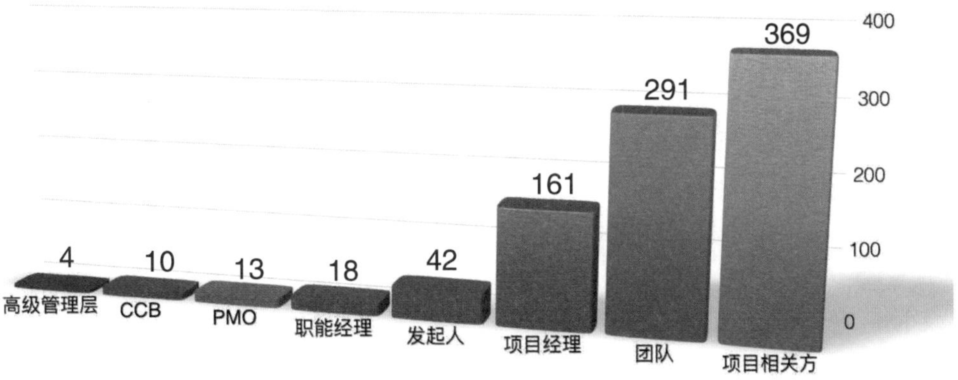

图 1-6 PMP 考试中的角色与出场频率

2. 变更控制委员会（CCB）

CCB 是由项目经理、客户、专家、项目发起人等主要项目相关方或其代表组成的一个常设但非固定的正式团体。其中，“常设”是指 CCB 存在于项目全过程；“非固定”是指为了维护其公正性，它的人员组成是可以调换的；“正式”是指 CCB 对变更批准的权威性。CCB 的作用是批准或拒绝影响基准的变更请求。

3. 项目管理办公室（PMO）

PMO 是指对与项目相关的治理过程进行标准化，并促进资源、方法论、工具和技术实现共享的部门。

4. 职能经理（Functional Managers）

职能经理是指为项目提供资源（如专业人才）和支持的职能部门负责人。

5. 发起人（Sponsor）

我们可以将发起人理解为出钱让你做项目的人。例如，我们为客户做项目，客户就是发起人；公司内部搞产品研发或管理变革项目，老板就是发起人。项目管理规范的组织为了保障项目可以顺利实施，往往专门指定一位或几位公司高管作为项目发起人，代表组织为项目提供资源、排除障碍并保障项目成功。项目章程由发起人签署发布，如果章程中的项目目标定义有误，责任就在发起人，只有发起人有权修改章程；如果项目失败，损失主要也由发起人承担。

6. 项目经理（Project Manager）

项目经理是指负责整合资源、制订计划并带领团队实现项目目标的人。

7. 团队（Team）

这里的团队是指项目团队。团队为什么出镜率这么高，原因有两个：第一，项目成功是团队齐心协力共同努力的结果；第二，团队成员必须充分参与项目管理的大量具体的工作，包括计划的编制、变更的评估、偏差的监控等。

8. 项目相关方（Stakeholders）

项目相关方是指所有参与项目的各方和受项目影响的各方。虽然众口难调，但项目的重要目标之一就是让相关方满意。

PMP 考试题型

从考核方式上，PMP 考试包含单选题（约占 80%）、多选题（约占 12%）、匹配题（约占 7%）、填空题（约占 1%）。除了中国大陆地区，PMP 考试均已采取上机考试的形式，中国大陆地区暂时仍然采取笔试的形式，题型暂时也只包含单选题和多选题。多选题会给出正确选项的数量，比如，一共有 5 个备选项，在题干中会告诉你从中选择 3 个。

从考核内容上，可分为概念题、情景题和计算题三大类，情景题占所有试题的 95% 左右。

1. 概念题

概念题考查的是考生对知识点的理解，包含 ITTO（输入 / 工具与技术 / 输出）题型。

例题 1-5　一个项目涉及遍布全球各地的团队成员，产生了许多不同的意见。项目经理通过成功协助团队协作和解决问题，提高了生产力。项目经理使用的是什么工具或技术？

A. 冲突管理

B. 沟通模型

C. 整体决策技术

D. 虚拟团队

答案：A。参见《PMBOK® 指南》（第 6 版）9.4.2.4 冲突管理。

2. 情景题

情景题需要考生根据情境，做出正确的选择。这部分考题占比最大，大于 80%。

例题 1-6　在一次工程设计会议上，项目发起人提出了一个重大范围变更，让项目经理很震惊。此时，项目经理首先应该怎么做？

A. 将变更记录到经验教训登记册

B. 调整项目管理计划和基准

C. 寻找应对该项变更的资源

D. 实施整体变更控制程序

答案：D。参见《PMBOK® 指南》（第 6 版）4.6 实施整体变更控制。

3. 计算题

计算题主要包含 12 种题型（题量不大，不应丢分）。

例题 1-7　如图 1-7 所示，在对该项目活动进行排序时，项目团队定义活动 A 的持续时间为 3 周，是首先开始的活动。活动 B 的持续时间为 2 周，将在活动 A 完成后开始。活动 C 的持续时间为 4 周。活动 D 的持续时间为 4 周，将在活动 B 完成后开始。活动 E 的持续时间为 5 周，将在活动 C 完成后开始。活动 F 的持续时间为 3 周，与活动 E 存在“开始到开始”（Start-Start，SS）的依赖关系，并具有 3 周的滞后时间。该项目最短持续时间是几周？

A. 8 周

B. 9 周

C. 10 周

D. 12 周

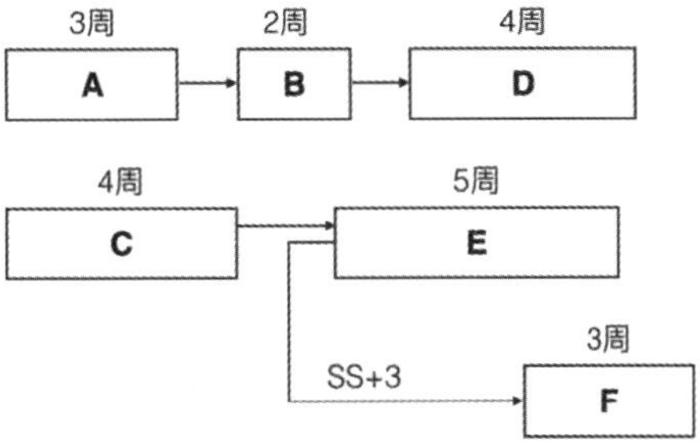

图 1-7　关键路径例题

答案：C。参见《PMBOK® 指南》（第 6 版）6.5.2.2 关键路径法。根据题干描述，该项目存在三条路径：A—B—D、C—E、C—F，其中 C—F 最长。项目可能持续的最短时间 = C 的历时（4 周）+ E 到 F 的滞后量（3 周）+ F 的历时（3 周），共 10 周。

学习方法与建议

1. 关于看书

本书是 PMP 备考的辅导用书，不能替代《PMBOK® 指南》（第 6 版）。《PMBOK® 指南》（第 6 版）是 PMP 备考最主要的阅读资料，涵盖考题中 70% 以上的知识点。

但《PMBOK® 指南》（第 6 版）这本书对读者并不友好，几乎没有举例，更没有故事，读者很难把这些干巴巴的概念还原到真实场景中。而且，这些概念是按照非常独特的逻辑组织在一起的。例如，管理维度（五大过程组）、知识维度（十大知识领域）、时间维度（项目生命周期）同时存在，构成一个立体的知识框架，但这并不符合我们的阅读习惯。

本书的作用就是帮助读者掌握《PMBOK® 指南》（第 6 版）中不容易理解的内容，并把枯燥晦涩的理论还原到项目管理的真实场景中。本书还整理和归纳了 PMP 考试中的难点、高频考点和易混淆的知识点。因此，读者应该将本书与《PMBOK® 指南》（第 6 版）一起配合阅读。

2. 关于做题

PMP 考试后，官方从不公开考题，因此，市面上的所谓“真题”充其量算“高仿”，甚至还有大量滥竽充数的劣质题，浪费了考生宝贵的时间，还制造了很多困扰，我把这些劣质题叫“脏题”。

考生并不是做题做得越多越好，要少碰来路不明的题，因为这里难免夹杂着很多过时、错误、胡编滥造的“脏题”。只要题的质量可靠，做够五套题的量就能满足训练要求。

当然，这些优质题目必须精耕细作，即你要返回书中找到并记录每个答案的依据，而不是蒙对答案就万事大吉。

除了模考，你没必要一口气做完一套题。你应该将其拆分开，20 道题一组，做完一组，就要翻书找依据、查资料、和同学讨论、向老师请教。总之，要彻底搞清楚出题人的思路、考点、正确选项的出处，排除迷惑选项的理由，用一道题解决一类知识点。

3. 关于听课

选择一家靠谱的机构很重要，规范而科学的备考流程可以让你少走不少弯路。如果说选对机构是智慧，那么选对讲师就得算幸运了。一位优秀的讲师能带给你的不只是逻辑清晰、重点突出、通俗易懂的项目管理知识，还能帮你把这些知识还原到真实的工作场景中，快速内化为你自己的能力。优秀的讲师还能带你领略知名企业项目管理实践、精彩纷呈的经典案例，为你构建宏大而立体的项目管理知识地图，让你体会严谨而美妙的项目管理智慧，让你从此爱上项目管理。

你最好能在课前预习，带着问题去听，这样效果翻番；听完课应及时看书回顾，这样碎片化的知识就有了逻辑和秩序；再做几组题检验一下自己吸收的效果，查缺补漏。这么做，可以让你事半功倍。

4. 关于计划

备考 PMP 对你而言就是一次实现认知升级的项目，计划十分关键。如果你离考试还有两个月，那么每天两个小时的学习时间是必要的。而且，持续而稳定的学习节奏是最理想的。如果你只是利用周末恶补，那么效果一定不会太好。

如果你把看完一遍书、听完一堂课，以及参加每次模拟考试作为里程碑，进行分阶段控制，那么就会更容易实现目标。

再完美的计划也需要强有力的执行，加班、出差、生病等各种“风险”都会打乱你的节奏。趁着离计划偏差不大，你要尽力去弥补，回到计划的轨道上来。

5. 关于考试

在考试过程中，你要把握“三个不相信”和“三个相信”原则。

三个不相信

（1）不相信翻译

PMP 考题的中文翻译常常词不达意，当你产生怀疑时不要犹豫，看看上面的英文原文，你会立刻感到柳暗花明。

（2）不相信经验

东西方在语言文字、文化、习惯、工作方式上都存在较大差异，所以你的工作经验很可能与出题人有很多不同，你要入乡随俗，按他们的套路出牌。

（3）不相信绝对

选项中如果有“从不”“必须”“所有”“完全”这种不留任何余地的词，那么你就要小心了。“有时”“应该”“可能”“主要”这些谦和、客观的词更有可能是对的。

三个相信

（1）相信简单

PMP 考题不是悬疑剧，切忌演绎。当你有“万一出现 ××× 情况”“出题的人有几层意思”这种怀疑时，要及时打住。没有那么多“如果”“万一”，出题的人只有一层意思！不要自己臆想出附加的条件和额外的信息。你要相信出题的人很单纯，虽然题干中的信息不一定都有用（有冗余或无效信息），但没有的就是不存在的。你往简单了想，就会豁然开朗。

（2）相信直觉

除非你有充足的依据，否则不要修改第一次的选择，跟随你的内心，你的直觉往往就是最可靠的。通过反复听课、看书、做题，一次次的迭代会强化你的项目管理价值观和方法论，那种“只可意会，不可言传”的感觉妙不可言。

（3）相信善良

诚信、公正、尊重、信任、共赢这些代表正能量的价值观放之四海而皆准，它们总能指引你找到正确的答案；而隐瞒、虚假、敌对、投机取巧、目光短浅、损人利己这些满满负能量的选项一定是要排除的。“善良”才是无坚不摧的力量。

1.2 基本要素

1.2.1 项目

项目的定义

项目是为创造独特的产品、服务或成果而进行的临时性工作。

项目大致可以分为以下三类。

- 研发项目：目的是开发新产品，如研发手机、汽车、游戏。
- 交付项目：为满足客户需求而提供的服务，如建筑施工、软件定制开发、广告策划。
- 变革项目：企业流程、制度、组织架构等的改变，如信息化、敏捷转型、兼并重组。

项目的特征

如图 1-8 所示，项目的特征如下。

图 1-8 项目的特征

- 独特性：独一无二，没有完全一样的两个项目，没法简单重复过去的做法。
- 临时性：也称一次性、阶段性，项目总有开始和结束，是“临时性”的工作。
- 不确定性：项目就是在不断应对变化，风险如影随形，只能渐进明细。

例如，开发一款微信小程序就是一个具有独特性的项目，它为了满足某些特定的需求而产生，没有完全一样的代码可以照搬（独特性）；也许几天就可以完成，也可能需要几周，总之它是可以完成的，所以，这是个临时性的工作，项目团队也是临时组建的，干完就散了（临时性）。

就算你想好了小程序有哪些功能，也想好了怎么实现，并且制订了严密的时间计划，不过当你真的开始执行时，你还会遇到很多麻烦。例如，低估了某些技术的难度，高估了某些队友的能力，需要修改需求，用户对你提供的功能并不买账，等等（不确定性）。你要有能力应付这些不确定性，不断调整计划，直到目标实现。

项目与运营的区别和联系

围绕项目，企业可以分为两类，如图 1-9 所示。

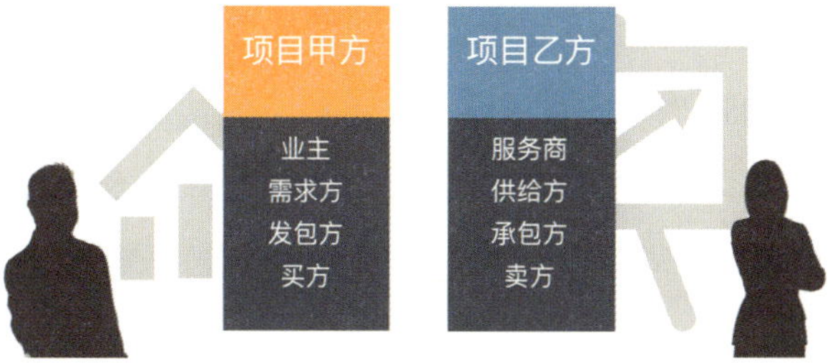

图 1-9 项目的甲方和乙方

无论是甲方还是乙方，企业里的经营管理活动其实只有两种，如图 1-10 所示。

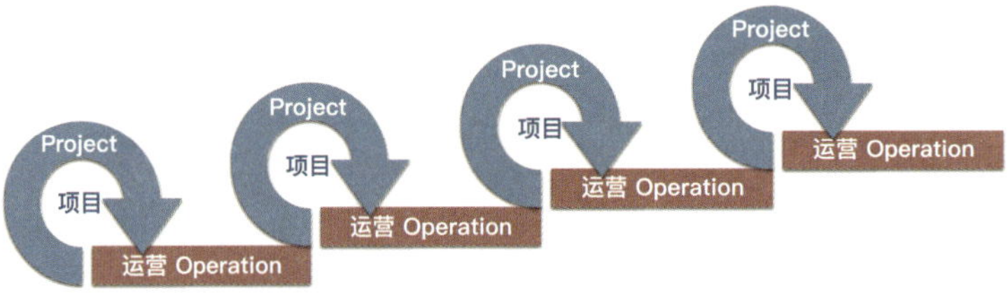

图 1-10　项目与运营

- 项目：公司产品研发、为客户交付服务、管理变革等项目团队的工作。
- 运营：持续、重复、流程化的工作。例如，财务部门每天都要记账，每周都要处理报销，每个月都要报税。这些工作过去这么做，现在这么做，以后还得这么做，这就是运营。

下面我们来对比一下，项目和运营有什么不同，如表 1-1 所示。

表 1-1　项目与运营的对比

项目	运营
独一无二	重复多次
有始有终	持续不断
革命性（只有一次成功的机会）	渐进性（逐步改进）
责权不均衡	责权均衡
临时性组织	稳定性组织
效果导向	效率导向
不确定性（风险）	确定性（经验）
针对性计划	标准化流程

例如，投资建设一个酒店是项目，经营这家酒店为客人提供服务就是运营；互联网公司开发一款 App 是项目，“拉新—促活—留存—转化”就是运营。开发项目可以创造新产品、新机会，通过运营可以实现其商业价值。

一般的企业会把负责项目的人和负责运营的人分开，即由项目经理负责项目，由职能主管负责运营。他们工作的区别如表 1-2 所示。

表 1-2　项目经理与职能主管

项目经理	职能主管
“帅才”	“将才”
“通才”	“专才”

（续表）

项目经理	职能主管
目标管理	过程管理
整合的方法	分析的方法
责大权小	权责对等
计划、组织、协调、指导	技术、流程、标准、规范

常见的项目生命周期

1. 预测型生命周期

在一栋建筑开工前，就已经完成了建筑设计、结构设计、造价预算、施工组织设计。这意味着还没开工我们就可以事先预测出项目竣工时的模样，包括未来施工过程中任一时刻的进展情况。例如，开工 3 个月，团队将完成多少基础部分，会花掉多少钱；开工 6 个月，团队会施工到第几层……这一切都在我们的预料之中，掌控之下。这栋建筑就像按照我们的计划“长”出来的一样。

预测型生命周期的特点是计划严密、可控性强，对项目进度、成本、质量都有详细的计划，为项目投资评估和精细管理奠定了基础。软件行业中的预测型生命周期也称作瀑布开发模型。如图 1-11 所示，软件开发工作就像瀑布一样，从上而下一级一级“流”下来。不过，预测型生命周期对变更却并不友好，尤其是项目后期，变更代价太大，几乎让人无法接受。如图 1-12 所示，累计投入线代表项目累计的成本，也代表变更的代价。变更提出得越晚，代价越大。

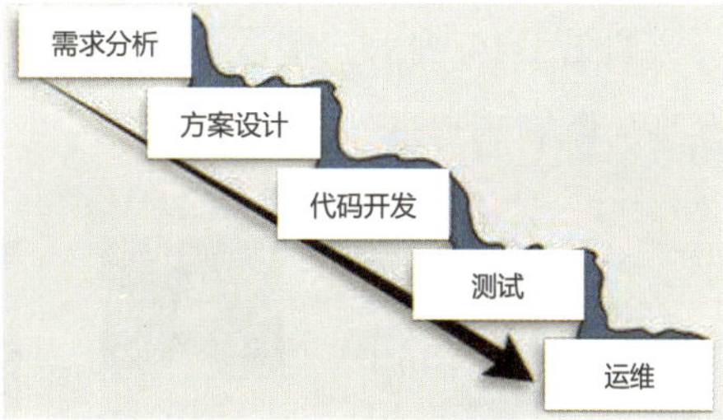

图 1-11　软件开发项目的预测型生命周期：瀑布开发模型

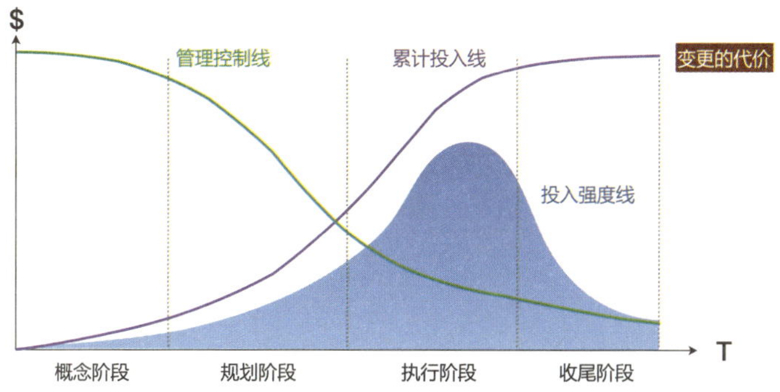

图 1-12　项目生命周期与资源投入

2. 迭代型生命周期

如图 1-13 所示，迭代指的是多次循环。例如，软件开发按照版本发布，每一个版本内部就是一个小的瀑布开发，经历“需求分析—设计—开发—测试—发布”周期，下一个迭代在此基础上重复这些步骤，对软件进行优化升级，发布新的版本。

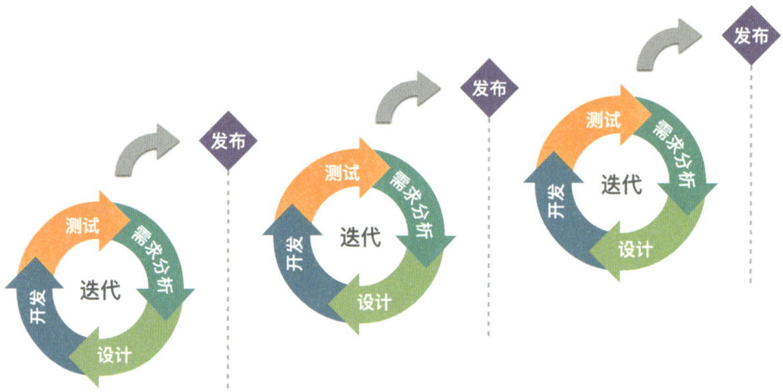

图 1-13　迭代型生命周期

3. 增量型生命周期

增量指的是团队先交付一部分成果，之后每个阶段再交付一部分成果。生产产品就像搭积木一样，一块一块搭起来。

如图 1-14 所示，增量开发的特点是每次构建一部分，逐块构建；而迭代开发的特点是从模糊到清晰，反复求精。

图 1-14　迭代开发与增量开发

4. 适应型生命周期（敏捷型）

如图 1-15 所示，适应型生命周期也称敏捷型生命周期，是指在面对需求易变的场景时，项目团队固定迭代周期和资源，并获得相关方的持续参与。敏捷周期比一般的迭代周期更短，对变更的响应速度更快。

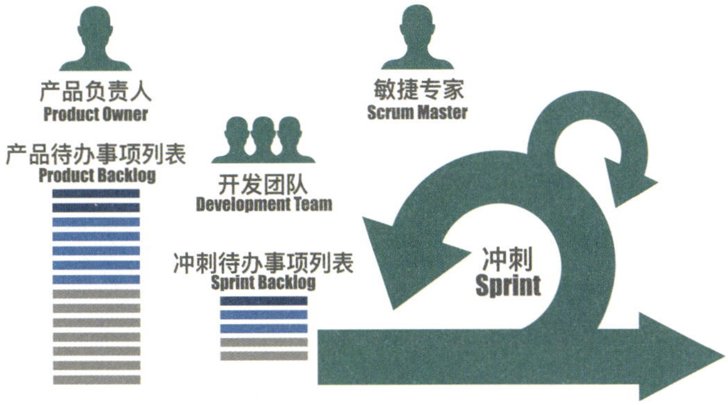

图 1-15 敏捷开发 Scrum 框架

预测型、迭代型、增量型、敏捷型生命周期的对比如图 1-16 所示。

预测型	迭代型 增量型	敏捷型
需求在开发前预先确定	需求在交付期间定期细化	需求在交付期间频繁细化
针对最终可交付成果制订交付计划，然后在项目终了时一次性交付最终产品	分次交付整体产品的各种子集	频繁交付对客户有价值的各种子集（隶属于整体产品）
尽量限制变更	定期把变更融入项目	在交付期间，实时地把变更融入项目
关键相关方在特定里程碑时点会参与	关键相关方定期参与	关键相关方持续参与
通过对基本可知情况编制详细计划来控制风险和成本	通过用新信息逐渐细化计划来控制风险和成本	随需求和制约因素的显现来控制风险和成本

图 1-16 各种不同生命周期的对比

资料来源：《PMBOK® 指南》（第 6 版）。

5. 混合型生命周期

这里的混合型生命周期内涵比较丰富，既包含狭义的混合敏捷方法，如 Scrum 与 XP 的混合、Scrum 与看板方法的混合等，也包含广义的混合型生命周期，如敏捷（适应型）与瀑布开发（预测型）的混合。PMP 考试中的混合型生命周期主要是指后者。

例如，研发一款新游戏，在预研阶段，我们可以采用敏捷方法去确认用户的真实需求，验证技术方案；在正式开发阶段，我们可以采用瀑布开发方法来加强计划性和控制能力，如图 1-17 所示。

图 1-17　分阶段混合型生命周期

例如，研发一款新手机，我们在开发软件子项目时，可以采用敏捷方法；而在开发硬件子项目时，可以采用瀑布开发方法，如图 1-18 所示。

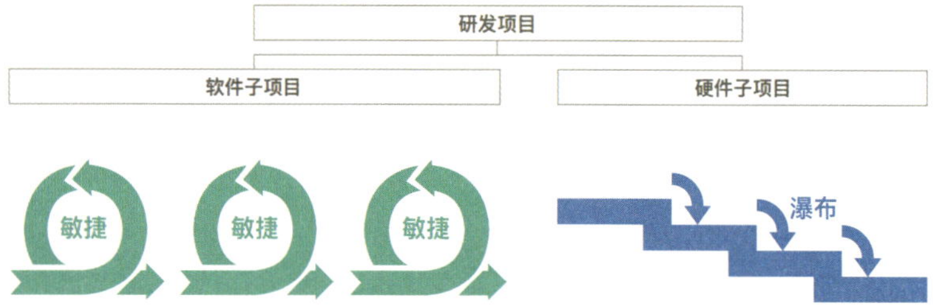

图 1-18　分子项目混合型生命周期

生命周期与适用场景

针对不同的项目场景，我们应该采取不同的生命周期（开发方法）。1996 年，拉尔夫·斯泰西（Ralph D. Stacey）提出了一个方法——Stacey 矩阵，帮助我们判断我们所做的项目应该采取哪种开发方法，如图 1-19 所示。

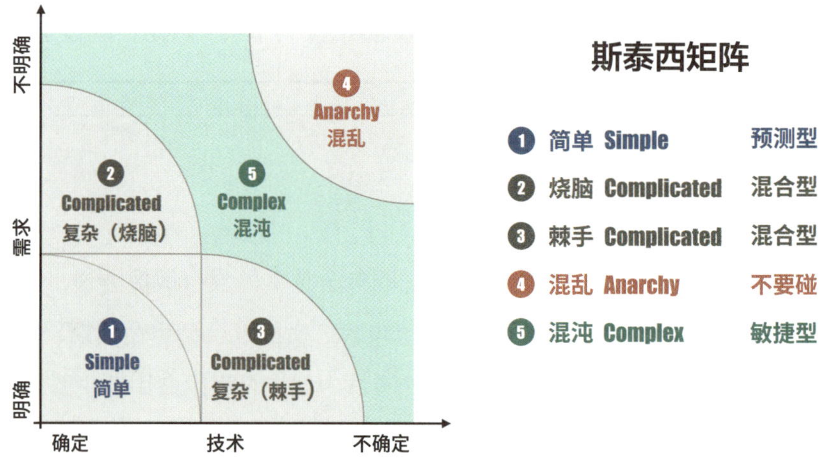

图 1-19　斯泰西矩阵

1 区：需求明确，技术（解决方案）也确定，这类项目就是简单的项目，比如注册一家新公司。针对这类项目，团队最好提前把计划做到位，预测型生命周期最适合。

2 区：技术很确定，需求却不明确。例如，我们为客户开发一个信息系统，不需要采用新的技术，但系统应包含哪些功能，客户总是说不清楚。这类项目就是复杂项目中的烧脑型项目！

关于这类项目，我建议采取混合型的开发模式。例如，我们在开发产品原型时用敏捷方法，在确认需求并验证方案后，在正式开发时用瀑布开发方法。当然，我们也可以逐块构建，采用增量交付的方法，降低项目被彻底推翻重来的风险。

3 区：需求很明确，技术却不确定，这类项目属于复杂项目中的棘手型项目。例如，“无人驾驶”的需求是明确的，但技术仍未成熟。

关于这类项目，我建议采用混合型的开发方法。例如，针对软件部分，团队可采用敏捷开发；针对硬件部分，团队可采用迭代开发。

4 区：需求不明确，解决方案也不明确，这属于混乱状态的项目。这种项目失败的概率很高，所以不要碰！

5 区：需求还在挖掘，技术也需探索，这属于混沌状态的项目，最好采用敏捷开发，因为敏捷开发适应性强、灵活机动，可以拥抱变化。

项目是否适合采用敏捷开发，我们可以用敏捷适用性评估雷达图来帮助我们进行决策，如图 1-20 所示。

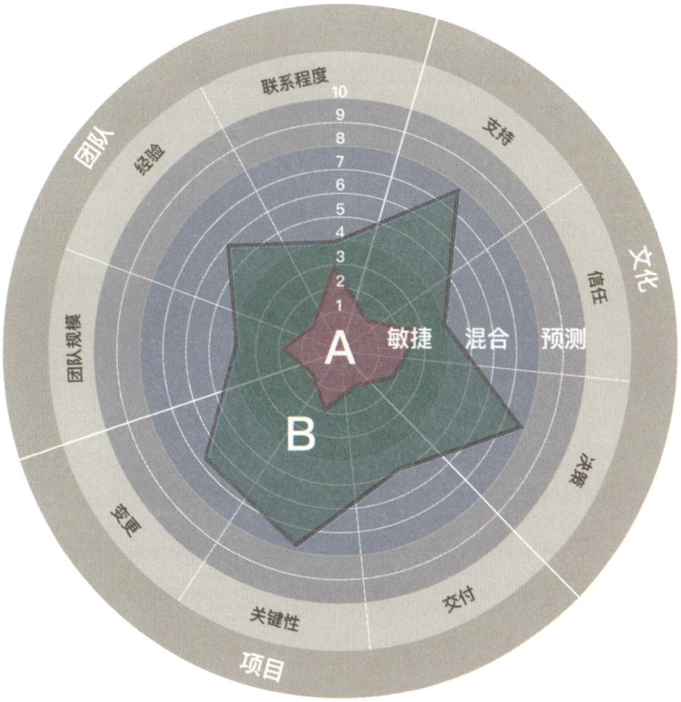

图 1-20 敏捷适用性评估雷达图

该雷达图中包含“项目、团队、文化”三大扇区。每个扇区又包含三项评估指标：项目中有变更、关键性和交付指标，团队中有团队规模、经验和联系程度指标，文化中有支持、信任和决策指标。每个指标 1~10 分，团队小伙伴们根据自己对项目的认识填写由这 9 个指标构成的问卷。1~3 分是敏捷区，4~8 分是混合区，9~10 分是瀑布区。

例如，项目 A 是开发一款“微信发票”小程序，9 项指标得分可能都在 1~3 分，那么采用敏捷方法就非常合适。项目 B 是开发一款自动智能咖啡机，很多指标得分超过 3 分，但又没达到 9 分，那么采用敏捷或瀑布方法都不合适，宜采用混合开发模式。

项目生命周期与产品生命周期

如图 1-21 所示，产品生命周期通常比项目生命周期长很多。产品生命周期是指“概念—交付—成长—成熟—衰退”的全部演变过程，而项目生命周期一般指的是产品交付阶段，即“分析—设计—开发—测试”的过程，在整个产品生命周期中只占了“从产品立项到上市”这一小段周期。

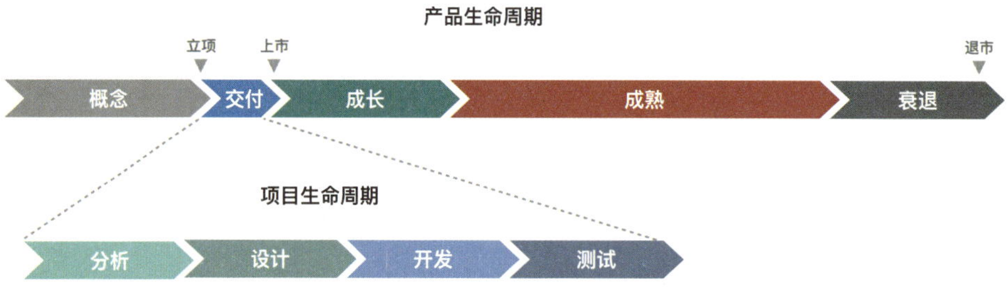

图 1-21　经典产品生命周期与项目生命周期

有人把产品比作宝宝，产品经理就是亲妈，项目经理就是接生婆（助产士）。我觉得这个比喻不恰当，把项目经理的工作想得太简单了。如果非要把产品比作宝宝的话，那么项目经理就成了代孕妈妈！而代孕妈妈十月怀胎，一朝分娩，宝宝就被亲妈抱走了！

进入互联网时代，敏捷产品开发为产品生命周期和项目生命周期的关系赋予了新的意义。

图 1-22 揭示了互联网产品的生命周期，在整个产品生命周期应用敏捷方法持续进行“开发—运营—反馈”的循环，项目管理贯穿整个产品生命周期。

图 1-22 中的曲线显示的是产品的累计净现金流，“创意—开发”是投资阶段，产品上市（上线）后才会逐渐体现其商业价值，企业才能获得回报。

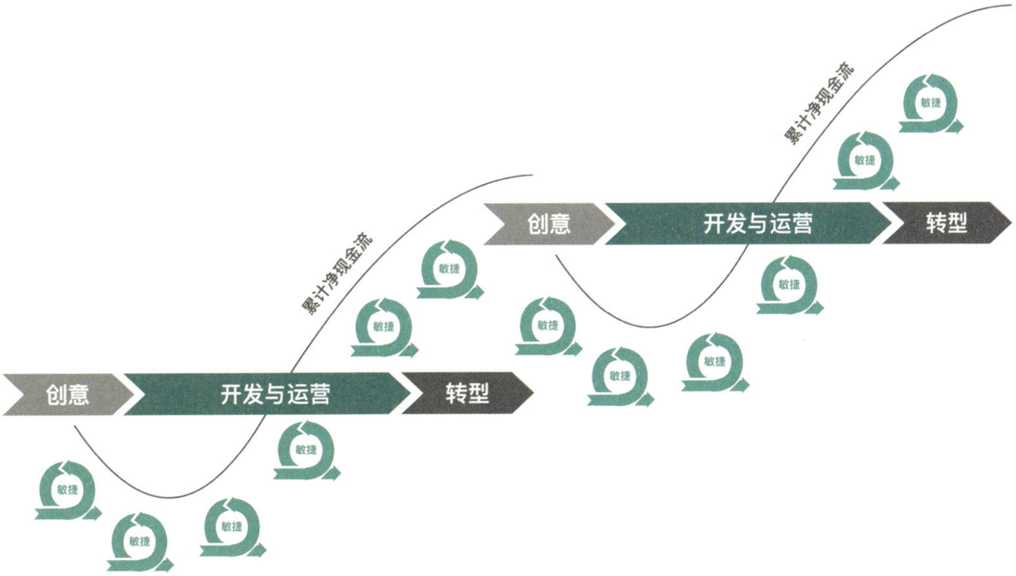

图 1-22　敏捷产品生命周期与项目生命周期

为什么产品发展的最后阶段是转型呢？因为任何产品都逃不掉被颠覆、被替代的宿命，所以，当产品销售增长乏力时，就应该及时启动转型，开启“创新第二曲线”。

敏捷是不是“迭代 + 增量”的开发方法呢？敏捷的确具有迭代属性，例如，Scrum 框架中每个冲刺（Sprint）就是一个迭代，周期更短，节奏更快，而且，团队在每个 Sprint 中既要修改缺陷（Bug），也要交付新功能，这就使敏捷有了增量的特征。但敏捷追求的目标是“持续集成”“自动化测试”“自动化部署”“持续交付”，如果团队达到了这个境界，项目就没有了明显的周期，迭代特征也就逐渐淡化了。

项目阶段与阶段关口

其实，做项目和打游戏很像，打游戏需要一关一关地闯，每一关的结尾都有一个很难对付的“老怪”。你只有战胜它，才可以成功进入下一关，失败了就只能从头再来。项目在每个阶段结束，即将进入下一个阶段时，也必须满足一些特定的条件，我们把这些条件称为阶段关口。

划分项目阶段的核心目的是把长期的项目目标切分成阶段性目标，便于团队规划和控制。至于项目阶段依据什么划分、被划分成几个阶段，不同的行业、不同类型的项目的侧重点通常都不一样。

如图 1-23 所示，依据实践经验，工程建设项目可分为“可行性研究—计划与设计—施工—交付使用”四个阶段，阶段与阶段之间有必须经过的阶段关口。例如，项目必须通过立项审批，才能从可行性研究阶段进入设计阶段；只有甲乙双方签署了主承包合同，才标志着项目进入了施工阶段；项目竣工后，只有验收通过才能进入使用阶段。这样划分项目阶段已经上升到了行业规范和法律层面的高度。

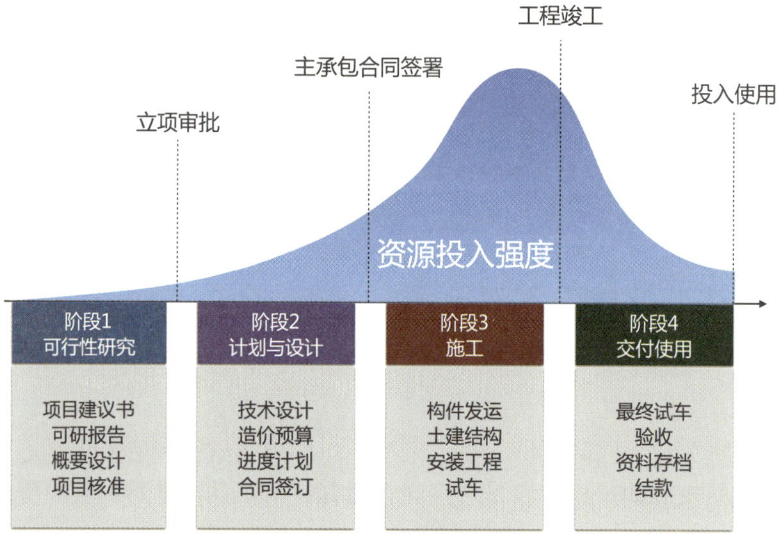

图 1-23　工程建设项目阶段和阶段关口

根据不同阶段所用的资源不同，像房屋装修这样的小项目可分为结构施工、水电改造、粉刷等阶段。这样划分是为了避免工序之间的相互干扰和冲突，也可以更方便地针对不同的资源进行分包管理。阶段关口就是每个工序完成后验收甚至结算费用的时间点。

产品研发项目通常可划分为“需求分析—方案设计—功能开发—验收交付”四个阶段，这样的划分有利于控制质量和风险。如果发起人在产品开发过程中发现，该项目无法满足其最初的要求，那么就要提前结束项目。对于发起人来说，及时止损也是非常重要的管理决策。

1.2.2　项目管理的重要性

项目管理与战略的关系

如图 1-24 所示，企业管理金字塔最上面的一层是“使命、愿景、核心价值观”。

使命

使命即组织存在的理由，如组织的纲领、思想、目的、商业准则和公司信念。

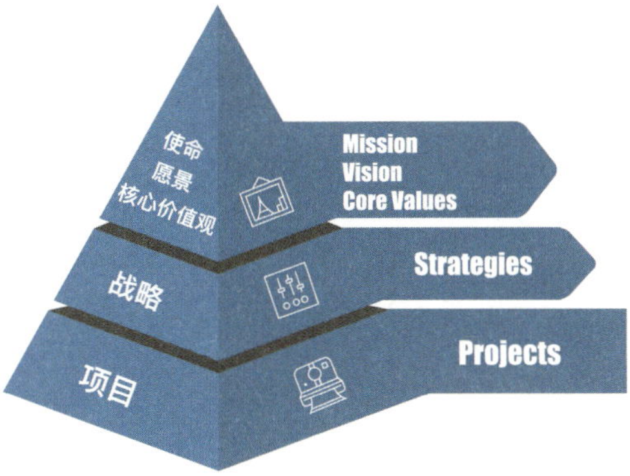

图 1-24 企业管理金字塔

例如，星巴克的使命是激发并孕育人文精神，阿里巴巴的使命是让天下没有难做的生意。

愿景

卡恩称，“愿景是一种基于洞察力和远见的想象。它揭示了可能性和实践制约条件，描述了组织最期望的未来状态”。

例如，亚马逊的愿景是成为全球最以客户为中心的公司，建立一个人们能找到他们想买的任何东西的在线商场。

核心价值观

卡恩称，“核心价值观就是个人或组织在情感上选择坚守的原则”。

例如，“不作恶”就是谷歌的核心价值观。正是这句话感召了大量顶尖人才集聚谷歌，创造了一个又一个伟大的产品。当谷歌的 AI 技术被用于美国军方的项目（可能用于战争）时，遭到了超过 4 000 名员工的联名抵制。

战略

将企业愿景分解为阶段性的奋斗目标就是战略。百时美施贵宝公司（BMS）发现，生物技术可能为癌症治疗创造机会，因此，BMS 公司将技术能力从具有传统优势的有机化学转到生物技术上。

战略管理

战略管理是指管理者对企业或组织在一定时期内对全局、长远的发展方向、目标、任务、政策，以及资源调配做出的决策和管理艺术。战略管理还包括公司在完成具体目标时，对不确定因素做出的一系列判断。

简而言之，战略管理就是做正确的事！

项目管理

简单来说，项目是企业战略落地的单元，项目管理就是把事做正确！

美国学者大卫·克莱兰德（David Cleland）说："在应对全球化的市场变动中，战略管理和项目管理将起到关键性的作用。"

项目管理目标的演变

项目管理的基本目标是在规定的时间内，在批准的预算内，团队完成事先确定的工作范围内的工作，并使项目达到预期的质量和性能的要求，如图 1-25 所示。

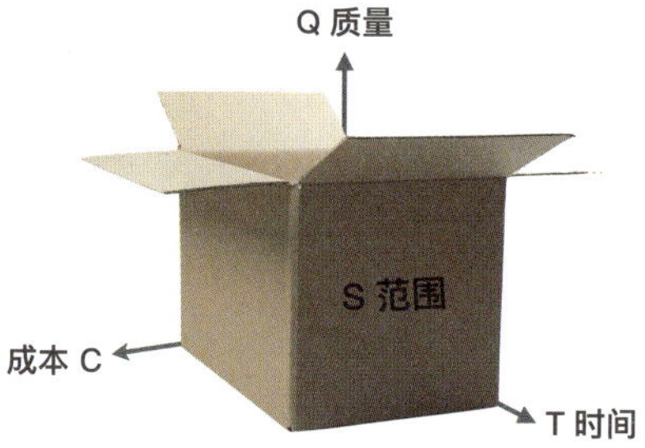

图 1-25　项目管理的基本目标

项目工期与成本的关系如图 1-26 所示。

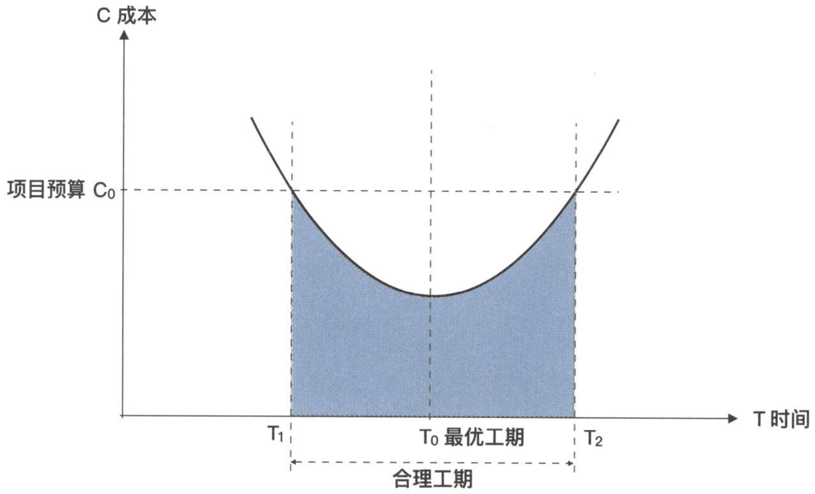

图 1-26　项目工期与成本的关系

一般来说，项目工期太长，成本会上升，因为虽然工作量（直接成本）没增加，但房租、管理费等间接成本每天都在发生；而项目工期太短，成本也会上升，因为如果团队在更短的时间内完成工作，通常要增加资源投入，所以直接成本上升。

如图 1-26 所示，在最优工期 T_0 完成项目的成本最低。T_1 到 T_2 的时间段是合理工期，只要在这段时间内完成项目，成本就不会突破预算。

项目管理的进阶目标是实现资源优化，实现组织战略目标，让项目相关方满意。

项目管理的高阶目标是以人为本，实现社会责任和环境友好。

项目管理目标的演变过程如图 1-27 所示。

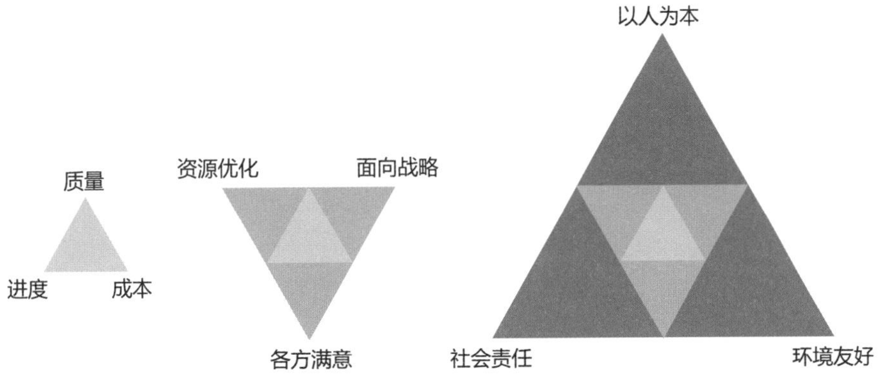

图 1-27　项目管理目标的演变

项目管理创造商业价值

项目管理可以让美妙的想法变成产品，客户的需求得到满足。乔布斯创造的 iPhone 重新定义了手机，张小龙团队开发的微信开启了即时通信的新时代，埃隆·马斯克（Elon Musk）的 SpaceX 项目得到了美国国家航空航天局（NASA）的巨额订单。这些伟大的产品不仅为企业创造了巨大的商业价值，而且改变了世界，使企业成为全球最有影响力的企业。

项目管理驱动变革

如图 1-28 所示，传统的企业管理模式的特点如下：

- 以职能划分部门；
- 树形结构；
- 层级分明；
- 垂直管理模式。

如图 1-29 所示，在传统的企业管理模式中，从公司 CEO 到普通员工之间往往还有事业部总监、部门经理、主管等很多个层级，层级越多，上传下达的沟通效率就越低。项目决策也就越迟缓，这叫管理隔阂。

图 1-28　传统的企业管理模式

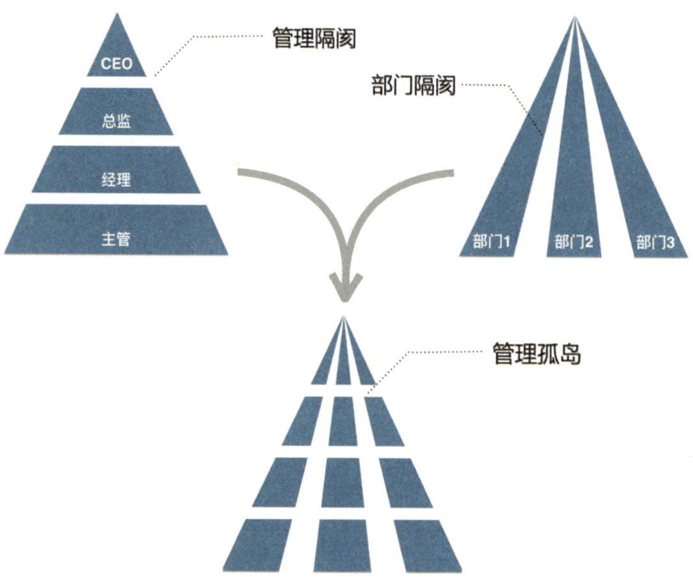

图 1-29　管理孤岛

部门是按职能（专业）划分的，部门和部门之间存在部门隔阂，也叫部门墙。各部门分工很细（如财务部门、采购部门、人事部门等），它们看上去各司其职。专业差异导致每个部门都很难理解其他部门的需求和苦衷，因此沟通成本高、协作效率低。而且，职能部门经理只顾埋头完成自己部门的关键绩效指标（Key Performance Indicator，KPI），至于项目是否成功、客户是否满意，他无暇顾及，也力不从心。

如果管理隔阂与部门隔阂同时存在，企业就变成了一座管理孤岛。虽然看上去每个部门都在忙碌，每个人都很努力，但总是做不好项目，企业也逐渐丧失了竞争力。

下面讲一则小故事。

一个人拿着铁锹在路边挖坑，每隔几米就挖一个，而另一个人在后面拿着铁锹填土。

路人很不解："咦！你们这是在干啥？"

"我们在种树呢，他负责挖坑，我负责填土！"

"那树呢？"

"哦！负责栽树的伙计今天没来！"

这是个笑话吗？在传统管理模式的企业里，我们常常笑不出来。到年底，部门经理们长吁一口气，任务总算完成了，部门 KPI 实现了，年终奖又稳了。

但是，这些努力最终创造价值了吗？我们的客户 / 用户真的满意吗？

在传统的管理模式中，这种组织架构属于职能型组织，也称"科层式组织"。科层式组织在项目管理中暴露出来的问题显而易见，可为什么又普遍存在呢？

这是由组织演进的自然规律决定的。一家企业从成立开始，随着人数不断增多，必然演进成职能逐渐细分、层级持续增加的科层式组织。科层式组织是工业时代的主流管理模式，曾经创造了无与伦比的效率。原因是在工业时代，制造企业采用的是"线性流程"，即流水线生产，每道工序只和上一道工序及下一道工序有衔接，这个衔接按标准和规范执行，不需要大范围、高频率地跨专业、跨部门甚至跨组织沟通。

但是，我们早已从工业时代进入了信息时代，信息时代是以项目为特征的，要求企业必须能够跨专业、跨部门、跨组织高效协作，如此才能优化资源，为客户创造价值。在这个时代背景下，科层式组织就不合时宜了，曾经的优势如今成了阻碍项目成功、制约企业发展的障碍。

企业转型的方向在哪里？有一些企业已经勇敢地进行了转型实践，那就是向平台型组织、扁平化的管理方式转型，如图 1-30 所示。例如，海尔把公司拆成了 3 000 多家小公司，它们在海尔大平台上各自经营。华为创始人任正非说："现在企业的战争是以班长为单位的战争！"企业转型的核心就是以项目为单元，灵活高效地组织资源，以客户为中心，交付价值。

以项目为单元的精细化管理模式的特点如下：

- 以项目为单元配置资源；
- 平台型组织，扁平化管理；
- 面向战略，交付价值；
- 关注成长，追求共赢。

图 1-30 组织的演变

推动项目管理普及的力量包括企业竞争加剧、利润走薄，客户响应要求提高等，如图 1-31 所示。

图 1-31 推动项目管理普及的力量

1.2.3 项目、项目集、项目组合管理、运营管理之间的关系

项目组合

项目组合是企业为了实现战略目标而组合在一起管理的项目、项目集、子项目组合和运营工作组合的集合。项目组合中的项目或项目集不一定彼此依赖或直接相关。

企业只有设定项目的优先级，才能实现资源的优化配置，从而实现企业的战略目标。

思考：

- 为什么挣钱的项目，老板不追加投入？
- 为什么风险很大的项目，老板还很积极？
- 为什么明明赔钱的项目，老板还会做？
- 为什么你的项目得不到支持？

如图 1-32 所示，波士顿咨询创始人布鲁斯·亨德森（Bruce Henderson）提出了一个矩阵，企业可以根据市场占有率和销售增长率，将企业的项目（或产品）进行如下分类。

图 1-32 波士顿矩阵

- 明星项目：销售增长率和市场占有率都高。该类型的项目优先级最高，企业应该重点支持。
- 金牛项目：市场占有率高，但销售增长率低。这类项目往往是公司的传统优势业务，但是由于被新技术取代等原因，市场增长乏力甚至开始萎缩。虽然市场增长无望，但目前该类项目还是公司的支柱项目，是公司主要的收入来源。针对这类项目，即使企业投入再多的资源，也无法取得销售增长，所以企业不应该浪费更多资源在这类项目上，只要保持现在的市场占有率就好。
- 问题项目：市场占有率低，但销售增长率高。这类项目是公司用于探索新市场或创造新产品的项目，是否最终能够获得足够的市场占有率并成为新的明星项目，还不得而知。企业很可能尝试了 10 个项目，最终只成功了 1 个，不过这 1 个成功的项目为企业带来的回报足以抵消 9 个失败项目的损失。这种带有风险投资性质的项目，企业应该拿出专门的资源积极尝试。
- 瘦狗项目：市场占有率和销售增长率都低。投入这类项目，企业在目前和今后都很难挣到钱。那么企业为什么还要做呢？企业往往出于保持团队规模、平稳过渡等原因，主动选择做这些看上去“没有意义”的项目。企业做这类项目的意义就在于，如果企业不做，可能影响团队稳定和企业战略安全。

我们可以看到，因为四个不同区域的项目对企业的战略意义不同，所以优先级也不同。只有依据优先级合理地配置企业有限的资源，才能使投资效益最大化。

例如，某汽车制造企业依据新能源战略将所有和新能源相关的项目打包成新能源项目组合，将所有和自动驾驶相关的项目打包成自动驾驶项目组合，将面向传统乘用车市场的项目打包成乘用车项目组合，将它们按战略优先级配置资源，这就是项目组合管理的意义。

下面是某教育集团项目组合的例子，企业在规划项目组合时可以用项目组合气泡图。

如图 1-33 所示，横轴代表项目风险大小，竖轴代表项目对集团的商业价值，气泡的大小代表集团需要投入的资源的多少。根据战略方向，该集团可以将项目分成“学历教育”“职业教育”“K12 教育”三个项目组合。其中，“K12 教育”的风险相对较高，不过对集团的商业价值也较大；职业教育风险相对较低，但商业价值也相对较小。

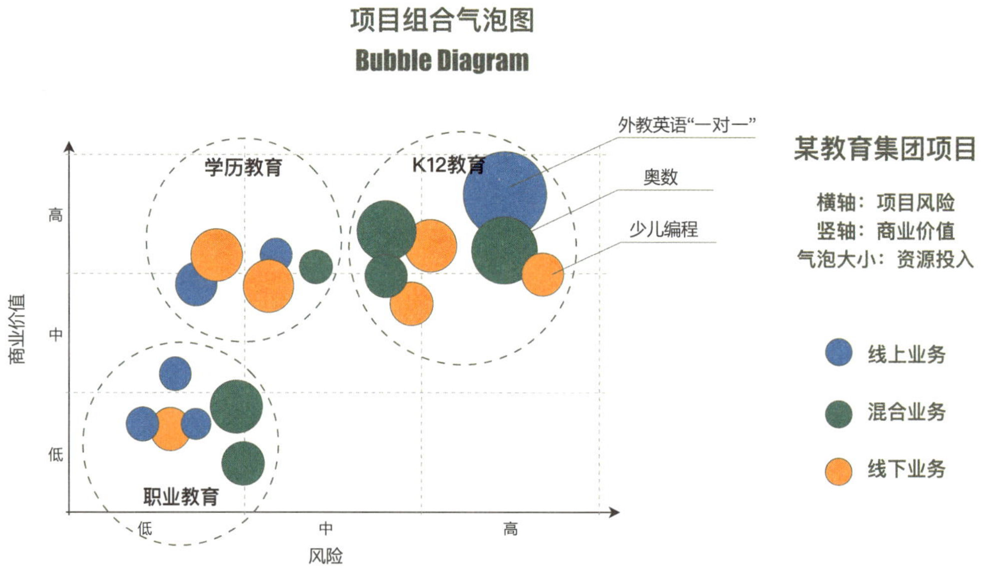

图 1-33　项目组合气泡图

职场人士给自己报个培训班，哪怕 1 000 元的学费也会让自己犹豫半天，而给孩子报培训班可能一两万元都不会犹豫。这就决定了 K12 教育具有市场容量大、刚需、溢价空间大的特点，虽然市场竞争激烈，但这家教育集团仍然给 K12 项目组合最高的优先级，资源优先配置。

项目集

项目集是一组相互关联且被协调管理的项目、子项目集和项目集活动。通过管理项目集，我们可以获得分别管理所无法获得的效益。

例如，一款新能源汽车的生产，需要有电机开发、电池开发、电控系统开发项目。企业只有将这几个项目统筹管理，接口匹配，进度对齐，才能实现新车如期交付。

组织项目管理（OPM）

组织项目管理指的是企业合理应用项目组合管理、项目集管理、项目管理，对项目进行科学的统筹协调，合理配置资源，并创造适合项目高效运行的企业流程、制度、文化环境，以提升企业投资回报，实现企业战略发展规划。组织项目管理不同层次的要点对比，如表 1-3 所示。

表 1-3 组织项目管理不同层次的要点对比

理论	范围	目的	管理要点	成功标准
管理成熟度	制度 + 流程 + 文化	管理环境	制度流程建设	企业项目管理成熟度
项目组合管理	项目 + 项目集 + 运营	健康发展	优先级	投资效益
项目集管理	多项目	能力建设	逻辑管理	需求利益
项目管理	单项目	产品实现	目标管理	进度、成本、质量

图 1-34 显示了组织项目管理的逻辑，即企业从战略出发，制定不同的项目组合，以实现投资收益最大化，这是价值决策过程。项目集与项目都是面向成果交付的，交付的成果通过运营实现商业价值，然后根据运营中得到的客户 / 用户反馈，企业再调整和优化战略。这个循环能否高效地流转起来，很大程度上取决于组织环境，企业应该努力打造适合项目发展的由流程、制度、组织架构、组织文化等要素组成的企业环境。

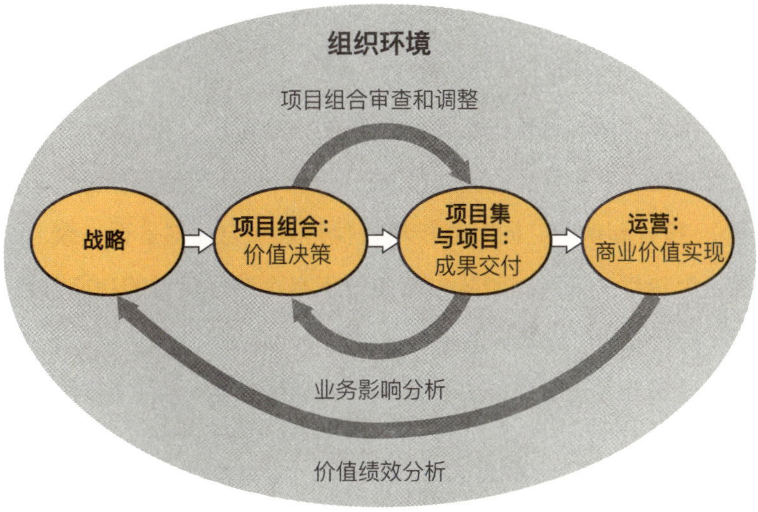

图 1-34 组织项目管理的逻辑

资料来源：《PMBOK® 指南》（第 6 版）。

1.2.4 项目管理知识体系的组成部分

五大过程组

过程是指导我们做项目的标准流程，PMI 根据大量企业的实践总结出 49 个过程，按照启动、规划、执行、监控和收尾把项目管理分成五大过程组，如图 1-35 所示。若团队在整个项目及项目的每个阶段都按照这五大过程组执行，以不变应万变，就可以让复杂多变的项目得到有序管理。

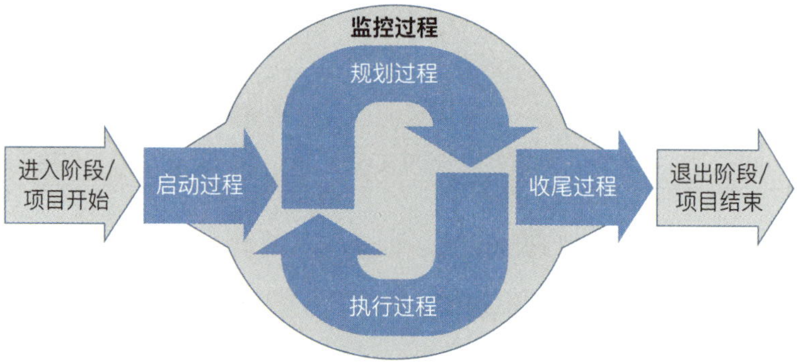

图 1-35 项目管理五大过程组

资料来源：《PMBOK® 指南》（第 6 版）。

过程组和阶段是两个不同维度的概念。阶段是从时间维度出发，在项目生命周期中，团队为便于管理，把项目从开始到结束划分成若干阶段，按阶段计划和控制。而过程组是从管理维度出发，不管我们处于项目的哪个阶段，都需要和团队一起做出启动、规划、执行、监控和收尾这些管理动作。

以软件开发项目为例，每次迭代都是项目的一个阶段。在每次迭代中，团队都需要有一个迭代启动仪式，并且为这次迭代制订一份计划（包括工作范围、分工、进度、工作量估算等），按计划执行，同时监控项目执行效果与计划是否一致，如果不一致，就要及时纠正。当迭代结束时，团队也需要评审本次迭代交付的功能，也要回顾这次迭代中团队存在的问题和可以改进的地方。

我们一定要理解五大过程组并不是简单地按顺序发生，而是同时存在、相互作用的，如图 1-36 所示。

当我们在项目的某个阶段（如在软件开发的某个迭代周期中）发现进度比预期慢时，就需要我们做出决策，加人或加班（增加资源），或者放弃某些尚未开发的功能（缩减范围），再或者推迟发布日期（改变进度）。这都意味着计划需要调整和更新。当然，执行也会相应发生变化。另外，收尾不只是结束时的操作，及时确认开发出来的功能是否满足客户需求，并随时记录经验教训，这些动作存在于整个迭代过程中。

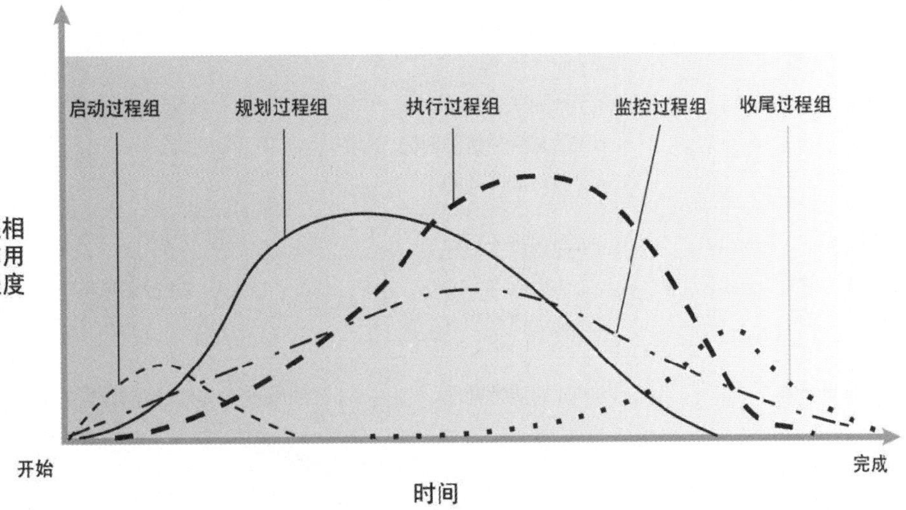

图 1-36　五大过程组相互作用

资料来源：《PMBOK® 指南》（第 6 版）。

十大知识领域

如表 1-4 所示，项目管理的 49 个过程涉及不同的知识领域，分别对应《PMBOK® 指南》（第 6 版）的第 4 章至第 13 章。按知识领域划分管理过程是与五大过程组完全不同的维度，便于我们从另一种知识维度去理解这 49 个过程。

表 1-4　十大知识领域与五大过程组

知识领域	项目管理过程组				
	启动过程组	规划过程组	执行过程组	监控过程组	收尾过程组
4. 项目整合管理	4.1 制定项目章程	4.2 制订项目管理计划	4.3 指导与管理项目工作 4.4 管理项目知识	4.5 监控项目工作 4.6 实施整体变更控制	4.7 结束项目或阶段
5. 项目范围管理		5.1 规划范围管理 5.2 收集需求 5.3 定义范围 5.4 创建 WBS		5.5 确认范围 5.6 控制范围	

（续表）

知识领域	项目管理过程组				
	启动过程组	规划过程组	执行过程组	监控过程组	收尾过程组
6. 项目进度管理		6.1 规划进度管理 6.2 定义活动 6.3 排列活动顺序 6.4 估算活动持续时间 6.5 制订进度计划		6.6 控制进度	
7. 项目成本管理		7.1 规划成本管理 7.2 估算成本 7.3 制定预算		7.4 控制成本	
8. 项目质量管理		8.1 规划质量管理	8.2 管理质量	8.3 控制质量	
9. 项目资源管理		9.1 规划资源管理 9.2 估算活动资源	9.3 获取资源 9.4 建设团队 9.5 管理团队	9.6 控制资源	
10. 项目沟通管理		10.1 规划沟通管理	10.2 管理沟通	10.3 监督沟通	
11. 项目风险管理		11.1 规划风险管理 11.2 识别风险 11.3 实施定性风险分析 11.4 实施定量风险分析 11.5 规划风险应对	11.6 实施风险应对	11.7 监督风险	
12. 项目采购管理		12.1 规划采购管理	12.2 实施采购	12.3 控制采购	
13. 项目相关方管理	13.1 识别相关方	13.2 规划相关方参与	13.3 管理相关方参与	13.4 监督相关方参与	

在新考纲中，不再强调十大知识领域和五大过程组，取而代之的是三个领域：人、过程、业务环境。这三个领域中共包含 35 个任务（见图 1-37）。虽然这一次新考纲是从事的角度（过程组）转化到人的角度（任务），但项目管理的基本原理和逻辑，包括常用的方法、工具和技术并未发生颠覆性的变化。

领域一　人员（42%）	领域三　业务环境（8%）
任务 1　管理冲突	任务 1　规划和管理项目的合规性
任务 2　领导团队	任务 2　评估并交付项目利益和价值
任务 3　支持团队绩效	任务 3　评估并应对外部业务环境变化对范围的影响
任务 4　向团队成员和相关方授权	任务 4　为组织变更提供支持
任务 5　确保团队成员 / 相关方完成适当的培训	
任务 6　建设团队	
任务 7　解决和消除团队面临的障碍、妨碍和阻碍	
任务 8　通过谈判确定项目协议	
任务 9　与相关方协作	
任务 10　凝聚共识	
任务 11　让虚拟团队参与进来并为其提供支持	
任务 12　定义团队的基本规则	
任务 13　指导相关方	
任务 14　运用情商提升团队绩效	
领域二　过程（50%）	
任务 1　执行需要紧急交付商业价值的项目	
任务 2　管理沟通	
任务 3　评估和管理风险	
任务 4　让相关方参与进来	
任务 5　规划并管理预算和资源	
任务 6　规划和管理进度计划	
任务 7　规划和管理产品 / 可交付成果的质量	
任务 8　规划和管理范围	
任务 9　整合项目规划活动	
任务 10　管理项目变更	
任务 11　规划和管理采购	
任务 12　管理项目工作	
任务 13　确定适当的项目方法论 / 方法和实践	
任务 14　制定项目治理结构	
任务 15　管理项目问题	
任务 16　确保进行知识交流，使项目得以持续开展	
任务 17　规划和管理项目 / 阶段的收尾或过渡工作	

图 1-37　领域与任务

知识领域之间的关系如图 1-38 所示。整合管理是一个总框架，把其他领域的知识整合成一个完整、有机、系统的整体。

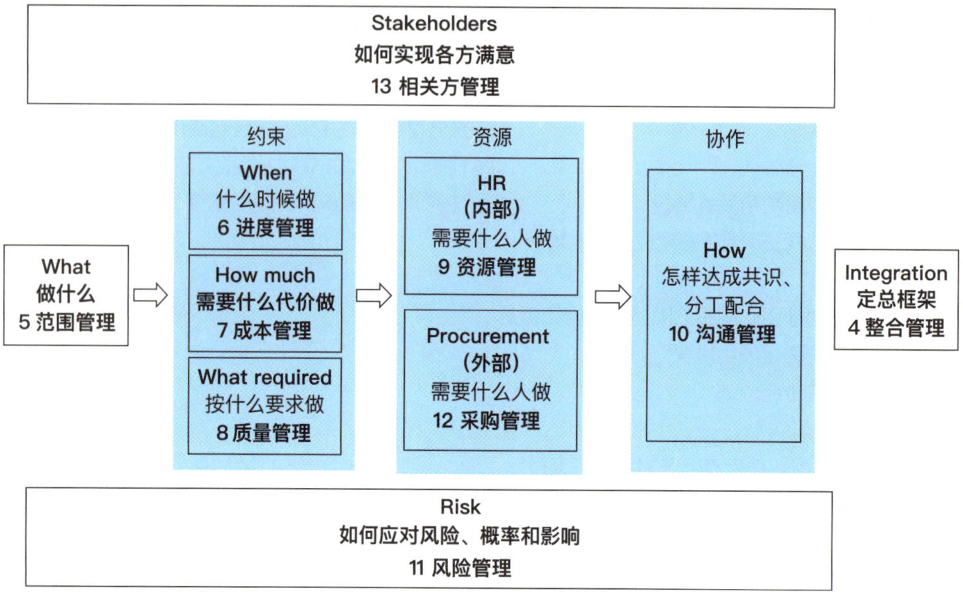

图 1-38 知识领域之间的关系

如图 1-39 所示，进度计划是计划的主线，其他所有子计划均围绕进度计划展开。

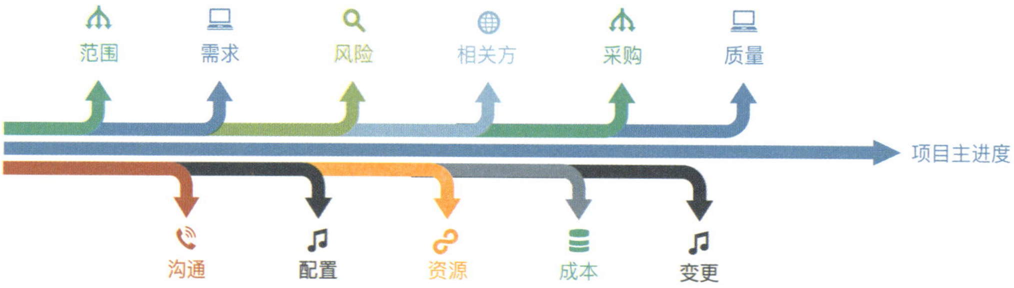

图 1-39 项目管理子计划之间的关系

两种场景的区别和联系

德怀特 · D. 艾森豪威尔（Dwight D. Eisenhower）说：“在实际战斗中，我总是发现既定的作战计划是没有什么用处的；而在战斗准备阶段，提前规划又是必不可少的！”

我们常常会觉得“计划”与“变化”是天生的一对冤家。从计划的角度来看，我们当然希望变化越少越好，最好不变。但“完美的计划”有太多理想主义色彩，在现实中根本不接地气。我们已经进入 VUCA① 时代，项目环境不断发生变化，项目需

① VUCA 是 Volatility（易变性）、Uncertainty（不确定性）、Complexity（复杂性）、Ambiguity（模糊性）的英文缩写。

求随时改变反而成了主旋律，敏捷方法为“变”而生，成为这个时代项目管理的新锐力量。

如表 1-5 所示，传统项目管理方法的特点是强计划、强控制，敏捷方法的特点是快节奏、快反馈。传统项目管理方法和敏捷方法的区别是显著的，不过它们仍然有很多相同之处。

表 1-5 传统项目管理方法与敏捷方法对比

	传统项目管理方法	敏捷方法
计划	工作总能被很好地计划	任何确定的计划都没什么用处
执行	计划总能被很好地实施	计划总是不断被修改
制约	范围、进度、成本可以互相调剂和平衡	周期和资源（人力）是恒定的，只有范围是可以调整的
成功	准时在预算内完成所有既定目标	客户获得真正的商业价值
变更	范围被事先锁定，只能通过变更控制程序修改	范围保持灵活，任何时候的变更都可以接受
控制	利用基准从头到尾控制整个项目的进程	利用基准从头到尾控制项目是不可能的，适应变化才是王道
团队	团队接受项目经理的领导，按计划行事	团队自组织，释放个性

我们以 Scrum 敏捷框架为例，每个冲刺（Sprint）虽然只有 1~4 周，但是在这个短短的 Sprint 中，团队有完整且规范的 Sprint 计划会（规划过程）、每日站会（15 分钟）、关于进展和问题的通报会（监控过程）、Sprint 评审会（对交付的增量进行评审，对应收尾过程中的合同收尾）、Sprint 回顾会（总结和分析这个 Sprint 团队经验上的不足和改进方法，对应收尾过程中的行政收尾），无论是 Sprint 计划会还是每日站会，都起到了启动过程的作用。

如图 1-40 所示，传统项目管理方法中的“滚动式规划”是指团队对近期要做的工作详细估算工期和资源，对中期及远期的工作只做粗略规划，到必要时再进一步细化规划。

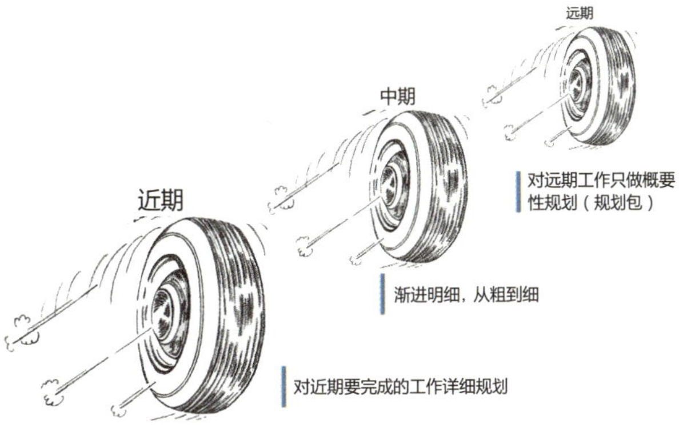

图 1-40 滚动式规划

如图 1-41 所示，在敏捷方法中，团队对于产品待办事项列表（Product Backlog）中的待办事项的处理也是同样的道理，即根据优先级的高低确定细化颗粒度的粗细。

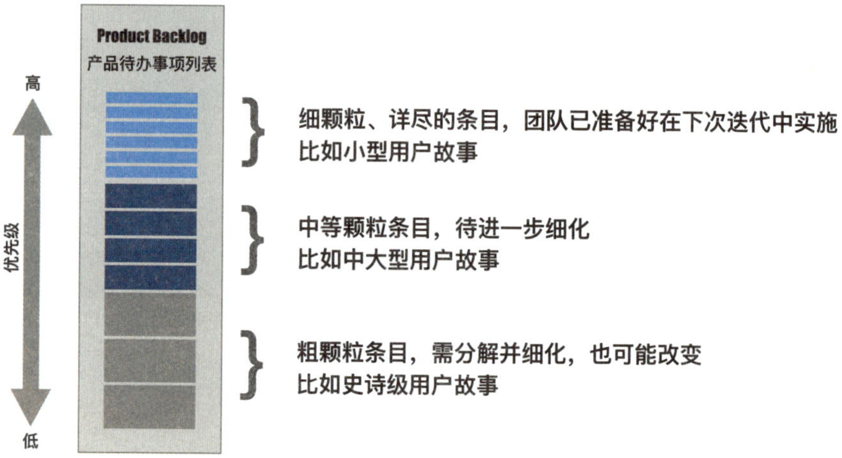

图 1-41　产品待办事项列表中的优先级

由此可见，敏捷方法仍然继承了传统项目管理方法中的大量经验与智慧，只是以更短的周期、更快的节奏、更灵活的方式来应对易变的项目。我们在实践中要根据项目的特点选择恰当的项目管理方式。例如，互联网软件项目的需求未知性强、变化快，要求团队快速交付、快速反馈，所以团队宜采用敏捷方法；而工程建设项目涉及的专业多、工艺复杂、变更成本巨大，所以团队宜采取预测型的开发方法。

1.2.5　裁剪

裁剪是项目经理的基本功，意思是项目经理在可选的方法、过程中因地制宜地做出取舍，得到一个详略适当、搭配合理、适用有效的组合。

裁剪对象如下：

- 49 个过程；
- 过程的输入、工具与技术、输出；
- 生命周期（按阶段划分）；
- 开发方法（预测型、增量型、迭代型、敏捷型、混合型）。

裁剪需要考虑的因素如下：

- 范围、进度、成本、资源、质量、风险之间的相互制约关系；
- 项目环境；
- 组织文化；
- 相关方需求。

如果在一个崇尚创新、追求变革的企业，而且项目需求易变，我们就会倾向选择敏捷型或混合型开发方法，文档也可以适当简化，打造有价值的产品是我们的首要目标。如果企业强调过程合规、操作严谨，而且项目可计划性强、变更成本高，那么团队就应该选择预测型开发方法，即计划控制严谨周密，变更严格遵循流程，文档记录翔实。

良好实践（Best Practice）

良好实践是指在实践中获得的行之有效且可以取得满意结果的方法、经验和技巧。各行各业都有自己的良好实践，就像演员的包袱、厨师的火候，管用且出彩。PMI 长期跟踪研究大量优秀企业做项目的过程，总结出上千条良好实践。这些良好实践可以让我们站在巨人的肩膀上，少走弯路，更快进步。当然，别人的任何经验都需要与自身情况相结合，生搬硬套很难奏效。

1.2.6　项目管理商业文件

如表 1-6 所示，项目管理商业文件包括项目商业论证和项目效益管理计划。

表 1-6　项目商业文件

项目商业文件	定义
项目商业论证	文档化的经济可行性研究报告，用来对尚缺乏充分定义的所选方案的收益进行有效性论证，是启动后续项目管理活动的依据
项目效益管理计划	对创造、提高和保持项目效益的过程进行定义的书面文件

不同的商业文件由不同的负责人负责，如图 1-42 所示。

图 1-42　商业文件及其负责人

项目商业文件产生的顺序，如图 1-43 所示。

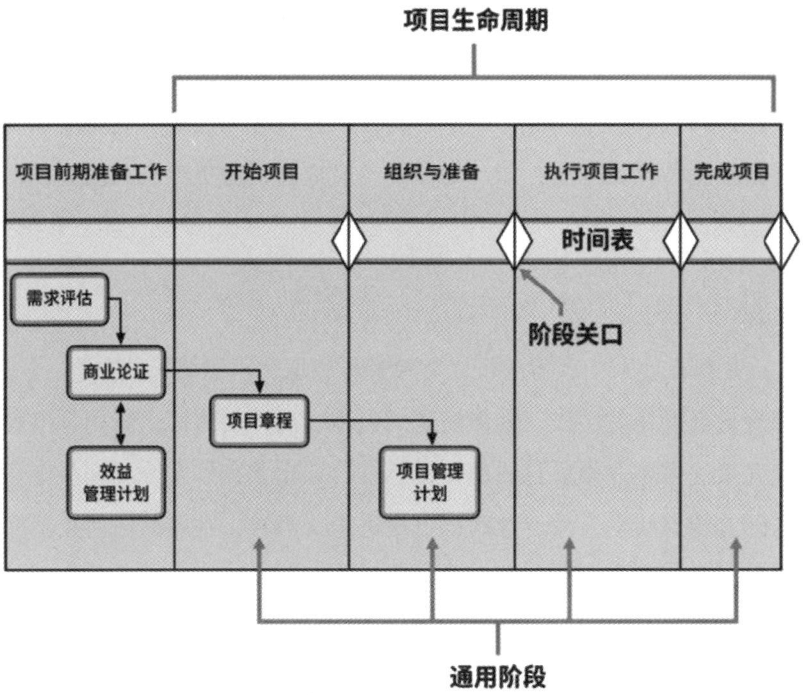

图 1-43　项目商业文件产生的顺序

资料来源：《PMBOK® 指南》（第 6 版）。

商业论证

商业论证是对一个项目投资的有效性进行证明。简单地讲，在一个项目被批准之前，发起人需要确认这个项目的投资是有价值的、值得投入的。项目发起人在认可这样的一个商业论证之前是不应该在这个项目中投入任何资源的。

产品开发过程中存在大量的资源浪费。人们往往认为，浪费是由产品缺陷导致的。其实，最惊人的浪费是没有价值的产品。意大利经济学家帕累托于 1897 年提出“二八原理”，即 80% 的社会财富集中在 20% 的人手里。“二八原理”同样适用于产品开发，产品中 80% 的功能只被 20% 的人使用，而 80% 的人只用其中 20% 的功能。

现实是我们开发了很多自以为很了不起的功能，可压根儿没人用。如果产品的功能本身没有价值，就算质量好到让你感动，又有什么用呢？

如图 1-44 所示，我们有一个很美妙的想法，这个想法经过评审产生了商业需求文档（Business Requirements Document，BRD）和产品需求文档（Product Requirements Document，PRD），经过“用户体验（UX）设计—开发—测试—发现缺陷—修复缺陷—集成—联调—回归测试—系统验证—编制用户手册—发布”一系列操作，可结果是用户很少，甚至没有用户使用，更别说付费了，最终产品只能以下线收场。这个过程不仅消耗了大量的人力、物力，使团队把精力都放在了这些没有价值的想法上，而且错失了开发真正有价值的产品的市场窗口期。

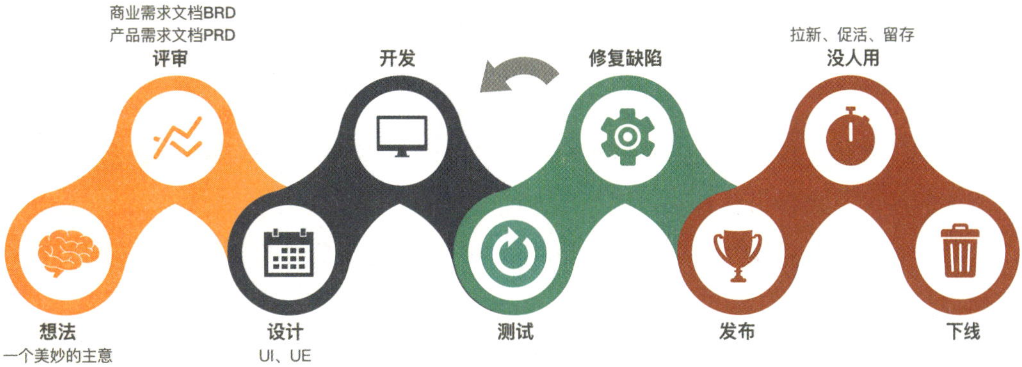

图 1-44 资源是怎么浪费的

很多大企业的产品研发流程非常漫长。例如，年初立项，年底评审，客户或用户需要等待一年的时间才能验证产品价值，可结果是超过一半的项目因为没有价值而使投入变成了沉没成本，如图 1-45 所示。

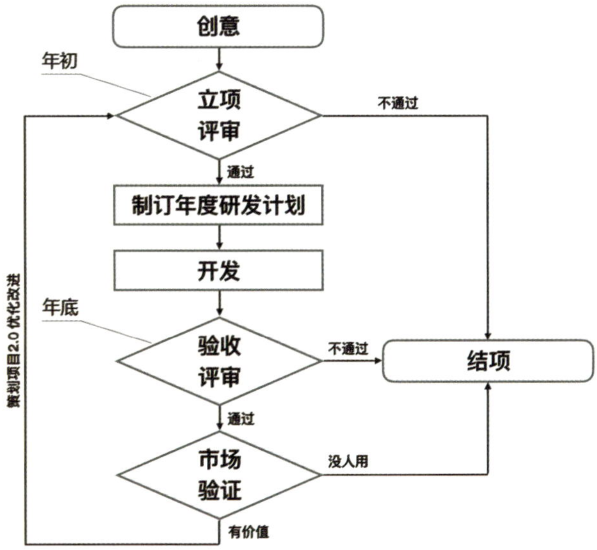

图 1-45 某企业研发项目立项评审流程

商业论证回答了"为什么我们要实施这个项目"的问题，发起人可以凭此确定该项目是经过深思熟虑的，而不是一时头脑发热的结果。商业论证的一个重要组成部分是投资收益评估，即在整个项目周期对项目成本和项目收益进行预估和比较分析。最简单的方法就是比较“实施项目”和“放弃项目”两个选项的结果。

商业论证还包括对整个项目中的主要风险进行评估，这也是发起人在决定是否批准立项时需要考虑的因素。有时，发起人可能会因为项目中的某些风险因素而得出项目不可行的结论。总之，商业论证中必须包含所有可能影响项目实施与否的因素，并且这些因素都需要被记录下来。

商业论证常常被称为项目的驱动，因为它在根本上决定了是否在一个项目上投入资源。管理者在项目每个阶段结束时都需要对这个论证重新进行评估，以决定此论证在当前的环境下是否仍然有效。这也是为什么商业论证必须是一个完整、书面记录的文本。不管在什么时候，如果一个项目的商业论证丧失了有效性，就应当立即停止这个项目，因为继续投入资源是不值得的。

项目发起人通常负责项目商业论证文件的制定和维护。项目经理负责提供建议和见解，使项目商业论证、项目管理计划、项目章程和项目效益管理计划中的成功标准相一致，并与组织的目的和目标保持一致。

项目效益管理计划

项目效益管理计划描述了项目实现效益的方式和时间，以及效益衡量机制。项目效益是指为发起组织和项目预期受益方创造有价值的活动、产品、服务的结果。在项目生命周期的早期，团队应确定目标效益，并据此制订项目效益管理计划。该计划描述了管理项目效益的关键要素，可能包括（但不限于）以下内容。

- 目标效益，比如团队预计通过项目实施可以创造的有形价值、无形价值。
- 战略一致性，比如项目效益与组织业务战略的一致程度。
- 实现效益的时限，比如阶段效益、短期效益、长期效益和持续效益。
- 效益责任人，比如在计划确定的整个时限内负责监督、记录和报告已实现效益的负责人。
- 测量指标，比如用于显示已实现效益的直接测量值和间接测量值。
- 假设，比如预计存在或显而易见的条件或各类环境因素。
- 风险，比如实现效益过程中可能发生的风险。

制订效益管理计划需要使用商业论证和需求评估中的数据和信息，如成本效益分析数据。

在成本效益分析中，团队已经对成本估算与项目拟实现的效益进行了比较。效益管理计划和项目管理计划描述了项目创造的商业价值如何通过运营来实现，以及如何通过运营来实现商业价值的测量指标。

项目效益管理计划的制订和维护是一项迭代活动。它是商业论证、项目章程和项目管理计划的补充性文件。项目经理与发起人共同确保项目章程、项目管理计划和项目效益管理计划在整个项目生命周期内始终保持一致。

财务评价指标

财务评价包含静态评价法和动态评价法。

1. 静态评价法

静态评价法是指我们在做项目财务评价时，不需要考虑资金的时间价值，即不计利息。静态评价法常用的指标如下。

- 投资回报率（ROI）：投资带来的年化收益率。
- 投资回收期（PBP）：收回投资的年限。

例如，小李投资 600 万元（假设没有贷款）买了一套房，将其出租，每个月租金收入为 1 万元。问：投资回报率（ROI）是多少？如果这套房一直出租，那么投资回收期（PBP）是几年？

投资回报率（ROI）= 年均回报 / 投资额 =12/600 = 2%

投资回收期（PBP）= 1/ROI=1/2% = 50（年）

也就是说，小李靠出租来收回投资，50 年才能收回。

（注：当各年净现金流相等时，可以使用上述公式。）

再问：如果小李买的这套房 5 年后房价翻了一番，那么小李将这套房卖掉，投资回报率（ROI）是多少？投资回收期（PBP）是多少年？

投资回报率（ROI）= 年均回报 / 投资额 =［（1 200−600）/5+12）］/600 = 22%

如表 1-7 所示，第 5 年，累计净现金流为正，净现金流为 1 212 万元。

表 1-7　累计净现金流

第几年	0	1	2	3	4	5
收入（万元）		12	12	12	12	1 212
支出（万元）	600					
净现金流（万元）	−600	12	12	12	12	1 212
累计净现金流（万元）	−600	−588	−576	−564	−552	660

PBP=累计净现金流为正的第几年 -1+ 累计净现金流为正的前一年的累计净现金流的绝对值 ÷ 累计净现金流为正的当年的净现金流

=5-1+|-552| ÷ 1 212

=4.46（年）

这个公式是怎么来的？其实我们可以利用几何学里的相似三角形的特征来解决这个问题，如图 1-46 所示。

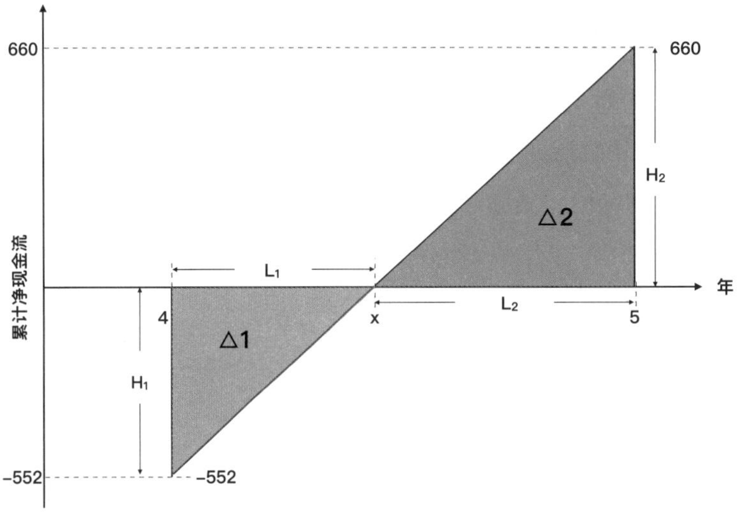

图 1-46　用相似三角形求解投资回收期

第 4 年的累计净现金流是 -552 万元，第 5 年的累计净现金流是 660 万元，我们用一条斜线把这两个点连接起来，这条斜线与横轴有一个交点 x。其实，我们就想知道这个 x 是多少，因为在 x 这个时间点，累计净现金流为 0，这意味着刚好回本儿，不赔不赚。

三角形 1 和三角形 2 是相似三角形。也就是说，$L_1/L_2=H_1/H_2$，即：

（x-4）/（5-x）=|-552|/|660|

经计算，x=4.46（年）。

当然，公式 $L_1/L_2=H_1/H_2$ 还可以表达为：$L_1/(L_1+L_2)=H_1/(H_1+H_2)$，即：

（x-4）/（5-4）=|-552|/1 212

经计算，x=4+552/1 212=4.46（年）。

这就是前述公式的来历。

投资回收期为 4.46 年，意味着小李如果在第 4.46 年把房子卖了，刚好能收回投资成本。

2. 动态评价法

使用动态评价法计算现值和终值的计算公式如下。

- 复利计算：终值 = 现值 × $(1+i)^n$。
- 折现计算：现值 = 终值 ÷ $(1+i)^n$。

其中，现值是指资金在现在（投资时刻，即项目向银行贷款的时刻）的价值；终值是指资金在未来（成功时刻，即项目向银行还款的时刻）的价值；i 是银行贷款利率；n 是银行贷款周期（年数）。

动态评价法中包含两个常用指标：净现值（NPV）和内部收益率（IRR）。

净现值（NPV）

我们需要用折现公式把每年的回报先折现到投资买房的时刻，例如，第 1 年的房租回报为 12 万元，银行贷款利率为 10%，那么第 1 年的现值为 10.91 万元；第 2 年的房租回报为 12 万元，那么第 2 年的现值为 9.92 万元。

如表 1-8 所示，我们把折现后的净现金流累计，可以看到第 4 年累计净现金流为 −561.96 万元，第 5 年累计净现金流为 190.60 万元，即 NPV=190.60 万元。也就是说，小李投资 600 万元（假设有贷款）买了一套房，在第 5 年连本带息还给银行之后，买房投资获利 190.60 万元。

表 1-8 净现值（NPV）

第几年	0	1	2	3	4	5
收入（万元）		12	12	12	12	1 212
支出（万元）	600					
净现金流（万元）	−600	12	12	12	12	1 212
净现金流折现（万元）	−600	10.91	9.92	9.02	8.20	752.56
累计净现金流（万元）	−600	−589.09	−579.17	−570.16	−561.96	190.60

投资回收期（PBP）在静态评价法和动态评价法中的对比如下。

- 静态评价法：PBP=5−1+（552/1 212）=4.46（年）。
- 动态评价法：PBP=5−1+（561.96/752.56）=4.75（年）。

内部收益率（IRR）

内部收益率是衡量项目自身收益能力的指标。如表 1-9 所示，假设我们不知道银行的贷款利率是多少，那么就可以先预设一个（比如 10%），把它作为折现率来计算每年净现金流的折现值，再将其累计得到最后的 NPV。如果 NPV ＞ 0，就提高预设的利率再计算一遍，直至 NPV ＜ 0。如图 1-47 所示，我们通过线性插值的方法，即利用上文提到的相似三角形的特征，可以推算出当 NPV=0 时的利率，这个利率就是内部收益率（IRR）。

表 1-9　内部收益率 IRR 试算

第几年	0	1	2	3	4	5	NPV	i_0
收入		12	12	12	12	1 212		
支出	600							
净现金流	-600	12	12	12	12	1 212		
净现金流折现 1	-600	10.91	9.92	9.02	8.20	752.56	190.60	10%
净现金流折现 2	-600	10.62	9.40	8.32	7.36	657.83	93.52	13%
净现金流折现 3	-600	10.43	9.07	7.89	6.86	602.58	36.84	15%
净现金流折现 4	-600	10.34	8.92	7.69	6.63	577.05	10.63	16%
净现金流折现 5	-600	10.26	8.77	7.49	6.40	552.81	-14.27	17%

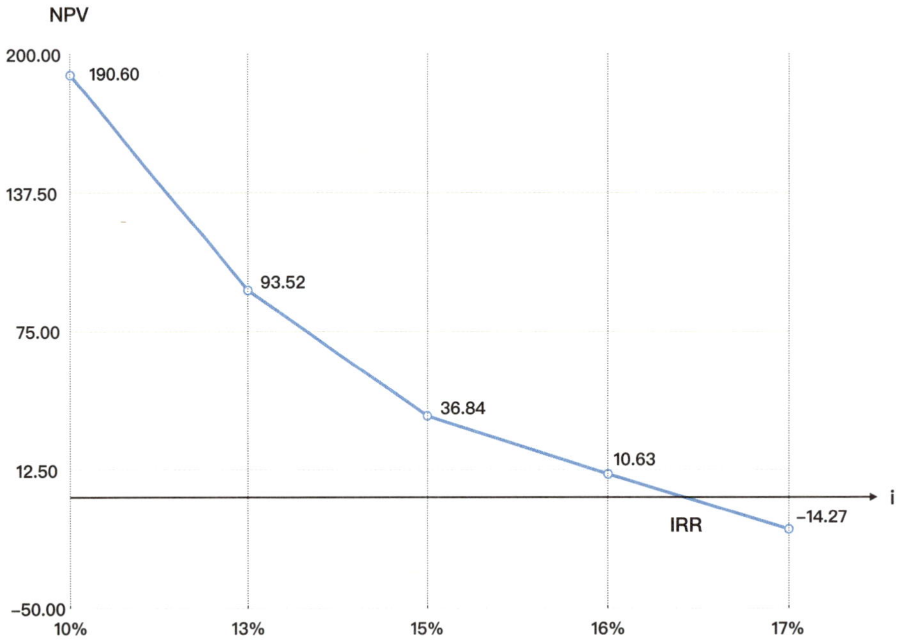

图 1-47　相似三角形（线性插值）求解内部收益率

如图 1-47 所示，当横轴上的两个 i 值距离足够近时，曲线在这一段近似为直线。根据相似三角形底线长度之比等于高之比的原理，我们可得到以下公式：

（IRR-16%）/（17%-IRR）=10.63/14.27

经计算，IRR=16.43%。

IRR 为 16.43% 的含义是，只要银行贷款利率不超过 16.43%，这个项目的投资收益就不会是负值。所以内部收益率（IRR）是我们在投资决策时参考的重要指标。

多项目比较

如表 1-10 所示，如果在项目 A 和项目 B 中，你只能选一个，那么你会选哪个？

我相信你会选择项目 A，因为项目 A 的净现值高，这意味着这个项目的回报更多。

表 1-10 多项目比较

项目	A	B	C
NPV（万元）	1 500	1 000	1 000
IRR	16%	16%	38%

如果在项目 B 和项目 C 中，你只能选一个，那么你会选哪个？

你应该选 C，因为它们的回报虽然一样，都是 1 000 万元，但是 C 的内部收益率（38%）远高于 B 的内部收益率（16%）。这就意味着项目 C 的抗风险能力更强，只要贷款利率不超过 38%，这个项目还是有得赚。当然，这也意味着项目 C 的融资渠道比项目 B 更丰富，选择余地更大。

如果在项目 A 和项目 C 中，你只能选一个，那么你会选哪个？

因为这两个项目的 NPV 和 IRR 都不同，所以针对这个问题，我们不能简单下结论，要考虑其他因素，比如项目发起人对风险的态度。如果发起人很激进，愿赌服输，认为高风险还会带来高收益，那么他就会倾向于选择 A；如果发起人很保守，宁可少赚也不愿冒险，那么就应该选择 C。

另外，不同的项目有不同的规模，所以只比较 IRR 的大小是没有价值的。例如，投资 10 万元的项目内部收益率即便高到 40%，也没法和投资 10 亿元但内部收益率只有 12% 的项目相提并论。正所谓瘦死的骆驼比马大，虽然内部收益率并不高，但乘以庞大的基数，收益就十分可观了。

效益成本比率（BCR）

效益成本比率就是增加的效益和相应多投入的成本之间的比值。例如，如图 1-48 所示，我们现在想买车，可以选择的有传统汽油车、油电混合动力车和纯电动车。从效益成本比率的角度来说，如果把传统汽油车作为参照对象，我们可以分析得出，买油电混合动力车会多花 10 万元，行驶 10 万公里可以节省 2.6 万元的油钱，效益成本比率为 0.26。也就是说，省的油钱远远没有多花的买车的钱多；而买纯电动车的效益成本比率为 1.15，如果我们不考虑其他因素（如充电不方便等），那么很显然，买纯电动车的效益成本比率更高，经济上更划算。

	传统汽油车	油电混合动力车	纯电动车
百公里能源成本	65元	39元	7.5元
购买成本	——	+10万元	+5万元
节油效益		2.6万元	5.75万元
效益成本比率（BCR）		0.26	1.15

注：均按照行驶10万公里计算节油效益

图 1-48　效益成本比率

成本效益分析

如果成本持续增加，那么由此带来的效益增长并不是线性增长。当项目开始时，多投入一些成本，效益增长十分显著，但是随着成本继续增加，效益的增幅逐渐趋缓，当到达某一个点之后，效益增加的量还没有多投入的成本多。

那么我们投入多少成本才是最合适的呢？

如图 1-49 所示，这条效益成本曲线上的切线的倾斜角为 45°，这个切点就是分水岭。在切点对应的成本 C_0 之前，投入都是值得的；在 C_0 之后，增加的效益△ B 就开始小于增加的成本△ C 了，这时候继续投入就不划算了。

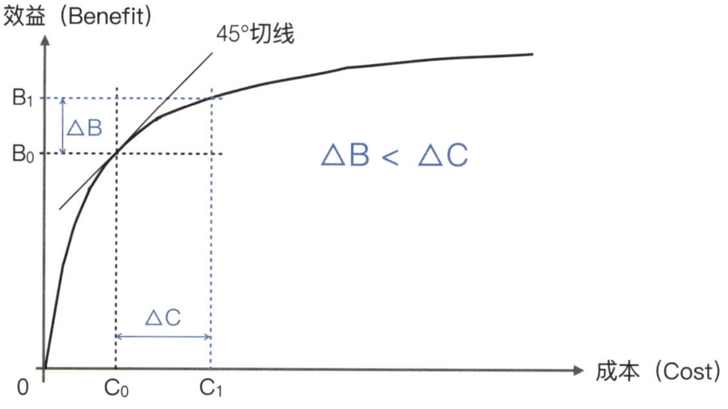

图 1-49　成本效益分析

我们在投资一个项目时，成本效益分析可以帮助我们决策成本投入的合理区间。

1.3　本章测试题及解析

1-1　某家公司把项目分为 A、B、C 三组。A 组项目将为公司开拓新的业务领域，B 组项目非常成熟，是公司利润的主要来源，C 组项目所处行业正在萎缩。公司给三组项目设定不同的优先级，并按这个优先级分配资源。这是什么管理活动？

A. 项目管理

B. 项目集管理

C. 项目组合管理

D. 项目治理

1-2　公司有几个项目团队经常因为项目之间互相影响而产生矛盾。例如，因其他项目的任务不能按时完成而造成自己的项目进度延误，尽管项目经理们经常一起开会协调，但收效甚微。他们现在最需要以下哪个角色来解决这类问题？

A. 项目组合经理

B. 项目集经理

C. PMO 负责人

D. 变更控制委员会（CCB）

1-3　以下可能都是项目的特征，除了：

A. 临时性

B. 重复性

C. 独特性

D. 不确定性

1-4　项目经理接到一个新软件产品开发项目，需要根据用户的持续反馈才能一步步决定产品的功能，而且如何实现这些功能也没有成熟的技术方案可以借鉴。项目经理应该建议团队采用哪种项目生命周期？

A. 预测型

B. 适应型

C. 迭代型

D. 增量型

1-5　一个生命周期为 10 年的项目，期初投资为 100 万美元，项目年收入为 50 万美元，年支出为 30 万美元。用静态评价法计算项目的投资回报率（ROI）和投资回收期（PBP）分别是？

A. ROI 为 50%，PBP 为 2 年

B. ROI 为 20%，PBP 为 3 年

C. ROI 为 20%，PBP 为 5 年

D. ROI 为 50%，PBP 为 5 年

答案及解析

1-1　C

根据题干的描述，企业按照不同战略目标为项目分组并设定优先级，按照优先级配置资源就是项目组合管理的含义，见《PMBOK® 指南》（第 6 版）1.2.3.3。选项 A 是单项目管理；选项 B，项目集管理应突出项目之间的联系，实现 1+1>2；选项 D，项目治理是项目管理应依据的规则、制度、流程的管理框架。

1-2　B

题干中强调了项目之间互相影响，表明项目之间有联系。项目集管理就是把有联系的项目打包一起管理，因此，解决这类冲突是项目集经理的职责，见《PMBOK® 指南》（第 6 版）1.2.3.2。选项 C，PMO 负责人是为众多项目提供通用性的支持和协调工作的人。只有指令型 PMO 才有可能直接管理项目或项目集，见《PMBOK® 指南》（第 6 版）2.4.4.3。因此，选项 C 勉强沾边儿，选项 B 项目集经理非常吻合。

1-3　B

持续的重复性的工作是运营的特征，其余三个选项都是项目的特征。

1-4　B

题干给出信息，项目需求不明确，技术方案也不确定。根据 Stacey 矩阵分析，项目经理应该采取适应型生命周期，也就是敏捷开发模式。

1-5　C

ROI= 年均净现金流（流入 - 流出）/ 投资 =（50−30）/100 = 20%。如果每年净现金流不变，那么，PBP = 1/ROI = 1/20% = 5（年）。

第 2 章　项目运行环境

2.1　概述

组织运行环境是项目健康生存和茁壮成长的土壤，是影响项目成败的核心要素，包含事业环境因素、组织过程资产和组织系统三个部分，如图 2-1 所示。

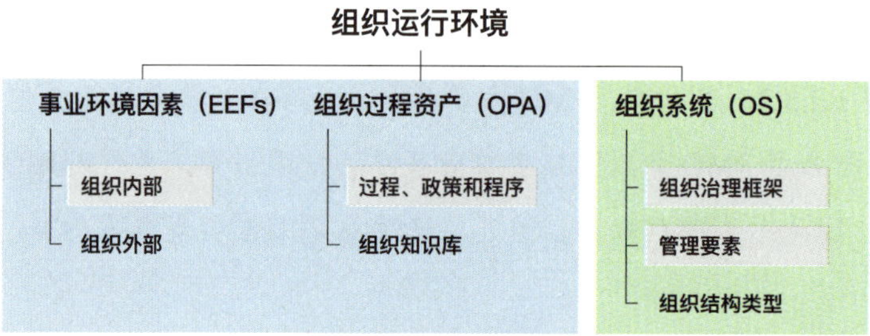

图 2-1　组织运行环境

其中，事业环境因素和组织过程资产是一对互斥的概念，也就是说，它们没有交集，而组织系统则是从另一个角度阐述项目运行环境。

2.2　事业环境因素

2.2.1　组织内部的事业环境因素

在第 1 章里，我们讲过企业的愿景、使命和核心价值观，这些决定了企业的发展方向。例如，华为认定通信技术会改变人们沟通和生活的方式，面对房地产、互联网金融等各种高回报率的诱惑不为所动，甚至为了避免受资本影响而选择不上市。不忘初心，坚定地走自己的路，这样的经营理念就决定了企业里“什么项目要做，什么项目不做”的基本规则。

企业在做项目之前应该充分考虑自身的软件、硬件条件。例如，场地、设备在很大程度上会影响项目的决策方案和成本、进度、沟通等各项计划；企业的信息化平台、系统、管理流程、制度这些软件条件也深刻地影响着项目的规划和实施。

2.2.2 组织外部的事业环境因素

团队做项目必须遵守自己国家及项目所在地的法律、法规、行业标准、规范，这些都需要团队事先认真学习、研究，因为依法合规是项目管理的底线。

另外，团队还要充分研究市场、经济和自然环境因素，即便项目已经开始，也要持续分析市场形势、经济形势和国际局势的变化。如果是对自然环境因素敏感的工程项目，团队还必须关注水文、地质、气象、灾害等对项目的影响。

2.3 组织过程资产

1 模板、手册、指南
流程、政策、程序

2 知识、经验、教训
数据、信息、资料

2.3.1 过程、政策和程序

过程、政策和程序是用来规范和指导项目管理的，比如，项目立项要经过哪些步骤，项目验收要满足哪些条件，需求变更该走什么程序。

过程、政策和程序也包括 PMO 整理和编撰的项目计划模板、操作手册、项目管理指南等。

2.3.2 组织知识库

管理成熟的企业都很重视知识管理，做过的项目都有完整、规范、健全的档案，包含项目计划、项目经验和教训，便于以后的项目团队参考。

企业收集、购买的行业数据、信息和资料也是项目中很重要的资源。

以上知识只有通过规范和严谨的管理，才能被妥善地保存、维护、检索和分享，发挥出它们的价值。

事业环境因素与组织过程资产的区别

这是一个很重要的知识点，你要能够正确理解事业环境因素和组织过程资产的特征和区别，如表 2-1 所示。

表 2-1 事业环境因素与组织过程资产的区别

	事业环境因素（EEFs）	组织过程资产（OPA）
出自	政府、行业协会、公司管理层	历史项目团队及 PMO
用途	遵守	参考
方式	被动接受，入乡随俗	主动参与，更新维护

例题 2-1　下面属于事业环境因素的是（　　）。

A. 上一个项目的经验教训登记册　　B. 项目管理信息系统（PMIS）

C. 企业购买的最新的行业数据　　D. 整体变更控制程序

答案：B。企业提供的项目管理信息系统（PMIS）和其他企业信息化平台（如 CRM、ERP、OA 等）性质相同，需要所有项目团队都规范使用，属于项目团队必须遵守的组织内部的流程制度。不过，PMIS 中保留下来的以往项目的数据、模板、日志、报告等都属于组织过程资产。A、C、D 选项都属于组织过程资产。D 选项整体变更控制程序，每个项目的变更程序都是根据发起人和各参与方的意见为这个项目单独制定的，是项目各参与方的共识，不同的项目不一定通用。

2.4 组织系统

2.4.1 概述

组织系统是由管理要素、治理框架和组织结构等构成的，与组织的使命、愿景、价值观保持一致，与组织的战略目标相适应。组织系统不但要清晰、明确、稳定，还要保持一定的灵活性和持续优化的能力，如图 2-2 所示。

组织系统是组织在实践中不断发展和演进而来的，每个组织都有鲜明的特色，有的组织推行授权，有的组织强调管控，有的组织强在流程，有的组织胜在情怀，有的组织擅长条块分割，有的组织尝试前台、中台和后台。

企业可以不断调整、优化组织系统，也可以向标杆企业学习，但是不能简单模仿、生搬硬套，因为组织系统是综合、多元、相互关联、自成体系的复杂系统。这也就是为什么很多企业学习谷歌，但没有成为谷歌；很多企业学习华为，但没能成为华为；很多企业推行 ERP 系统，但效率不增反降；很多企业实施目标与关键成果法（OKR），但虎头蛇尾。我们要相信每一家企业都是独一无二的，只有适合自己的才是最好的。

图 2-2　组织系统组成

虽然组织系统各有不同，但所有的组织目的都是一致的，即符合战略、优化资源、提升效率、创造商业价值。

2.4.2　组织治理框架

治理与管理

我们来认识一下企业中治理和管理之间的联系。

治理可以被理解为“定规矩”，实现责、权、利的合理分配与制衡。例如，公司里谁向谁汇报，谁对谁负责。而管理是在治理的框架下实现经营目标的所有举措。

治理和管理都是为了组织健康发展服务的，它们之间是相辅相成的关系：治理给管理指明了方向、规划了路线、划清了边界；经营层在管理实践中也会不断向董事会反馈并与其互动，从而使董事会动态地调整和优化治理结构。

企业中治理与管理的区别如表 2-2 所示。

表 2-2 治理与管理的区别

	治理（Governance）	管理（Management）
定位	宏观、稳定	具体、灵活
目的	设计组织制度、制定规则、定义决策机制	提高组织效率、达成经营目标
主体	董事会	经营层

组织治理与项目治理

我们还需要理解组织治理与项目治理的区别和联系。组织治理是针对整个组织的高级别的指导、支持、监督与控制框架。项目治理是组织为项目建立的高级别的指导、支持、监督与控制框架。项目治理由项目指导委员会执行。作为项目的最高决策机构，项目指导委员会由项目主要相关方的高层代表组成，相当于公司的董事会。

项目治理与项目管理

项目治理是联系组织治理与项目管理之间的桥梁，项目经理和项目管理团队必须在项目治理框架下开展项目管理工作。项目治理是把项目经理无力处理或不便处理的项目的“政治”问题（如相关方之间的利益冲突）剥离出来，交给项目指导委员会处理，以便项目经理可以专注于项目本身的管理。

项目治理的层次高于项目管理，是高层次的项目决策机制。项目治理的作用包括但不限于以下几点：

- 提供项目方向指导；
- 提供高层及外部支持；
- 监督项目管理工作；
- 对项目所有权变更、项目中止等重大事项进行决策。

例如，企业里项目组合管理、项目集管理的机制、项目经理的任职资格和晋级规则、PMO 的权限和职责定义、项目立项标准和评审流程都属于项目治理；而项目的计划与控制，以及进度、成本、质量等目标的实现属于项目管理范畴。

项目管理办公室（PMO）

PMO 是对与项目相关的治理过程进行标准化，并促进资源、方法论、工具和技术共享的一个组织部门，如图 2-3 所示。

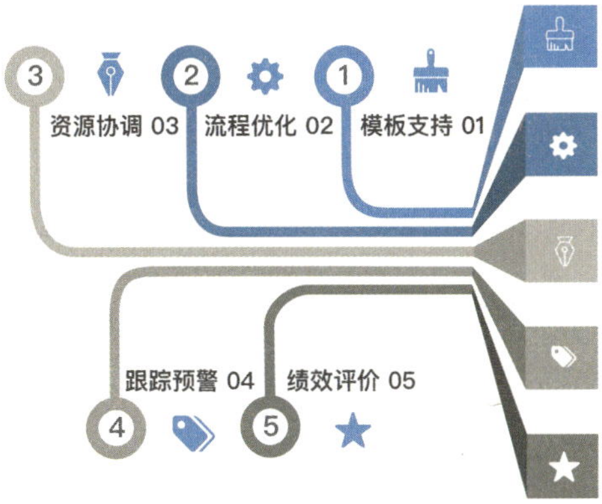

图 2-3　PMO 的职责

PMO 的三种类型

企业根据自身业务特点和发展阶段来决定 PMO 的职责范围和管理深度，如图 2-4 所示。

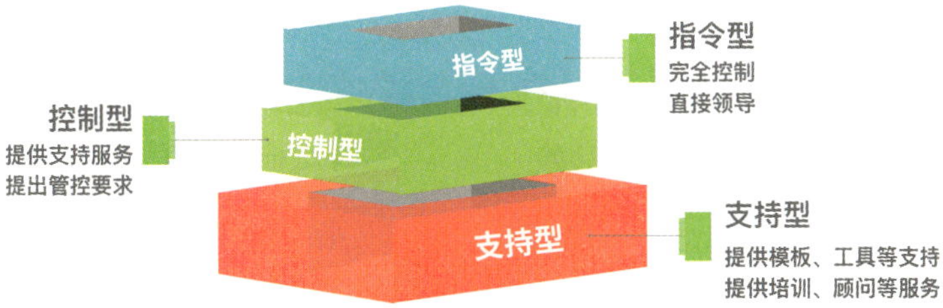

图 2-4　PMO 的类型

2.4.3　管理要素

亨利·法约尔（Henri Fayol）是古典管理理论的代表人物，他把管理看作一组普遍的职能，即计划、组织、指挥、协调和控制。1916 年，法约尔提出了 14 条管理原则。《PMBOK® 指南》（第 6 版）中的 16 个项目管理要素就源于法约尔的 14 条管理原则，如表 2-3 所示。

表 2-3　项目管理要素与法约尔原则

序号	项目管理要素	法约尔原则	说明
1	基于专业技能和可用性开展工作	劳动分工原则（Division of Work）	只有适度的分工，才能让员工在自己的专业上更加精进，提高工作效率，为组织做出更大的贡献
2	工作职权	责任与权力原则（Authority and Responsibility）	责任和权力要相符，贡献与奖励要相称
3	工作职责		
4	具有纪律性的行为	纪律原则（Discipline）	企业和项目团队都需要约法三章，所有人共同遵守，共同维护
5	统一指挥原则	统一指挥原则（Unity of Command）	“利出一孔，令出一口”，员工只能接收统一的声音
6	统一领导原则	统一领导原则（Unity of Direction）	原则上，一个下级只能有一个直接上级，避免越级指挥和多头管理
7	组织的总体目标优先于个人目标	个人利益服从整体利益原则（Subordination of Individual Interest to General Interest）	避免“无知、贪婪、自私、懒惰，以及个人冲动伤害集体利益”
8	支付合理的薪酬	人员的报酬原则（Remuneration）	体现公平、具有激励作用的合适的报酬体系十分必要
9	资源的优化使用	集中的原则（Centralization）	指令传递的层次不宜过多，找到适合企业和团队的权力集中的尺度
10	畅通的沟通渠道	等级链原则（Scalar Chain）	只有建立一个不中断的等级链，信息和指令才能通畅地上传下达
11	在正确的时间让正确的人使用正确的材料、做正确的事情	秩序原则（Order）	知人善用，人尽其才，把每个人都放在最能发挥其能力的位置上
12	公正、平等地对待所有员工	公平原则（Equity）	通过善意设定公道规则并严格贯彻执行，使员工忠于职守
13	明确工作岗位的安全职责	员工的稳定原则（Stability Tenure of Personnel）	员工适应新岗位、与团队磨合都需要过程，应尽量使员工稳定
14	确保员工安全		
15	允许员工参与计划与实施	首创精神（Initiative）	“想出一个计划并实现它”是激发团队热情的动力，满足了团队自我实现的需求。企业要鼓励这种首创精神
16	保持员工士气	团队精神（Team Spirit）	鼓励当面交流而不是书面沟通，让沟通更迅速、更清楚，减少误会，让团队更融洽

毕竟法约尔原则已经过去 100 多年了，我们应该与时俱进。例如，法约尔提出的“集中的原则”“等级链原则”并不完全适合现如今的项目管理。现如今的项目管理倡

导扁平化管理，减少层级，尤其是敏捷开发强调自组织团队、去中心化，而“统一指挥原则”“统一领导原则”就不合时宜了。

2.4.4　组织结构类型

需要注意的是，图 2-5 中的矩阵（弱矩阵、平衡矩阵和强矩阵）与 PMP 考题中出现的“紧密型矩阵”不是同一范畴的概念。紧密型矩阵并不是一种矩阵组织，而是指团队成员集中办公（War Room），这样有利于团队建设、提高团队沟通协作效率。

图 2-5　组织结构类型

职能型组织

如图 2-6 所示，在职能型组织中，资源由职能经理掌握，项目的协作至少要在职能经理这个层次沟通。

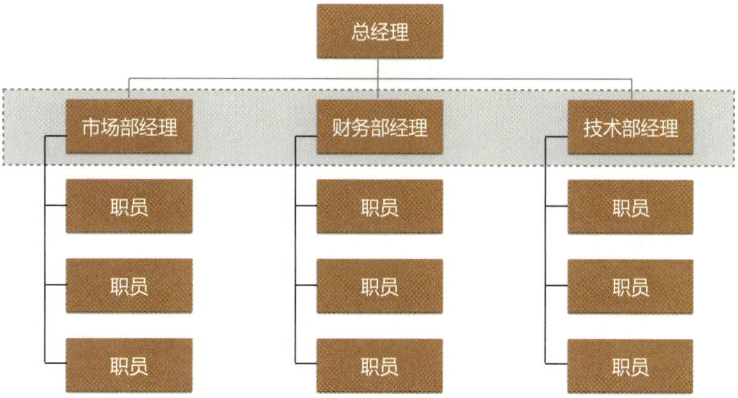

图 2-6　职能型组织

职能型组织通常适用于项目规模较小、历时短，或以技术和运营为主体的组织，如工厂、医院。

矩阵型组织

如图 2-7 所示，矩阵型组织有不同的职能部门（纵向），也有不同的项目团队（横向）。

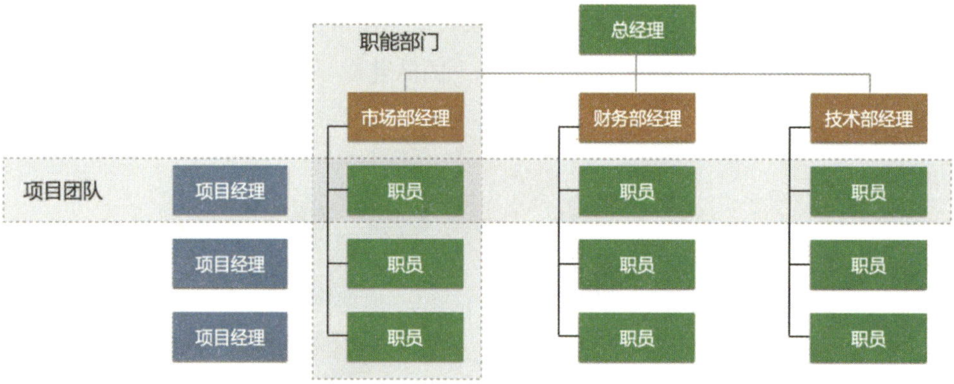

图 2-7　矩阵型组织

矩阵型组织应用比较广泛，既能发挥职能分工的优势，又能满足项目管理的要求。

项目型组织

如图 2-8 所示，在项目型组织中，独立的项目公司或公司高层直接管理多个项目经理，项目经理管理项目团队。

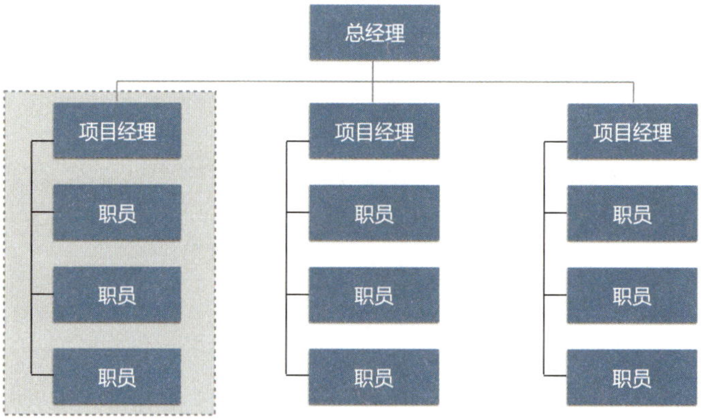

图 2-8　项目型组织

项目型组织适用于长期、大型和复杂的项目，如航天工程、大型基础设施建设项目、综合房地产开发项目。

职能型、矩阵型和项目型组织的优缺点如表 2-4 所示。

表 2-4　职能型、矩阵型和项目型组织的优缺点对比

类型	优点	缺点
职能型	• 发挥职能部门资源集中的优势 • 在人员使用上有较大的灵活性 • 同部门人员在一起易于交流知识和经验 • 项目人员的流动不影响技术的连贯性 • 为本部门人员提供一条正常的晋升途径	• 项目往往不能成为职能部门工作的焦点 • 不同的项目在资源使用的优先权上容易产生冲突 • 项目所有者不明确，容易导致无人负责 • 对客户的响应迟缓且艰难 • 调配给项目的人员积极性不高 • 跨部门的交流比较困难
矩阵型	• 充分利用组织资源，避免重复设置 • 有利于集中各部门的技术、管理优势 • 对客户及公司组织内部的响应快速、灵活 • 项目团队能保证与公司政策的一致性	• 违反了命令单一性原则 • 项目经理与职能经理在工作优先级上存在冲突
项目型	• 项目所有者明确 • 命令单一、决策速度快 • 易于沟通和协调 • 可充分发挥团队的优势 • 对客户的响应速度快 • 组织结构简单灵活，易于操作	• 资源独占，可能造成浪费 • 机构重复设置，不利于共享 • 团队成员缺乏安全感和归属感 • 团队之间横向联系少，经验分享难 • 易导致不同项目团队对公司规章制度执行不一致

项目管理者在不同组织中的特征如表 2-5 所示。

表 2-5　项目管理者在不同组织中的特征分析

	职能型	矩阵型			项目型
		弱矩阵	平衡矩阵	强矩阵	
项目管理者权限	很少	有限	少到中等	中等到高	很高，甚至全权
项目管理者角色	兼职	兼职	兼职	全职	全职
负责预算和资源控制者	职能经理	职能经理	项目经理 职能经理	项目经理	项目经理
项目管理者常用的称谓	项目联络员	项目协调员	项目经理	项目经理	项目总指挥 项目公司总经理
工作特点	不解决问题	解决小问题	处理日常问题	处理授权问题	解决关键问题

2.5 本章测试题及解析

2-1 项目所需的资源必须全部由相关职能经理来分配和管理，项目管理者只能起到不同专业之间传递信息和联络团队成员的作用，那么这家公司的组织结构最可能是哪种类型？

A. 矩阵型组织

B. 项目型组织

C. 虚拟型组织

D. 职能型组织

2-2 项目经理在接手一个新项目时，PMO 给他提供了历史上与新项目类似的项目的资料，包含模板、手册、经验、流程等。这些资料属于？

A. 事业环境因素

B. 组织过程资产

C. 管理要素

D. 组织治理框架

2-3 项目团队包括来自不同国家、不同公司的多个专业小组。有的团队成员问项目经理：应该用什么语言处理工作邮件，用哪个模板做计划，按哪个流程进行评审等一系列问题。项目经理在回答这些问题时应该参照以下哪一项？

A. 项目章程

B. 项目沟通管理计划

C. 组织治理框架

D. 项目治理框架

答案及解析

2-1　D

根据题干所述，资源掌握在职能经理手里，所以这家公司最可能是职能型组织。选项 C，虚拟型组织是指通过互联网协作的项目团队。

2-2　B

PMO 为项目经理提供的历史上与新项目类似的项目的资料属于组织过程资产，由各自项目团队记录整理，并由 PMO 筛选归档。组织过程资产为新项目提供参考，是提升组织项目管理能力的重要资产。

2-3　D

项目治理框架为项目相关方提供了管理项目的结构、过程、角色、职责、终责和决策模型，见《PMBOK® 指南》(第 6 版) 1.3。

第 3 章　项目经理的角色

3.1　概述

项目经理对于项目的成功至关重要。在《PMBOK® 指南》（第 6 版）一书中，作者将项目经理的角色与大型交响乐团的指挥作比较，这里面有两个重要含义：第一，只有团队有了项目经理（如同乐团有了指挥），大家才能形成统一的理解和认识，高效协同地完成目标；第二，乐团的指挥并不一定精通某种乐器，项目经理也一样，并不需要精通某种技术，他的职责是计划、组织、协调、指导。

3.2　项目经理的定义

项目经理就是受发起人委托，组织资源，编制计划，并带领团队达成目标的人。这个人应具备专业的计划和控制能力、强大的组织协调能力、丰富的知识储备、杰出的沟通能力。归根结底，他应具备卓越的领导力！

敏捷中的“项目经理”

有人说，敏捷团队里根本就没有项目经理！我们以 Scrum 框架为例（见图 3-1），看看敏捷团队里有哪些角色。

图 3-1　Scrum 框架

Scrum 团队是由产品负责人（Product Owner，PO）、敏捷专家（Scrum Master）和开发团队组成的，是跨职能的自组织团队。

跨职能包含跨专业和跨领域。

跨专业是指团队应该包含架构、设计、开发、测试、运维等人员，不同专业的团队成员群策群力，没有部门之间的交接，不依赖其他部门或团队就可以完成一个产品。对于涉及多个团队协同开发的大型产品来说，产品负责人应该围绕产品的价值流，以产品特性为单位组建团队，以确保每个 Scrum 团队拥有交付一个产品特性所需的全部专业。

跨领域是指团队应该包括前端、中间件、数据库等人员，团队交付一个产品增量需要多领域人员协作配合。如果各领域人员分属不同的团队，那么即便每个团队努力做好自己的工作，但是因为控制不了其他团队的进度，也只能把自己的工作成果搁置，无法及时交付一个完整的产品增量。

Scrum 提倡“7 ± 2”模式，也就是 5~9 人的规模。如果团队的人数太少，那么往往无法覆盖交付产品特性所需的专业；如果团队的人数太多，那么沟通成本会上升，例如，每日站会的时间将超过 15 分钟。

身兼数职的成员加入团队的情况应尽量避免。如果成员不能全身心地专注在一个团队工作，就会导致整个团队效率下降。而且，成员自己在多个项目的工作中切换任务，这种切换本身也会消耗大量的精力。

Scrum Master 的职责如下。

- 过程权威（警察）：维护 Scrum 团队的流程，确保团队遵守工作协议，指导团队践行敏捷的价值观、原则，以及实践 Scrum。
- 排除干扰（保安）：保护团队不受外界干扰，让团队集中精力在每个 Sprint 的交付上。
- 扫清障碍（工兵）：清扫妨碍团队生产效率的一切障碍，包括环境、设备、资源等。
- 示范指导（教练）：观察团队如何运作 Scrum，帮助团队成员形成敏捷思维模式和行为习惯，提升敏捷的实践能力，负责排除产品负责人和开发团队之间、开发团队成员之间的协作障碍，从而改善团队的沟通效率，提升团队的整体效能。
- 仆人领导（保姆）：仆人式领导力是指敏捷专家应该放低姿态，全心全意为团队服务，让团队在项目中创造价值。
- 变革代言（说客）：在组织内部传播敏捷思想，推广敏捷实践，不遗余力地帮助组织实现敏捷转型。

产品负责人（PO）的职责如下：

- 首要职责是将产品的价值最大化；
- 建立产品愿景；
- 与内部和外部项目相关方、团队一起规划产品发布；
- 获取外部相关方（客户、用户等）和内部相关方的需求和反馈；
- 与开发团队、敏捷专家密切合作，交付产品；
- 管理产品待办事项列表。

在上述 Scrum 团队的角色中，我们可以看出，最接近项目经理的角色是 Scrum Master。不过，Scrum Master 并不是传统意义上的项目经理。敏捷倡导自组织团队，Scrum Master 不是指挥官，只是帮助和引导团队达成共识，团队成员不管是在开发过程中还是在会议上并不向 Scrum Master 汇报工作，而是与团队所有伙伴分享。

虽然敏捷团队中没有纯粹的传统意义上的项目经理，但事实上，在敏捷团队里，人人都是项目经理。

3.3 项目经理的影响力范围

3.3.1 概述

项目经理的角色

项目经理在管理项目的过程中要担任以下角色。

1. 资源整合者

无论是组织内各部门抽调的专业人员，还是众多分包商、供应商团队，都需要项目经理把他们组织起来，形成一个有序协作、默契配合的项目团队。

2. 信息沟通者

项目经理也是项目中沟通规则的制定者、流畅沟通的推动者、沟通效果的保障者。

3. 氛围创造者

高效能团队一定离不开积极、健康、友好、快乐的团队氛围，项目经理要有能力带领团队创造这样的氛围。

4. 决策制定者

项目经理在项目中会面对各种选择和决策，例如，项目经理需要在多种方案中进行选择，对大量的变更（不涉及基准）和冲突做出决策。总之，项目经理应该带领团队高效做出科学决策。

5. 团队领导者

成为团队的主心骨，为团队指引方向，带出一支能征善战的项目团队就是项目经理的核心任务。

正是因为项目经理同时担任很多角色，必然和很多人有交集，所以项目经理的工作会影响到很多人，如图 3-2 所示。

图 3-2　项目经理的影响范围

如图 3-3 所示，我们必须分清“项目管理团队”和“项目团队”，项目管理团队是项目团队的子集。项目管理团队的成员包括项目经理及分担项目经理管理工作的成员，项目管理团队的工作包括成本分析、进度计划编制、监控评估、变更控制等，但不包括设计、开发、测试等专业技术工作。

图 3-3　项目团队与项目管理团队

如图 3-4 所示，项目管理团队加上只做具体技术和业务工作的成员就是项目团队。需要注意的是，很多组织中的项目管理团队成员并不都是全职做项目管理工作的，他们可能也需要承担技术或业务工作。例如，团队里的设计师很可能会帮助项目经理做需求分析或维护看板，测试工程师可能会做工时估算。项目规模越大，组织形式越偏向于项目型组织，项目管理团队成员全职的可能性也就越大。例如，在大型基础设施建设项目中，纯粹做计划控制的管理团队成员就有几十甚至上百人。对于小的软件项目来说，项目经理本人有可能身兼数职，一边管理项目，一边写代码。

图 3-4　项目中各种角色的关系

如图 3-5 所示，项目经理作为项目沟通的枢纽，影响的对象包括项目团队成员，组织内部各职能部门，行业、专业领域及跨学科的相关方。

图 3-5　项目经理影响的对象

3.3.2　项目

项目是项目经理开展工作的主要载体。项目经理为项目做工作分解、进度计划、成本预算等。项目经理要和项目发起人保持沟通，要和团队成员密切合作完成目标。

3.3.3　组织

项目经理需要遵守组织的规章制度，与各职能经理沟通并获取各种专业资源。当然，项目经理也要保证项目与组织的战略一致性，为组织创造商业价值。

3.3.4　行业

项目经理不但要熟悉行业的标准、规范，了解行业发展趋势，而且要善于利用行业的经验和数据，得到行业专家的支持和帮助。同时，项目经理做项目的过程也是为行业积累和贡献良好实践的过程。

3.3.5　专业领域

项目涉及的专业领域众多，项目经理需要了解各专业领域的发展动态，从各专业领域获取知识和主题专家的支持。

我们用举例来说明行业与专业的区别。例如，金融行业需要风险控制，风险控制是专业，金融是行业；房地产是行业，结构、暖通、园林都是与其相关的专业。

3.3.6　跨领域

项目管理本身属于管理领域，项目经理可以主动向与项目相关的其他领域的成员传播项目管理文化，传授项目管理的知识、经验、工具、方法，让各领域的合作伙伴都具备项目管理的基本能力，从而提高团队的沟通与合作效率。

3.4　项目经理的能力

3.4.1　概述

PMI 人才三角指出，项目经理必须具备三个关键技能：项目管理专业技能、战略和商务管理技能、领导力技能，如图 3-6 所示。

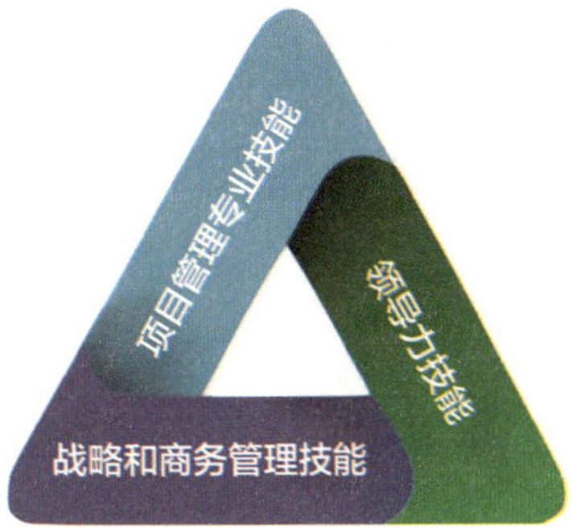

图 3-6　PMI 人才三角

资料来源：PMI 职业脉搏报告。

3.4.2　项目管理专业技能

项目管理是一门学科，包含全面的知识体系、工具方法、良好实践。例如，识别关键路径、压缩工期、优化资源、做净值分析都是基于科学理论的重要能力，项目经理只有精通项目管理的技能，才能在面对复杂多变的项目场景时忙而不乱，驾驭好整个项目。

3.4.3 战略和商务管理技能

作为项目经理，只有理解了企业的战略和项目的关系，理解了项目发起人所述的项目对最终客户（用户）的商业价值，才能聚焦项目的关键目标，做出正确决策，按时交付成果，创造更大的商业价值。

项目经理不仅要管理相关方的需求，与客户理性沟通确定项目目标，还要有良好的财务管理能力、谈判能力和合同管理能力，如此才能更好地整合分包商、供应商的能力，达到共赢的结果。

3.4.4 领导力技能

杰克·韦尔奇（Jack Welch）说："在你成为领导者之前，成功都和你自己的成长有关；在你成为领导者之后，成功都与让别人成长有关。"

作为一个领导者，项目经理应该坚持不懈地提升团队的能力，包括：

- 指导和帮助团队成员树立自信心、发挥创造力；
- 深入团队中间，传递积极的动力和乐观精神；
- 凭借坦诚、透明和声望，建立团队对自己的信赖感；
- 有勇气保护团队，敢于屏蔽超越团队能力的要求；
- 有能力消除影响团队工作状态的障碍；
- 鼓励团队成员发表大胆的、批判的、挑战权威的言论；
- 勇于承担责任；
- 坚持学习，严谨自律，成为表率。

项目经理的职业转变

如图 3-7 所示，项目经理在做技术专家时，每天 80% 的时间都用来处理技术问题，只有 20% 的时间用来与他人沟通；而项目经理在转型后，要把重心放在管理上，80% 的时间用在沟通上，只有 20% 的时间用于解决技术问题。

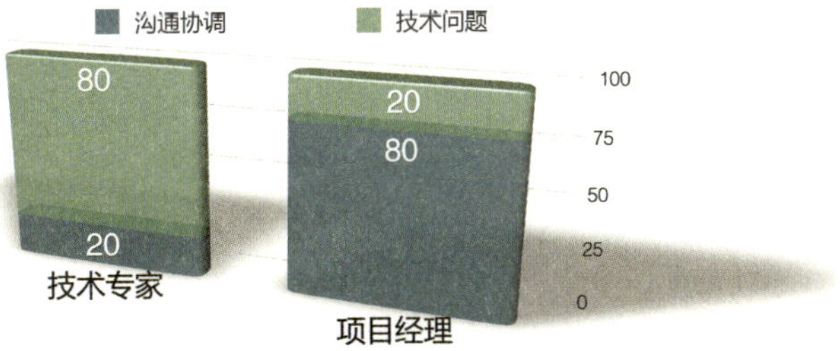

图 3-7 项目经理的职业转变

卓越领导者的 5 种行为习惯如下。

- 以身作则：明确自己的价值观，使行动与价值观保持一致，为他人树立榜样。
- 共启愿景：展望未来，想象令人激动的各种可能；描绘共同愿景，感召他人为共同愿景而奋斗。
- 挑战现状：通过掌握主动权和从外部获取创新的方法来寻求改进的机会；进行尝试和冒险，不断取得小小的成功，从实践中不断学习。
- 使众人行：通过建立信任和增进关系来促进合作，通过增强团队成员的自主意识和发展能力来增强他们的实力。
- 激励人心：通过表彰来认可他人的贡献，通过创造一种集体主义精神来庆祝价值的实现。

通过全球近 300 万人使用领导者行为习惯清单（Leadership Practices Inventory，LPI）测评数据，分析得到：当领导者“非常频繁”或“几乎总是”践行这 5 种行为习惯时，95.8% 的直接下属高度敬业；而当领导者“几乎没有”或“偶尔”践行这 5 种行为习惯时，只有 4.2% 的直接下属非常敬业。

多元回归分析表明，员工的个性特征和组织特征对员工敬业度的影响不到 1%，而领导者的这 5 种行为习惯对员工敬业度的影响占到了 40%。领导者的行为会从根本上影响下属工作的敬业度，与下属的基本特征（如年龄、性别、受教育程度、职务、专业等）无关。

许多学者已经证明，无论在美国、中国还是其他国家和地区，无论在公共部门还是私营机构，无论在企业、学校、医疗机构、监狱，还是教堂，这个结论都是真实有效的。

在解释员工为什么工作努力、承诺度高、充满自豪感和高产出方面，领导者的行为是创造差异的关键。

经常践行这 5 种行为习惯的领导者通常有以下表现结果：

- 创建了高绩效团队；
- 销售业绩持续增长，客户满意度不断提高；
- 员工忠诚度、承诺度更高；
- 增强了员工努力工作的动力和意愿；
- 降低了员工的旷工率、失误率和离职率；
- 给招聘带了积极的影响。

在一个为期 5 年的调查中，那些被员工认为领导者经常践行这 5 种行为习惯的企业和领导者没有经常践行这 5 种行为习惯的企业相比，前者的净利润增长是后者的 18 倍，前者的股票价格增长是后者的 3 倍。

受人尊敬的领导者的品质（Characteristics of Admired Leaders，CAL）

目前，全球有超过 10 万人参与了 CAL 测试，测试者从 20 种受人尊敬的领导者品质中选出他们最看重的 7 种。

如表 3-1 所示，前 4 种品质被超过 60% 的人选中，不管在哪个国家，这 4 种品质都是排在最前面的，且排名一致。其余 16 种品质在不同的国家和组织中的排名也没有明显的变化。这项测试持续了 30 多年，尽管 30 多年来世界发生了巨变，但是人们看重的领导者最重要的品质从未改变。

表 3-1 受人尊敬的领导者的品质

排名	品质	占比
1	诚实（Honest）	84%
2	有胜任力（Competent）	66%
3	能激发别人（Inspiring）	66%
4	有前瞻性（Forward-looking）	66%
5	聪明（Intelligent）	47%
6	心胸宽广（Broadminded）	40%
7	可靠（Dependable）	39%
8	能支持别人（Supportive）	37%
9	公平（Fair-minded）	35%
10	坦率（Straightforward）	32%
11	有合作精神（Cooperative）	31%
12	有雄心（Ambitious）	28%

（续表）

排名	品质	占比
13	关心别人（Caring）	23%
14	有主见（Determined）	22%
15	勇敢（Courageous）	22%
16	忠诚（Loyal）	18%
17	有想象力（Imaginative）	17%
18	成熟（Mature）	17%
19	有自制力（Self-controlled）	10%
20	独立（Independent）	5%

1. 诚实

诚实是信任的基础。建立可靠的领导力的基础就是言行一致。表 3-2 揭示了领导者信誉度的高低对团队产生的影响。

表 3-2　领导者信誉度对比

信誉度高	信誉度低
以作为组织的成员为荣	感觉不被支持，不受赏识
有强烈的团队精神	主要受金钱驱动
认为自己的价值观与组织的价值观一致	公开场合说组织好话，私底下则相反
对组织依恋、忠诚	如果组织遇到问题，马上会考虑换一份工作
有主人翁意识	只有在严格监管下，才会努力工作

2. 有胜任力

胜任力是领导力的关键，只有领导者具备了必需的能力和素质，才能让团队建立信心，相信跟随你可以实现团队共同的目标；即便遇到困难，也相信你能带领大家走出困境。

胜任力是多元的、综合的能力组合；胜任力又必须针对明确的岗位，匹配岗位的需求。例如，项目经理的胜任力包含业务技术能力、组织协调能力、计划控制能力、冲突解决能力、鼓舞激励能力等，非常全面、专业。

培养胜任力是一个长期的、持续的过程，保持学习状态是关键，没有捷径。

如图 3-8 所示，邓宁—克鲁格心理效应（Dunning-Kruger Effect，简称达克效应）告诉我们，胜任力的培养需经历以下四个阶段。

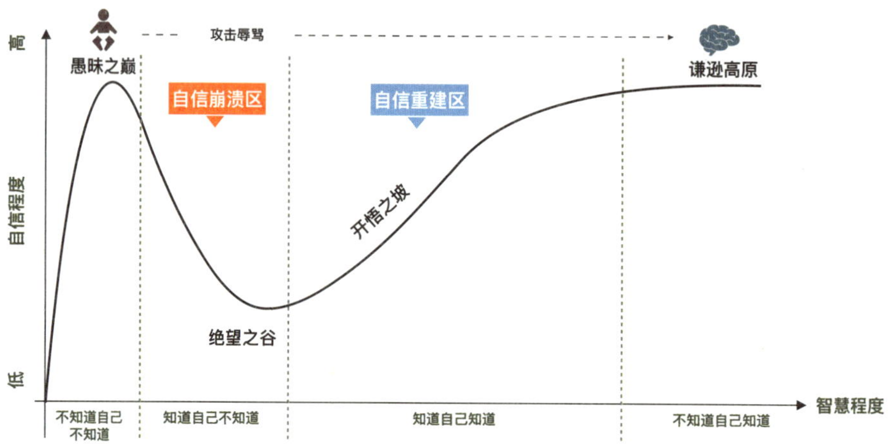

图 3-8　邓宁—克鲁格心理效应

- 第一阶段：虽然你的能力不行，但是觉得自己无所不能。这样的“自信”是“谁”给的？是“无知”！正所谓，无知者无畏。
- 第二阶段：真正面对问题，发现自己“学啥啥不会，干啥啥不成”！从此，你的自信心崩塌，跌入绝望之谷，终于知道自己不知道。
- 第三阶段：通过不断学习，你的认知边界开始扩展，你开始重建自信。不过，你已知的越多，发现的未知就会越多。你在这个阶段获得了正确认识自己的能力，开始变得理性、客观。
- 第四阶段：你将知识内化为自己的能力，优秀变成了自己的习惯，自己有多牛自己都不知道，你成了真正的大师。你很谦逊，因为你能看清在浩瀚的知识海洋面前自己是多么的渺小。

美国学者劳伦斯·彼得（Dr. Laurence Peter）在对组织中人员晋升的相关现象研究后得出了一个结论：员工总是被提拔到一个他 / 她不能胜任的岗位上，当他 / 她通过学习与实践逐渐胜任了这个岗位时，就又被提拔到了更高的尚不能胜任的岗位上。这个结论被称之为“彼得原理”。

胜任力往往是滞后的，也正是因为有了这个“尚不能胜任”的岗位，才让员工有了胜任的压力，所以员工唯有主动学习，别无选择。

这个时代的胜任力不在于你已经获得了多少知识，而在于通过学习习惯的养成，获得认知升级的能力。

3. 能激发别人

领导力不是用来照亮别人，而是用来点亮别人的。帮助别人获得成就感和成长的喜悦才是领导者该做的，而不是向别人炫耀自己的能力。因为项目的完成是所有人共同努力的结果，而不是靠项目经理的独角戏。

“全能型”的领导往往带不出优秀的团队。没有谁会希望永远在你的光环笼罩之下，你的“卓越”让他们感受不到成就感，甚至感受不到存在的意义。反正不管怎么努力，你总能挑出毛病；不管做出什么方案，都会被你推翻。那么，员工干脆都推给你来决策。长此以往，员工就不会主动担当，不会尽心竭力地完成自己的工作，不会想方设法地解决困难。

安德鲁·卡内基说过：“什么都想自己做，或者功劳都归自己的人，成不了卓越的领导者！”

锋芒毕露只是小聪明，韬光养晦才是大智慧，主动“示弱”是在给别人机会，给别人成长的空间。爱因斯坦说过：“我从不教我的学生，我只是试图为他们提供可以学习的条件。”

你需要了解每一位团队成员的特点、优势和情绪，给他们适当的机会（哪怕是犯错的机会）和挑战，给予他们信任、必要的指导和鼓励，并且帮助他们实现一个一个的小目标。团队成员的成长也是项目管理的重要目标。

4. 有前瞻性

作为团队的领航员，应该比其他人对方向和未来看得更远、更准。

如果柯达能认识到数码相机才是未来，就不会在胶卷这一棵树上吊死；如果诺基亚能看到智能手机将一统天下，就不会跌下神坛；如果英特尔能理解移动终端才是主流，就不会在手机芯片领域无所作为。当这个时代抛弃你时，一声再见都不会说！

作为项目经理，对客户需求的把握、对风险的识别、对趋势的预判、对计划的动态调整都离不开前瞻性。特别是在这个技术日新月异、市场风云变幻的时代，只有项目经理具有敏锐的嗅觉和超强的洞察力，才能带领团队拨开迷雾、避开雷区、逢凶化吉，并最终抵达目的地。

关于项目经理如何提升自己的前瞻能力，我有以下三点建议。

（1）扎实的知识积累

古希腊哲学家芝诺曾经说过：“人的知识就好比一个圆圈，圆圈里面是已知的，圆圈外面是未知的。你知道得越多，圆圈也就越大，你不知道的也就越多。”这意味着，你知道得越多，你的视野就越开阔，认识这个世界的能力就越强。

（2）关注细节的习惯

很多时候，对细节的关注是项目团队最终取得胜利的关键。例如，我们做互联网产品开发项目，就应该尽早获得市场反馈，需求、风险、趋势往往都隐藏在运营数据的细节之中。

（3）相信专家的力量

无论我们多么努力学习，都一定追不上知识膨胀的速度。项目经理要学会利用外脑，把项目相关领域的专业人士作为重要的资源。

作家马尔科姆·格拉德威尔（Malcolm Gladwell）在《异类》（*Utliers*）一书中指出："人们眼中的天才之所以卓越非凡，并非天资超人一等，而是付出了持续不断的努力。1 万小时的锤炼是任何人从平凡变成世界级大师的必要条件。"他将此称为"1 万小时定律"。

专家之所以能成为专家，一定是因为其长期专注于某一领域，从中得到的认知深度和行业洞察力让别人难以企及。项目经理应该综合各领域专家的智慧，提升自己的前瞻能力。

人人都需要领导力，人人都可以有领导力。

领导力是一种习惯，需要你进行刻意的练习。

3.4.5 领导力与管理之比较

领导力与管理之间的区别如表 3-3 所示。

表 3-3 管理与领导力的区别

管理	领导力
直接利用职位权力	利用关系的力量指导、影响与合作
维护	建设
管理	创新
关注系统和架构	关注人际关系
依赖控制	激发信任
关注近期目标	关注长期愿景
了解方式和时间	了解情况和原因
关注盈利	关注范围
接受现状	挑战现状
正确地做事	做正确的事
关注可操作的问题和问题的解决	关注愿景、一致性、动力和激励

资料来源：《PMBOK® 指南》（第 6 版）。

管理主要是通过项目经理这个职位获得授权，例如，项目经理可以抽调人员组建团队，可以做出项目方案决策，可以进行变更管理，可以进行绩效评价等。而领导力是通过激发、指引、鼓励和帮助团队成员，使其获得成果或进步。

如表 3-4 所示，职位带来的权力是冰冷的、生硬的，也是短暂的，一旦离开这个职位，这些权力也就随之而去了。所以，只有自身拥有权力，才有更积极、持久的影响力。项目经理只有努力培养自身的专家权力、参照权力和魅力权力，才能带出优秀的团队。

表 3-4　项目经理的权力

来源	权力	含义	举例
职位	正式 / 法定的权力	对职位的授权	项目经理可以使用项目预算
	奖励的权力	有权奖励他人	项目经理可以表扬优秀成员
	处罚 / 强制的权力	有权处罚他人	例会迟到者做 10 个俯卧撑
	施加压力的权力	给别人施加压力	这个 Bug，今晚必须解决
	处理信息的权力	通过获取、管理和发布信息来影响他人	用户的吐槽、领导的评价和谁说，说多少，怎么说
人际互动	运用关系的权力	与具有重要资源或影响力的人有特殊关系	甲方老板是我朋友
	迎合的权力	通过迎合他人的想法来影响对方	你说的，我看行！干吧
	愧疚的权力	让对方产生愧疚感	如果你能按时完成，团队就不用加班
	说服的权力	正面说服对方做或不做	减少摁钮，用户体验会更好
	回避的权力	利用回避的权力影响他人	如果非得喝酒，这次团建我就不参加了
	情境权力	特殊情境下，挺身而出会更容易影响他人	这次活动我先报名，愿意去的跟我来
自身	专家权力	拥有专业知识、经验	只要是他说的，我就信
	参照权力	获得认可和欣赏，成为榜样	我要学樊登，每年读 50 本书
	魅力权力	用个人魅力影响他人	喜欢你，没道理

项目经理的领导风格

如图 3-9 所示，项目经理的领导风格如下。

图 3-9　项目经理的领导风格

1. 放任型领导

放任型领导充分信任团队成员，鼓励团队成员自己设定目标、规划方案、采取行动，追求无为而治。

2. 交易型领导

交易型领导强调赏罚分明、有言在先、论功行赏，规则清晰并严格执行。

3. 服务型领导

服务型领导通过对团队成员无微不至的关怀和周到细致的服务，使其愿意追随。服务型领导也叫“仆人式领导”，领导者愿意做下属的“仆人”，并尽可能地满足下属的合理要求，与员工之间建立关爱、尊重、信任、接纳的关系，进而建立起领导者的影响力及威信，并以此来激励员工发挥最大潜能，为实现企业的共同目标而努力工作。

例如，星巴克价值金字塔的塔尖是穿绿围裙的一线员工，星巴克为员工创造学习、成长、发展的机会。星巴克的理念是，只有让员工满意，才能让顾客满意。海底捞的员工很骄傲地说，公司领导者为我们服务，我们为客人服务。星巴克和海底捞成功的秘诀都是“把员工放在第一位”，经营的链条是“员工满意—客人满意—股东满意”。

敏捷团队中推崇“仆人式领导”，Scrum Master 的职责是服务好团队成员，让他们创造奇迹。

4. 变革型领导

变革型领导关注组织，强调集体的力量，带领团队一起努力，让组织越变越好。

5. 魅力型领导

魅力型领导是靠领导者的专业、人格魅力来影响和带动团队。

6. 交互型领导

交互型领导综合了交易型、变革型和魅力型领导的特征。

不同的领导风格会塑造出不同的企业文化，不同的企业文化会深刻影响项目的运行环境。

3.5 执行整合

项目涉及多种行业、各种专业、众多相关方、复杂的过程、多变的需求。整合是项目经理的核心工作，项目经理必须具备整合这一核心技能。项目经理在执行整合中应该专注于以下几个方面。

- 一个宗旨：以成功交付项目并为客户 / 用户创造价值为宗旨。
- 两个角色：团队之外，整合发起人、公司高级管理层、相关方的需求，使项目成果与战略目标相一致；团队之内，整合不同专业、不同背景的团队成员，使其协同一致，交付价值。
- 三个层面：过程层面、认知层面、背景层面的整合。
- 四个对象：整合资源（包括人、资金、设备、材料等），整合需求（从众口难调到达成共识），整合信息（从纷繁复杂到清晰有序），整合方法（包括工具、技术、方案等）。
- 五个满意：用户满意、投资人满意、合作伙伴满意、团队成员满意、领导满意。

3.5.1　在过程层面执行整合

梳理、裁剪、配置项目管理的 49 个过程。

3.5.2　认知层面的整合

梳理、裁剪、配置十大知识领域，应用已有的知识，积累新知识。

3.5.3　背景层面的整合

梳理、裁剪、配置跨组织、跨行业、跨文化等环境因素。

3.5.4　整合与复杂性

如图 3-10 所示，复杂性的三个维度是系统行为、不确定性、人类行为。

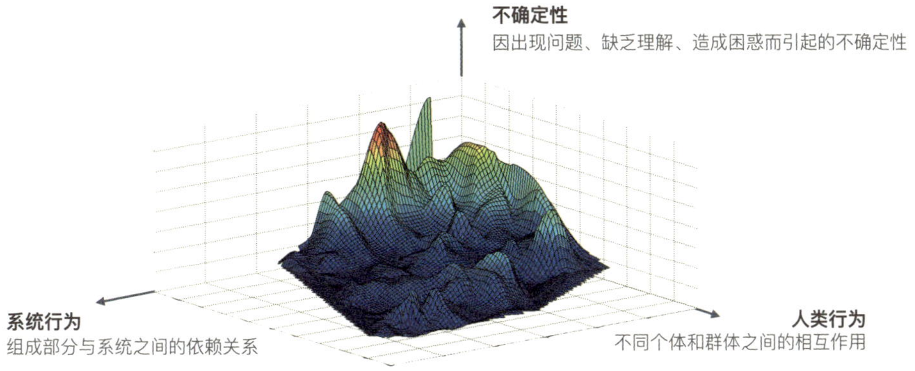

图 3-10　复杂性的三个维度

项目复杂性是指构成复杂、内在连接和互相影响，这三方面叠加会使复杂性呈指数级上升。然而，复杂性不等于不确定性。例如，有些产品的生产工序多、工艺复杂，但已经非常成熟，不确定性很小；有的系统功能多、流程复杂，但经过不断地优化完善，也会非常可靠。

有些规则很简单，比如炒股，“股神”传授的秘籍一般是逢低吸纳、逢高抛售。但是你根本没法掌控你的收益，常常是你一卖就涨，一买就跌。对你而言，炒股是赔是赚，完全不确定。

在复杂易变的环境中做项目如同航海，项目经理作为船长，要带领船员研究天气、规划航线、准备补给、躲避礁石险滩、抗击狂风暴雨。

3.6　本章测试题及解析

3-1　下面哪一项不属于项目经理的职责？

A. 为技术能力不满足项目要求的团队成员提供有针对性的技术培训

B. 在实践中积累经验，持续改进项目管理过程

C. 组织编制项目进度计划、预算并控制项目的各项指标，以满足绩效要求

D. 负责交付符合验收标准的项目成果，并力争让相关方满意

3-2　一家公司开始实施一项裁员计划，而一个项目团队正处于一个重要项目的关键开发阶段，很多团队成员担心他们可能会是下一个被要求离开的人而感到没有动力。项目经理应该怎么做才能让团队在公司裁员期间继续专注于项目？

A. 使用领导力技能提升团队士气

B. 向团队承诺，他们不会被裁

C. 引进新成员，替换掉没有动力的成员

D. 调整计划，放缓开发节奏

3-3　下面哪一项不是由项目经理职位带来的权力？

A. 正式

B. 奖励

C. 惩罚

D. 专家

答案及解析

3-1　A

技术能力不满足要求的成员应由职能部门经理负责提供有针对性的技术培训。项目经理负责的是项目管理知识和能力的培训。

3-2　A

在困难环境中，项目经理应该应用领导力技能鼓舞团队士气，带领团队走出低谷。

3-3　D

专家 / 权威的权力是项目经理自身的权力，而非职位带来的权力。

第二篇

过程篇

第 4 章　项目整合管理

整合管理的核心概念

如图 4-1 所示，整合管理就像女孩子对服饰进行搭配，如果搭配得好，哪怕是普通的衣服也能穿出女神范儿；而如果不会搭配，就算一身名牌也难以穿出高级感。

图 4-1　穿衣搭配的整合思想

整合管理也如同我们去餐馆点菜，菜单上有很多菜，我们需要挑选，做到荤素搭配，才能营养美味。这就是整合！

整合管理把项目的需求、资源、知识、过程和备选方法有机地组织在一起，使其成为一个可靠的、有机的、完整的管理系统。

项目整合管理知识领域与其他九个知识领域的内容密切相关，并涉及全部五大过程组。项目经理最重要的工作就是整合管理，执行整合管理被认为是项目经理在组织或项目中存在的意义，所以整合管理是非常重要的。

整合管理的发展趋势与新兴实践

自动化管理工具

项目管理信息系统（PMIS）、软件开发中的配置管理软件等都可以帮助项目团队提高信息的收集、分析和分享的效率。

可视化管理工具

项目管理可视化是非常有价值的，例如，横道图、网络图，敏捷开发中的看板、燃尽图等能够把项目的状态直观、生动地展现出来，使团队及相关方能够更加有效地沟通，更快达成共识。

项目知识管理

项目需求的易变性和人员流动性都会使项目中的知识容易流失、经验难以沉淀、教训不断重演，所以项目管理总在低水平地重复。甚至有些大公司里不同的团队因为信息共享不畅，导致同样的研发做过很多次，资源浪费严重。因此，知识管理越来越被重视，通过知识管理，可以让团队在项目管理中获得的知识及时被收集、整理，并高效地传达与分享。

增加项目经理的职责

从传统意义上来说，项目经理负责从项目启动到交付的阶段。现在项目经理被鼓励做工作延伸，即从前期项目商业论证到后期运营都更多地参与，如此才能更好地组织资源，满足相关方的需求，创造商业价值。

混合型方法

虽然新的项目管理的方法不断涌现，但经典的方法仍然不可或缺，我们应该根据项目的实际情况，有机地融合各种方法，形成最合适的方法组合。例如，产品开发中的敏捷和瀑布可以用在不同阶段，也可以用在不同的产品组成部分中；在敏捷开发中，我们可以将看板方法、Scrum 框架、精益（Lean）、极限编程（XP）混合使用，为团队量体裁衣，使其发挥出最大潜力。

整合管理中项目经理的职责

项目整合管理由项目经理负责，整合的对象如图 4-2 所示。虽然项目管理的其他知识领域可以由相关专家（如成本分析专家、进度规划专家、风险管理专家）管理，但是项目整合管理的责任不能被授权或转移，只能由项目经理负责整合所有项目管理知识领域的成果，并掌握项目的总体情况。项目经理必须对整个项目承担最终责任。

图 4-2　整合的对象

敏捷场景中的整合管理

在敏捷场景中，整合管理体现出以下特征。

1. 范围动态

为了适应易变的场景，项目范围从来不会一成不变，而是在产品待办事项列表中不断被更新、维护、分析和排序。团队根据吞吐能力确定在一个 Sprint 中要完成的待办事项。在工作范围中，不但工作内容可以变，而且优先级也可以变。

2. 过程精简

敏捷开发不再拘泥于 49 个管理过程、五大过程组，不需要冗长而苛刻的整体变更控制程序；进度、成本和范围也不是按照三大基准来控制，对文档的要求也更务实和简约。总之，在敏捷开发中，团队的注意力从过程的规范性转向产品最终的价值。也就是说，团队必须给自己"减负"和"松绑"，才能更好地创造价值。

3. 状态可视

开发之前的原型设计，需求分析中的卡诺模型，每日站会中的看板、燃尽图，评审中的实际效果展示，回顾中的价值流图，无不体现了可视化的思想。

4. 质量内建

结对编程（Pair Programming）、测试驱动开发（Test-Driven Development，TDD）等方法都强调产品质量不能依赖事后的检查，开发工程师在开发产品功能之前会先开发自动化测试脚本，质量内建在产品开发过程中。

5. 团队自组织

整合的工作不再是以项目经理为主。在敏捷团队中，Scrum Master 只是为团队创造一个充分参与、高效互动、集体决策的开发环境和氛围，而关于干什么、怎么干、由谁来干，都是由团队自己协商决定。

4.1　制定项目章程

4.1.1　项目章程的内容和价值

项目章程是由项目启动者或发起人发布的正式批准项目成立，并授权项目经理动用组织资源开展项目活动的文件。其中记录了业务需要、假设条件、制约因素、对客户需求的理解，以及需要交付的新产品、服务或成果。

项目章程是一份非常重要的文件，对项目的相关方都有约束力，所有的项目计划都要依据章程来编制，不能与章程相抵触。而且，章程中规定的都是项目的基本原则，一般不会被频繁修改。

项目章程的发布具有如下三个标志性意义：

- 预示着项目执行组织与发起组织之间建立了伙伴关系；
- 预示着项目正式启动；
- 预示着正式授权项目经理使用组织资源。

项目章程可以由发起人组织编制，也可以委托项目经理代为起草，但项目章程必须由发起人签署发布。项目章程正确与否由发起人负责，如果项目章程需要修订，也必须由发起人批准。

如图 4-3 所示，输入指的是执行本过程需要哪些素材资料，输出指的是执行本过程能得到什么。我们需要通过工具与技术，把输入加工成输出。

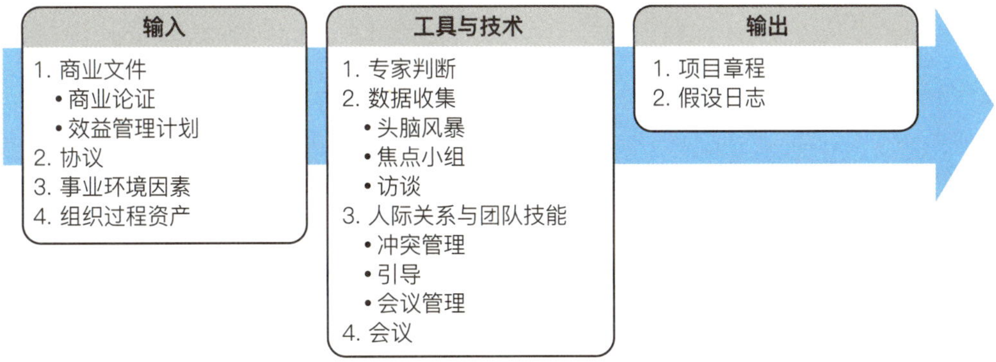

图 4-3　制定项目章程：输入、工具与技术、输出

资料来源：《PMBOK® 指南》（第 6 版）。

如图 4-4 所示，项目章程（作为制定项目章程过程的输出）是很多其他过程的输入。也就是说，项目的各项子计划都需要依据章程来编制。项目章程定义了项目的基本目标和成功标准。

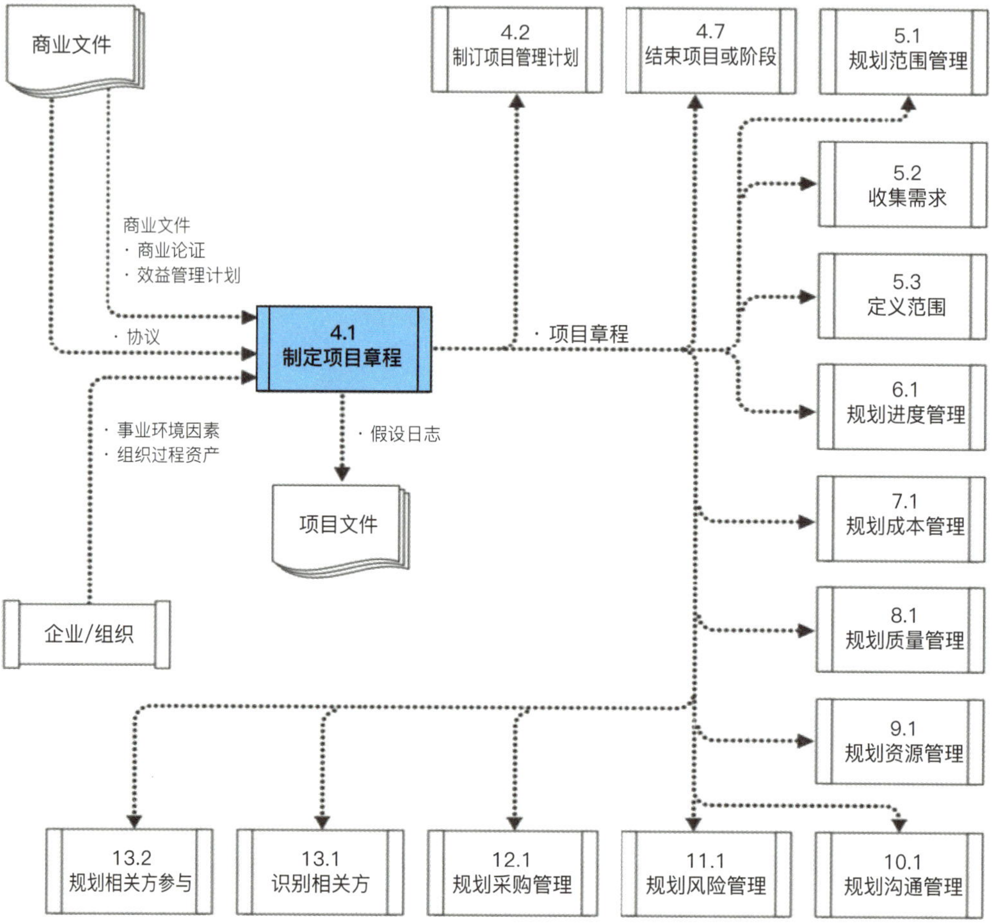

图 4-4　制定项目章程的数据流向

资料来源：《PMBOK® 指南》（第 6 版）。

4.1.2　任命项目经理

项目章程对项目和项目经理的意义如下。

- 看清方向：项目章程可以帮助项目经理领会项目发起人的意图、明确项目的目标、识别项目成功的标准。
- 认清形势：通过盘点可获得的有限资源和支持来制订客观可行的计划。
- 分清责任：项目章程明确了对项目经理的授权，也分清了项目经理与发起人及其他相关方的责任，从而避免了越俎代庖。

在项目实践中，项目经理应尽早被确定和任命，项目经理的任命最好在项目章程发布时，最晚也必须在项目规划开始之前。

在企业实践中，往往项目的前期工作（如项目可行性研究阶段的工作）不会由项目经理负责，原因是如果项目不可行，项目经理投入的精力就白费了。专门的项目前期团队会同时跟踪多个项目机会，直到确定了项目一定要做（如外部项目已中标、内部项目已立项），才会任命项目经理负责项目计划的编制和组织资源的使用。

因为项目计划是由项目经理带领项目团队共同编制的，所以在制定项目章程之后、编制项目计划之前，项目经理必须被任命。

任命项目经理应注意以下几点。

1. 仪式感

任命项目经理的形式不宜随意，越正式越好，比如授旗仪式、任命书公示等项目启动大会的重要议程都是彰显仪式感的好办法。必要的仪式感不但会让项目经理更加明确自己的使命和责任，而且也会使组织内部相关的部门和个人重视起来，为项目经理获取资源、赢得支持打下基础。

2. 书面化

对项目经理的任命不能只是口头上的宣布，要形成文字并尽可能地公开。项目经理的职责、权限和目标都应该用白纸黑字明确下来，这是项目经理调动资源、开展工作的依据，也是对项目经理工作绩效评估的参照。项目章程中通常包含了对项目经理的授权，公司也可以通过专门的“任命书”或“授权书”对项目经理的职责、权限和目标具体化、明确化。

3. 稳定性

项目经理是否胜任，应在其被任命之前进行充分评估、慎重选择。任命之后应尽量避免中途变更。俗话说，“临阵易帅，兵之大忌”。即便有文档、记录，但是对项目管理中大量的信息的把握、对项目全局的理解和对团队每个人的把握属于“隐性知识”，交接过程很难完整、有效地传递这些“隐性知识”，也容易给项目的稳定性和连续性带来隐患。

4.1.3 制定章程的重要知识点

协议的形式和意义

协议作为制定章程的输入，定义了启动项目的初衷。协议有多种形式，包括合同、谅解备忘录（MOUs）、服务品质协议（SLA）、协议书、意向书、口头协议、电子邮件或其他书面协议。通常，我们在为外部客户做项目时就用合同。

关键技术之专家判断

专家是指有经验和能力为编制项目章程做出贡献的人，范围较广，可以包括项目管理办公室（PMO）、组织聘请的顾问和主题专家（SME）、项目相关方（包括客户和发起人）、专业与技术协会、行业团体。

专家判断的方法主要包括专家小组法和德尔菲技术两种。

1. 专家小组法

专家小组法是指将专家分成小组，以小组为单位组织线上或线下讨论，专家之间互相启发，充分运用专家们的集体智慧对项目进行评估或预测。

2. 德尔菲技术

德尔菲技术是指通过“一对一”访谈或发函的方式向若干专家分别征求意见，专家们互不通气，根据自己的经验和判断独立给出意见，主持人汇总专家意见后整理成不记名的文件反馈给各位专家，请各位专家结合别人的意见补充和修改自己原来的意见。这样反复数次，得到最终的评估或预测结论。德尔菲技术强调专家之间“背靠背”，目的是避免专家之间的主观影响。

专家判断技术应用非常广泛，项目管理中的大部分过程都可以使用专家判断技术，发挥专家优势，进而提升项目经理和项目团队的认知能力。

输出：假设日志

在前期的商业论证中，假设条件与制约因素理应纳入章程中。在制定章程时，需要新建一个项目文件——假设日志，用于记录整个项目生命周期中的所有假设条件和制约因素。这些内容会随着项目的推进不断得到细化、补充、修改，因此假设日志需要持续维护。

为什么我们不把假设条件和制约因素直接写入章程，而是另外记录在假设日志里呢？原因是章程定义的是项目框架的原则性的内容，不宜经常修改，但假设条件和制约因素需要不断修改和补充，所以，它们被单独记录在假设日志中，方便维护。

4.2 制订项目计划

4.2.1 为什么要做项目计划

什么是计划？计划是通向项目目标的路线图。例如，GPS 导航就是项目管理思想的生动写照。导航软件给出的几条备选路线就是项目备选方案，我们一旦选择了其中一条，就相当于确定了项目的基准。当我们偏离了导航指引的路线时，相当于项目执行中产生了与计划的偏差，导航软件会指引你在前方路口掉头，找回原定的路线，这就是偏差纠正。当偏差不大时，找回原计划路线是代价最小、风险最低的选择。如果你不听导航仪的提示一意孤行，偏离得越来越远，这时候导航软件就会帮你重新规划路线，这就相当于项目基准变更，产生了新一版的基准。

下面以旅行计划为例，说明执行项目计划前要做的功课。

- **范围管理**：沿途哪些景点要做停留。
- **时间约束**：假期结束前必须回来。
- **质量要求**：老婆提出住五星级酒店。
- **成本预算**：住宿、吃饭、加油、门票、购物。
- **风险识别**：堵车、排队、挨宰、生病。
- **沟通管理**：向老人报平安，用微信晒照片。

以上这些都是项目的子计划，所有的子计划构成了项目计划。

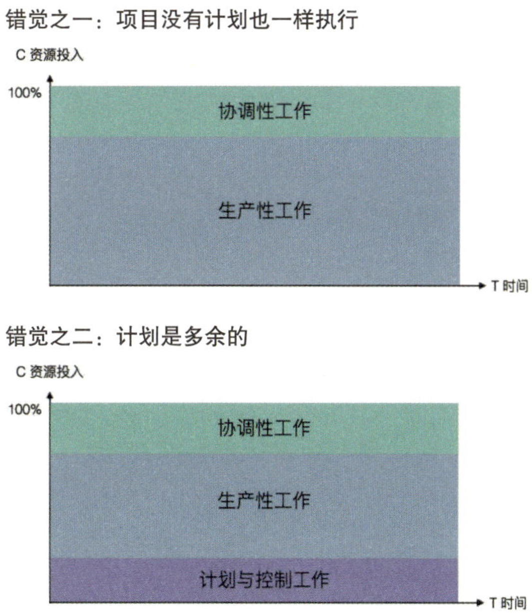

图 4-5　对项目计划的错觉

如图 4-5 所示，我们往往认为计划是多余的，我们总在为不做计划找理由：

- 做计划要花时间、花钱！
- 计划赶不上变化，变化赶不上领导一句话！

- 很多情况不确定，压根儿没法计划！
- 不做计划又能怎样？活儿照干！
- 纸上谈兵！

如图 4-6 所示，PMI 认为，项目的成功离不开计划与控制。然而，良好的计划与控制并不能确保项目成功，而且，计划与控制本身要消耗资源，是项目成本中的一部分，项目成本 = 任务执行成本 + 管理成本（计划与控制的成本）。

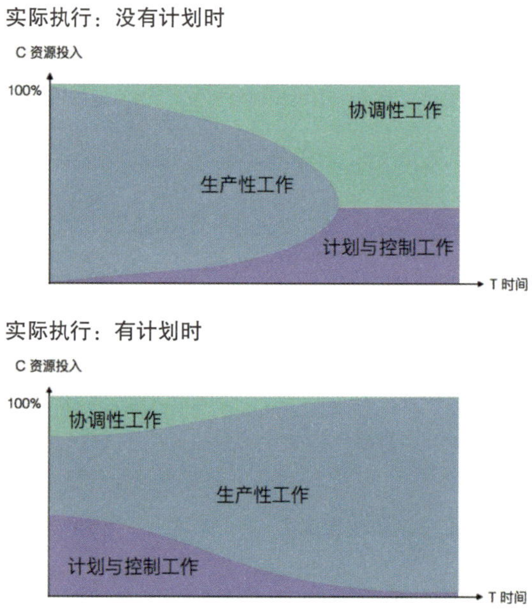

图 4-6　有计划和没有计划的对比

4.2.2　项目管理计划与项目文件

项目管理计划是否等于项目计划？

答案是否定的，项目管理计划和项目计划不能混淆。广义上的“项目计划”是项目管理计划和项目文件的统称；狭义上的“项目计划”特指项目文件中的“实施计划”。

如表 4-1 所示，项目管理计划中有“进度管理计划”，项目文件中有“项目进度计划”。我们不难发现，成本、质量等也有类似的对应关系。

需要注意的是，在 PMP 考题中，“项目管理计划”和“项目计划”这两个名称的使用有时不够严谨，需要你认真分析题意，根据上下文来判断题目所指的到底是“项目管理计划”还是“项目计划”。

表 4-1　项目管理计划与项目文件

项目管理计划	项目文件	
1. 范围管理计划	1. 活动属性	19. 质量控制测量结果
2. 需求管理计划	2. 活动清单	20. 质量测量指标
3. 进度管理计划	3. 假设日志	21. 质量报告
4. 成本管理计划	4. 估算依据	22. 需求文件
5. 质量管理计划	5. 变更日志	23. 需求跟踪矩阵
6. 资源管理计划	6. 成本估算	24. 资源分解结构
7. 沟通管理计划	7. 成本预测	25. 资源日历
8. 风险管理计划	8. 持续时间估算	26. 资源需求
9. 采购管理计划	9. 问题日志	27. 风险登记册
10. 相关方参与计划	10. 经验教训登记册	28. 风险报告
11. 变更管理计划	11. 里程碑清单	29. 进度数据
12. 配置管理计划	12. 物质资源分配单	30. 进度预测
13. 范围基准	13. 项目日历	31. 相关方登记册
14. 进度基准	14. 项目沟通记录	32. 团队章程
15. 成本基准	15. 项目进度计划	33. 测试与评估文件
16. 绩效测量基准	16. 项目进度网络图	
17. 项目生命周期描述	17. 项目范围说明书	
18. 开发方法	18. 项目团队派工单	

项目管理计划

规则程序

在项目管理计划中，项目成本管理计划并不是指项目预算，没有“项目需要花费多少钱”这样的信息，而是规定了编制预算的单位（比如美元、欧元、人民币）、编制预算的精度（比如，精确到万元还是元）、编制预算的方法和依据（比如，参照哪个会计准则，按照公司哪些相关规定执行，遵照国家和行业的哪些规范）。

同样，进度管理计划中也没有项目的工期。进度管理计划定义的是进度的单位（天、周）、进度计划编制的方法（关键路径法、关键链法）、进度计划编制的工具（横道图、网络图）。

由此可见，“××管理计划”都属于规则程序，定义了计划的单位、规则、流程、方法和工具等，并不包含项目的具体信息和数据。

项目基准（Baseline）

如何评价项目绩效的好与坏？例如，如何界定进度延迟？如何界定成本超支？这个衡量的标准就是项目基准。项目经理带领团队评估项目的工期、成本和工作内容，并经过项目发起人和组织高层评审与沟通后确认，那么就形成了范围基准、进度基准和成本基准。它们是衡量项目管理绩效的三大基准。

基准能不能修改？

能！但是基准变更相对于文件更新要严肃得多。我们做计划时通常会留出余地，我们把这些余地叫作储备。例如，我们预估成本是 45 万元，将预算定为 50 万元，那么多出的 5 万元就是成本储备。我们预估 80 天可以完成项目，但报的工期是 90 天，多出的 10 天就是进度储备。所以，当我们遇到一些需求变更或风险时，这些储备可以帮助我们抵挡一阵，起到缓冲的作用，不至于一有风吹草动我们就得变更基准。

如果变更影响基准，我们就不得不修改基准。例如，客户要增加的新需求实在太“大”了，如果要满足这个需求，剩下的时间完全不够，需要多花 30 天的时间，那么这种情况就需要有新的进度基准。但凡要更新基准，必须经过项目变更控制委员会（CCB）的批准。而如果变更并不影响基准，就不必经过 CCB，项目经理就可以决策，这些变更需要更新的是项目文件中的实施计划，如图 4-7 所示。

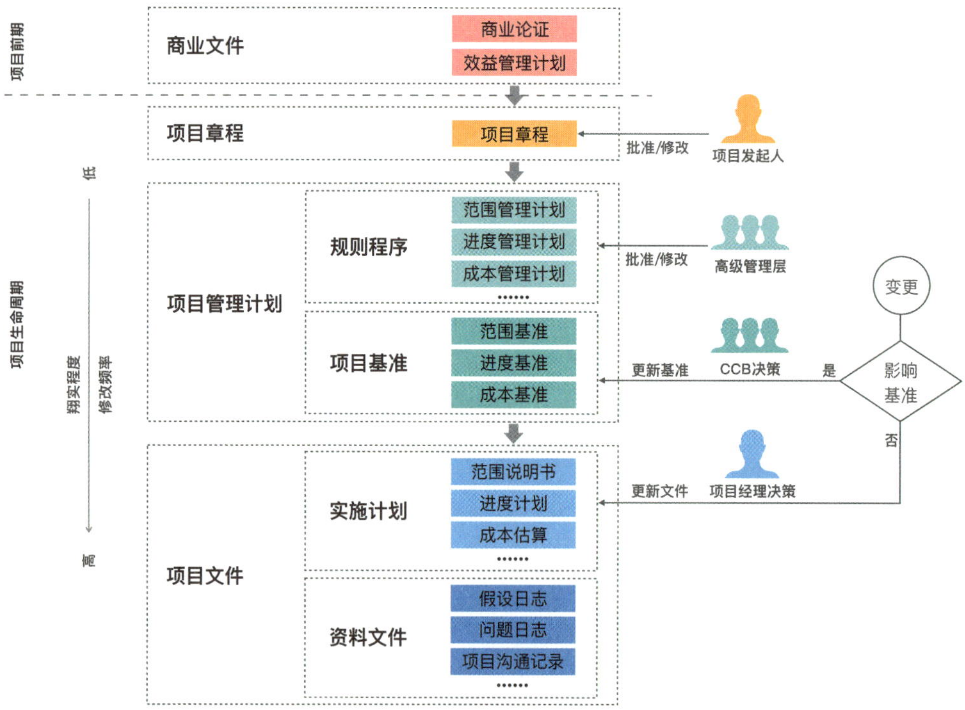

图 4-7　项目管理计划与项目文件

为什么项目基准里没有“质量基准”？难道质量不重要吗？

当然不是，质量不是不重要，而是太重要了！质量标准已经从企业质量标准上升至行业标准甚至国家标准。不单是某一个项目，所有这个行业的项目质量都得按统一的标准控制和验收。

项目文件

项目的具体信息和数据在哪里呢？这里就用到了项目文件，项目文件又分为实施计划和资料文件两类。在实施计划中描述项目工期的是进度计划，描述项目成本的是成本估算。资料文件包括问题日志、变更日志、沟通记录等各种日志和记录文件。

项目管理计划和项目文件的作用不同，项目管理计划定义的是规则和程序，不能朝令夕改；而项目文件是具体的实施计划和资料文件，包含了大量的项目细节信息和数据。因为项目的不确定性决定了需求、范围、进度、成本等都会不断发生变化，所以这些文件需要经常更新与维护。

如表 4-2 所示，项目管理计划和项目文件不仅修改频率不同，而且修改流程也不同。项目管理计划中的基准更新必须走整体变更控制程序，而且必须由 CCB 批准；而项目文件中实施计划的更新虽然也需要走整体变更控制程序，但只需要项目经理批准。对于项目文件中的资料文件（如问题日志、沟通记录），我们可以随时记录，不需要走变更控制程序。

表 4-2　项目章程、项目管理计划与项目文件的区别和联系

	章程	项目管理计划		项目文件	
		规则程序	项目基准	实施计划	资料文件
举例	工期要求	进度管理计划	进度基准	项目进度计划	问题日志
内容	按合同交付	单位：工作日	90 个工作日	横道图	已宕机 1 小时
用途	总原则	过程合规	结果合格	执行依据	跟踪记录
翔实程度	非常低	很低	低	高	很高
更新频率	非常低	很低	低	高	很高
更新批准权限	发起人	高级管理层	CCB	项目经理	无须批准
更新程序	专门会议	变更控制程序	变更控制程序	变更控制程序	无

里程碑计划与里程碑清单

里程碑是项目中的重要时点或事件。里程碑与常规的进度活动类似，有相同的结

构和属性，但是里程碑持续的时间几乎为零，因为里程碑代表的是一个标志性的时间点，比如，在软件项目中，签约、验收、发布等就属于里程碑事件。

里程碑计划是指把里程碑事件依次标记在时间轴上，用来控制项目的整体进度，如图 4-8 所示。

招标内容 \ 时间		第1年												第2年					
		1月	2月	3月	4月	5月	6月	7月	8月	9月	10月	11月	12月	1月	2月	3月	4月	5月	6月
设计	建筑设计	▲																	
	园林设计				▲														
	装修设计										▲								
施工	基础施工			▲															
	结构施工					▲													
	机电安装								▲										
	弱电系统											▲							
	装修施工															▲			
采购	空调采购						▲												
	电梯采购							▲											
	配电采购								▲										
	主材采购													▲					

图 4-8 房地产开发项目里程碑计划

里程碑清单是指列出项目的所有里程碑，并指明每个里程碑是强制性的（如合同要求的）还是选择性的（如根据历史信息确定的）。

4.2.3 项目启动会议与项目开工会议

在项目章程制定过程中，项目发起人召集主要相关方参加项目启动会议（Initiating Meeting），主要完成以下任务：

- 发布项目章程；
- 任命项目经理；
- 宣布项目正式启动。

当项目计划编制完成时，由项目经理召集主要相关方参加项目开工会议（Kick-off Meeting），主要完成以下任务：

- 宣布项目计划编制完成；
- 确认资源已按计划到位；
- 宣布项目进入执行阶段。

如果项目分为多个阶段，那么每个阶段开始执行前都应召开阶段开工会议。

项目启动会议与项目开工会议的区别如表 4-3 所示。需要注意的是，在 PMP 考试中，有时“Kick-Off Meeting”被错误地翻译成“项目启动会议”。所以，当你看到“项目启动会议”时，务必对照一下英文。

表 4-3　项目启动会议与项目开工会议

会议	项目启动会议（Initiating Meeting）	项目开工会议（Kick-Off Meeting）
所属过程	制定项目章程	制订项目管理计划
所属过程组	启动过程组	规划过程组
召集人	项目发起人	项目经理
标志意义	项目正式开始	执行正式开始
阶段关口	概念阶段→规划阶段	规划阶段→执行阶段

4.2.4　项目管理信息系统

项目管理信息系统（PMIS）最主要的功能包括项目工作分解结构（WBS）、进度计划工具（横道图、网络图）、资源配置工具、绩效分析工具（挣值分析）等，为项目管理提供信息化支持。

项目管理信息系统还可以结合行业特点扩展功能，比如配置管理、看板系统、Bug 跟踪、自动报告工具等。

项目管理信息系统也常和企业的其他信息系统整合，比如企业的 OA 系统、财务系统、HR 系统、ERP 系统等，为企业提供更丰富的应用价值。

随着云计算、物联网、5G、大数据、人工智能技术的日益成熟，项目管理信息系统将会发挥出更大的潜力，让项目管理更便捷、更高效、更智能。

4.3　指导与管理项目工作

指导与管理项目工作是为实现项目目标而领导和执行项目管理计划中所确定的工作，并实施已批准变更的过程。本过程的主要作用是对项目工作和可交付成果开展综合管理，以提高项目成功的可能性。本过程需要在整个项目期间开展。

4.3.1　工作绩效数据、工作绩效信息、工作绩效报告

如图 4-9 所示，工作绩效数据是指在项目执行过程中自然产生并持续收集的关于项目范围、进度、成本、质量等各方面的数据。例如，团队今天完成了 3 个功能点的

开发，今天发生了 6 人天的成本等。未经加工整理的原始数据的价值非常有限，但是对这些数据的完整和规范的记录是进一步分析的基础。

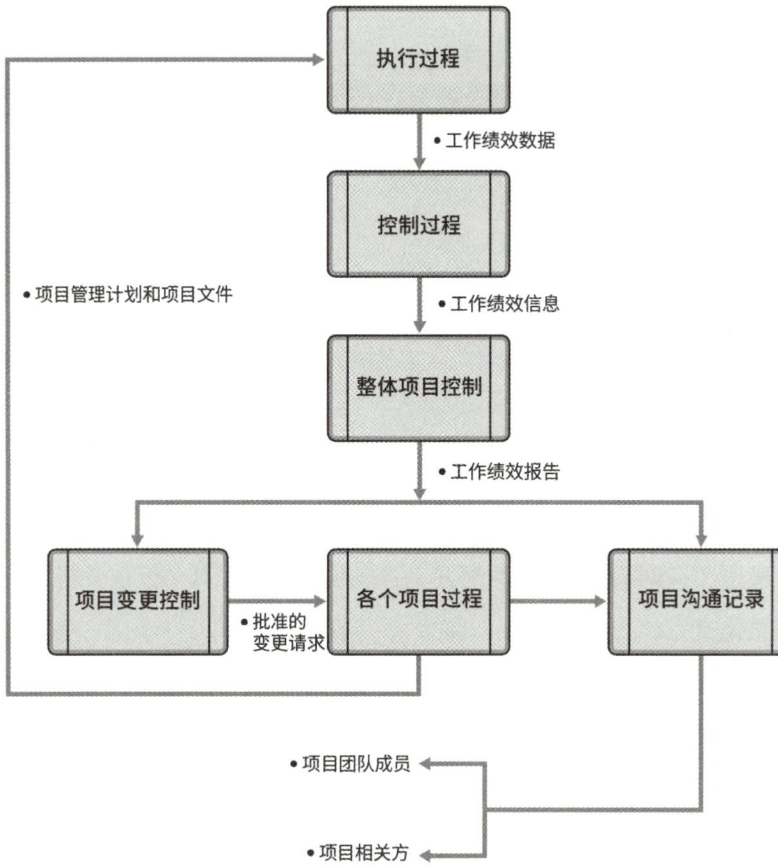

图 4-9　工作绩效数据、工作绩效信息、工作绩效报告

工作绩效信息是指在日常的监控中对工作绩效数据进行整理归纳后所生成的信息，用于分析项目执行情况与计划之间的偏差和产生偏差的原因。工作绩效信息可以帮助团队判断是否需要发起变更，以及预测偏差的发展趋势。

工作绩效报告是指对工作绩效信息进一步统计、分析、汇编所形成的报告，包括按组织要求或合同规定提供的定期报告（如项目周报、月报、阶段报告）和专项报告（如变更报告、采购报告、挣值分析报告等）。

如表 4-4 所示，我们需要注意的事项如下。

- 工作绩效数据产生于执行过程，而工作绩效信息和工作绩效报告产生于监控过程。
- 工作绩效数据和工作绩效信息主要对内，是项目团队内部用于跟踪、分析、预测项目状态的；而工作绩效报告主要对外，无论是给 CCB 的书面变更报告，还是给 PMO 和客户的项目周报、月报等，都是给团队之外的对象。

表 4-4 工作绩效数据、工作绩效信息、工作绩效报告的对比

	工作绩效数据	工作绩效信息	工作绩效报告
产生于	执行过程	监控过程	监控过程
频率	极高（随时）	较高（定期）	较低（按要求）
用途	跟踪记录项目状态	分析偏差 / 预测趋势	汇报进展 / 辅助决策
对象	项目团队	项目团队	发起人 /PMO/ 高级管理层
特征	是什么（What）	为什么（Why）	怎么办（How）
举例	本周发生成本 50 万元，完成产值 75 万元	当前成本偏差 +15 万元，进度偏差 -20 万元	拟增加资源，赶上进度（挣值分析报告）

4.3.2 数据分析

备选方案分析

很多工作都有多种解决方案。例如，针对某个项目，项目负责人可以租设备，也可以买设备；可以招聘人员来做，也可以将其外包。技术解决方案也是多种多样。备选方案分析就是在多种方案中，综合考虑工期、成本、风险、资源等方面的因素，选出最合适的方案。

趋势分析

我们可以根据之前的数据信息分析和预测未来的发展。很多结果并非突如其来，它们有发展演变的过程。我们要尽早发现苗头，并判断发展趋势，以便尽早采取措施，把难度降到最低，把代价降到最小。

偏差分析

我们执行计划的实际结果往往和计划预期的目标不完全一致，这就是偏差。项目团队在监控项目的过程中，应持续分析进度、成本、质量等多种指标的偏差，以便采取合适的预防或纠正措施。

4.4 管理项目知识

4.4.1 显性知识与隐性知识

管理项目知识是指使用现有知识并生成新知识，以实现项目目标，并帮助组织学习的过程。

如图 4-10 所示，知识分为显性知识和隐性知识：可以编辑、易于表达的知识属于显性知识，比如，可以用文字、图片、数字、表格展示的容易分享和传播的知识；无法编辑、难以表达的知识属于隐性知识，比如人们的经验、直觉、洞察力、诀窍。

图 4-10　显性知识与隐性知识

4.4.2 知识管理的 PSCA 循环

如图 4-11 所示，PSCA 循环的含义是将知识管理分为四个过程，即知识生成（Produce）、知识积累（Stockpile）、知识交流（Communication）、知识应用（Application）。

知识生成（Produce）

知识生成是指知识的获取与创造。获取知识是指对已有的知识进行沉淀，形成显性知识；而创造知识是指在开展具体业务和工作中对知识进行的总结和创造。

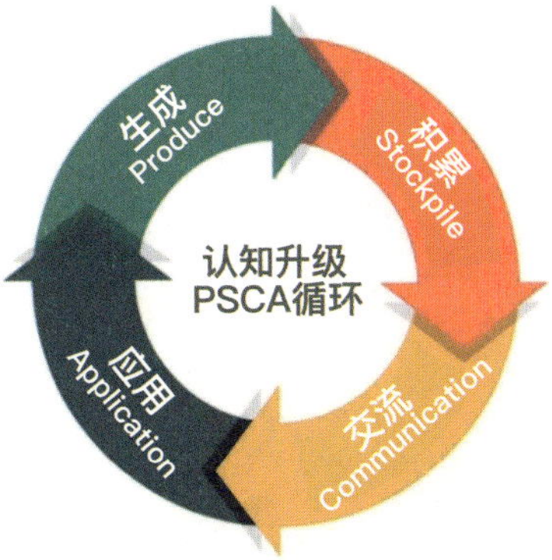

图 4-11　PSCA 循环

知识积累（Stockpile）

支离破碎的数据、信息并不能称为知识，我们只有把它们组织起来才能称其为知识。

例如，我们看一本书，如果只是走马观花地浏览一遍，没有通过记笔记、画思维导图等方式对作者的思想进行整理、提炼和思考，并将作者的思想与我们已有的知识进行匹配融合、重新组织、再次表达出来，那么书里的内容很快就会被我们淡忘了，书里的知识没有经过积累，仍然没有变成我们自己的知识。

组织对不同形式的知识有如下不同的积累方式。

- 显性知识的积累：创建“知识库”，并持续维护、运营。
- 隐性知识的积累：通过分享、演示、观摩、师傅带徒弟等方式让这些隐性知识不会失传，减少拥有隐性知识的人才的流失。

知识交流（Communication）

知识交流是指通过直接或间接的方式进行知识传递和分享，以满足不同主体对各类知识的需求。

每个知识工作者都应该以一种开放的心态对知识进行交流、讨论，使真理越辩越明。

如图 4-12 所示，通过哈佛大学的案例教学研究，学习内容平均留存率和学习方式关系极大，如果采用听课、阅读这种被动的学习方式，那么留存率就会少得可怜；而如果采用讨论、实践、传授这些主动的学习方式，那么留存率就会显著提高。

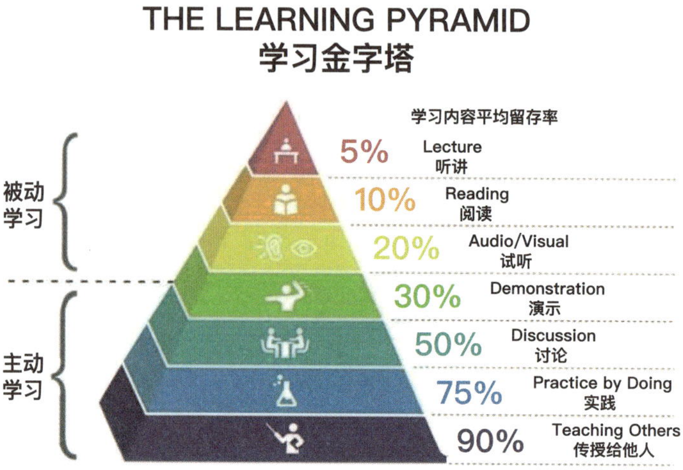

图 4-12　学习金字塔

知识应用（Application）

如果我们不运用知识，那么知识就还不是自己的！

例如，我们学英语学了很多年，学过大量语法，背过无数单词，可结果呢？我们对自己的英语听说水平依旧不满意，原因就是用的机会太少！

我们只有把知识用在实践中，通过实践形成反馈，才能使自己的认知得到升级。

4.5　监控项目工作

4.5.1　变更请求

在项目生命周期的任何时间，参与项目的任何相关方都可以提出变更请求。提出变更请求的原因有很多，例如，客户希望增加某项功能，团队发现了更好的解决方案，供应商因不能足量供应配件而希望用其他产品替代，进度或成本偏差需要纠正，等等。

在确定基准之前，变更无须正式受控于整体变更控制程序。而一旦确定了项目基准，就必须通过整体变更控制程序来处理变更请求。

依照常规，每个项目的配置管理计划应规定哪些项目工件受控于配置控制程序。对配置要素的任何变更都应该提出变更请求，并经过正式控制。

尽管变更请求也可以口头提出，但所有变更请求都必须以书面形式记录并纳入变更管理和（或）配置管理系统中。

在变更请求得到批准之前，项目经理需要分析变更对项目进度、成本等关键指标的影响，如图 4-13 所示。在变更请求可能影响任一项目基准的情况下，都需要进行正式的整体变更控制程序。

图 4-13　变更的影响

变更请求得到批准后，可能需要新编（或修订）成本估算、活动排序、进度日期、资源需求和风险应对方案分析，这些变更可能要求调整项目管理计划和项目文件。某些特定的变更请求在 CCB 批准之后可能还需要得到客户或发起人的批准，除非他们本身就是 CCB 的成员。

基准变更后，新基准只能用于衡量今后的工作绩效，而不能衡量以往的工作绩效。也就是说，新基准不能对过去完成的工作进行评价，这有助于保护基准和历史绩效数据的严肃性。

4.5.2　纠正措施、预防措施、缺陷补救

纠正措施是指为使项目工作绩效重新与项目管理计划一致而进行的有目的的活动。例如，团队发现进度与计划相比已经延误，通过加班或加人把进度赶上就是纠正措施。

预防措施是指为确保项目工作的未来绩效符合项目管理计划而进行的有目的的活动。例如，团队担心版本不能如期发布，加班提前准备出测试脚本就是预防措施。

缺陷补救是指为了修正不一致的产品或产品组件而进行的有目的的活动。例如，通过召回的方式更换汽车零配件，以解决安全隐患问题，这就是缺陷补救。

4.6　实施整体变更控制

4.6.1　配置管理与变更管理

配置管理

如果你要开发一款手机，通过调研，确定了这款手机的市场定位和相应的配置参

数，那么这款手机的配置管理的步骤如下。

- 第一步：定义产品配置，即明确摄像头的数量、摄像头参数、内存大小、芯片性能、屏幕尺寸和屏幕参数等。
- 第二步：在设计开发中跟踪这些参数，控制对这些关键参数的变更。
- 第三步：按既定的配置执行生产计划，记录和报告配置的实现情况。
- 第四步：通过测试和检查，确认配置都得到满足。

配置管理的对象如下：

- 产品的功能、组件、文档；
- 项目的基准、计划、文件；
- 组织过程资产（知识、经验、教训）。

配置管理的目标如图 4-14 所示。

以软件开发为例，配置管理的目标如下。

图 4-14　配置管理的目标

- 完整性：确保当初定义的功能都得到了实现，没有遗漏。
- 一致性：保证最终的软件性能和参数与配置计划一致。
- 可控性：保证软件开发的过程和质量可控。
- 追溯性：如果无法马上解决新缺陷，可以随时回滚到历史可用版本。

图 4-15 概括了软件配置管理的内容。

图 4-15　软件配置管理的内容

如图 4-16 所示，在软件开发过程中，软件有三种状态，即草稿状态、发布状态和修改状态。软件在没经过评审之前属于草稿状态，团队可以自由修改软件；一旦评审通过，软件就进入正式发布状态；如果在软件发布之后发现了缺陷（Bug），需要修改，那么就必须走变更控制程序，不能自由修改了。

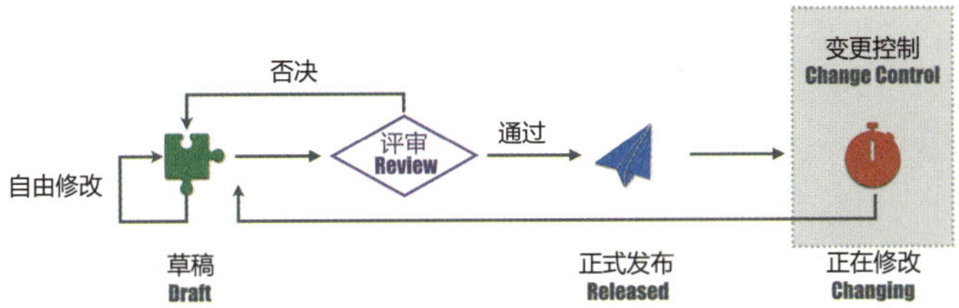

图 4-16　软件配置管理流程

变更管理

变更管理属于配置管理的子系统，通过变更控制，保障配置管理的可靠性和有效性。

4.6.2　变更控制委员会

变更控制委员会（CCB）是由项目相关方组成的一个常设但非固定的正式团体。其中，“常设”是指 CCB 的角色由配置管理系统和变更控制系统定义，团队存在于整个项目生命周期中；“非固定”是指为了维护其公正性，CCB 的人员组成是可以调换的；“正式团体”是指 CCB 是批准或拒绝影响基准的变更请求的唯一权威团体。

CCB 的人员通常包括项目经理、客户、专家、项目发起人等主要项目相关方或其代表。

4.6.3　整体变更控制程序

项目整体变更控制程序如图 4-17 所示。

引发变更控制流程的常见原因如图 4-18 所示。

如图 4-17 所示，当变更被提出时，首先，团队要分析变更的必要性和影响。然后，项目经理判断变更是否影响基准，如果影响基准，提交书面变更报告给 CCB；如果不影响基准，项目经理可以自己决策，但也要走整体变更控制程序。无论是 CCB 还是项目经理批准了变更，都需要先通知所有与本次变更有关的相关方，请他们对各自的计划做出相应调整，并在得到相关方确认后才能实施变更。最后，变更的过程需要记录在变更日志中，获得的经验教训要记录在经验教训登记册中。

如图 4-18 所示，项目变更的原因有很多。当考生在试题中看到这些原因时，就能基本判断这多半是考变更的知识点，那么就应该按照变更控制程序作答。

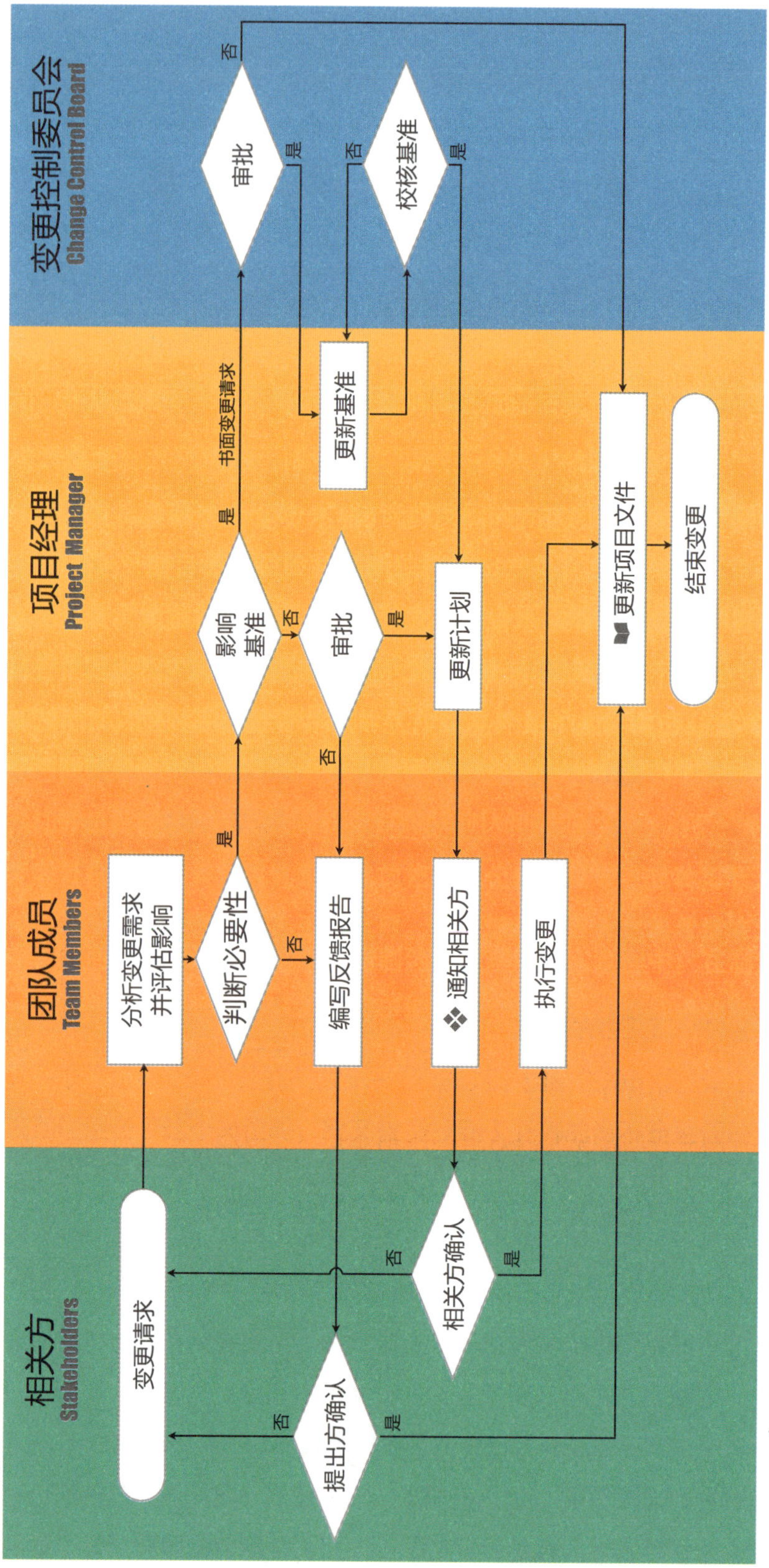

❖ 通知可能受此变更影响的所有相关方，包括提出方在内

■ 更新项目文件，包括变更日志和经验教训登记册

图 4-17　项目整体变更控制程序

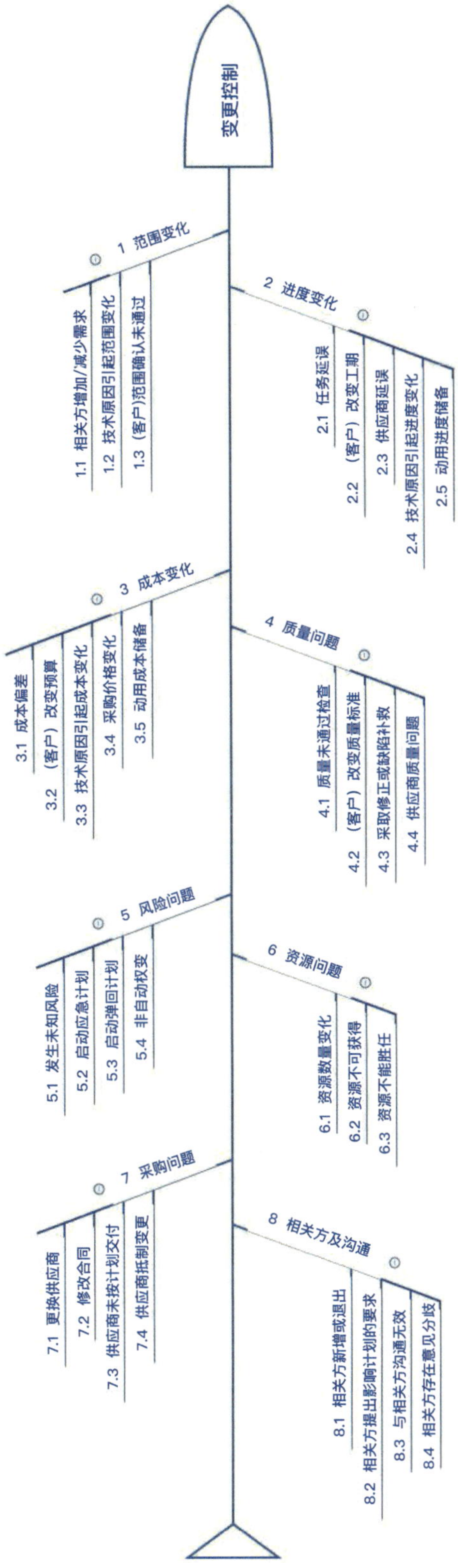

图 4-18　项目变更的常见原因

4.6.4 敏捷场景下的变更管理

敏捷场景下，变更要简便得多，因为敏捷就是为了应对变化而生。项目的全生命周期都可以接受变更，哪怕已经到了产品开发的末期，也一样不拒绝变更。因为需求变了，哪怕产品按原计划做得再完美，也失去了价值。

当然，敏捷中的变更也不是毫无原则、毫无章法地乱变。

例如，如图 4-19 所示，有的新需求并不是随时进入开发阶段，而是先进入产品待办事项列表，由产品负责人根据轻重缓急确定优先级，在下一个冲刺（Sprint）的计划会上讨论是否进入冲刺待办事项列表（Sprint Backlog）。原则上，除非特殊、紧急的情况，否则冲刺周期内开发团队不允许被打扰。不过，因为冲刺周期都比较短（1~4 周，2 周居多），所以需求响应会比较及时。

图 4-19 Scrum 框架

4.7 结束项目或阶段

收尾过程组其实只有一个过程：结束项目或阶段，其旨在核实团队为完成项目或阶段所需的所有过程组的全部过程均已完成，并正式宣告项目或阶段关闭。本过程组的主要作用是确保恰当地关闭阶段、项目和合同。虽然本过程组只有一个过程，但是组织可以根据需要为项目、阶段或合同添加相关过程。因此，我们仍把它称为“过程组”。

完成项目范围规定的所有工作并不等于项目结束，项目必须经过规范的收尾过程才能正式关闭。即便中途放弃、提前终止的项目，也必须经过收尾过程，做到善始善终。

收尾流程

项目收尾流程如图 4-20 所示。

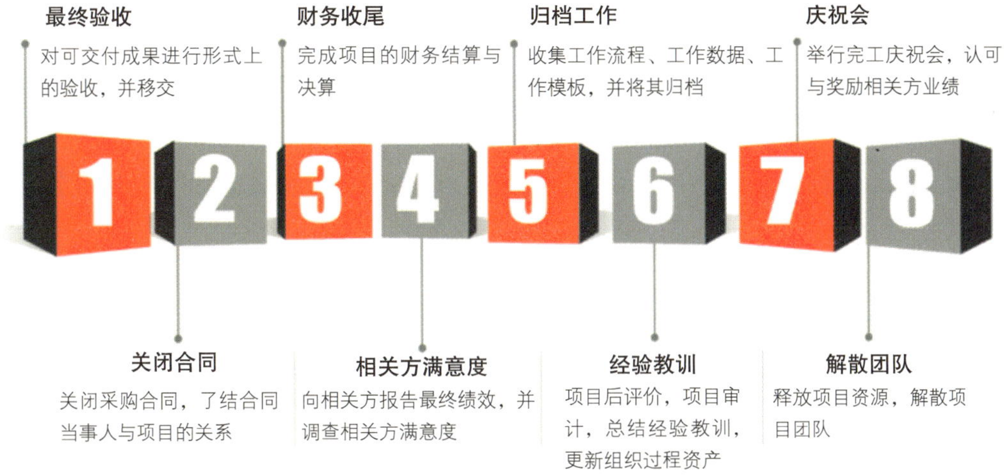

图 4-20 项目收尾流程

1. 最终验收：最终验收是指通过验收仪式，由重要相关方（如发起人）对项目团队可交付的成果签署验收报告。最终验收的仪式作用大于实质性作用，而实质性的技术验收早应该在“确认范围”过程中分期分批地完成了。

2. 关闭合同：在确认合同中的责任义务都已履行完毕后，合同可以关闭。这里的合同既包括公司与项目发起组织（甲方 / 客户）签署的合同，也包括与分包商、供应商签署的采购合同。

3. 财务收尾：完成项目的财务结算与决算。结算是指确认支付项目和支付金额无误并完成支付，决算是从投资角度确认项目的投资回报是否能实现。

4. 相关方满意度：向相关方报告项目最终绩效，并调查相关方满意度。

5. 归档工作：收集工作流程、工作数据、工作模板并将其归档。例如，将项目各版本计划、需求跟踪矩阵、变更日志、问题日志等按组织要求的格式提交给 PMO 进行存档。

6. 经验教训：通过项目审计、项目回顾会、项目后评价等形式总结经验教训、更新组织过程资产。

7. 庆祝会：举行完工庆祝会，认可和奖励相关方业绩。

8. 解散团队：释放资源，解散项目团队。需要注意的是，解散团队是项目收尾的最后一步，团队一旦解散，项目工作就无法开展了。

4.7.1 合同收尾和行政收尾

根据项目收尾目的不同，项目收尾分为合同收尾和行政收尾。合同收尾也称采购收尾，行政收尾也称管理收尾，两者的区别是重要的考点，如表 4-5 所示。

表 4-5 合同收尾与行政收尾

	合同收尾	行政收尾
定义	买卖双方完成交接，结清账目	企业内部项目收尾程序
时间	合同结束时	项目或每个阶段结束时
总结	采购审计	回顾、总结经验教训
审批	买方向卖方签发书面确认	管理层向项目经理签发书面确认
交接	与外部卖方 / 买方交接	与公司内部交接
顺序	先与外部交接，再与公司内部交接，完成合同收尾后再完成行政收尾	

4.7.2 知识转移

标志项目交付成败的不是功能验收，而是知识转移。很多产品交付给客户，比如一个 ERP 系统，客户基本不用，原因不是产品功能有问题，也不是质量有缺陷，而是没有完成好知识转移的过程。客户不会用，产品就没有发挥它应有的价值。

知识如何转移，日本学者野中和竹内提出了知识转移的 SECI 模型，如图 4-21 所示。

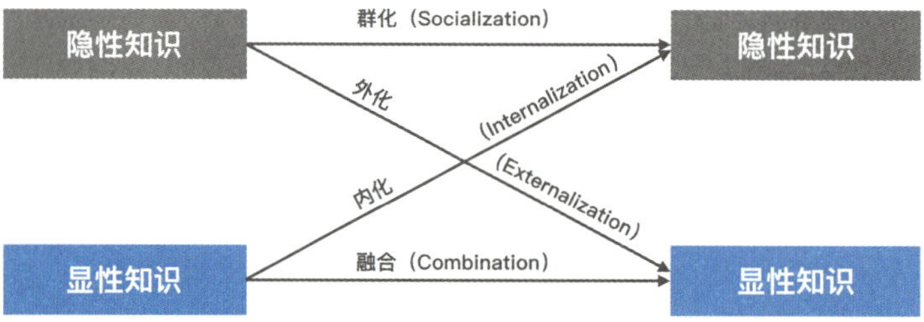

图 4-21 知识转移路径

知识转移的方式要根据知识转移给客户前和转移给客户后的特点来决定：

- 产品说明书、用户手册就是显性知识转移；
- 演示、观摩、培训是显性知识转移，同时也是隐性知识转移；
- 持续一段时间的上门辅导，手把手带领客户掌握，有利于客户把显性知识转化为隐性知识；
- 主动寻求客户的反馈，有利于企业把隐性知识转化为显性知识。

有的知识转移成本太高，所以有些公司干脆把卖产品变成卖服务，或由第三方服务商来帮客户搞定，比如私人包机服务。

4.8　本章考试要点

1. 整合的含义、整合的对象、整合的负责人☆☆☆
2. 项目章程由谁发布，谁有权修改，项目章程的意义是什么☆☆☆
3. 项目启动会议与项目开工会议☆☆☆
4. 项目管理计划与项目文件的区别和联系☆☆☆☆
5. 项目三大基准的来源、用途和变更管理☆☆☆☆
6. 配置管理的含义，配置管理与变更管理的关系☆☆☆☆
7. 显性知识、隐性知识和知识转移☆☆☆
8. 工作绩效数据、工作绩效信息和工作绩效报告☆☆☆
9. 整体变更控制程序☆☆☆☆☆
10. 合同收尾与行政收尾的区别和联系☆☆☆☆

4.9 本章测试题及解析

4-1 政府为节能项目提供补贴，一家组织正在规划安装太阳能电池板降低能源成本的项目。项目启动后，政府宣布太阳能电池板不再继续符合补贴政策。项目经理应该怎么做？

A. 提高风险水平

B. 更新问题日志

C. 使用应急储备

D. 创建变更请求

4-2 下列哪一项配置管理活动属于执行整体变更控制过程的组成部分？

A. 将实际项目绩效与项目管理计划进行对比

B. 更新项目范围说明书

C. 确定并记录项目产品的功能和物理特性

D. 核实可交付成果的完成程度

4-3 一个软件开发项目，需求已经过客户的确认。项目开始后，客户的一位副总（之前未被识别为相关方）参与项目并要求对批准的需求进行变更，这样的变更会导致项目产生大量返工并延长工期。项目经理应该怎么做？

A. 将其添加进风险登记册

B. 向变更控制委员会提交一项变更

C. 修订项目管理计划，以包含这些更新

D. 规划时间和资源的缓冲区，以补偿预期之外的变更请求

4-4 项目发起人收到三位相关方的投诉，即项目经理进行了太多的变更而没有经过变更控制委员会批准，发起人临时召集了与项目经理的紧急会议去讨论这些投诉。以下哪份文件将有助于项目经理去解决这个问题？

A. 范围管理计划

B. 相关方登记册

C. 进度基线

D. 变更日志

4-5 项目经理被邀请参加项目章程讨论会。项目经理想了解项目将包含哪些工作，他

应该关注什么？

A. 项目验收标准

B. 项目高层级的需求

C. 项目范围说明书

D. 需求跟踪矩阵

4-6 项目执行期间，项目经理发现其中一家供应商提供的设备无法满足项目的需求，经过评估，必须更换另外一家供应商，那么项目经理应该先做什么？

A. 准备一份变更请求，以获得对更换供应商的批准

B. 与新的供应商谈判并签署采购合同

C. 将此信息更新到风险登记册和问题日志中

D. 与原供应商谈判，对变更补偿达成一致

4-7 一个项目已经结束，新系统已正式上线，并且，其所有的验收程序已经完成。客户要求项目经理调查系统用户流失率高的原因并及时解决。项目经理发现，这一问题是由运营团队不熟悉新系统而导致用户响应慢造成的。项目经理应该怎么做？

A. 要求项目团队评估根本原因、纠正问题并记录经验教训

B. 审查收尾文件，确认是否已按合同要求完成了知识转移工作，将结果报告给客户

C. 将客户投诉上报给项目发起人，分配资源解决该问题

D. 审查风险管理计划，确定是否提前识别和规划了该问题

4-8 收尾过程不包括以下哪个选项？

A. 质量审计和风险审计

B. 交付项目产品

C. 知识转移

D. 更新公司组织过程资产

答案及解析

4-1 D

政策变化导致项目成立的前提条件发生了改变。项目经理通常是无法力挽狂澜并按原定基准交付项目的，必须及时发起变更请求，按照整体变更控制程序获得 CCB 的批准。

4-2 B

变更被批准后需要更新计划和项目文件。计划本身也是配置管理的对象，通过配置管理，保证计划的版本的正确性和有效性，见《PMBOK® 指南》（第 6 版）4.2.3.1。

4-3 B

题干中告知有新的相关方加入，这本身就是一个变更触发因素。同时新的相关方提出变更需求导致项目范围和进度都发生重大变化，肯定影响到原基准，所以，项目经理必须提交变更请求并得到 CCB 的批准。

4-4 D

变更日志中记录了变更的原因、影响、措施及决策等全部过程。变更是否经过 CCB 批准取决于变更是否影响基准，不影响基准的变更不需要经过 CCB 批准，项目经理就可以批准。所以，这些证据只能在变更日志中找到。

4-5 B

章程中包含的就是项目高层级的需求，所以符合章程讨论会的主题。

4-6 A

更换供应商属于典型的变更，可能影响工期、质量、成本等诸多要素，所以必须走整体变更控制程序。

4-7 B

题干中有两处（“项目已经结束”“所有的验收程序已经完成”）强调项目已经结束。客户流失率高是运营团队不熟悉新系统造成的。运营团队很有可能是客户公司自己的，项目经理有责任向客户确认项目知识是否已按规定转移给客户，但不能无原则地满足客户的需求，否则会导致范围蔓延。

4-8　A

质量审计和风险审计都是合规性审查，指的是质量和风险的管理过程是否符合质量管理计划和风险管理计划。它们属于执行过程。

第 5 章　项目范围管理

范围管理的核心概念

在开始行动之前，我们先画一个圆圈，圈内的就是必须要完成的工作，圈外的就是超出范围的工作。管好这个边界，就是范围管理的含义。

项目范围管理是确保团队“**做**”且“**只做**”项目范围内的全部工作，也就是说，既不能少做，也不能多做。如果多做，就要消耗团队额外的时间和资源，并且无法被认可。

项目中很多进度延误和成本超支都是因为范围失控造成的，团队做了不该做的或可做可不做的工作，不但消耗了宝贵的时间和资源，更重要的是耽误了本来该做的工作，错失了市场窗口期。

范围包括产品范围和项目范围。

- 产品范围：某项产品、服务或成果所具有的特性和功能。
- 项目范围：为交付具有规定特性与功能的产品、服务或成果而必须完成的工作。在交付产品的项目中，项目范围包括产品范围。

范围管理过程确保了项目团队和项目相关方就项目的可交付成果以及形成这些可交付成果所进行的工作达成共识。

我们可以看到，在不同生命周期中，范围管理的差异很明显，如表 5-1 所示。

表 5-1　不同生命周期的范围管理对比

	预测型（瀑布）	迭代型 / 增量型	适应型（敏捷）
定义范围的时间	项目开始	每次迭代开始	随时
确认范围的时间	项目或阶段结束	每次迭代结束	随时反馈
范围控制文件	范围基准	版本配置文件	产品待办事项列表
发起人 / 客户参与	里程碑	周期性	持续性

预测型生命周期要求在项目开始时就明确项目的范围，尽量少变更，用范围基准来控制工作始终在范围之内。而且，客户参与频率也较低，只在重要的里程碑节点参与。例如，当项目结束或阶段结束时，客户才来确认交付成果是否满足其要求。

迭代型 / 增量型生命周期都有明显的周期性。以软件开发为例，当每次迭代开始时，团队用每个版本的配置文件来定义这个版本需要完成的工作范围，发起人或客户参与比较频繁，他们在每次迭代结束或版本发布前来确认范围。

适应型（敏捷）生命周期的范围最为灵活。通过用户故事来描述范围内的工作，用产品待办事项列表（Product Backlog）来控制工作范围，Product Backlog 里的内容随时可加、可减、可改，而且优先级也可以动态调整；团队完成的工作是否满足用户需求是可以随时得到反馈的，发起人或用户在项目生命周期中是持续参与的。

范围管理发展趋势与新兴实践

项目范围来自需求，对需求的持续管理和专业分析至关重要，特别是在市场快速变化的今天，精益的思想渐渐被重视起来。

由玛丽 · 帕蓬迪克（Mary Poppendieck）提出的精益软件开发原则如下：

- 优化全局；
- 以客户为中心；
- 赋能工作者；
- 减少浪费；
- 增强学习；
- 加速流动；
- 质量内建；
- 持续改善。

“不能为客户 / 用户创造价值的工作都是浪费。”精益思想赋予了项目范围管理新的内涵。

裁剪范围管理时，需要由外向内考虑的因素如下。

- 需求是稳定的还是多变的？你需要认真分析你所在的行业、市场的特征，客户 / 用户的使用场景，包括发起人的管理风格，以此来决定采取瀑布开发还是敏捷开发，或者混合开发模式。
- 组织属于传统型还是创新型？你所在的是一家对知识管理、变更管理、项目治理有着非常规范、成熟甚至传统的流程、制度的公司，还是一家创新型的互联网公司，这会直接决定范围管理的模式。
- 授权是充分的还是有限的？你要了解你的组织是职能型、弱矩阵型还是强矩阵型，项目经理得到的授权有多少，这些都会影响我们对范围管理流程方法的选择。

5.1 规划范围管理

5.1.1 规划范围管理的概念

规划范围管理是指创建范围管理计划，书面描述如何定义、确认和控制项目范围的过程。本过程的主要作用是在整个项目中对如何管理范围提供指南和方向。

规划范围管理过程的输出是需求管理计划和范围管理计划，虽然这两个计划有着密切的联系，但也有着明确的分工，如图 5-1 所示。

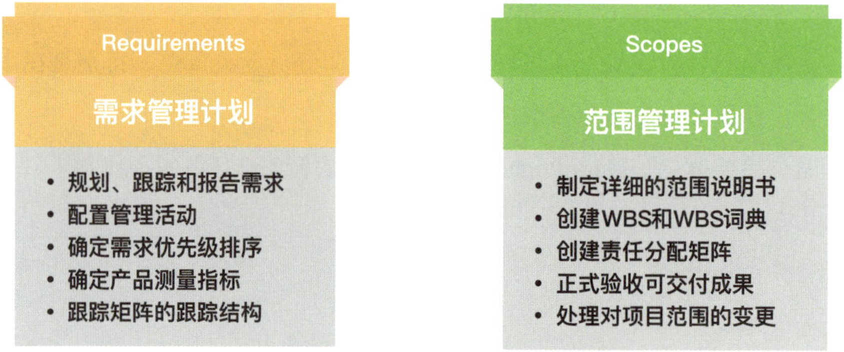

图 5-1　需求管理计划与范围管理计划

项目范围来源于需求，但是需求管理计划的目的是记录、跟踪和管理需求，所有的需求只要被提出，就应该被有效管理，无论这个需求最终是否被满足。需求管理计划要定义需求识别、记录、跟踪、报告、变更、排优先级等计划的规则和方法。

需求不一定都会被满足，原因有很多。例如，团队还不具备相应的技术和能力，满足它的代价太高；有些需求的优先级低，还没重要到必须实现。我们应将它们排除在我们的项目范围之外。我们只有清楚了不做什么，才能专心致志地投入到我们必须做的工作中去。

范围管理计划就是我们应该如何管理好我们必须做的工作。例如，如何清晰地表述工作范围，如何明确分工，如何管理变更，如何验收确认。

5.1.2 范围管理计划

范围管理计划主要解决以下问题：

- 范围说明书的定义，以及 WBS 和 WBS 词典的格式、流程；
- 范围基准的生成和审批程序；
- 范围变更管理的规则和程序；

- 可交付成果的验收标准和流程。

5.1.3　验收文件

验收文件是由客户提供、经过客户确认签字的正式文件，用于对项目可交付成果的验收。

5.2　收集需求

需求具有多样性、复杂性、隐蔽性、差异性、变化性、矛盾性的特点。

5.2.1　需求管理计划

需求管理计划描述了如何分析、记录、管理项目和产品需求，包括：

- 如何规划、跟踪和报告各种需求活动；
- 配置管理活动，比如，如何处理需求变更；
- 如何对需求进行优先级排序；
- 需求测量指标和测量依据；
- 需求跟踪矩阵包含哪些需求属性。

5.2.2　收集需求的常用工具

收集需求的常用工具如下。

头脑风暴（Brainstorming）

头脑风暴是一种用来产生和收集项目需求与产品需求的多种创意的技术，通过团队成员集思广益、畅所欲言、互相启发来实现。但是，头脑风暴会受与会人员的知识经验所限。

访谈（Interview）

访谈有经验的项目参与者、发起人、其他高管以及主题专家，有助于识别和定义可交付的产品的特征和功能。

焦点小组（Focus Group）

召集项目相关方和主题专家，了解他们对所讨论的产品、服务或成果的期望和态度。由一位受过训练的主持人引导大家进行互动式讨论，讨论的对象一般聚焦在产品或项目的某一方面，且主题明确。

问卷调查（Questionnaire）

问卷调查适用于以下几种情况：受众多样化，需要快速完成调查，受访者地理位置分散，适合开展统计分析。问卷设计应紧密围绕调查目的，面向调查对象，坚持人性化，并优先选用经广泛认可的标准量表。

标杆对照（Benchmarking）

将实际或计划的做法（如流程和操作过程）与其他可比组织的做法进行比较，以便识别最佳实践，形成改进意见，并为绩效考核提供依据。标杆对照所采用的可比组织可以是内部的，也可以是外部的。

联合应用程序开发或设计（JAD）

JAD 会议适用于软件开发行业。客户被邀请和开发团队一起，通过一系列的研讨会收集需求和改进软件开发过程。客户持续参与，有利于客户充分了解项目并及时给出反馈，也有利于团队更深入地理解客户的真实需求。

质量功能展开（QFD）

这个工具在新产品研发项目中很常用，可以把用户需求转化成产品功能，以便开发出最符合用户需求的产品功能。质量功能展开由赤尾洋二和水野滋两位日本教授于 20 世纪 60 年代作为一项质量管理系统提出，目的是为了设计、生产出可以充分满足用户需求的产品和服务。在产品或服务的开发过程中，公司要聆听“用户的声音”。

例如，我们开发一款新手机，需要先从用户需求出发，找到用户最看重的产品功能和特点，可能是“自拍美美哒”“外观高大上”等，可这些都是用户语言，开发工程师无法准确把握这些真实却“不专业”的语言，需要把这些用户语言翻译成工程语言。那么，如何实现“自拍美美哒”这个用户需求呢？我们需要有像素足够高的前置摄像头、AI 美颜算法、尺寸足够大的传感器，这些是工程性能指标，如图 5-2 所示。

接下来，我们需要分析用户需求和工程性能指标之间的关系。“实心圆”表示非常积极，“空心圆”表示中等积极，“实心五角星”表示中等消极，“空心五角星”表示非常消极。

我们可以选择几个竞品来对比，看看我们的产品设计在这些工程性能指标上能得多少分，竞品能得多少分。

针对用户最关心的需求，我们要验证他们对我们的产品的体验如何，对竞品的体验如何，是好、中等，还是差。我们应该保障重要性相对高的需求优先得到满足，这样我们的产品才会有竞争力。

图 5-2 中的“冲突矩阵”是指工程性能指标之间有冲突。例如，如果追求极致的屏占比，就很难布置前置摄像头；如果要求电池容量大，就很难把手机做成超薄的。

这个矩阵的作用是把用户的原始需求转化成工程性能指标，之后团队才能进一步设计零件、工艺等。这个矩阵的样子像一座小房子，所以我们也把它称作“质量屋”。

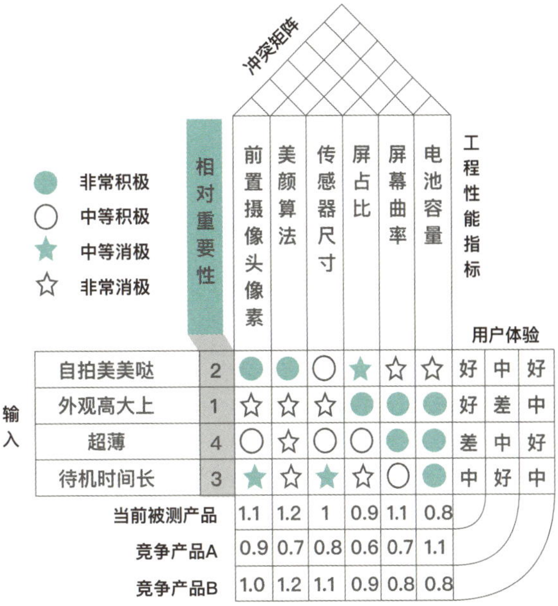

图 5-2　手机质量功能展开

如图 5-3 所示，质量功能展开（QFD）通常分为以下四个步骤。

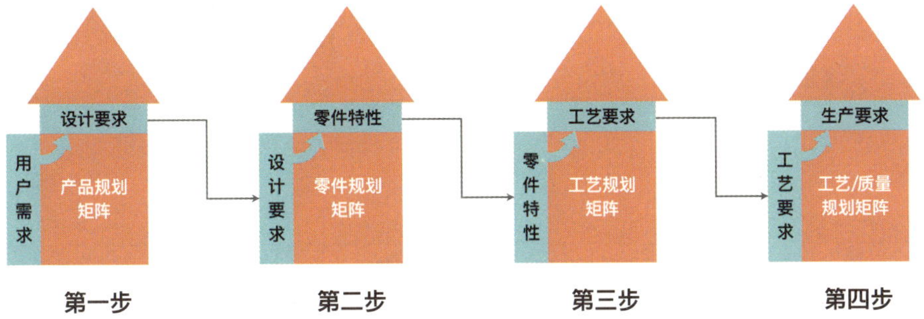

图 5-3　质量功能展开（QFD）四步法

- 第一步：产品规划矩阵，把用户需求转化为设计要求。
- 第二步：零件规划矩阵，把设计要求转化为零件特性。
- 第三步：工艺规划矩阵，把零件特性转化为工艺要求。
- 第四步：工艺 / 质量规划矩阵，把工艺要求转化为生产要求。

5.2.3　需求管理过程

需求管理中数据表现的工具如下。

数据表现之亲和图（Affinity Diagram）

亲和图法也被称为 KJ 法，创始人是东京工业大学教授、人文学家川喜田二郎，KJ 是他的英文名（Jiro Kawakita）的缩写。

亲和图法是通过头脑风暴法把收集到的事实、意见和设想等语言文字资料，根据资料间的亲和性将其归类，以便从复杂现象中找出规律、抓住本质、理出思路的一种方法。

例如，开发一款新手机需要满足用户哪些需求？我们可以通过头脑风暴法来收集这些需求。每个人把自己想到的需求写在便利贴上，并将其贴在白板上，如图 5-4 所示。

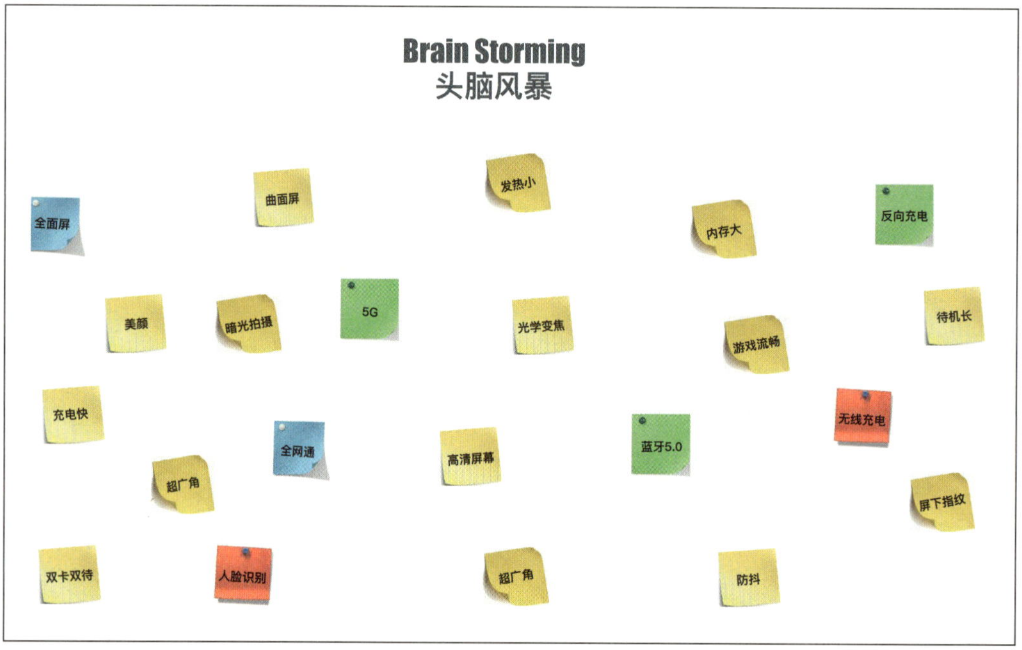

图 5-4　头脑风暴

经过分享、讨论、投票等方式，根据需求间的亲和性将其归类，形成若干组需求，如图 5-5 所示。

数据表现之思维导图（Mind Map）

思维导图是表达发散性思维的有效图形思维工具，即运用图文并重的技巧，把各级主题的关系用相互隶属与相互关联的层级图表现出来，并把主题关键词与图像、颜色等建立记忆连接。

思维导图可以协助人们在逻辑与想象之间平衡发展，开启人类大脑的无限潜能，如图 5-6 所示。

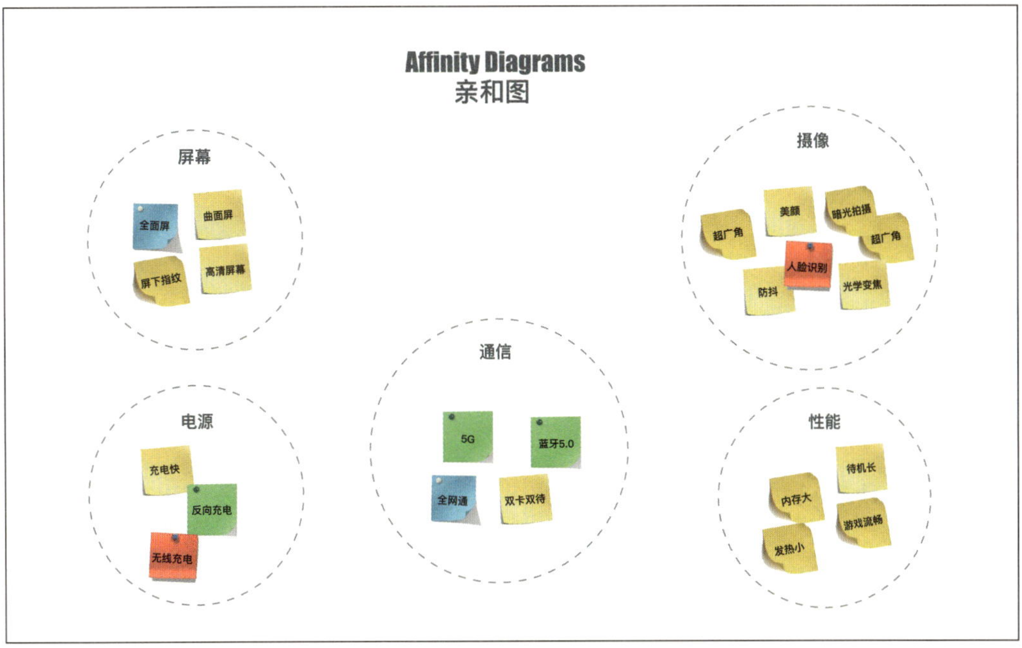

图 5-5　亲和图

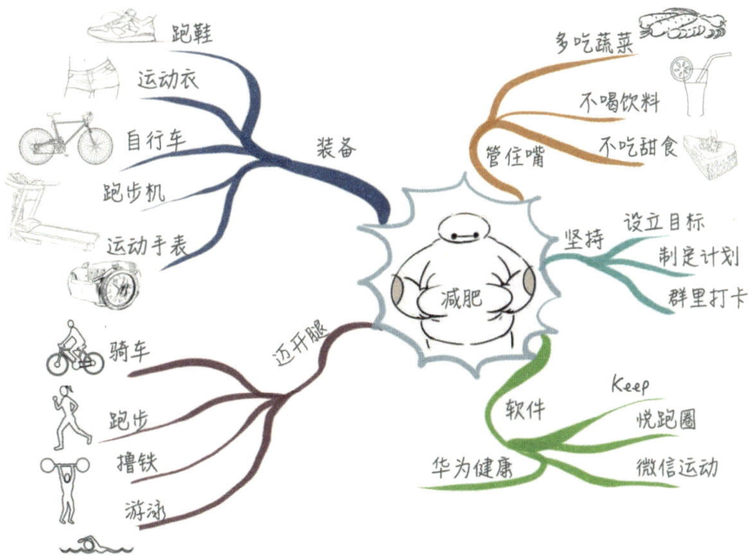

图 5-6　思维导图

5.2.4　需求决策

当需求众多、需要做出取舍，或者需要结合多人的意见做出决策时，我们常常采用以下决策技术。

投票（Vote）

在进行投票之前，要先确定投票的原则。

- 一致同意原则：只有所有人都同意，方案才能通过。该原则也叫“一票否决制”。
- 大多数同意原则：只要获得超过半数或超过 2/3 的得票，方案即可通过。
- 相对多数同意原则：多个方案中得票最多的胜出，不管得票是否超过半数。

独裁（Dictatorship）

这种决策技术是由一个人做出最终决定，必要时可起到高效决策的作用。

多标准决策分析（MCDA）

在相互冲突的多方案中进行选择，就是根据准则层的各项准则分别给方案层的各个方案打分，然后汇总分数，总分最高的方案胜出，成为目标方案。

例如，你找工作，有 A、B、C 三家公司都愿意聘用你，那么你该怎么做决策呢？你可能要考虑很多因素，如“工资高”“工作不累”“离家近”“行业地位高”“领导英明”，这些因素就是准则层里的准则。按这些准则给这三家公司打分，哪家公司最终总分最高，哪家公司就是你选择的目标，如图 5-7 所示。

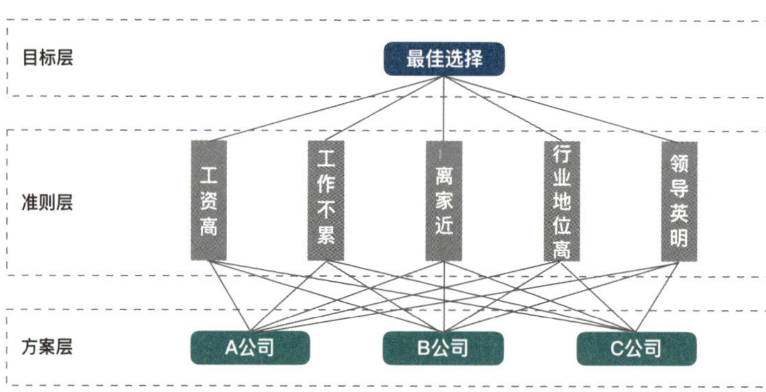

图 5-7　多标准决策分析

当然，如果你认为这些准则的重要性不一样，那么你可以给准则设置权重。例如，把“工资高”的权重设为 1，把“工作不累”的权重设为 0.8，把“行业地位高”的权重设为 1.2 或者 1.5。用每个准则得分乘以权重，再合计总分，哪家公司总分最高，哪家公司就是你选择的目标。这种方法就是“加权多标准决策”。

5.2.5　需求文件：需求跟踪矩阵

需求跟踪矩阵是把产品需求从其来源连接到能满足需求的可交付成果的一种表格，

如图 5-8 所示。使用需求跟踪矩阵，可以把每个需求与业务目标或项目目标联系起来，有助于确保每个需求都具有商业价值。需求跟踪矩阵提供了在整个项目生命周期中跟踪需求的一种方法，有助于确保需求文件中被批准的每项需求在项目结束时都能交付。需求跟踪矩阵还为管理产品范围变更提供了框架。

需求跟踪矩阵								
项目名称：								
成本中心：								
项目描述：								
标识	关联标识	需求描述	业务需要、机会、目的和目标	项目目标	WBS可交付成果	产品设计	产品开发	测试案例
001	1.0							
	1.1							
	1.2							
	1.2.1							
002	2.0							
	2.1							
	2.1.1							
003	3.0							
	3.1							
	3.2							
004	4.0							
005	5.0							

图 5-8　需求跟踪矩阵

资料来源：《PMBOK® 指南》（第 6 版）。

5.2.6　敏捷场景下的需求管理

产品属性

卡诺模型（Kano Model）也叫“狩野模型”，日本品牌管理大师狩野纪昭（Noriaki Kano）博士将产品属性分为五类，如图 5-9 所示。

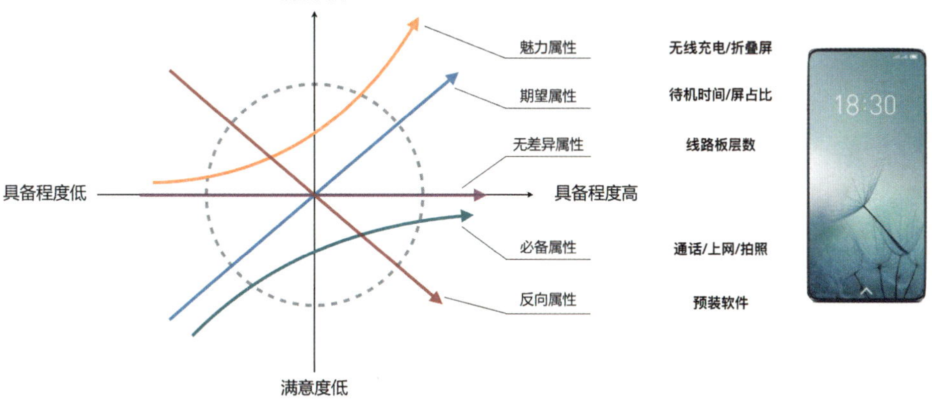

图 5-9　卡诺模型

- 魅力属性（Attractive）：让用户喜出望外的属性。即使产品不具备该属性，用户的满意度也不会降低；而如果产品具备该属性，用户的满意度会大幅提升。例如，对多数用户而言，手机的无线充电功能、屏幕可折叠等功能并不是非有不可，不过，假如手机有这些炫酷的功能，用户还是很开心的。
- 期望属性（One-Dimensional）：也叫线性属性，客户满意度与产品的属性呈线性关系。例如，手机的待机时间越长、手机的屏占比越大，用户越满意。
- 无差异属性（Indifference）：让用户不敏感的属性。无论产品具备还是不具备，用户的满意度都不会改变。例如，手机的线路板是几层的，绝大多数用户并不关心。
- 必备属性（Must-Be）：用户对产品的基本需求。如果产品不具备，用户满意度就会大幅降低，甚至无法接受。
- 反向属性（Reverse）：用户根本没有此类需求。产品所具备的这类属性越多，用户就越不满意。例如，手机里预装的软件越多，就越让用户讨厌。

卡诺模型告诉我们，当我们的时间和资源有限时，应该优先提升必备属性，其次是期望属性；如果我们有能力，再去提供魅力属性，拉开与竞品的差距；用户对无差异属性并不在意，所以我们不必刻意追求；我们应尽量避免提供反向属性，不要弄巧成拙。

精益画布

当企业有了一个很美妙的想法时，很多企业会按照流程要求编制内容翔实的商业计划书、可行性研究报告。长达几十页甚至上百页的报告往往要花几周甚至几个月的时间。而在精益创业模式中，使用一张精益画布就可以解决这个问题。

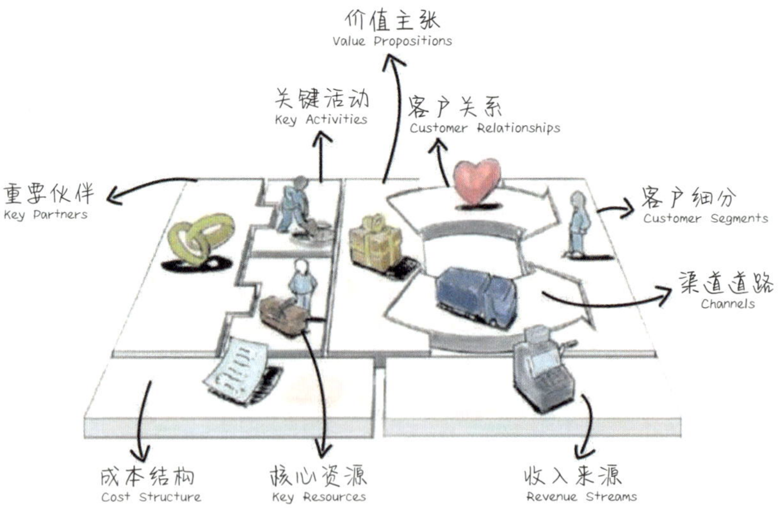

图 5-10 商业模式画布

精益画布是从商业模式画布（如图 5-10 所示）中发展而来的，包含 9 个部分，如图 5-11 所示。

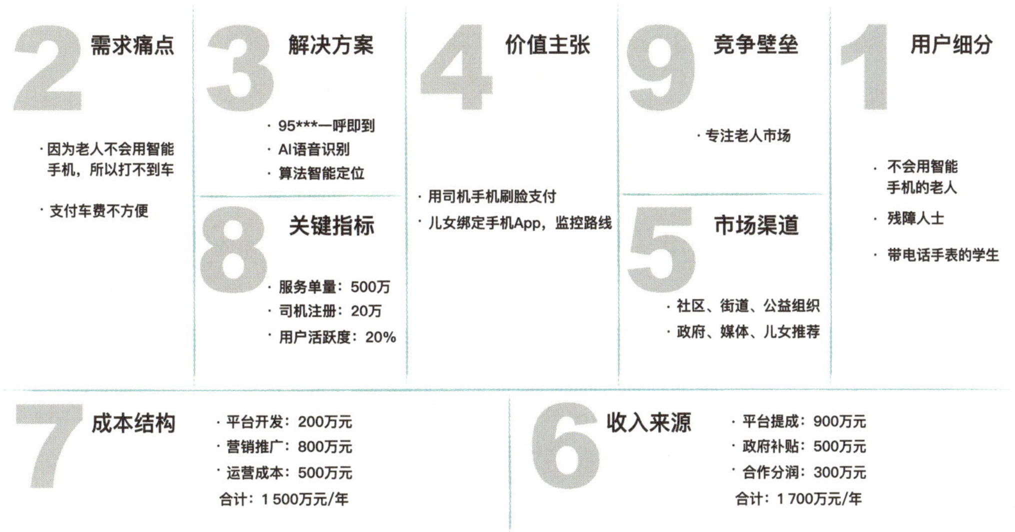

图 5-11　老人打车项目精益画布

最小可发布版本（Minimum Marketable Release，MMR）

产品开发要历经漫长的过程。对于创新产品来说，如果企业没有发布过一个版本，就没法验证这款产品到底有没有真正的客户。

虽然在商业论证阶段，产品创意已经通过最小可行性产品（Minimum Viable Product，MVP）被验证过了，但 MVP 和真正的产品不同，MVP 是验证假设的试验品，而 MMR 是真的可以被客户购买的产品。企业没生产出真正的产品，只是用 MVP 验证出客户的“购买意愿”，并不代表客户见了产品后会真的购买。

团队需要从产品待办事项列表中精挑细选出最有价值的特性，并做出一个成本最小的产品迅速投放到市场上。

MMR 的原则如下。

- 最简特性清单：依据精益画布，放弃不属于核心价值主张的特性；依据卡诺模型，舍弃产品非必需的特性。团队针对每个特性都要问自己：没有它会怎么样？如果没有它并不影响用户使用，那么它就不应该出现。
- 最小特性颗粒：尽力把产品特性拆分出子特性，一直拆分到不能拆分为止（如果继续拆分，就无法为用户提供独立的价值）。
- 最少特性组合：根据莫斯科法则（MoSCoW），把梳理出来的特性清单进一步排出优先级，只开发最基本的特性，也就是产品必须有的特性。

莫斯科法则（MoSCoW）如下。

- 必须有的特性（Must Have）：如果没有，产品不可行。
- 应该有的特性（Should Have）：非常重要但不是必需的特性，可以想其他方法替代或暂时不提供。
- 可以有的特性（Could Have）：有了更好，没有也行。只有在时间允许、资源充裕的情况下，企业才会考虑。
- 不该有的特性（Would not Have）：不关键、不必要，且不该在这个版本里考虑的特性。

图 5-12 展示的是运用莫斯科法则对某银行移动客户端（App）进行的需求分析。对用户来说，必须有的特性是“注册 / 登录”“查询余额”“转账汇款”，应该有的特性是“收支明细”“指纹登录”，可以有的特性是“投资理财”“个人贷款”，不该有的特性是“手机充值”“水电缴费”。最小可发布版本（MMR）所具备的就是“必须有的特性”。

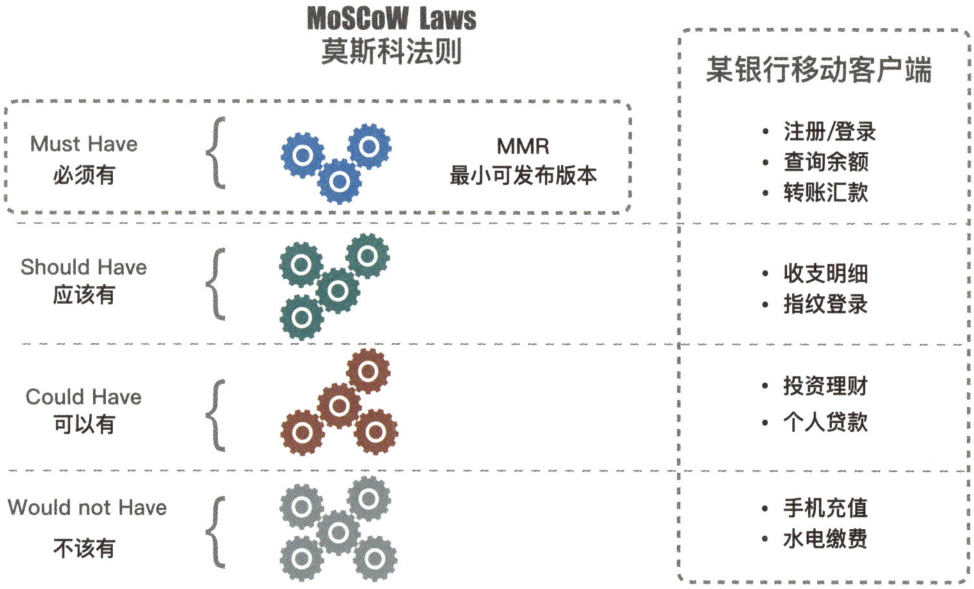

图 5-12　莫斯科法则

产品待办事项列表（Product Backlog）

产品待办事项列表的特征如下。

- 详略适当（Detailed appropriately）：优先级越高的待办事项，其描述越详细；

反之，描述越简略。

- 经过估算（Estimated）：产品待办事项列表中的条目是经过估算的，这些估算是粗颗粒度的，通常以故事点或者理想人天的形式表达。
- 涌现的（Emergent）：产品待办事项列表中的条目是动态的、不断演化的。根据客户和用户的反馈，随时增减和调整待办事项优先级，并且，现有的条目可以不断被修订、细化，甚至移除。
- 按优先级排序（Prioritized）：最重要的事项优先级最高，排在产品待办事项列表的最顶层，最先被实施。

分解和细化产品待办事项列表中的条目

如图 5-13 所示，在下一次迭代开始之前，虽然产品负责人应当准备好足够多的细颗粒条目，但不必把所有的条目都分解细化，这样做的目的是把花费在描述产品上的时间和资源降到最低。因为条目是动态的、变化的，所以分解和细化条目的工作也是周期性的。

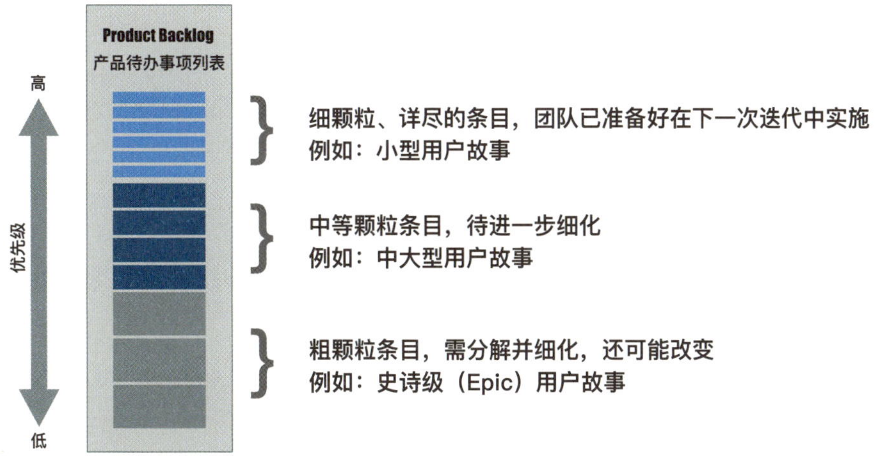

图 5-13　产品待办事项列表的优先级

如果产品待办事项列表中有同样重要的活动，那么团队应该先做哪个？

我们可以采取 WSJF 原则，即“最短作业优先”原则。通过公式“WSJF= 延期满足的代价 / 这项活动的历时估算”计算每项活动 WSJF 的分数，分数最高的活动就是我们应该优先做的。

如图 5-14 所示，如果我们按 WSJF 分数从高到低的顺序依次做 A、B、C，那么与按 C、B、A 的顺序相比，虽然总历时一样，但是总体延期的代价（黄色面积）要小得多。

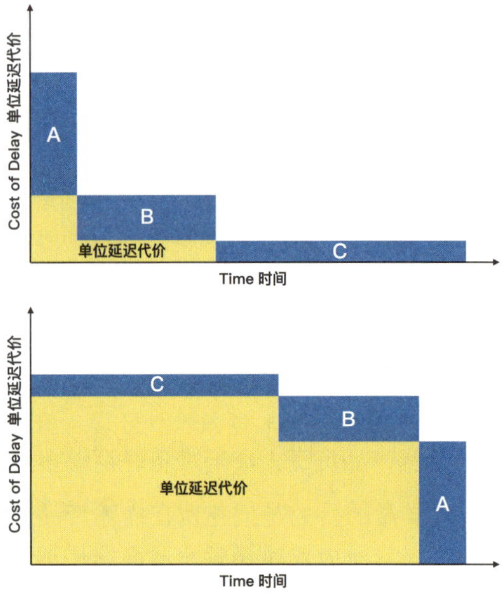

	历时 Duration (天)	单位延迟代价 Cost of Delay (万元/天)	加权最短作业优先 WSJF 单位延迟代价/历时 Cost of Delay/Duration
A	1	18	18
B	3	6	2
C	6	3	0.5

方案1 A–B–C

	延期 Delay (天)	单位延迟代价 Cost of Delay (万元/天)	延期代价 Sum Cost (万元)
A	0	18	0
B	1	6	6
C	4	3	12
合计			18

方案2 C–B–A

	延期 Delay (天)	单位延迟代价 Cost of Delay (万元/天)	延期代价 Sum Cost (万元)
A	9	18	162
B	6	6	36
C	0	3	0
合计			198

图 5-14　WSJF 原则

用户故事（User Story）

用户故事是一个表述用户需求的固定语法：

作为一个<角色>，我想要<活动>，以便于<商业价值>。

通常团队在识别用户需求时，会用便利贴按照上述语法把用户的需求表达出来，用于看板或产品待办事项列表分析，如图 5-15 所示。

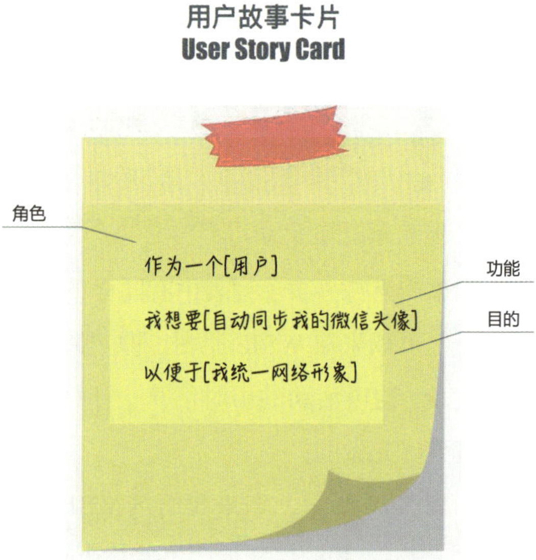

图 5-15　用户故事卡片

用户故事地图

绘制用户故事地图，需要召开一次用户故事会议，参加会议的人必须是各岗位的关键角色，包括产品负责人、项目负责人、业务负责人、技术人员和老板。会议人数要控制在 7 人以内，但不要少于 3 人。这些人都代表了产品开发的主要角色。

如图 5-16 所示，横轴代表业务流程，就是从时间维度用户使用产品的一般顺序；竖轴代表故事的颗粒度的大小，由上到下，按一级故事、二级故事、细节故事分解，或者竖轴代表商业价值，商业价值高的故事排在上面，并且优先实现发布。发布 1 所代表的版本就是我们上面讨论过的 MMR，即最小可发布版本。

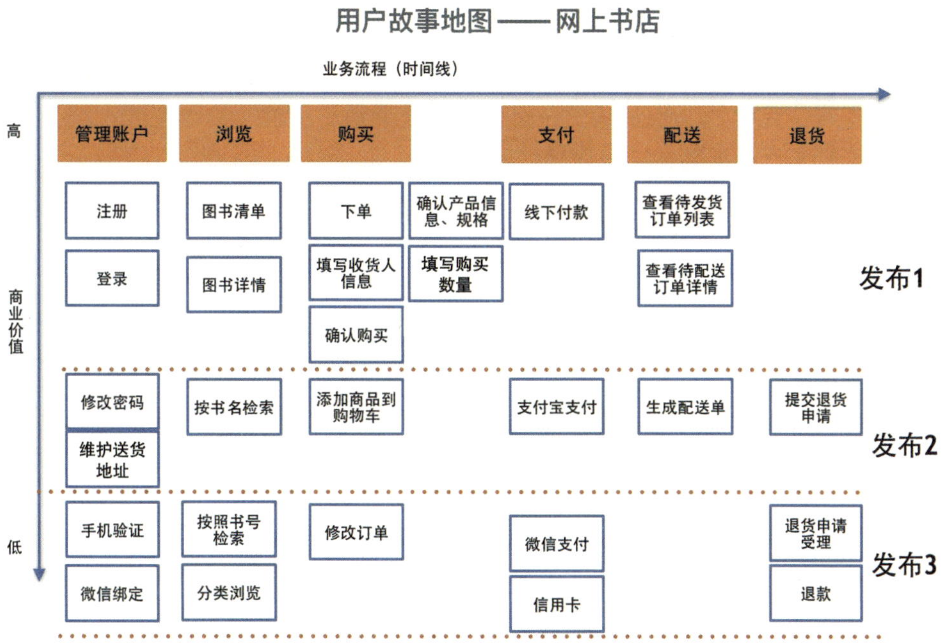

图 5-16　用户故事地图

5.3　定义范围

定义范围是制定项目和产品详细描述的过程。这个过程的主要作用是明确所收集的需求哪些将包含在项目范围内，哪些将排除在项目范围外，从而明确项目、服务或成果的边界。

完整、准确地定义范围通常是项目成功的前提。范围说明书是定义范围过程的最重要的成果。

5.3.1　项目范围说明书

项目范围说明是对项目范围、主要可交付成果、假设条件和制约因素的描述。项目范围说明书详细描述了项目的可交付成果，以及团队为创建这些可交付成果而必须开展的工作，也代表了项目相关方之间就项目范围所达成的共识。

项目范围说明书包含的内容如下。

- **产品范围描述**。逐步细化在项目章程和需求文件中所述的产品、服务或成果的特征。
- **验收标准**。可交付成果通过验收前必须满足的一系列条件。
- **可交付成果**。团队在某一过程、阶段或项目完成时，必须产出的任何独特并可核实的产品、成果或服务能力。可交付成果也包括各种辅助成果，如项目管理报告和文件。可交付成果的描述可略可详。
- **项目的除外责任**。团队通常需要识别出哪些内容是被排除在项目之外的。明确说明哪些内容不属于项目范围，有助于管理相关方的期望。
- **制约因素**。对项目或过程的执行有影响的限制性因素。列举并描述与项目范围有关且会影响项目执行的各种内外部制约或限制条件，如客户或执行组织事先确定的预算、强制性日期或进度里程碑。如果项目是根据协议实施的，那么合同条款通常也是制约因素。关于制约因素的信息可以列入项目范围说明书，也可以独立成册。
- **假设条件**。在制订计划时，不需要验证假设条件即可将其视为正确、真实或确定的因素。同时还应描述如果这些因素不成立，可能造成的潜在影响。在项目规划过程中，项目团队应该经常识别、记录并确认假设条件。假设条件的信息可以被列入项目范围说明书，也可以独立成册。

5.3.2 项目范围说明书与项目章程的关系

如图 5-17 所示，项目章程中的“可测量的项目目标和相关的成功标准”与项目范围说明书中的“验收标准”是一个意思吗？项目章程中的“高层级项目描述、边界定义及主要可交付成果”与范围说明书中的“项目可交付成果”也是一个意思吗？

项目章程包含对项目范围的初步表述，除方向性的重大变更外，一般项目章程一经制定，就不能频繁地更改项目范围的表述。项目范围的表述只是项目章程的组成部分之一。

项目章程是项目范围说明书制定的重要依据，而项目范围说明书需要随项目的发展动态更新维护，渐进明细。就项目范围而言，项目范围说明书是对项目章程的细化和具体化。

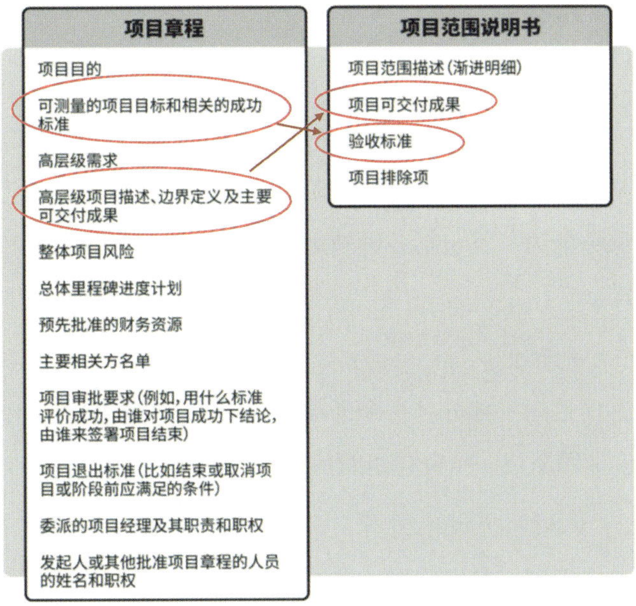

图 5-17　项目章程与项目范围说明书

资料来源：《PMBOK® 指南》（第 6 版）。

5.4　创建 WBS

创建工作分解结构（WBS）是把项目可交付成果和项目工作分解成较小的、更易于管理的组件的过程。本过程的主要作用是为团队所要交付的内容提供一个结构化的视图，如图 5-18 所示。

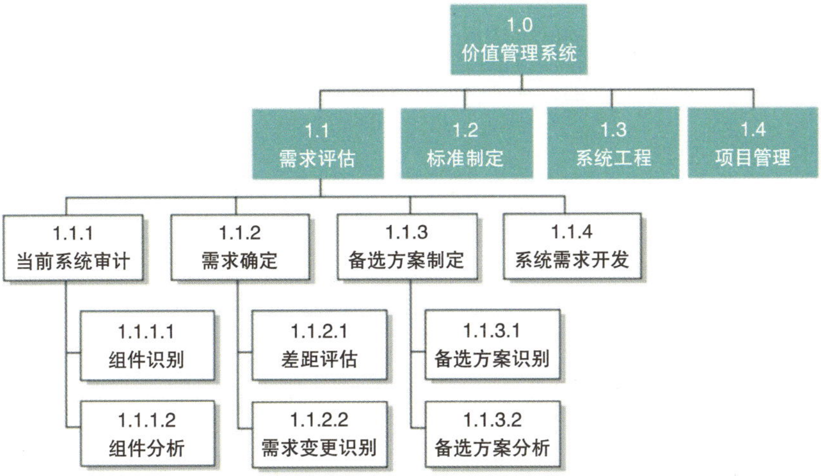

图 5-18　工作分解结构（WBS）

资料来源：《PMBOK® 指南》（第 6 版）。

5.4.1 WBS 元素

WBS 包含如下几种元素。

1. 可交付成果（Deliverables）

可交付成果是团队为完成某一过程、阶段或项目而必须产出的任何独特并可核实的产品、成果或服务能力，其包括各种辅助成果，如项目管理报告和文件。可交付成果的描述可略可详。

2. 子项目（Subproject）

子项目是整个项目的一部分。一个子项目是能够被相对独立地作为“项目”来管理的，可由一个专业团队或一个分包组织负责。

3. 控制账户（Control Account）

控制账户是一个管理控制点。在该控制点上，把范围、预算、实际成本和进度加以整合，并与挣值相比较，以测量绩效。

在项目管理实践中，通常控制账户和专业相对应。例如，控制账户 1.2.1 都是设计部门的工作，控制账户 1.2.2 都是开发部门的工作，控制账户 1.2.3 都是测试部门的工作，这样有利于统计不同专业的工时（成本）。

4. 工作包（Work Package）

工作包是 WBS 中最低层次的组件，通常表达为可交付成果。工作包可以对相关活动进行归类，以便对工作进度进行估算，开展监督与控制。

5. 规划包（Planning Package）

如图 5-19 所示，规划包也是 WBS 的最低层次组件，位于控制账户之下。它的工作范围是已知的，但所包含的活动或对应的工期和预算是当前未知的，需要随项目的深入进一步确定。

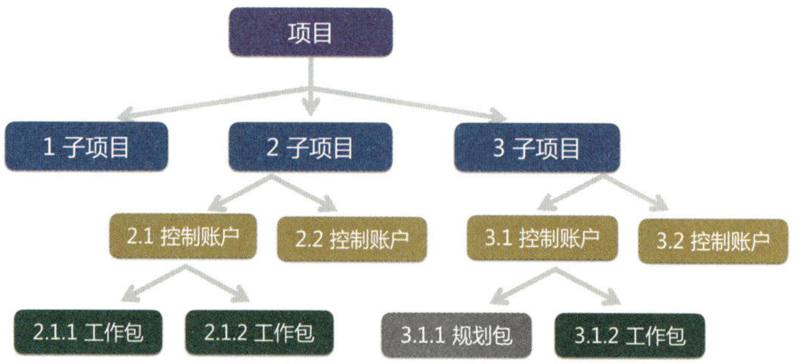

图 5-19 工作分解结构（WBS）的层次

6. 活动（Activity）

活动是工作包（或规划包）的组成部分，不属于 WBS 组件。活动描述中包含一个表示其动作的动词，如“开发微信支付接口”。一个活动通常有期望持续时间、期望成本、期望资源需求。活动经常被细分为任务，如图 5-20 所示。

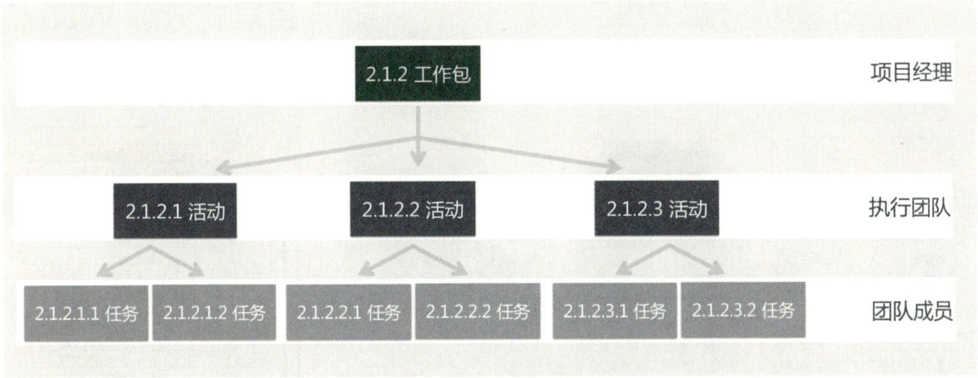

图 5-20　活动与任务

7. 任务（Task）

任务通常是活动进一步分解的组成部分，不属于 WBS 组件，由某个团队成员负责。

WBS 分解的 100% 原则

一个 WBS 元素的下一层分解（子层）必须百分之百地表示上一层（父层）元素的工作，不能有重复，更不能有遗漏。

5.4.2　账户编码

WBS 每层中的每个组件都有唯一的编码（如 2.1.2.3），这个编码系统被称为账户编码（Code of Account）。

通过账户编码，团队可以迅速准确定位一个元素在 WBS 工作分解结构中的位置和隶属关系。例如，编号为 2.1.2.3 的活动，我们只看编码就可以知道它属于第几层，隶属于哪个工作包。

WBS 可以通过账户编码系统与组织分解结构（OBS）、资金分解结构（ABS）、风险分解结构（RBS）等建立起关联，形成项目核心控制系统，是项目管理信息系统（PMIS）的基础。

WBS 的形式

如图 5-21 所示，我们最常用的 WBS 的形式是树状分解，自上而下逐级细分；我们还会用到目录式分解，用一张表来表达工作的层级关系。

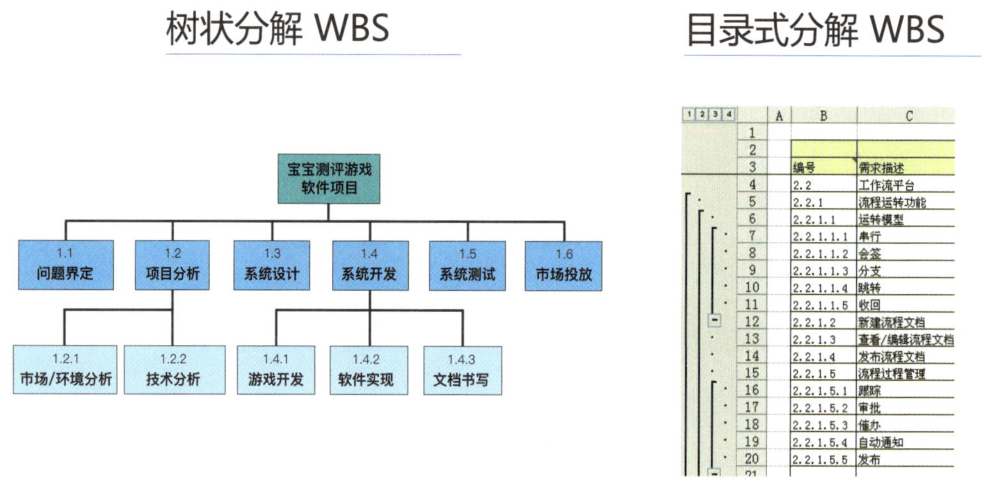

图 5-21　WBS 的形式

5.4.3　责任分配矩阵

如图 5-22 所示，在责任分配矩阵（RAM）中，列代表团队角色，如项目经理、设计师、前端工程师等；行代表工作包。通过这个二维表，我们可以把每个工作包和团队里的每个角色都建立起责任关系。

		项目经理	设计师	前端工程师	后端工程师	测试工程师	技术经理
设计	ios端设计	□	▲	●	□		
	Android端设计	□	▲	●	□		
	H5设计	□	▲	●	●		
开发	后端开发	□		□	▲	□	○
	前端开发	□		▲	●	□	○
测试	单元测试	□			●	▲	○
	集成测试	□					△

▲ 负责人　● 辅助者　○ 审批人　□ 通知进展和状态的对象　△ 外包负责人

图 5-22　责任分配矩阵（RAM）

需要注意的是，每一行中只能有一个实心三角形，即每个工作包只能有一个负责人，必须符合“责任人唯一”原则。

5.4.4 WBS 词典

WBS 词典是针对 WBS 中的每个工作包，详细描述可交付成果、验收标准、进度、成本等信息的表格，再将所有工作包的表格汇编成册，即形成 WBS 词典，如图 5-23 所示。

<table>
<tr><th colspan="4">WBS Dictionary</th></tr>
<tr><td>Control Account ID
控制账户编号</td><td>Work Package Name Number
工作包名称 / 编号</td><td>Date of Update
更新日期</td><td>Reponsible Organization/ Individual
责任单位 / 责任人</td></tr>
<tr><td colspan="4">Work Package Delivrlble Description 工作包可交付成果描述</td></tr>
<tr><td colspan="4">Work Involved to Produce Delivermable 为实现可交付成果所包含的工作</td></tr>
<tr><td colspan="4">Acceptance Criterin (How to know if the deliverable/wock is acceptable) 验收标准</td></tr>
<tr><td colspan="4">Assumptions and Constraints 基本假设和限制条件</td></tr>
<tr><td colspan="4">Quality Metrics 质量矩阵</td></tr>
<tr><td colspan="4">Technical Source Documents 技术参考文献</td></tr>
<tr><td colspan="4">Risks 相关风险</td></tr>
<tr><td colspan="4">Resources Assigned 已分配资源</td></tr>
<tr><td colspan="4">Duration 历时</td></tr>
<tr><td colspan="4">Schedule Milestones 进度里程碑</td></tr>
<tr><td colspan="4">Cost 成本</td></tr>
<tr><td colspan="4">Due Date 交付日期</td></tr>
<tr><td colspan="4">Interdependencies 内部约束
Before this work package 紧前工作
After this work package 紧后工作</td></tr>
<tr><td colspan="4">Approved By: Project Manager 批准人：项目经理 Date： 日期：</td></tr>
</table>

图 5-23 WBS 词典

WBS 词典是配合 WBS 使用的。因为无论 WBS 是树状分解还是目录式分解，每个节点都写不了几个字，无法表达更多信息，但是我们可以根据工作包的账户编码（如 2.1.2），在 WBS 词典中查阅详细的工作包信息。

5.4.5 WBS 的价值

WBS 的价值体现在以下五个方面。

1. 基准的来源

范围基准是三大基准之首。有了范围，我们才能确定进度基准和成本基准。

2. 计划的基础

项目进度、成本、质量、风险等所有计划都要依据基准来编制。

3. 工作的展现

WBS 把项目所涵盖的工作分层次、结构化地展现出来。

4. 控制的依据

该项工作是否应该做，要对照范围基准，如果范围里没有，就不应该做。

5. 团队的指南

团队根据 WBS 来确定工作的目标和分工。

5.5 确认范围

5.5.1 确认范围的概念

确认范围是获得项目发起人或客户对项目可交付成果正式验收的过程。通过项目过程中发起人或客户持续性地验收每个可交付成果，可以保障最终产品、服务或成果获得验收。

本过程将依据项目范围说明书中包含的产品范围说明书和产品验收原则，以及 WBS 词典中提供的项目可交付成果范围，对项目可交付成果的完成情况进行检查，判定工作与可交付成果是否符合要求，并得到由客户签字确认的正式证明文件。

5.5.2 确认范围与控制质量

在项目的每个阶段结束前，我们都应该先对可交付成果进行质量控制检查，如图 5-24 所示。如果质量不满足标准，就要通过变更来获得时间和资源去纠正，直到质量合格。下一步是与客户确认满足客户的要求，这就是确认范围，如果不满足也可以通过变更进行修正，直到客户接受为止。

我们需要注意以下两点。

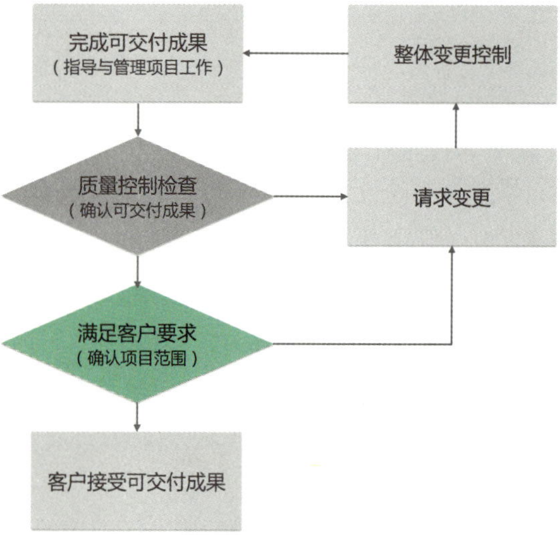

图 5-24 确认范围与控制质量

- 需要对控制质量的过程和确认范围的过程加以区别，前者关注可交付成果是否满足既定的质量要求，而后者关注可交付成果是否满足客户接受的条件。控制质量的过程通常先于确认范围的过程，但二者也可同时进行。
- 确认范围的过程是在项目每个阶段结束时都需要及时执行，而不应该累积到项目结束后。

5.5.3 确认范围与项目验收

如图 5-25 所示，项目收尾中的“项目最终验收”主要指的不是对具体的交付成果进行确认，而是甲乙双方在项目结束时的交接仪式。对具体交付成果的确认属于项目过程中的确认范围。确认范围应该化整为零，分期分批地尽早完成。

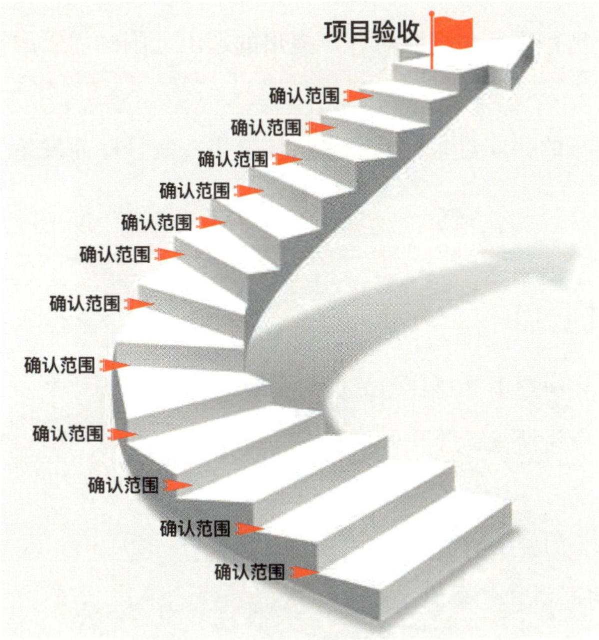

图 5-25 确认范围与项目验收

5.6 控制范围

5.6.1 控制范围的概念

控制范围是监督项目和产品的范围状态，管理范围基准变更的过程。本过程的主要作用是在整个项目期间保持对范围基准的维护，并确保所有变更请求、纠正措施或预防措施都通过实施整体变更控制程序进行处理。

5.6.2 范围蔓延

范围蔓延（Scope Creeping）是指未经控制的产品或项目范围的扩大（未对时间、成本和资源做相应调整）。狭义的范围蔓延特指在客户要求下未经正常的范围变更控制程序而出现的产品或项目范围的扩大，也称为“范围爬行”。

由项目团队主动增加的额外工作叫作“镀金”。

镀金是广义范围蔓延的一种，是指项目团队在定义的工作范围以外主动增加的额外工作，但没有经过范围控制程序。

镀金是团队主动应用新技术、新方法、新标准，交付超出客户需求的成果，俗称“秀才艺”。而范围爬行往往是团队对客户提出的超出范围的需求的被动接受，造成范围失控。

镀金和范围爬行的共同点是没有经过整体变更控制程序而发生了范围变化，所以统称“范围蔓延”。

5.7 本章考试要点

1. 需求管理计划和范围管理计划的区别和联系☆☆☆☆
2. 不同类型生命周期范围管理的区别☆☆☆☆
3. 识别需求的常用方法和工具☆☆☆
4. 范围基准包含的文件☆☆☆
5. WBS 分解的原则和包含的元素☆☆☆☆
6. WBS 账户编码的规则和作用☆☆☆☆
7. 责任分配矩阵（RAM）的规则☆☆☆
8. 确认范围的时间☆☆☆☆☆
9. 确认范围与控制质量的关系☆☆☆
10. 确认范围与项目验收的关系☆☆☆☆

5.8　本章测试题及解析

5-1　一个产品按时按成本交付，并满足质量期望。但是，项目团队不确定生产的产品是否满足客户需求。下列哪一项说明了这种情况？

A. 相关方之间的沟通不足

B. 项目章程不完整

C. 在需求识别阶段未采用专家判断

D. 未更新需求跟踪矩阵

5-2　在项目快结束时，虽然团队在项目早期完成的一个可交付成果质量合格，但客户认为这一成果不符合其需求。这种情况下，最可能是哪个过程出了问题？

A. 定义范围

B. 确认范围

C. 收集需求

D. 控制范围

5-3　团队成员正兴致勃勃地开发一项新功能，项目经理发现，这项功能并不包含在项目工作分解结构（WBS）中。项目经理接下来应该怎么做？

A. 请求项目发起人的许可，更新项目章程

B. 鼓励团队成员继续开发，因为新功能可能很有价值

C. 将新功能添加到需求文档中

D. 与团队成员审查范围基准，避免范围蔓延

5-4　工作分解结构（WBS）编码系统具有以下作用，除了：

A. 按照编码区分项目工作的优先级

B. 展现 WBS 中各元素的关系

C. 识别每个 WBS 元素在哪个层级

D. 与组织分解结构和资源分解结构进行整合

5-5　项目经理为项目的可交付成果定义验收标准。这些应记录在哪里？

A. 质量管理计划

B. 项目范围说明书

C. 需求管理计划

D. 工作分解结构（WBS）

答案及解析

5-1 D

这道题考核的是“需求跟踪矩阵”的含义。需求跟踪矩阵记录的是从需求到可交付成果的实现过程。可交付成果应该及时完成“确认范围”的活动，并更新需求跟踪矩阵。

5-2 B

团队在完成可交付成果后应及时“确认范围”，确认范围是确认客户对可交付成果的接受。在项目快结束时，客户才发现可交付成果不符合其需求，说明一定是之前的“确认范围”出了问题。

5-3 D

对于这类题，我们应根据题干的信息来判断项目处于传统场景还是敏捷场景。如果项目处于传统场景，那么范围之外的任何工作都应避免，即使增加，也必须先经过整体变更控制程序。而在敏捷场景中，新增的工作需经团队讨论并表决。

5-4 A

WBS 的编码系统（如 4.1.3.2）主要是展现 WBS 元素的层级和隶属关系，不是用于区分优先级的。

5-5 B

范围说明书中记录的是要完成的可交付成果及其验收标准。

第 6 章　项目进度管理

进度管理的核心概念

项目进度管理的目标是使项目按时完成。有效的进度管理是项目管理成功的关键之一，进度问题在项目生命周期内引起的冲突最多。

进度管理的发展趋势与新兴实践

具有未完项的迭代型进度计划

如图 6-1 所示，在敏捷开发中，需求并非一次被提出，而是陆陆续续被识别，每一次发布都会获得用户的真实反馈，很多反馈都会成为新需求，被表达为用户故事，写入产品待办事项列表中。

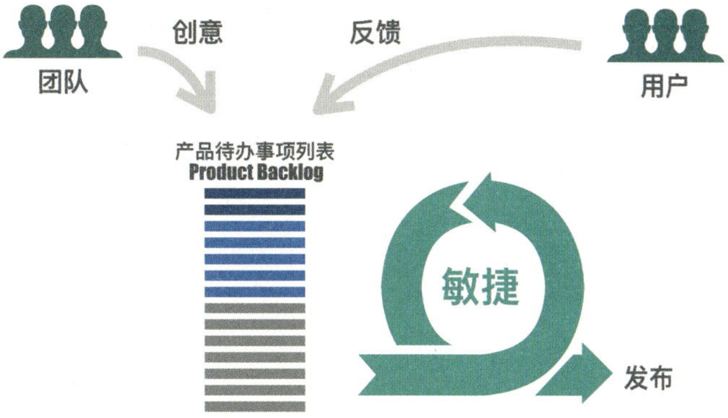

图 6-1　产品待办事项列表的来源

所以，很多互联网产品的开发是伴随整个产品生命周期的。例如我们天天用的微信，其产品开发还在持续，我们经常可以发现微信中的一些新功能、新变化，虽然每次变化很小，但从未停止过。

按需进度计划

按需进度计划是指根据团队的交付能力来规划承接的任务量，限制正在开展的工作数量，防止超过团队能力。按需进度计划来自看板方法中的拉动式生产。

拉动式生产

看板方法的精髓就是实现拉动式生产。

“拉动式生产”“看板”“精益生产”这些概念均来自丰田，传统生产方式是上道工序向下道工序传递，如果前后工序效率不一致，就会使在制品在某个工序被积压，从而导致价值流运转效率低。精益生产正好相反，遵循“内部客户”原则，上道工序把下道工序看作自己的客户，让下道工序根据“客户”的需要来“取货”。从最后一道工序反向进行到第一道工序，即形成拉动式生产。

例如，顾客在超市买走了商品，货架上的商品减少，工作人员从小库房补充，小库房缺货从大仓库补充，大仓库缺货由工厂生产补充。理想的情况是，工厂接到顾客订单后再开始生产，将浪费降到最低。

在制品（WIP）

在制品是指正在加工、尚未完成的工作。

根据约翰·利特尔（John Little）1961 年提出的排队理论（Little’s Law），平均周期时间的公式如下：

平均周期时间（Average Lead Time）= 在制品（WIP）数量 / 吞吐率（Throughput Rate）

例如，Backlog 里有 50 个特性在排队，而你们团队的吞吐率是 5 个特性 / 周，如果你的需求不插队，那么你要等待 10 周才能排上。

可见，在团队吞吐率一定的情况下，在制品数量越多，平均周期时间越长。为了缩短周期时间，我们往往采取的方式是加班或加人。

早在 1975 年，小弗雷德里克·布鲁克斯（Frederick P. Brooks. Jr.）在他的著作《人月神话》（*The Mythical Man-Month*）中就提出了一个经典的观点：“给一个已经延期的软件项目增加人力，只会让这个项目更延期。”后来，这个观点被很多人在项目实践中证实。

然而不幸的是，我们常常把“加人和加班”当作救命稻草，一直在吞吐率上下功夫，可为什么不琢磨一下在制品的数量呢？

在制品堆积的噩梦

如图 6-2 所示，在制品堆积会让产品开发进入恶性循环，让团队陷入万劫不复的泥沼。限制在制品数量才是结束这个噩梦的关键。

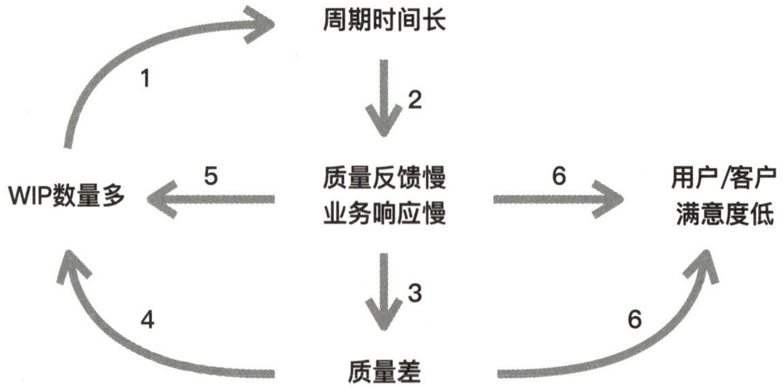

图 6-2　在制品堆积的噩梦

重新整理看板

重新整理看板的步骤如下。

- 第 1 步：把尚未启动的工作项退回到 Backlog。
- 第 2 步：把已经启动但进展不畅的工作项悬挂起来单独评估。
- 第 3 步：限制在制品数量，每次迭代通过回顾来调整，渐进式地调整到与团队的吞吐率相适应。

我们需要注意的问题如图 6-3 所示。

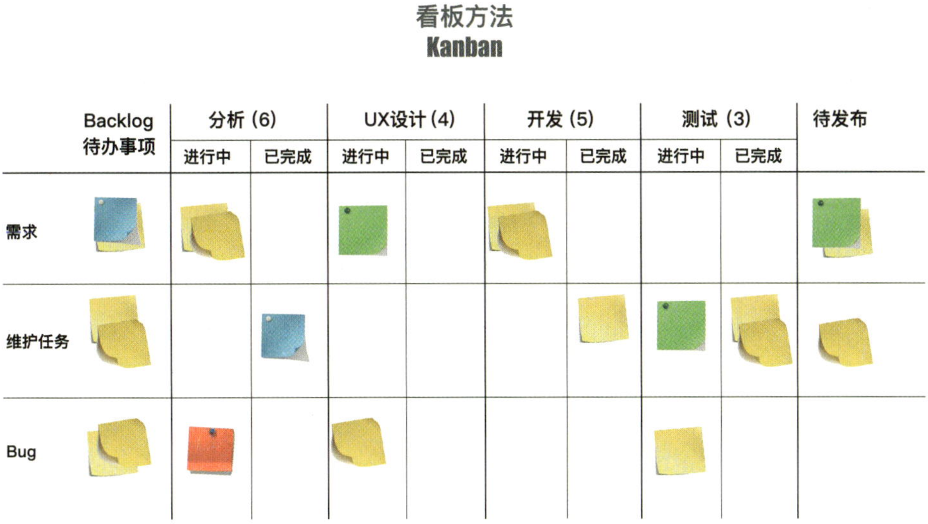

图 6-3　看板方法

- 我们要按列限制在制品的数量。不同工序的资源数量和吞吐率可能不同，在制品数量需符合本工序的实际情况。例如，开发（5）意味着团队最多只能同时开发 5 个在制品！
- 我们不仅要限制“进行中”的在制品数量，而且要限制“已完成”的在制品数量。因为如果只限制开发进行中的在制品数量，开发工程师开发完就会从 UX 设计已完成列取在制品进入开发，可能导致在制品堆积在开发已完成列。当开发工程师发现在制品数量到达上限时，就不能向上游工序 UX 设计取件，只能努力帮助在制品向下游工序测试流动，而不是从上游拉动新的在制品。

敏捷场景下的进度管理

敏捷发布规划

如图 6-4 所示，在敏捷发布规划中，软件是按版本发布的，每个版本由若干个迭代组成，每个迭代又包含了若干个功能（用户故事），每个功能可分解为若干个任务。

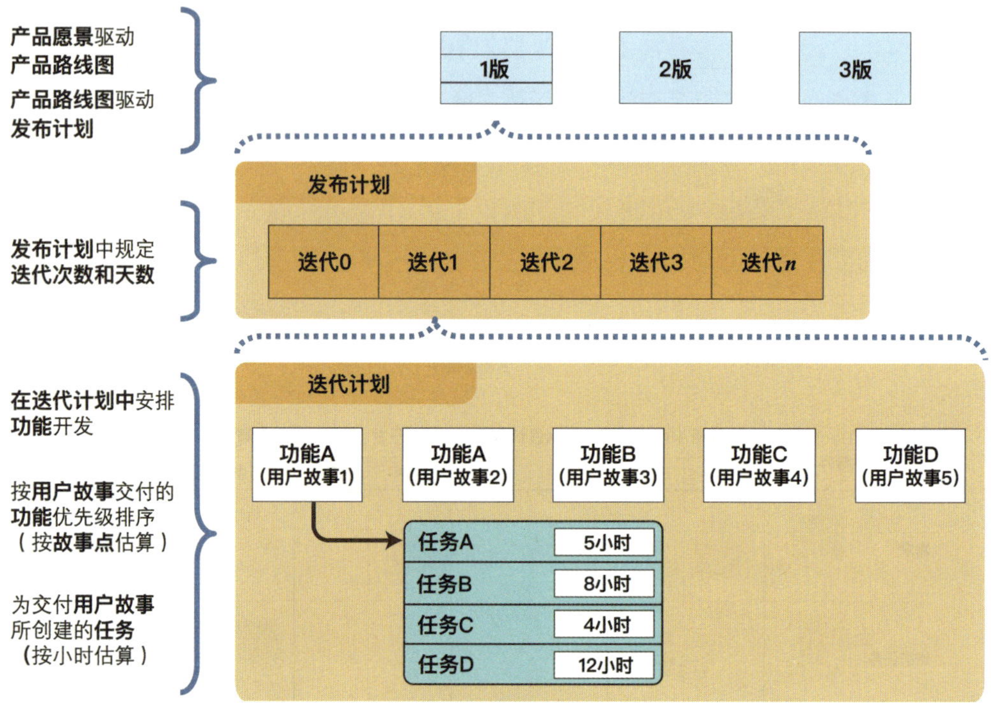

图 6-4　敏捷发布规划

资料来源：《PMBOK® 指南》（第 6 版）。

洋葱圈规划（Onion Plan）

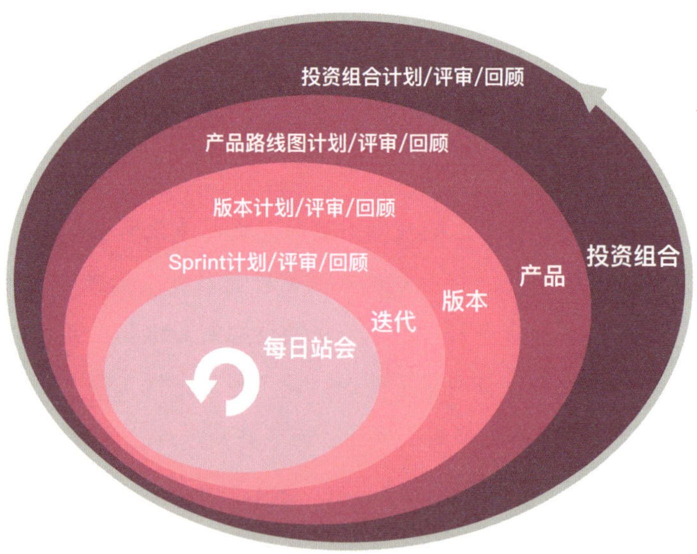

图 6-5　洋葱圈规划

如图 6-5 所示，在敏捷开发中，团队按照层次做滚动式规划，也叫洋葱圈规划。

层次越低，周期越短，规划越细，如每日站会（1 天）、Sprint 计划（1~4 周）、版本计划（几周或几个月）、产品路线图计划（产品生命周期）、投资组合计划（组织战略周期）。

6.1　规划进度管理

6.1.1　规划进度管理的概念

规划进度管理是指为规划、编制、管理、执行和控制项目进度而制定规则、程序和文档的过程，包括制定项目进度模型、发布进度计划和迭代长度、确定进度计量单位和准确度（小时、天、周）、控制临界值（进度偏差临界值）、制定绩效测量规则、确定进度绩效测量指标［如进度偏差（SV）和进度绩效指数（SPI）］、确定报告格式等。

6.1.2　进度计划模型

如图 6-6 所示，进度计划模型由两部分构成。

第一部分：进度计划编制工具和方法

进度计划编制工具是指在进度管理计划中事先选择编制及展示进度计划的工具，如甘特图、网络图、里程碑图等。

进度计划编制方法是在进度管理计划中事先选择编制进度计划的方法，如关键路径法或关键链法。

进度计划编制工具和方法属于进度管理计划的内容，并不包含项目的数据和信息。

第二部分：项目信息

项目信息是指该项目具体的活动清单、活动历时、资源、依赖关系等，它们被记录在项目文件中。

以上两部分结合在一起，就形成了进度模型。当影响进度的变更被批准，新的信息进入进度模型中，就会产生新的版本的项目进度计划。

在整合管理中，“项目管理计划”和“项目文件”是分开的。在进度管理这个知识领域，进度计划编制工具和方法一旦确定下来，一般不会频繁改变；而需求不断涌现，风险变化莫测，项目信息是动态的、不断变化的，所以将项目信息与工具和方法分开来管理更合理、更方便。

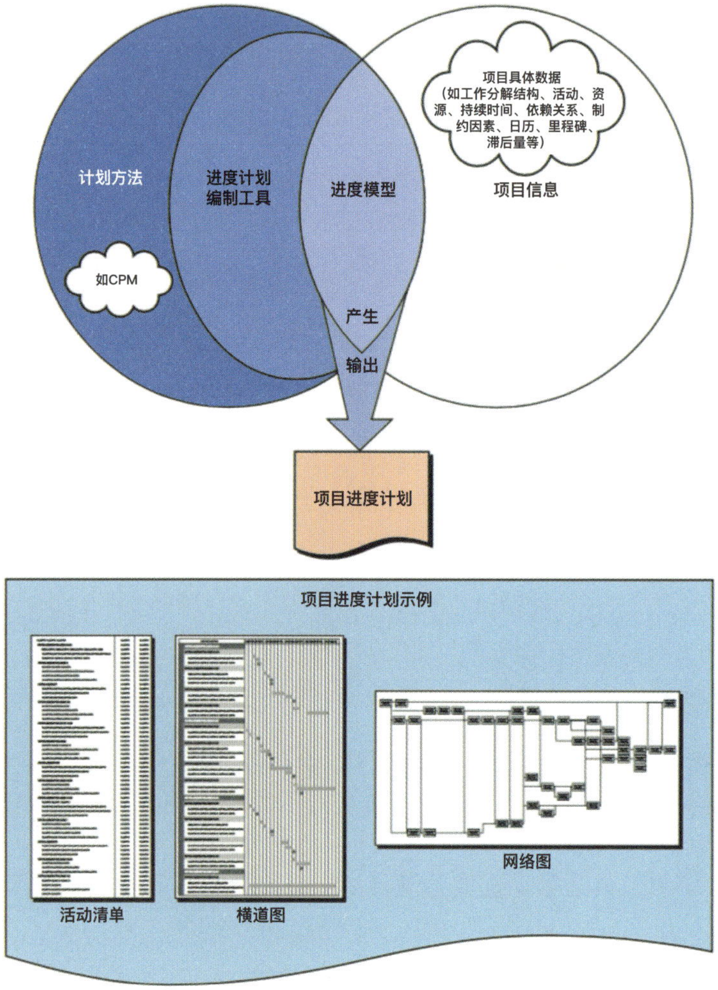

图 6-6　进度计划模型

资料来源：《PMBOK® 指南》（第 6 版）。

6.2　定义活动

定义活动就是把 WBS 中的工作包进一步分解成更小的单元——活动，我们可以更精细地评估活动的历时和所需资源。

6.2.1　活动清单

活动清单包含所有团队需要完成的活动，团队应对其持续维护、定期更新。活动清单包括每个活动的编号、名称及详细的工作范围，团队成员可以据此知道需要完成什么工作。

6.2.2　里程碑

里程碑（Milestone）是项目中的重要时点或事件。它可能具有强制约性，比如合同规定的阶段验收；也可能具有选择性，比如根据历史信息推断的测试版本发布。

为了便于团队分段控制项目进度，里程碑时间不可以被随意修改。

里程碑清单

里程碑清单的内容包括里程碑的编号、名称、重要性级别和目的，团队可据此如期完成里程碑之前的活动。

6.2.3　滚动式规划

如图 6-7 所示，滚动式规划是一种迭代式的规划技术，即详细规划近期要完成的工作；同时在较高层级上粗略规划中期工作；在更高层级上概要性地规划远期工作。它是一种渐进明细的规划方式，即在项目生命周期的不同阶段，越近的工作规划越详细；反之，规划越粗略。

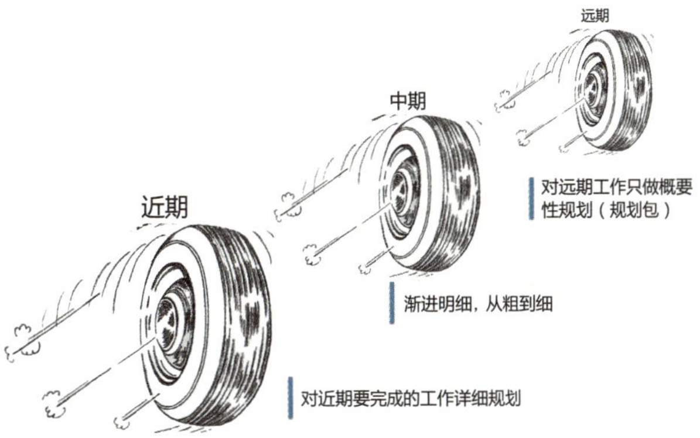

图 6-7　滚动式规划

6.3　排列活动顺序

我们在编制项目进度计划时先要理清活动的先后顺序，因为活动之间的依赖关系决定了有的工作必须先做，有的工作只能后做。

6.3.1　活动依赖关系

活动之间的依赖关系可以从两个维度来划分。

从强制性和选择性来划分

强制性依赖

活动先后顺序存在硬逻辑关系，因此，团队必须按这个先后顺序进行，别无选择。

这种强制性依赖关系一般是由活动的客观条件决定的，或由法律、合同、流程等决定。

选择性依赖

活动先后顺序存在按经验或约定俗成的软逻辑关系，也称优先逻辑关系，大部分人会据此安排先后顺序，特殊情况下可打破。

从项目内外部来划分

外部依赖

项目活动与非项目活动之间存在依赖关系，比如，必须要等某项新政策出台，项目活动才能按现在的计划实施。这些依赖往往不在项目团队的控制范围内。

内部依赖

项目活动与活动之间存在依赖关系，通常在项目团队的控制之中。

活动间的依赖关系也称作逻辑关系，活动和活动之间要么没有依赖关系，要么是以下四种依赖关系之一，如图 6-8 所示。

- 结束后开始（Finish-Start，FS）：比如网上购物，下单之后才可以启动支付流程。
- 开始后开始（Start-Start，SS）：比如写一本书，作者并不需要等写作全部完成，才开始校对；而是在开始写作之后就可以进行校对工作了。
- 结束后结束（Finish-Finish，FF）：比如，我们在做直播的同时也在录制回放，但是只有直播结束，录制回放才能结束。
- 开始后结束（Start-Finish，SF）：比如交接班，接班的同事不来，你的工作就不能结束。

图 6-8 活动之间的依赖关系

有时两项活动之间可能同时存在不止一种依赖关系，但为了使计划不过于复杂，我们只保留最重要的一种依赖关系。

6.3.2　滞后量与提前量

在活动之间依赖关系的基础上，增加的间隔时间被称为滞后量（Lag），减少的间隔时间被称为提前量（Lead）。

例如，在装修办公室的项目中，A 铺地毯和 B 摆家具这两项活动之间是 FS（Finish-Start）的关系，即铺完地毯才能在地毯上摆家具。不过，如果总工期很宽裕的话，我们在做计划时，在 A 铺地毯结束后故意留一段等待时间，比如留 3 天，3 天之后再摆家具，那么我们故意留的这 3 天等待时间就是滞后量，如图 6-9 所示。

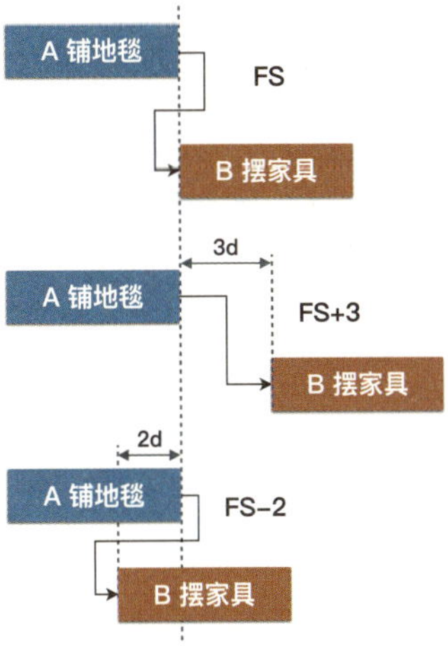

图 6-9　滞后量与提前量

滞后量的作用是让计划有了弹性。例如，万一团队没能按计划时间完成活动 A，如果没有这 3 天的滞后量，活动 B 必然受其影响而无法按计划开始。这 3 天的滞后量给活动 A 和活动 B 中间增加了缓冲，不至于一项活动延期，整个计划全废。

提前量指的是让后序工作（比如摆家具）提前一段时间，比如提前 2 天，和前序工作（比如铺地毯）并行 2 天，那么这提前的 2 天就是提前量。

设置提前量也叫快速跟进，是缩短工期的重要方式。

6.3.3　前导图法

前导图（Precedence Diagramming Method，PDM）也称紧前关系绘图法。前导图法根据活动和活动之间的依赖关系，以及提前量和滞后量，把有依赖关系的所有活动用箭头连接起来，形成一幅表达整个项目全貌的计划图，如图 6-10 所示。前导图是进一步推算关键路径的基础。

如图 6-10 所示，活动 F 和活动 G 的逻辑关系是 FS+15，含义是活动 F 结束后，滞后 15 天再开始活动 G；活动 H 和活动 I 的逻辑关系是 SS+10，含义是活动 H 开始后，滞后 10 天再开始活动 I；活动 C 和活动 D 的逻辑关系是 FS，如果想压缩工期，让活动 D 提前 3 天开始，那么就要将活动 D 和活动 C 并行 3 天，它们的逻辑关系是 FS-3。

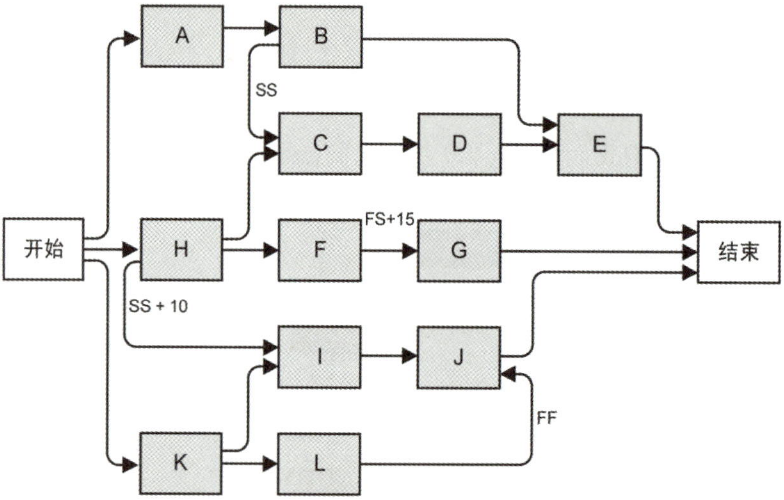

图 6-10　前导图法（PDM）

资料来源：《PMBOK® 指南》（第 6 版）。

6.4　估算活动持续时间

估算活动持续时间是根据资源估算的结果估算完成单项活动所需工作时间的过程。在估算活动持续时间之前，我们先要评估资源的状况，以下两个重要的原理可以帮助我们评估资源。

学习经验曲线

如图 6-11 所示，随着产出数量增多，单位产出所需劳动时间会减少，单位生产成本会降低。例如，某木匠加工第一个小板凳需要 7 个小时，技术熟练后可能加工一个小板凳只需要 2 个小时。所以，有经

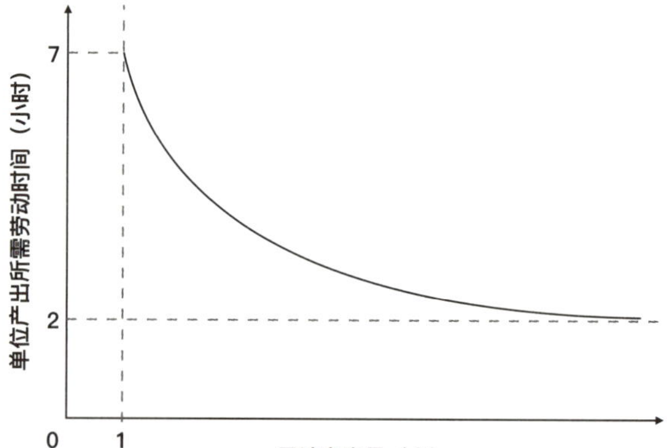

图 6-11　学习经验曲线

验的人完成一项工作所需的时间和新手是不一样的。

边际收益递减规律

如图 6-12 所示，刚开始增加资源投入，收益增加很显著；继续增加资源投入，收益不会等比例增加，收益增幅会越来越小；甚至当投入增加到某种程度时，收益不但不增加，还会减少。这就是边际收益递减规律。

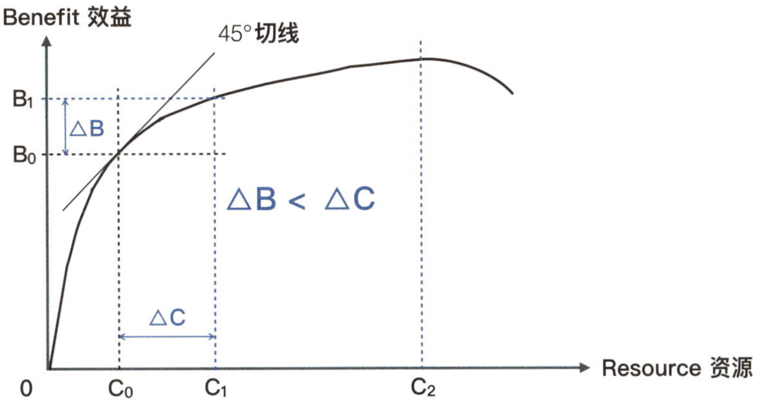

图 6-12　边际收益递减规律

增加人手可以缩短工期，这个道理似乎没有错。而当我们知道了边际收益递减规律时就应该懂得，并不是一味地增加人手就可以一直缩短工期。当人多到一定程度时，沟通成本便大幅增加，项目进展反而更慢了。

6.4.1　资源管理工具

资源日历

如图 6-13 所示，资源日历反映的是团队资源的时间占用情况。在很多公司，项目资源并非某个项目独占。例如，一个设计师可能同时服务于多个项目，这就意味着，对于任何一个项目，这位设计师都只有部分时间可以用。

所以，我们在估算活动历时的时候，不能想当然地认为只要活动需要 3 人天的设计工作量，这位设计师花 3 天时间就可以完成。如果这位设计师每周只有 1 天时间能用在这个项目上，那么这个活动的历时就不是 3 天，而是 3 周！

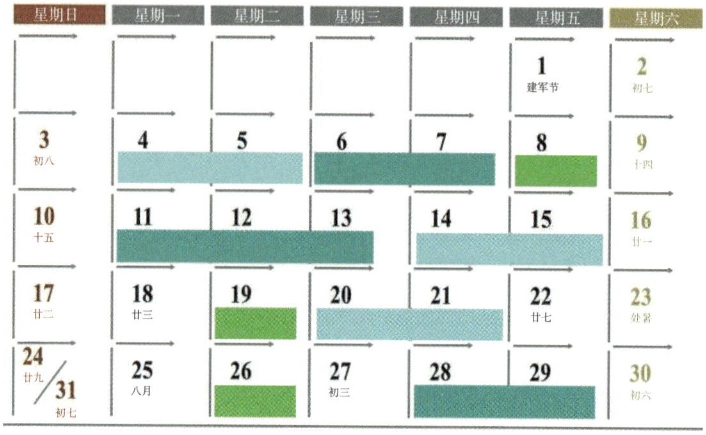

图 6-13　资源日历

资源直方图

如图 6-14 所示，资源直方图反映了某一种资源，比如 Java 开发工程师在项目持续时间中的需求强度变化。项目可以获得的 Java 开发工程师的上限只有 4 人，但按照进度计划，第 4 周和第 5 周需要的 Java 开发工程师人数超过了 4 人，如果团队无法获得额外的资源，就必须延长某项活动的持续时间，或错开同时进行的活动，以符合资源的限制。

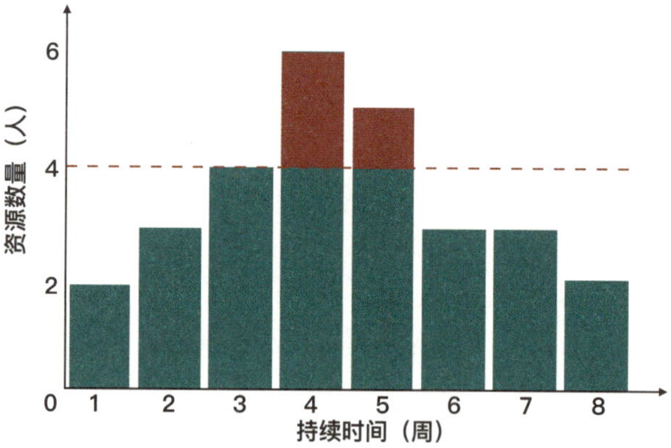

图 6-14　资源直方图

资源直方图除了用于在活动历时估算中评估资源的可用性，在获取资源和资源优化中也常常用到。

6.4.2　活动历时估算方法

活动历时估算方法包括专家判断、类比估算、参数估算、三点估算、自下而上估算。

专家判断

由于持续时间估算需要我们考虑的因素较多，所以专家（经验丰富的人士）的意见非常重要，这类活动最好由经验丰富的人来进行估算。需要注意的是，专家也可能存在偏见，甚至估算失误。

类比估算

利用历史经验（组织过程资产），通过比照项目之间的参数值（如复杂度、规模、预算等数据）来估算相似活动的时间和资源数量。例如，如果我们不知道开发新软件中的支付功能需要多长时间，就可以参照以往类似项目中支付功能开发的记录来进行类比。类比估算又称为自上而下估算，是一种粗略的估算方法，一般应用于项目的早期阶段。

类比估算的方法经济、高效，但往往估算结果的准确度不高。

参数估算

利用成熟的估算模型，通过输入相应的技术参数（如模块数、复杂度等）来估算工期。比如房屋建筑项目，我们可以通过垂直运输能力和混凝土供应能力来预测每层需要几天完成。参数估算对模型成熟度及参数的准确性依赖极高。

三点估算

三点估算起源于计划评审技术（PERT），利用活动的最乐观时间（O）、最可能时间（M）、最悲观时间（P）3 个持续时间来计算概率分布均值（期望值 T_e）。

β 分布

β 分布期望值计算公式：$T_e=(O+4M+P)/6$。

例如，一项活动最乐观时间（O）为 3 天、最可能时间（M）为 6 天、最悲观时间（P）为 15 天，那么用 β 分布计算期望值是几天？

如图 6-15 所示，如果按照 β 分布计算期望值，那么期望值为 7 天。

三角分布

三角分布期望值计算公式：$T_e=(O+M+P)/3$。

三角分布是把最乐观、最可能和最悲观的值用直线相连，形成一个三角形的概率分布。三角分布期望值计算与 β 分布期望值计算不同，三角分布期望值是 O、M、P 这 3 个值的平均数。如图 6-16 所示，一项活动最乐观时间（O）为 3 天、最可能时间（M）为 6 天、最悲观时间（P）为 15 天，根据三角分布期望值计算公式，我们可以得到期望值为 8 天。

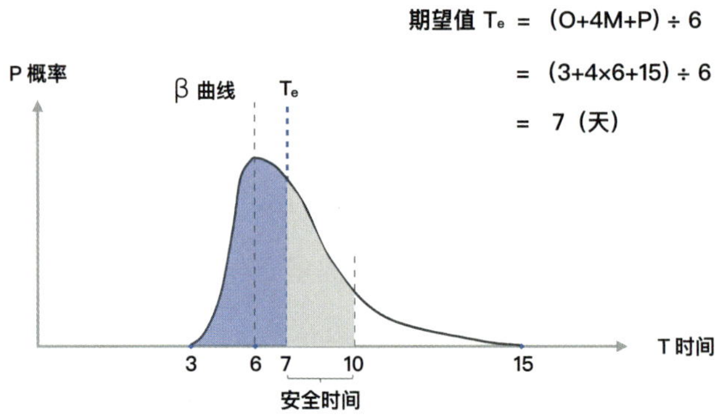

图 6-15　贝塔（β）分布计算

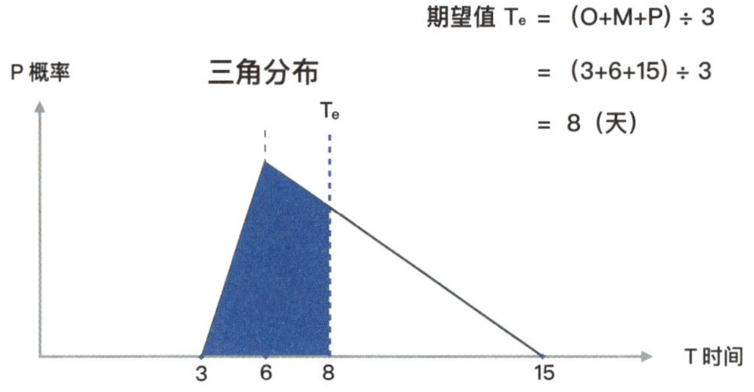

图 6-16　三角分布

正态分布

如图 6-17 所示，正态分布以期望值为对称轴，呈左右对称分布规律。期望值与最可能的值（概率最高的值）重合。

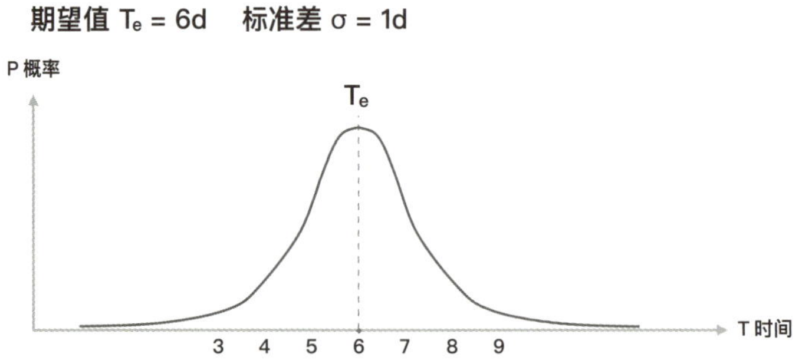

图 6-17　正态分布

如图 6-18 所示，±1σ 包围的面积（概率）等于 68.26%。

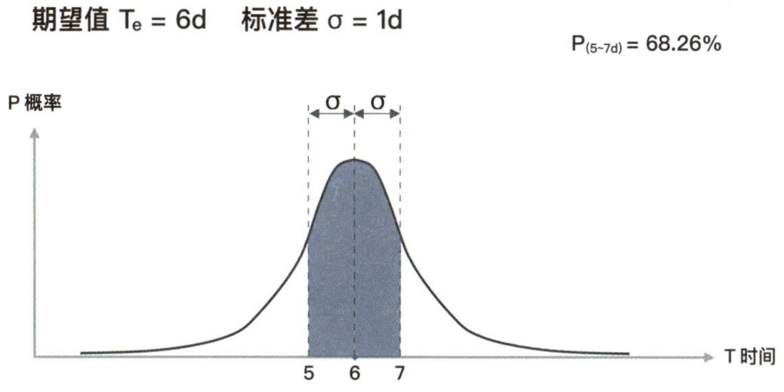

图 6-18 正态分布左右各 1 个标准差

如图 6-19 所示，±2 σ 包围的面积（概率）等于 95.46%。

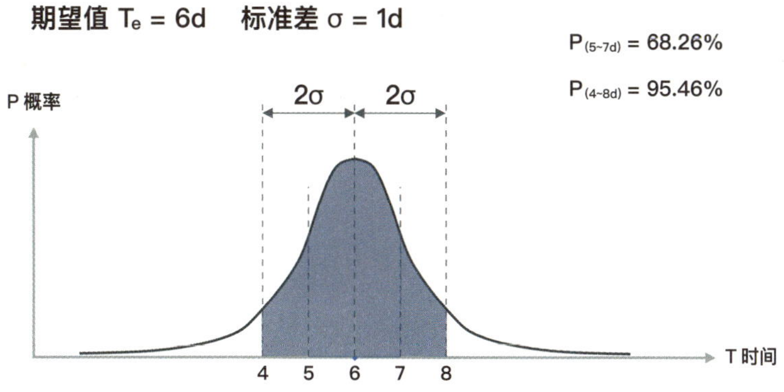

图 6-19 正态分布左右各 2 个标准差

如图 6-20 所示，±3 σ 包围的面积（概率）等于 99.73%。

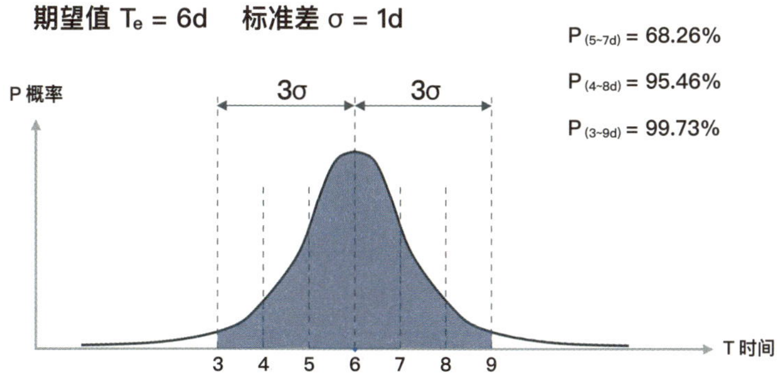

图 6-20 正态分布左右各 3 个标准差

如图 6-21 所示，期望值是 6 天，标准差是 1 天，那么 7 天之内完成该项工作的概率应该是从概率曲线最左端一直到 7 天的所有阴影面积（蓝色 + 红色），蓝色部分代表 50% 的概率，那么我们只要知道红色部分代表的概率就可以了。红色部分正好是左右各一倍标准差所代表的面积的一半，那么团队在 7 天之内完成的概率就是 84.13%（50%+68.26%÷2）。同理，如图 6-22 所示，我们可得出 5 天之内完成该项工作的概率为 15.87%。

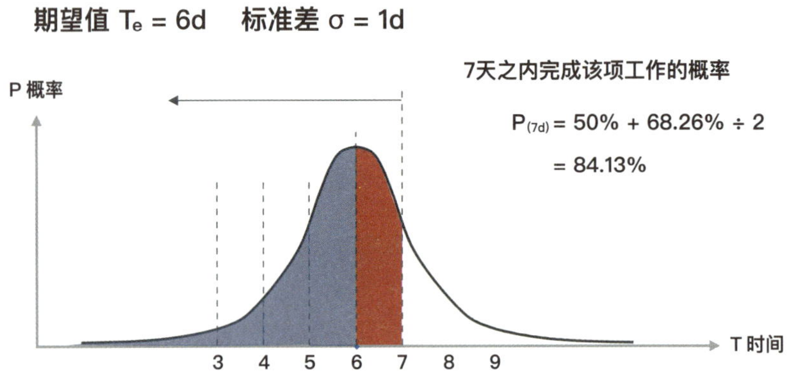

图 6-21　正态分布例题计算 1

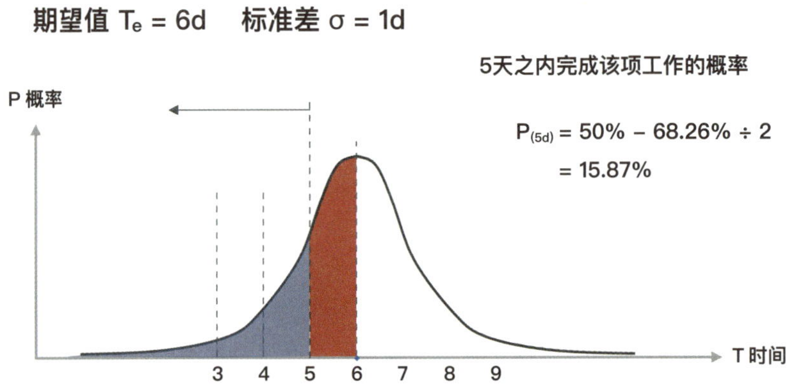

图 6-22　正态分布例题计算 2

自下而上估算

基于项目工作分解结构（WBS），从每个活动的历时估算开始，将多个活动的估算结果向上汇总到所属工作包，若干工作包向上汇总到控制账户，直至子项目、项目，由此得到项目的工期。这种估算方法准确可靠，但耗时费力，且成本高。

五种常用估算方法对比如表 6-1 所示。

表 6-1　五种常用估算方法对比

	类比估算	参数估算	专家判断	三点估算	自下而上估算
成本	低	低	较低	较高	高
准确度	低	–	–	较高	高
活动	√		√	√	
工作包	√	√	√	√	√
子项目 / 项目	√	√		√	√

6.4.3　敏捷场景下的活动历时估算

如图 6-23 所示，敏捷估算扑克由一组斐波纳契数列的数字和符号组成，这些数字包括 0、1/2、1、2、3、5、8、13、20、40、?、∞，其中，“？”代表无法判断。每副扑克都有四组这样的数字，可供 4 个人使用。如果参与估算的人数多于 4 个人，那么可以用两副扑克，人数最好控制在 3~8 人，因为如果人太少，估算准确度低；如果人太多，估算效率低。

图 6-23　敏捷估算扑克

敏捷估算扑克的使用方法如下。

1. 每个团队成员拿到一组卡片，包括 0、1/2、1、2、3、5、8、13、20、40、?、∞，共计 12 张。
2. 寻找一个大家都熟悉的一个最小的功能作为参考基准，例如，每个软件几乎都要用到的“用户注册”功能，把它的工作量定义为 1 个故事点。
3. 产品负责人或者一名团队成员扮演阅读者的角色，负责阅读需要估算的产品待办事项列表中的条目，并且询问大家是否有疑问。

4. 团队讨论这个条目。
5. 当团队理解了这个条目之后，每个团队成员按照自己的想法给出估算结果，并且选择对应的扑克出牌。例如，如果团队成员认为这个条目的开发工作量是参考基准“用户注册”（1 个故事点）的 5 倍，就选数字为 5 的扑克牌，表示 5 个故事点。团队成员先不公开估算结果，而是将牌面朝下扣在桌面上。
6. 阅读者向大家确认是否都已估算完毕，在所有人都出牌之后，大家同时亮牌展示估算结果。
7. 出最小牌和最大牌的两位成员分别向大家阐述理由。
8. 回到第 4 步，重复第 4 步至第 7 步，直到大家的结果一致或只剩下相邻的两个数字，比如 5 和 8，就取较大值 8 结束这个条目的估算。

使用敏捷估算扑克这种方法的好处如下：

- 团队成员都能平等参与、独立思考并表达自己的观点；
- 通过每一位团队成员的参与，使知识和经验得到更好的分享；
- 采用故事点的方式便于团队成员理解，可以更高效地达成共识。

6.4.4 储备分析

在进行时间估算时，我们需要考虑应急储备（在进度计划中，应急储备也被称为进度储备、时间储备、缓冲时间或安全时间），并将其纳入项目进度计划中，用来应对进度中的不确定性（风险）。

根据我们对风险的认知程度，风险可以分为**已知风险**和**未知风险**，未知风险又可细分为**已知—未知风险**和**未知—未知风险**。

已知风险

已知风险是指我们可以识别出的风险，而且我们可以预先评估这个风险发生的概率和给我们造成的损失（影响）。例如，公司的 B 项目将在下个月启动，A 项目大部分的技术人员将转到 B 项目团队中，这意味着如果 A 项目进度延误，将面临无人可用的局面。

已知—未知风险

已知—未知风险是指虽然我们可以识别出风险，但是没法事先评估其概率的高低或影响的大小。例如，我们明天出差的航班是否会延误，延误多长时间，现在无法预测。

未知—未知风险

未知—未知风险是指我们事先无法识别出风险，更不要说评估其概率和影响了。例如，人类首次发现某种传染性极强的病毒，这种病毒的传播让人措手不及。

应急储备

应急储备是由项目经理支配，包含在进度基准中，用来应对已知—未知风险。随着项目信息越来越明确，我们可以动用、减少或取消应急储备。

管理储备

管理储备是为组织高层管理者在团队编制的完工时间的基础上额外留出的时间储备，用来应对未知—未知风险，如项目范围中不可预见的工作。管理储备由高层管理者支配，不包含在进度基准中，但属于项目总进度计划的一部分。

例如，项目经理担心供应商承诺的检测设备 3 天到货并不可靠，于是把这项活动的历时设为 5 天，多出来的 2 天就属于应急储备。

项目总监认为，万一发生意外，项目经理报的 25 天的项目完工时间很可能不够，于是在和客户签订合同时承诺 30 天交付，多出来的 5 天就属于管理储备。不过，如果这 5 天的管理储备不发生意外（未知—未知风险），就不能动用，项目经理还是按 25 天控制进度计划，25 天是进度基准。

应急储备与管理储备的区别如表 6-2 所示。

表 6-2　应急储备与管理储备的区别

	应急储备	管理储备
支配者	项目经理	高层管理者
应对风险的类型	已知—未知风险	未知—未知风险
是否包含在进度基准中	是	否

6.5　制订进度计划

6.5.1　制订进度计划的常用方法

里程碑计划（Milestone Plan）

里程碑是项目中的重要时点或事件。里程碑计划就是把里程碑清单里的所有里程碑都标记在时间坐标上，每个里程碑占一行。

如图 6-24 所示，开发商把各项招标活动都当作里程碑。只要里程碑能如期实现，项目总的进度就基本可控。

招标内容 \ 时间		第1年												第2年					
		1月	2月	3月	4月	5月	6月	7月	8月	9月	10月	11月	12月	1月	2月	3月	4月	5月	6月
设计	建筑设计	▲																	
	园林设计				▲														
	装修设计										▲								
施工	基础施工			▲															
	结构施工					▲													
	机电安装								▲										
	弱电系统											▲							
	装修施工															▲			
采购	空调采购						▲												
	电梯采购							▲											
	配电采购								▲										
	主材采购													▲					

图 6-24　房地产项目招标里程碑计划

里程碑计划具有简明、生动、通俗、实用的特点，可以使项目中的重要时点和关键事件一目了然，便于分段、分项控制。具体来说，里程碑计划的作用如下。

- 计划：分解为阶段性目标。
- 控制：强制约束，控制各阶段目标实现。
- 沟通：便于团队与管理层、相关方进行沟通。
- 责任：明确规定了项目各方的责任和义务。

横道图（甘特图）

横道图也叫甘特图、条状图，它是在第一次世界大战时期，由亨利 · 甘特先生提出并以其名字命名的用条形图表示进度的标志系统。横道图规则简单，每个活动用一个横道表示，横道的起点对应的时间刻度就是这项活动计划开始的时间，横道终点对应的时间刻度就是计划完成的时间。每个活动自上而下依次排列，如图 6-25 所示。

横道图直观、生动地表达了团队应该在什么时候进行哪项活动。我们也可以把实际进展与计划进行对比，发现并监控偏差。横道图在各行各业的项目进度管理中发挥着重要的作用。

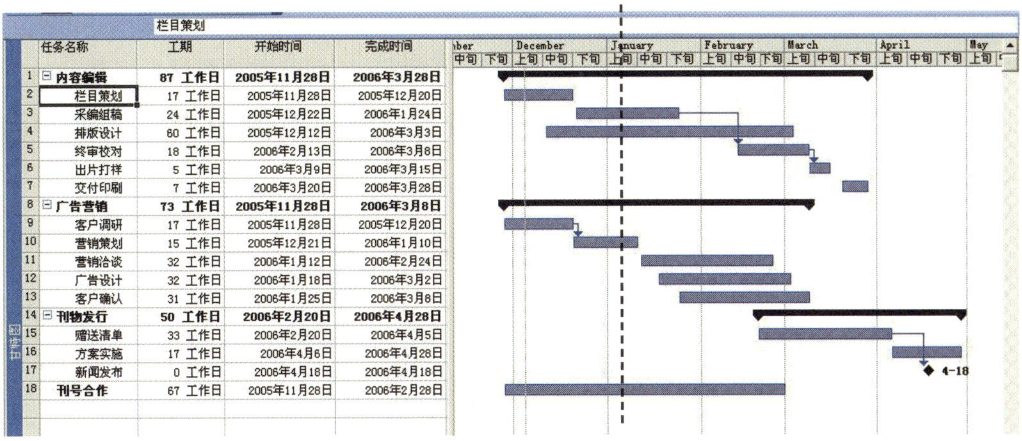

栏目策划

	任务名称	工期	开始时间	完成时间
1	⊟ **内容编辑**	**87 工作日**	**2005年11月28日**	**2006年3月28日**
2	栏目策划	17 工作日	2005年11月28日	2005年12月20日
3	采编组稿	24 工作日	2005年12月22日	2006年1月24日
4	排版设计	60 工作日	2005年12月12日	2006年3月3日
5	终审校对	18 工作日	2006年2月13日	2006年3月8日
6	出片打样	5 工作日	2006年3月9日	2006年3月15日
7	交付印刷	7 工作日	2006年3月20日	2006年3月28日
8	⊟ **广告营销**	**73 工作日**	**2005年11月28日**	**2006年3月8日**
9	客户调研	17 工作日	2005年11月28日	2005年12月20日
10	营销策划	15 工作日	2005年12月21日	2006年1月10日
11	营销洽谈	32 工作日	2006年1月12日	2006年2月24日
12	广告设计	32 工作日	2006年1月18日	2006年3月2日
13	客户确认	31 工作日	2006年1月25日	2006年3月8日
14	⊟ **刊物发行**	**50 工作日**	**2006年2月20日**	**2006年4月28日**
15	赠送清单	33 工作日	2006年2月20日	2006年4月5日
16	方案实施	17 工作日	2006年4月6日	2006年4月28日
17	新闻发布	0 工作日	2006年4月18日	2006年4月18日
18	**刊号合作**	67 工作日	2005年11月28日	2006年2月28日

图 6-25　横道图

单代号网络图与双代号网络图

在单代号网络图中，代号表示活动，箭线表示活动之间的依赖关系，如图 6-26 左侧所示。单代号网络图的英文缩写是 AON（Active on Node），活动与活动之间的四种依赖关系（FS、SS、FF、SF）都可以用箭线表达出来。

在双代号网络图中，箭线表示活动，如图 6-26 右侧所示。节点只是活动和活动之间的连接点。双代号网络图的英文缩写是 AOA（Active on Arrow），箭线与箭线首尾相接，只能表达 FS 一种依赖关系。

为了表示不相邻的两个活动之间有依赖关系，我们必须引入“虚工作”，用虚线表示。我们引入虚工作，只是为了表达相连的两个活动之间有依赖关系。虚工作本身不占用资源，也不需要消耗时间。

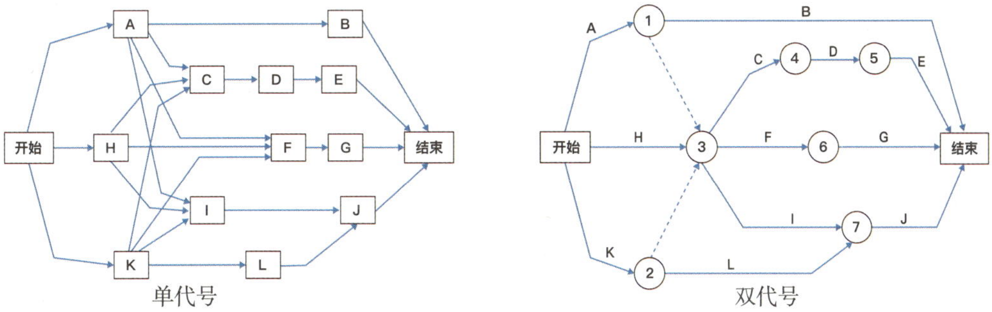

图 6-26　单代号网络图与双代号网络图

时标网络图

时标网络图本质上是在双代号网络图的基础上，把活动箭线画在时间坐标上，箭线的长度就代表活动历时，如图 6-27 所示。

时标网络图继承了双代号网络图和横道图的优点，清晰、直观地展现了活动的历时及活动之间的逻辑关系。时标网络图在进度优化、资源优化和成本优化中发挥着无可替代的作用。

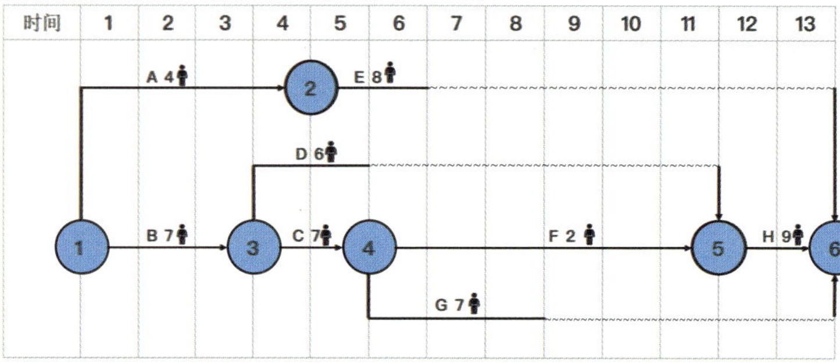

图 6-27　时标网络图

进度前锋线图

基于时标网络图，我们可以在每条路径上标记实际进度，如图 6-28 所示。检查日期是第 22 天（蓝色虚线），路径上的实际进度如果落后于计划，比如落后 2 天，我们就从检查日期起向左数 2 天做标记；如果进度超前 3 天，我们就从检查日期起向右数 3 天做标记。然后，我们用红色虚线把这些标记点连起来，形成的波形折线就是进度前锋线。

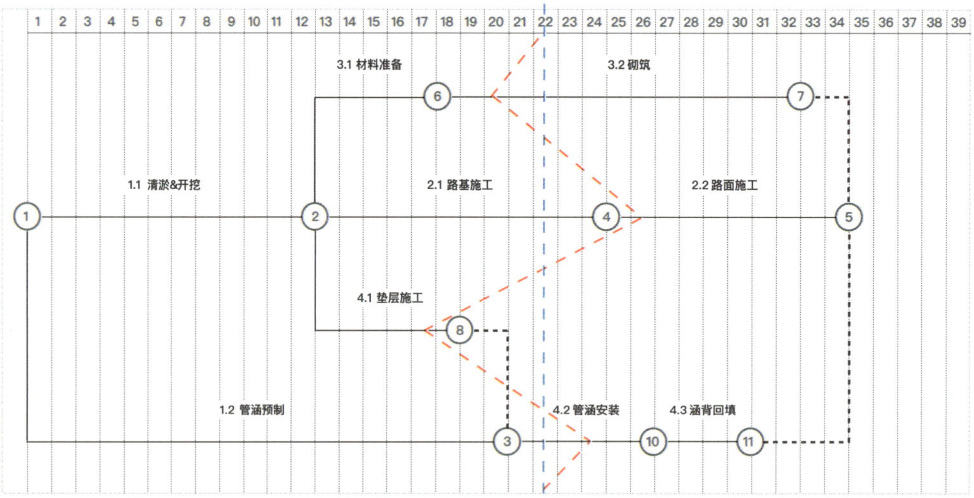

图 6-28　进度前锋线图

进度前锋线很直观地展现了每条路径上的实际进度与计划相比超前和落后的情况，

便于项目经理调配资源，修正进度偏差。

6.5.2　关键路径法

关键路径法（CPM）最早出现于 1956 年，当时美国杜邦公司的主要负责人摩根·沃克（Morgan Walker）和雷明顿·兰德公司的数学家詹姆斯·凯利（James E. Kelly）研究如何在减少工期的情况下，尽可能地少增加费用。

例如，图 6-29 中有 A、B、C、D、E、F 6 项活动，根据它们之间的依赖关系，我们可以将它们连成 4 条路径。

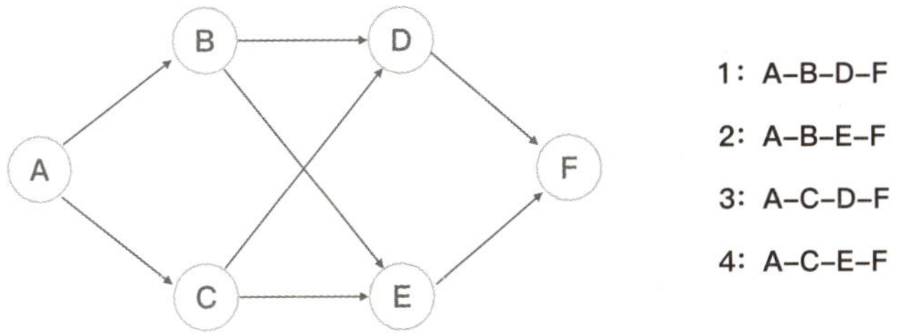

图 6-29　关键路径法计算步骤 1

如图 6-30 所示，我们把每个活动的历时标记在活动上，把每条路径上的所有活动历时加在一起，分别得到 4 条路径的总历时。

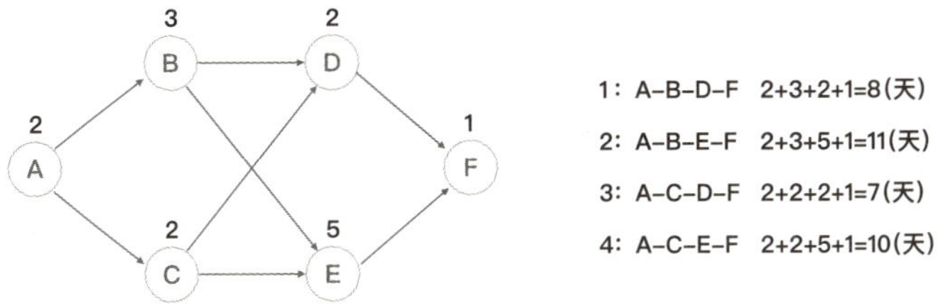

图 6-30　关键路径法计算步骤 2

如图 6-31 所示，我们可以看出，第 2 条路径 A—B—E—F 加起来的总历时是 11 天，是 4 条路径中最长的，我们用红笔描一遍这条路径，这条红色路径就是项目的关键路径，这条关键路径决定了项目的工期。

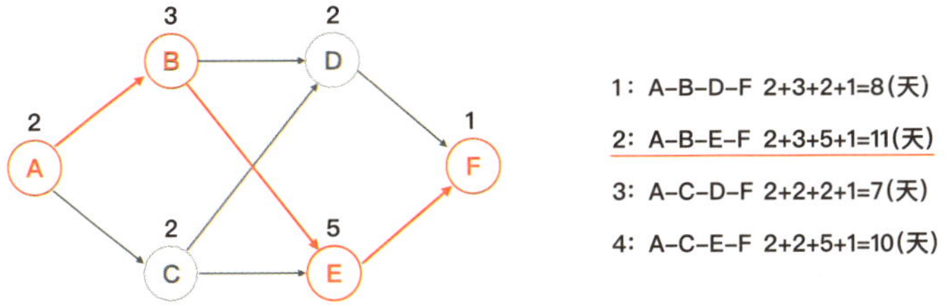

图 6-31　关键路径法计算步骤 3

关键路径法不仅可以帮助我们判断哪条路径决定总工期，而且，学会关键路径参数计算，还能获得很多有价值的信息。

关键路径法参数计算

在单代号网络图中，每个活动用一个表格来表示它的参数，如图 6-32 所示。

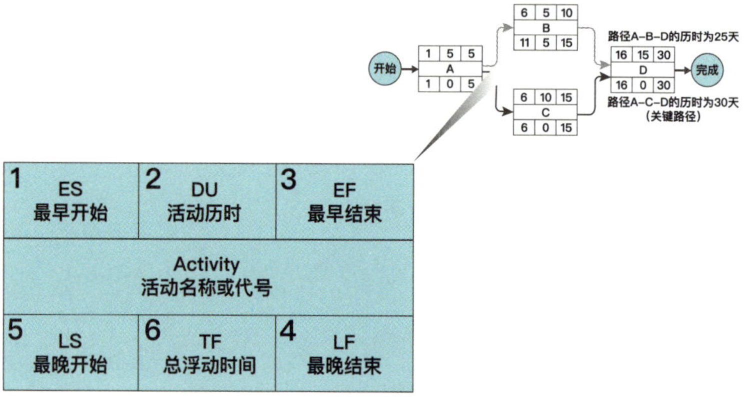

图 6-32　关键路径法参数

1. 最早可以开始的时间（Earliest Start Time，ES）

该活动如果有前序活动，那么需要等前序活动完成，它才能开始。ES 就是该活动最早可以开始的时间，取决于前序活动结束的时间。

2. 活动历时（Duration，DU）

活动历时是用类比法、专家判断法、三点估算法等方法估算出来的完成活动需要持续的时间。

3. 最早可以结束的时间（Earliest Finish Time，EF）

我们用最早可以开始的时间（ES）加上活动历时（DU），就可以得到活动最早可以结束的时间（EF）。

4. 最晚必须结束的时间（Latest Finish Time，LF）

如果该活动有后序活动，而且受总工期制约，必须给后序活动留出足够的时间，那么该活动就必须在某个时间点完成，这个时间点就是最晚必须结束的时间。

5. 最晚必须开始的时间（Latest Start Time，LS）

我们用最晚必须结束的时间（LF）减去活动历时（DU），就可以得到该活动最晚必须开始的时间（LS）。

6. 总浮动时间（Total Float，TF）

总浮动时间是 LF 与 EF 之差，或者 LS 与 ES 之差，这两个差值相等。总浮动时间反映的是在不影响总工期的前提下，该活动可以拖延的总时间。

关键路径法参数计算例题

我们已经把办公室装修项目分解出 A~G 共 7 项活动（如图 6-33 所示），而且估算了每项活动的历时，也了解了每项活动的前序活动。

编号	活动描述	历时（天）	前序活动
A	清空办公室	2	无
B	更换天花板	3	A
C	重新布线	4	A
D	安装家具	1	A
E	安装灯具	1	B、C
F	调试网络	2	C、D
G	铺设地毯	2	E、F

图 6-33　办公室装修项目

第 1 步：根据前序活动的依赖关系，画出一幅单代号网络图。

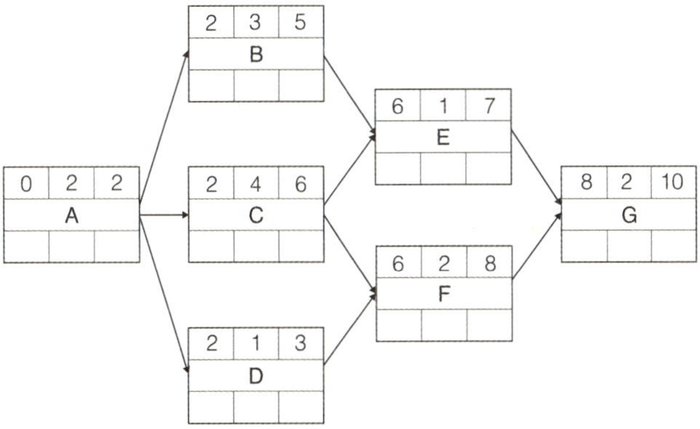

图 6-34　关键路径法参数计算步骤 1

第 2 步：如图 6-34 所示，填写活动最早可以开始的时间，我们用时间轴上的刻度值来表示，如图 6-35 所示。因为活动 A 是第 1 项活动，所以开始时间就是时间轴上的原点 0；因为活动 A 历时 2 天，所以最早可以结束的时间为时间轴刻度 2（0+2=2）。第 2 项活动 B 的前序活动是 A，活动 A 在时间轴刻度 2 的时刻结束，那么活动 B 最早也只能在时间轴刻度 2 这个时刻开始。以此类推，从左向右依次推算出每项活动的最早可以开始的时间（ES）、活动历时（DU）、最早可以结束的时间（EF）。这一步也叫正推。

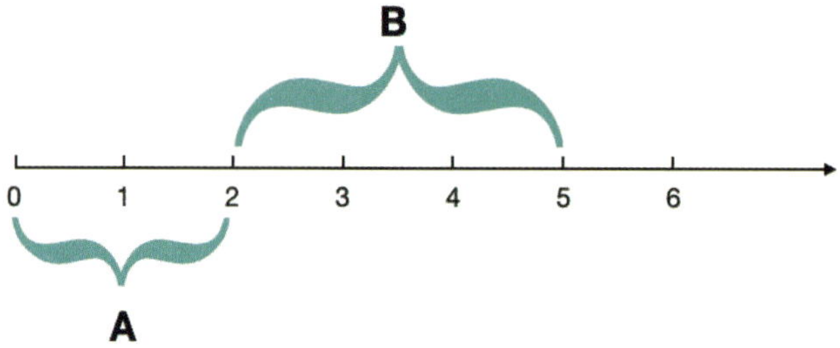

图 6-35　时间轴刻度

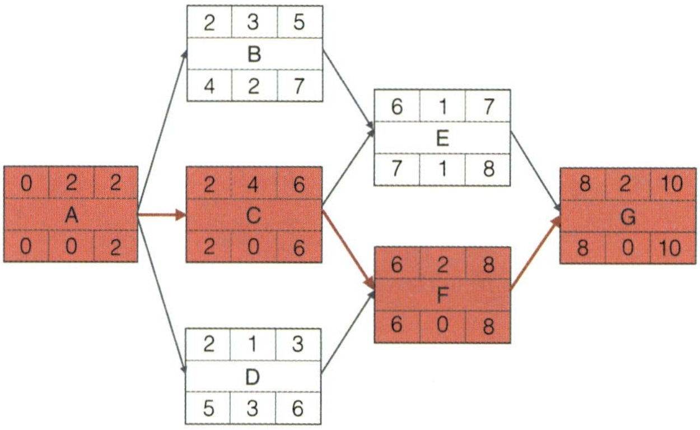

图 6-36　关键路径法参数计算步骤 2

第 3 步：如图 6-36 所示，从最后一项活动 G 开始，从右向左推算活动最晚必须结束的时间（LF）、最晚必须开始的时间（LS）和总浮动时间（TF）。G 是最后一项活动，如果总工期是 10 天，那么活动 G 的最晚结束时间（LF）就是时间轴刻度 10，再用其减去活动历时 2 天，得到最晚开始时间（LS）是时间轴刻度 8。

因为活动 G 的最晚结束时间和最早结束时间都是时间轴刻度 10，所以它们的差是 0，总浮动时间（TF）为 0。

活动 G 的前序活动 E，其最晚结束时间（LF）由活动 G 的最晚开始时间（LS）决定，所以活动 E 的最晚结束时间（LF）是时间轴刻度 8，再用其减去 1 天的活动历时，得到活动 E 的最晚开始时间（LS）为时间轴刻度 7。以此类推，从右往左依次推算出每项活动的最晚结束时间（LF）、最晚开始时间（LS）和总浮动时间（TF）。

第 4 步：找到总浮动时间（TF）为 0 的所有活动，并用红笔描一遍这些活动之间的箭头，这条红色的路径就是项目的关键路径；白色的路径为非关键路径。我们可以看到，关键路径上的活动总浮动时间均为 0，而非关键路径上的活动都有总浮动时间。

测试题 1：在关键路径上的活动具备什么特征？

A. 浮动时间 = 0 的活动

B. 浮动时间≤ 0 的活动

C. 浮动时间＞ 0 的活动

D. 以上均有可能

选项 A，关键路径上的活动的总浮动时间一定为零吗？

在上面办公室装修项目案例中，我们推导的只是“正常”情况。在关键路径中，我们可能还会遇到“异常”情况，在“异常”情况下，浮动时间可能小于零。

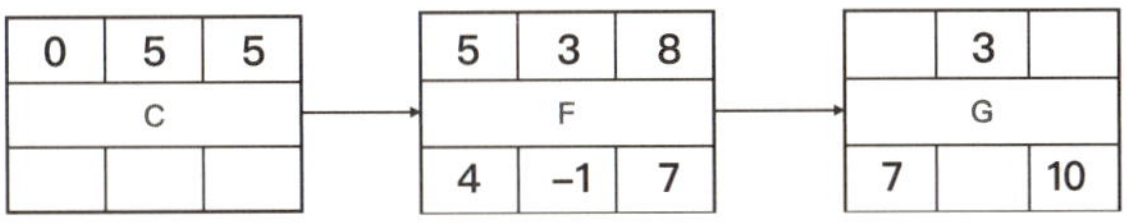

图 6-37　浮动时间＜ 0 的情况

如图 6-37 所示，这条路径 C—F—G 上的活动的最早开始时间由前序工作决定，而最晚结束时间由后序工作决定。当我们排计划时，为了满足前序工作 C 所需的 5 天工期，F 最早可以开始的时间是时间轴刻度 5，加上 F 需要 3 天工期，所以，F 的最早结束时间（EF）是时间轴刻度 8；而我们要给 F 的后序工作 G 留够 3 天工期，且总工期不能延误，G 的最晚开始时间（LF）是时间轴刻度 7，所以 F 的最晚结束时间就是 7。这种情况下，F 的总浮动时间为“–1”（7–8）。

总浮动时间“–1”是什么含义呢？整条路径总时长是 10 天，C 需要 5 天，G 需要 3 天，那么就只剩下 2 天，而 F 也需要 3 天，那么少的这 1 天就是总浮动时间“–1”。

我们在实际编制项目进度计划时，如果总工期是固定的，那么常常会遇到总浮动时间小于零的情况。也就是说，时间不够用，怎么办？我们只能采取压缩工期的技术，加班加人或者给后序活动设置提前量，让后序活动提前开始，目的都是在有限的时间内完成这些活动。

那么这道题的答案是不是选项 B（浮动时间≤ 0 的活动）呢？

其实，还是不对！

我们在编制计划时，按前面讲的步骤推算出关键路径，也就有了总工期。然而，一旦发生风险，这个总工期还是不够用，于是我们给整个计划增加了一些时间储备，这些储备可以提前分配到各项活动中，意味着关键路径上的活动也有了“浮动时间”。

所有活动的浮动时间都大于零，那么还有关键路径吗？

当然有，总浮动时间最少的路径就是关键路径。虽然关键路径的总浮动时间最少，但这意味着活动历时加起来最多。事实上，项目的总工期还是由关键路径决定的。

因此，这道题的正确选项是 D（以上均有可能）。

在 PMP 考试中，一般只会考核对“浮动时间 =0”和“浮动时间≤ 0”的理解。

测试题 2：以下关于“关键路径”的表述正确吗？

A. 关键路径决定了项目的总工期

B. 关键路径所需要的时间最长

C. 关键路径上的浮动时间最少

D. 一个项目的关键路径只能有一条

E. 关键路径上的活动技术含量高

F. 活动延误可能导致关键路径变化

G. 关键路径上的活动的工期无法压缩

A. 正确。关键路径的特征是活动历时加起来最长，最长的路径决定项目总工期。

B. 正确。理由同上。

C. 正确。关键路径上的活动浮动时间≤ 0，也就是说，关键路径上的活动根本没有浮动时间，甚至不够用。即便项目增加了时间储备，那条关键路径上的浮动时间也是所有路径中最少的。

D. 错误。一个项目的关键路径可能不止一条，如果多条路径的总浮动时间都是零，那么这几条路径就都是关键路径。

E. 错误。关键路径上的活动只是没有浮动时间或者浮动时间最少，和技术含量无关。即便特别简单、谁都能干的活动，只要它在时间上没有余地，它就在关键路径上。

F. 正确。非关键路径上的活动如果延误，延误时间一旦超过了总浮动时间，那么这条路径就把项目总工期“拉”长了，这条路径也就成了关键路径。由于总工期变长，原来的关键路径反而有了浮动时间，变成了非关键路径。所以，在这种情况下，项目的关键路径发生了变化。

G. 错误。关键路径上的活动只是没有时间余地，并不是不能压缩。例如，增加人手或者加班，就可以在更短的时间内完成。换句话说，如果关键路径上的活动工期真的无法压缩，那么项目的总工期也就无法压缩了。我们常常面对客户或者老板要求我们压缩工期的情况，就是要我们针对关键路径上的活动下手！

关键路径法的作用

关键路径法的作用如下：

- 推导出项目工期有多长；
- 识别出哪些工作是关键工作；
- 优化资源分配，让最有把握的人负责关键路径上的工作；
- 识别出哪些活动有浮动时间，浮动时间有多少；
- 利用非关键路径上的浮动时间进行资源优化。

6.5.3　项目的三种浮动时间

1. 自由浮动时间

自由浮动时间是指在不影响后续工作最早开始时间的情况下，活动可以拖延的时间。

如图 6-38 所示，活动 A 只需要 5 天，但是计划中它有 9 天时间。活动 A 在 9 天时间内无论早一点开始，还是晚一点开始，只要在 9 天内完成，就不会影响到它的后序活动 B，那么多出来的 4 天就是活动 A 的自由浮动时间。

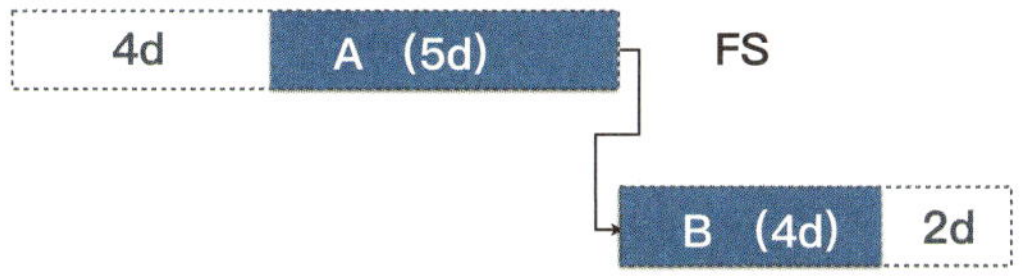

图 6-38　自由浮动时间

2. 总浮动时间

总浮动时间是指在不影响项目总工期的前提下，活动可以拖延的总时间。

如图 6-39 所示，假设活动 A 的用时超出了 5 天，甚至团队连自由浮动时间（4 天）都用掉了也没干完，那么团队还有机会做完活动 A 吗？

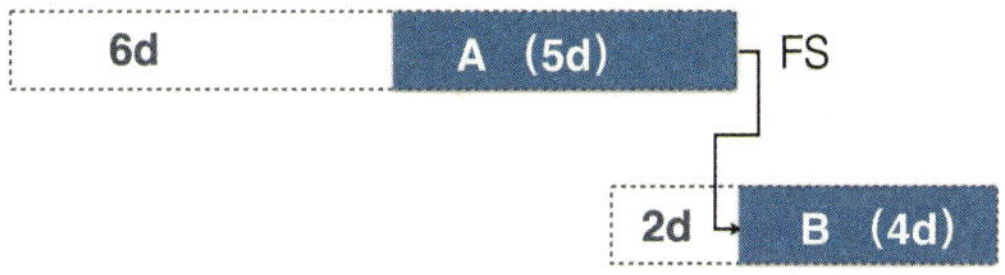

图 6-39　总浮动时间

答案是，团队仍然有机会。我们注意到，虽然团队用时 4 天就可以做完活动 B，不过活动 B 还有 2 天的自由浮动时间，团队可以将活动 B 往后挪 2 天，这样活动 A

又获得了 2 天的机会。只不过活动 B 原本拥有的 2 天自由浮动时间就这样被活动 A 霸占了。

活动 A 的自由浮动时间（4 天）加上占用活动 B 的 2 天，一共向后延了 6 天，6 天就是活动 A 的总浮动时间。也就是说，在这条路径上，活动 A 最多可以延后 6 天，否则总工期就要延长了。

3. 项目浮动时间

如图 6-40 所示，计划中项目可以交付的时间是 9 月 30 日。当我们把交付时间报给客户时，客户发现交付的时间紧跟着国庆长假。于是客户说："干脆长假结束，你再来交付吧！"

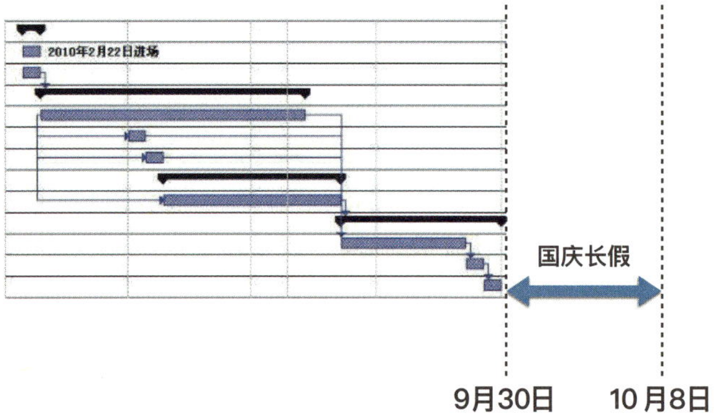

图 6-40　项目浮动时间

无论交付时间是 9 月 30 日，还是 10 月 9 日，对客户而言区别不大，但是对团队而言，区别就大了！因为万一项目延期，团队就可以利用国庆节长假加班完成。

在计划工期的基础上，客户或项目发起人主动让出的时间叫作项目浮动时间。

6.5.4　关键链技术

关键链技术（Critical Chain Method，CCM）是艾利·高德拉特（Eliyahu M. Goldratt）在关键路径法的基础上引入了制约理论（Theory of Constraints，TOC），并据此提出了资源制约条件下进度计划编制方法。

关键链技术产生的背景

帕金森定律告诉我们，工作会自动膨胀，占满所有可用时间。

墨菲定律告诉我们，你越担心的事情，就越可能发生。

正是由于“帕金森定律”“墨菲定律”的存在，所以人们往往把“悲观估计”估计得过于悲观。如图 6-41 所示，β 曲线就会变成左边陡峭、右边尾巴很长的曲线。如果要在 50% 期望值的基础上增加 30% 的把握（蓝色面积），就需要增加原估算时间（期望值）200% 的安全时间。

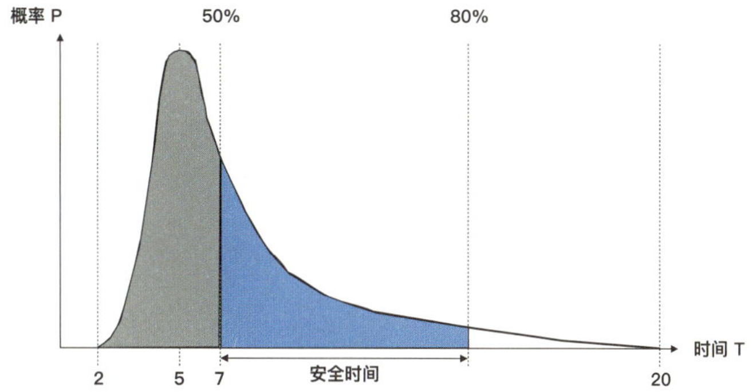

图 6-41　“悲观估计”过于悲观

我们在关键路径法中为活动预留出了安全时间，而如果风险没有发生，往往就被浪费掉。

高德拉特认为，资源本身是有限的，不该这样浪费掉。所以，他提出每项活动都不要预留安全时间。例如，按三点估算法期望值公式估算出来的活动历时只有 50% 完成的概率，那么我们就按 50% 上报期望值，项目进度计划就是按照这些原始的期望值数据编制的。可这样做太冒险了，每项活动都按 50% 的把握上报历时，那么将有一半的概率是干不完的。怎么办？

项目经理在编制的初始进度基础上预留了一个项目缓冲（时间缓冲池），目的是分配缓冲时间给未完成的活动；而如果团队幸运地完成了所有活动，也就不会浪费宝贵的缓冲时间了。这种“按需分配”缓冲时间的思路就是关键链技术，如图 6-42 所示。

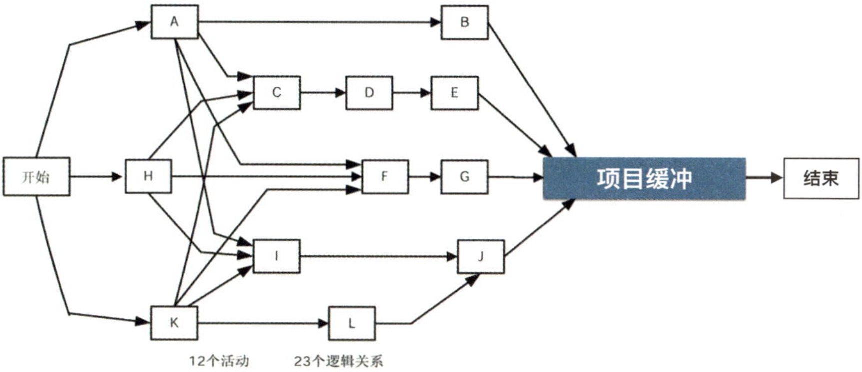

图 6-42　项目缓冲

路径汇聚风险

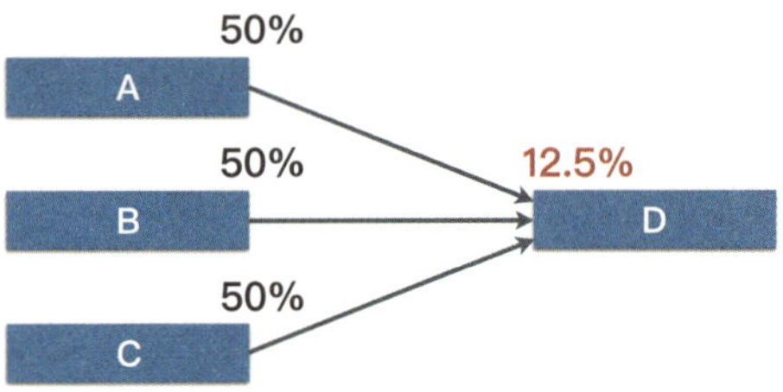

图 6-43　路径汇聚风险

如图 6-43 所示，高德拉特发现，如果团队按时完成 A、B、C 三项活动的概率都是 50%，那么团队的后续活动 D 能够按计划开始的概率将只有 12.5%，即 50% 的三次方。这时，团队该怎么办？

在网络图中，路径汇聚点具有最大的进度风险。如果安全时间不放在并行活动的末端，就无法减少路径汇聚的风险。

如图 6-44 所示，在路径汇聚之前，高德拉特为非关键链上的活动增加了接驳缓冲，那么团队完成非关键链上的活动的概率就大于 50% 了，接驳缓冲越多，完成的概率就越大。多条路径汇聚之后，不至于把后序活动完成的概率降得太低。

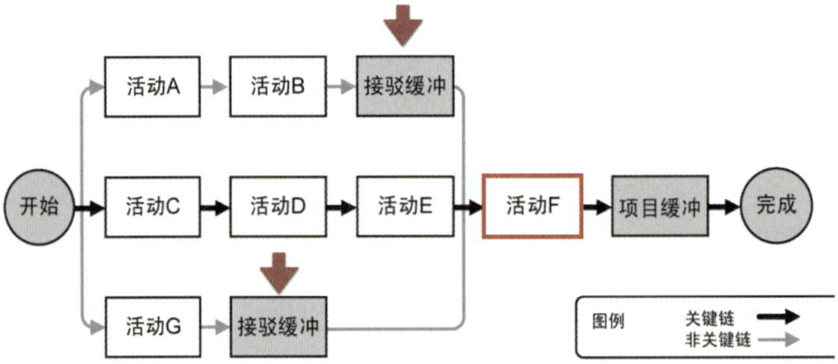

图 6-44　接驳缓冲

我们将放置在关键链末端的缓冲称为**项目缓冲**，用来保证项目不因关键链的延误而延误。其他缓冲，即**接驳缓冲**，被放置在路径汇聚之前的非关键链末端，用来保护关键链不受非关键链延误的影响。

资源约束型关键路径就是关键链，据此制订的进度计划即资源约束型进度计划。这种方法把确定性和随机性方法结合起来，一般在资源有限时具有显著的价值。

6.5.5　资源优化

资源平衡（Resource Leveling）

如果两项或多项活动存在资源冲突，那么通过调整活动的开始日期和结束日期，可以消除或缓解资源冲突，我们将这种技术称为资源平衡。资源平衡往往会改变关键路径，通常是将其延长。

如图 6-45 所示，资源“苏”要负责 A 和 B 两项活动，而且这两项活动都需要花 8 小时，也就是一整天的时间。如果计划中 A 和 B 都安排在第一天，那么对苏而言就产生了冲突，他要么再加班 8 小时，要么就无法同时完成 A 和 B 两项活动。

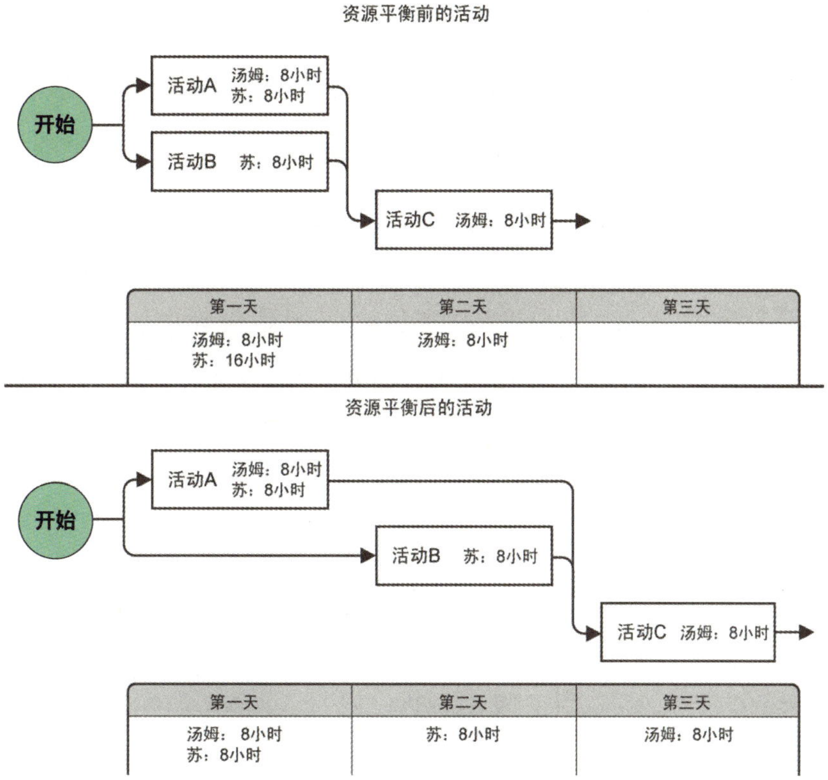

图 6-45　资源平衡

资料来源：《PMBOK® 指南》（第 6 版）。

如果让活动 B 晚一天开始，和活动 A 错开，那么苏就不需要加班了，资源冲突也就得到了解决。不过，如果活动 B 晚一天开始，那么后面的活动 C 也应跟着顺延一天，整个项目工期就延长了一天。

资源平滑（Resource Smoothing）

通过调整非关键路径上的活动时间，使项目资源数量波动减少，我们将这种技术称为资源平滑。

如图 6-46 所示，A、B、C 三项活动的工期分别为 2 天、3 天、5 天，它们需要的资源分别是 3 个人、3 个人和 2 个人。根据中间的双代号网络图，我们可以看到，A、

B、C 三项活动同时开始，右边的资源直方图显示，前两天三项活动同时进行，需要 8 人；第 3 天，团队完成了活动 A，那么剩余两项活动 B 和活动 C 只需要 5 个人；从第 4 天起，只剩下活动 C，2 个人就可以完成。

活动（单位）	资源（人）	工期（天）	浮动时间（天）
A	3	2	3
B	3	3	2
C	2	5	0

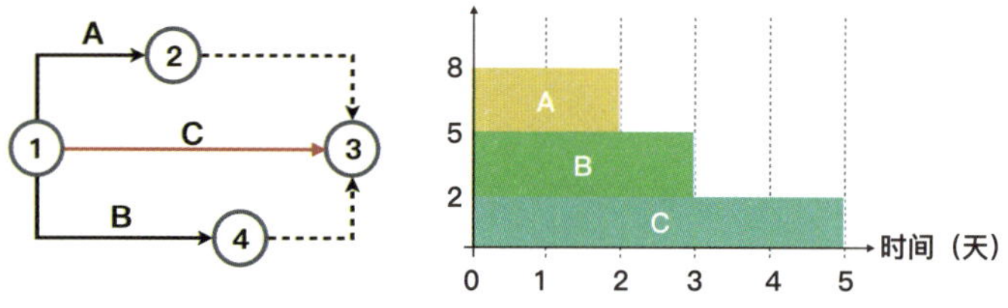

图 6-46　资源平滑

显然，在这 5 天里，团队人数波动很大，这对于团队的融合和资源计划都十分不利，需要想办法把波动消除或者减轻。

如图 6-47 所示，活动 C 历时最长，也就是说，它是关键路径。活动 A 和活动 B 都有浮动时间，活动 A 的浮动时间是 3 天，如果让活动 A 3 天后再开始，就和活动 B 不同期了。右边的资源直方图显示，该项目从始至终一直是 5 个人，团队规模非常稳定，配合更默契，管理更简单。

活动（单位）	资源（人）	工期（天）	浮动时间（天）
A	3	2	3
B	3	3	2
C	2	5	0

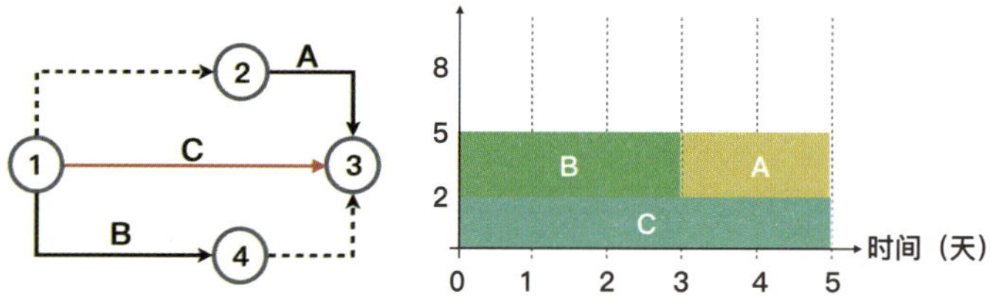

图 6-47　资源平滑选择 1

活动（单位）	资源（人）	工期（天）	浮动时间（天）
A	3	2	3
B	3	3	2
C	2	5	0

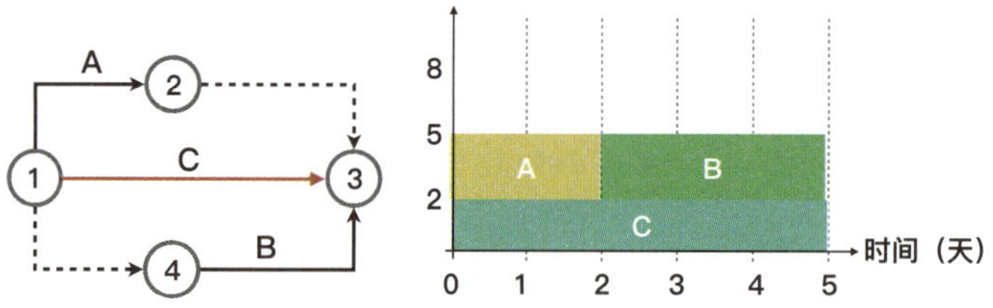

图 6-48　资源平滑选择 2

同理，如图 6-48 所示，如果不动活动 A，让活动 B 2 天后开始，也可以起到一样的效果。

资源平滑技术利用的是非关键路径上的浮动时间，活动只在浮动时间范围内提前或延后。这种技术通常不会改变项目关键路径，完工日期也不会延迟。

资源平滑技术并不一定能够让所有资源都做到完美平滑（即每天活动所需的人数

都完全一样），资源平滑只是把资源数量的波动尽量减少。

6.6　控制进度

控制进度是监督项目活动状态、更新项目进展、管理进度基准变更，从而实现计划的过程。本过程的主要作用是提供发现计划偏离的方法，使团队可以及时纠正和采取预防措施，以降低进度风险。

6.6.1　进度压缩技术

我们常常会遇到需要压缩进度的场景。例如，你报的工期是 4 个月，但客户只能给你 3 个月的时间；或者你的项目进展一段时间后，你发现剩下的时间不够用了。

当我们遇到上述场景时，我们就需要运用进度压缩技术。进度压缩技术只有两个：赶工和快速跟进，如图 6-49 所示。

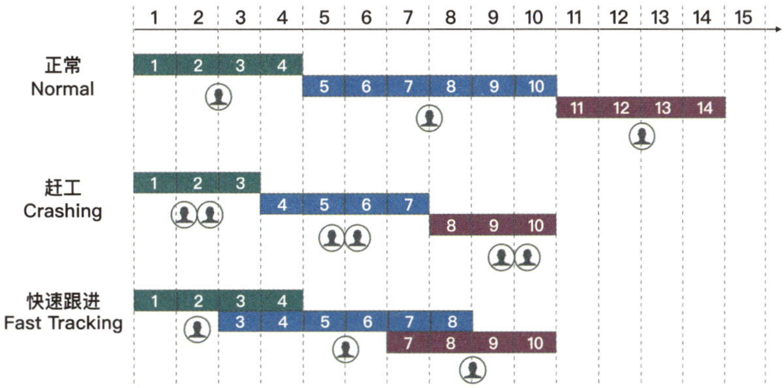

图 6-49　赶工和快速跟进

赶工（Crashing）

赶工就是为活动增加资源，例如，增加人手或者加班。赶工通常可以缩短工期，其技术原理是用钱换时间。

需要注意：

- 活动通常有极限工期，一旦压缩到了极限工期，即使增加再多的人手，时间也没法更短了；
- 有的活动没法通过增加资源缩短工期，例如，工人刷完了油漆，至少要等两天油漆才能干，不管有多少人等，都需要两天的时间。

快速跟进（Fast Tracking）

快速跟进就是让后序活动提前开始，并且和前序活动搭接、并行一段时间。其技术原理就是设置提前量，把活动之间的依赖关系从 FS 改为 FS-n（n 为提前的天数）。

采用快速跟进技术，项目可能会因为前序活动需要返工而导致后序活动被连累（也得跟着返工）。快速跟进是用“返工风险”换时间。

例如，在办公室装修项目中，活动 A 是刷墙，活动 B 是铺地毯，正常的顺序是刷完墙再铺地毯。为了压缩工期，团队采取快速跟进的做法，在刷完 1 号房间，开始刷 2 号房间的同时，在 1 号房间铺地毯。以此类推，当团队粉刷完所有房间时，地毯也即将铺完，工期得到压缩。

但是，万一团队刷完墙之后发现墙漆是假冒伪劣产品，墙面起泡掉皮，必须铲掉重刷。那么麻烦就来了，地毯需要重新铺，不然刷墙时会把地毯弄脏。如果当初团队不采取快速跟进的做法，而是刷完墙先验收，那么即使墙面粉刷有质量问题，后续铺地毯的工作也不需要返工。

我们常说的“三边工程”（边设计、边开发、边修改），就是典型的快速跟进。也就是说，团队还没开发完某项活动，需求又改了，意味着分析、设计、开发、测试一系列操作全都白干了，团队陷入天天加班做无用功的泥潭中无法自拔，这都是“快速跟进”惹的祸。

6.6.2 敏捷场景下的进度控制

敏捷场景下最常用的控制工具就是燃尽图（Burn-down Chart）。

如图 6-50 所示，在敏捷开发中，假设一个冲刺（Sprint）21 天，有 250 个故事点的总工作量，如果团队匀速开发，每天完成的故事点都一样多，那么剩余故事点的数量就应该按照虚线（灰色）持续减少，这条虚线就是理想燃尽线。

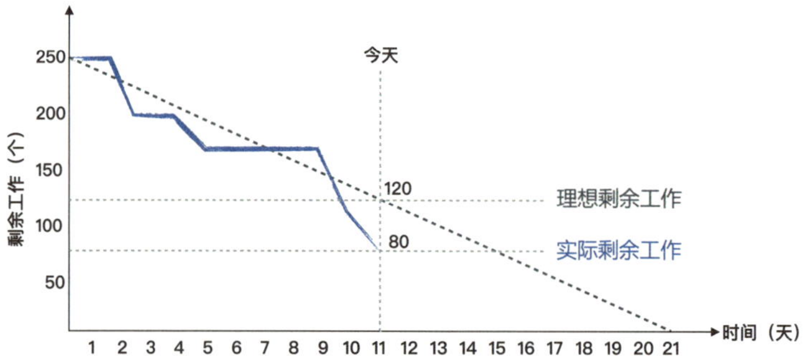

图 6-50　燃尽图

然而，现实和理想总有差距，真实的开发过程通常不是完美的匀速发展，而是有时快、有时慢。例如，第一天，团队成员都还在思考需求到底是什么，可能开发就没什么进展，而团队成员在进入状态后，开发速度往往很快。所以，实际的燃尽线是一条折线（蓝色），围绕虚线（灰色）波动。

如图 6-50 所示，今天是第 11 天，按照理想的开发进度，剩余工作量应该是 120 个故事点，而实际只剩下 80 个故事点，说明进度超前。折线在虚线上方，说明进度落后；折线在虚线下方，说明进度超前。当然，折线总在虚线下方也不好，说明计划做得过于保守，团队完全可以开发更多的故事点，资源没有得到充分利用。控制进度就是让蓝线不要离灰线太远。

6.7 本章考试要点

1. 进度计划模型的含义☆☆☆
2. 具有未完项的进度计划和按需进度计划☆☆☆
3. 活动之间的依赖关系☆☆☆☆
4. 滞后量与提前量☆☆☆☆
5. 活动历时估算的方法和优缺点☆☆☆☆
6. 关键路径法的原理和应用☆☆☆☆☆
7. 应急储备与管理储备的区别☆☆☆☆☆
8. 自由浮动时间与总浮动时间☆☆☆☆☆
9. 资源平衡与资源平滑☆☆☆☆
10. 快速跟进与赶工☆☆☆☆

6.8 本章测试题及解析

6-1 以下哪一个描述符合滚动式规划的特征？

A. 从工作包向上滚动到 WBS 更高层级的规划方法

B. 只规划一个阶段的工作，完成后滚动到下一个阶段，开始新的规划

C. 按照项目所涉及的各专业领域，完整滚动一圈来完成规划

D. 随着项目信息的不断收集，规划包变成工作包的过程

6-2 项目经理在和团队编制进度计划时，计划在 10 天后开发完成一项新功能。项目经理担心负责这项新功能开发的工程师缺少这方面的经验，所以把测试开始的时间定于 15 天后。计划中从开发完成到测试开始中间的 5 天时间属于：

A. 提前量

B. 滞后量

C. 管理储备

D. 总浮动时间

6-3 项目经理希望向团队讲述项目中活动之间的逻辑关系，并能够突出关键路径和浮动时间，项目经理最好采用哪个工具？

A. 里程碑图

B. 横道图

C. 网络图

D. 燃尽图

6-4 对比几种估算活动持续时间的方法，下列表述正确的是？

A. 类比估算比自下而上估算的成本低，通常准确度也低

B. 参数估算法是估算每项活动持续时间的最理想的方法

C. 用专家判断法估算整个项目的工期，通常是最可靠的

D. 用三点估算法公式得出的期望值就是确保能够完成该项工作的时间

6-5 项目经理发现，关键路径上的活动已出现延误，职能部门已没有更多的人手可以提供，并且，受关键路径上活动之间的逻辑关系制约，团队无法采取快速跟进的

办法。如果要保证项目按时交付，项目经理应该怎么办？

A. 实施资源平衡

B. 实施资源平滑

C. 没有办法，只能修改进度基准

D. 在非关键路径上实施快速跟进

答案及解析

6-1 D

滚动式规划指的是对近期工作详细描述，对远期工作粗略描述，是随着项目不断发展，获取信息越来越丰富，一次次逐渐细化的规划方法，见《PMBOK® 指南》（第 6 版）6.2.2.3。

6-2 B

在编制计划时，主动在两项具有依赖关系的活动之间增加的等待时间属于滞后量，可以有效缓解前项工作因不能按时完成而给后序工作乃至整个计划带来的冲击。

6-3 C

既能体现活动之间的逻辑关系，又能体现关键路径和浮动时间，只能选择网络图。横道图的优势是我们可以直观地看到活动历时长短及开始和结束的时间，里程碑图只体现里程碑事件，燃尽图用在敏捷开发中的进度控制。

6-4 A

类比估算的优点是快捷经济，但是缺点是可能不准，与自下而上的估算的特点刚好相反。

6-5 B

资源平滑是利用非关键路径上的浮动时间修改非关键路径上的活动开始或结束的时间，削峰填谷，减少资源在时间分布上不均衡的情况。根据题干所示，团队需调用非关键路径上的活动资源支援关键路径上的活动。因为非关键路径上有浮动时间，所以减少资源造成的活动历时变化可以被消化。也就是说，资源能够支援到关键路径上，是通过赶工的方式缩短关键路径上的活动历时，进而减轻项目工期延误的风险，见《PMBOK® 指南》（第 6 版）6.5.2.3。

第 7 章　项目成本管理

成本管理的核心概念

项目成本管理的目标是“能够按预算完成项目”。有效的成本管理可以充分利用资源，提升项目绩效，促进项目成功。

项目成本分类

如图 7-1 所示，项目成本分为直接成本、间接成本、固定成本、可变成本、机会成本、沉没成本、全生命周期成本。

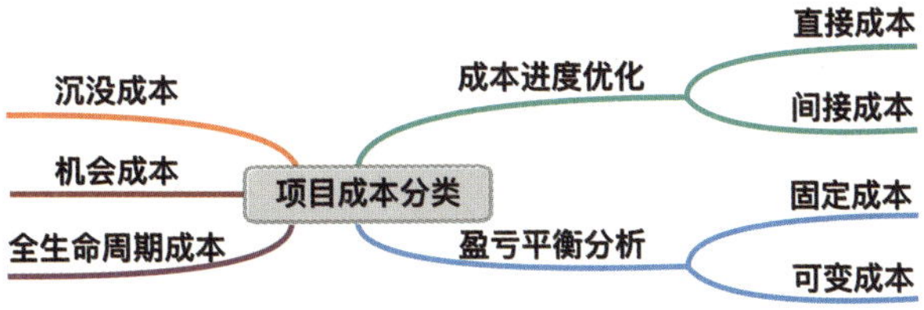

图 7-1　项目成本分类

直接成本（Direct Cost）

直接成本是团队为完成任务而直接花掉的成本，如人工费、材料费等。

间接成本（Indirect Cost）

间接成本是整个组织运营成本的一部分，通常以直接成本的百分比计算，并分摊到所有项目中，如房租、水电费、管理层工资等。

无论项目在进展中，还是已经停滞，间接成本都在持续发生。

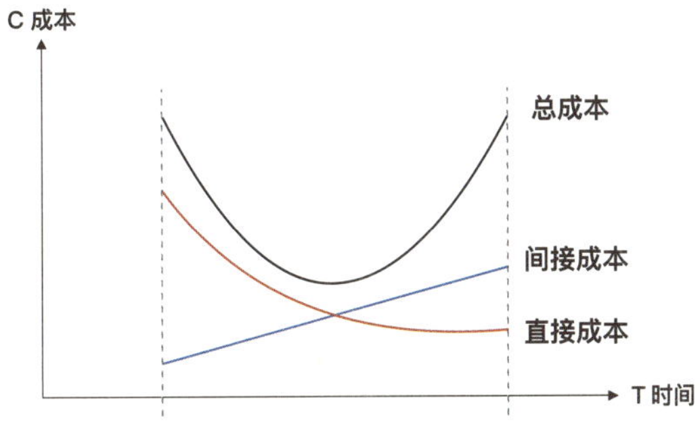

图 7-2　直接成本与间接成本

如图 7-2 所示，项目总成本 = 直接成本 + 间接成本，在工期成本优化中，如果每压缩一天工期，间接成本的减少比增加的直接成本多，那么就说明总成本在下降。因此，这种优化非常有意义，不但使工期缩短了，而且也使成本降低了。

固定成本（Fixed Cost）

固定成本是不随生产量或工作量的变化而变化的非重复成本，如生产线、大型设备、机械的采购成本等。

可变成本（Variable Cost）

可变成本是随着生产量或工作量的变化而变化的成本，如原材料、燃料等。

图 7-3 展现了盈亏平衡分析的原理，红色水平线代表固定成本，不随产量变化而变化；红色斜线代表可变成本，随产量正比例增长；可变成本与固定成本叠加就是项目总成本；蓝色斜线代表销售收入，随销量正比例增长。

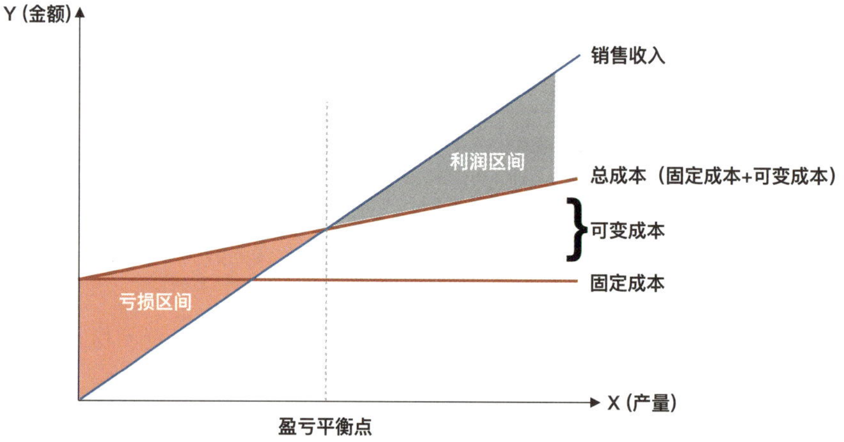

图 7-3　盈亏平衡分析

当销量达到一定的规模时，销售收入线与总成本线相交，交点对应的产量就是盈亏平衡点（Break Even Point），这时销售收入刚好覆盖成本，项目不赔不赚。当销售收入超过盈亏平衡点的数值时，项目开始有利润，产量越大，利润越多；当销售收入没到盈亏平衡点时，项目处于亏损状态，产量越小，亏损越多。

企业在投资项目之前，就应该做好盈亏平衡分析，明确扭亏为盈的目标。

机会成本（Opportunity Cost）

机会成本是指选择了可选方案中的一种而放弃其他可选方案，在放弃的方案中潜在收益最大的就是做出这次选择的机会成本。

例如，项目 A 的潜在收益是 150 万元，项目 B 的潜在收益是 200 万元。你的资源和精力只能允许你进行二选一，在综合考虑自己的优势和项目风险等因素后，你选择了项目 A，那么你的机会成本是多少？

注意：你的机会成本不是 50 万元（200 万元 –150 万元），而是 200 万元，你放弃的机会带给你的全部潜在收益才是机会成本。

项目 A 的潜在收益是 150 万元，项目 B 的潜在收益是 200 万元，项目 C 的潜在收益是 250 万元。在三选一的情况下，如果你还是选择项目 A，那么你的机会成本又是多少？

注意：你的机会成本不是项目 B 和项目 C 的潜在收益之和 450 万元，而是 250 万元！因为你只能三选一，在你放弃的所有机会中带给你潜在收益最大的才是你选择项目 A 的机会成本。

当然，机会成本的前提是，当初你在做决策时，这些机会都必须是你确定可以获得的机会，不能包含那些你臆想出来的不切实际的“机会”。

沉没成本（Sunk Cost）

沉没成本是指已经花费的成本（不可收回的支出），是我们在做出是否继续投资这个项目的决策时不能再考虑的成本。

全生命周期成本（Life Cycle Cost，LCC）

全生命周期成本是指产品全生命周期中发生的所有成本，包括产品的调研成本、需求分析成本、设计成本、加工成本、装配成本、仓储成本、运输成本、交易成本、使用成本、维修保养成本、废弃处置成本等。

其实，全生命周期成本是个理念，需要我们在项目开发阶段就要考虑项目交付后的运营、维护等成本。我们应该从全生命周期的视角去看待项目的成本，不能只局限在项目开发阶段的成本，一味地降低材料、人工等开发成本。这么做可能会影响项目的质量和可靠性，导致运营和维护的成本居高不下。从全生命周期角度来看，项目的总成本反而更高。

现在越来越多的项目中，各方的关系已经不再只是简单的甲方、乙方的关系，而是持续合作的关系，他们共同投资、共同开发、共同运营、共同获益。这就要求各方都要有更长远的眼光，从全生命周期的视角去规划项目的成本管理，做到全生命周期成本最优。

敏捷场景下的成本管理

我们在经典项目场景下强调，在范围和进度基本不变的前提下，成本最优，而项目产生缺陷就是成本浪费。

在敏捷场景下，不为用户创造价值的活动才是浪费。埃里克·莱斯（Eric Ries）在其著作《精益创业》（*The Lean Startup*）中提到：如果企业做一款创新型产品，而客户是谁、客户的需求都是未知的，也是快速变化的。在这样不确定的环境中，耗费在产品特性、工作优先级、技术路线上的争论都是实实在在的浪费。

为什么我们不能缩短整个反馈周期，早一点听到客户的声音呢？精益创业的核心思想就是当有了一个产品概念时，不要急着投入大量的资源去开发产品，而是要先开发一个最小可行性产品（MVP），将 MVP 带到早期客户中去验证概念的价值，然后依据早期客户的反馈来调整产品概念。MVP 不一定是真实的产品，而是以最少的精力投入和最快的速度完成一次“开发—测量—认知”反馈循环的试验品。在验证产品概念过程中，团队要经历多次验证循环。

例如，这些年，知识付费大热，得到、混沌大学、樊登读书会等平台不断刷新着知识付费的新高度，一门在线课程有几十万名付费用户，几千万元的单品收入已不罕见。这让很多人眼热心跳，也想在知识付费的赛道上搏一回。那么，你应该先去策划一门 100 节的课程，然后组建团队录制、剪辑、包装、开发 App，再投入广告推广吗？那得花费多少钱，投入多少时间呢？就算你做出来，有人愿意付费听你的课吗？这些都是未知数！有多少创业公司就这样耗光了资金，产品还没做出来，就壮志未酬身先死了。

那么应该怎么做呢？你可以先准备一段 10 分钟的课程内容，不需要精雕细琢，只要能体现你的课程特色就行了，然后在朋友圈里召集感兴趣的人进微信群，约定好时间就可以在群里开讲了。接下来，你要做好心理准备，迎接暴风骤雨般的吐槽！根据大家的反馈，你要不断修正你的产品定位，不断试错，发现和留下对的内容，直到有很多人愿意付费听你的课。这样做能花多少钱，能有多大风险呢？其实创业也不是遥不可及，不是吗？

MVP 的原则就是用最少的资源、最短的时间做试验，获得早期用户的反馈，验证产品的价值。

常用的 MVP 方法如下。

1. 视频

在产品被开发出来之前，公司可以制作一个产品介绍的视频。著名的云存储公司多宝箱（Dropbox）通过一段介绍产品核心功能的视频，使注册用户一夜之间从 5 000 人暴增到 75 000 人。其实，多宝箱在还没开始做这款产品时，就已经验证了这些功能是用户喜欢的。

2. 仿真

在产品被开发出来之前，企业通过人工来模拟产品的功能。例如，美国网上最大的鞋店 Zappos 的创始人尼克想知道人们到底有没有在网上买鞋的需求，他并没有开发电商平台，而是到各商场专柜拍鞋子的照片，并把它们放到网上。如果有人下单，他就跑去店里买来寄给用户。他没有库存压力，也没有开发成本。在他看来，商业逻辑的成立远比系统上线重要得多！

3. 众筹

企业在开发产品之前先发起众筹，根据众筹的情况判断人们对产品的态度。我国著名的空气净化器品牌“三个爸爸”就是在京东上发起众筹的，不但很快筹到了足够的开发经费，还找到了产品的早期用户。

4. 原型

开发产品不是把未经用户验证的需求交给团队，而是先向用户演示产品原型（Prototype）。这些原型可能是手画的、泥捏的、纸糊的，虽然它是假的，但是很直观、很生动，远比一大堆模棱两可的描述文字更有价值。

5. 预售

预售和众筹类似，在产品开发之前先推出预售页面，如果预售数量达到约定标准，企业就可以开始开发产品了；如果预售数量没达到约定标准，那么企业就取消活动，如数退还货款。通过预售，公司不仅很容易验证产品是否真的受欢迎，而且不会产生什么成本。

6. 访谈

我在动笔写这本书之前，很认真地去请教了我的好多位学生，包括准备参加 PMP 考试的和已经考过的。我把我的写作思路讲给他们听，倾听他们的声音。毕竟市场上关于 PMP 考试的书已经不少，既然大动干戈，就必须交付一本有价值的书。

7.1 规划成本管理

规划成本管理是为规划、管理、花费和控制项目成本而制定政策、程序和文档的过程。本过程的主要作用是在整个项目中为如何管理项目成本提供指南和方向。

成本管理计划包括如下内容。

- 计量单位：如衡量资源的单位（人时数、人天数或人月数）、货币种类（美元、欧元、人民币）等。
- 精确度：根据活动范围和项目规模，设定成本估算中金额取整的程度，比如 995.59 美元，应该取整为 995.6 美元还是 1 000 美元。
- 准确度：为活动成本估算并规定一个可接受的区间（如 ±10%），其中可能包括一定数量的应急储备。
- 组织程序链接：在项目成本核算中使用的 WBS 组件，即控制账户（CA）。每个控制账户都有唯一的编码或账号，直接与执行组织的会计制度相关联。
- 控制临界值：规定偏差临界值，用于监督成本绩效。它是团队在需要采取某种措施前，允许出现的最大偏差，通常用基准的百分数来表示。
- 绩效测量规则：制定用于绩效测量的挣值管理（EVM）规则。
- 报告格式：规定各种成本报告的格式和编制频率。
- 过程描述：对每个成本管理过程进行书面描述。
- 其他细节：关于成本管理活动的其他细节。它们包括（但不限于）：
    - 对战略筹资方案的说明；
    - 处理汇率波动的程序；
    - 记录项目成本的程序。

7.2 估算成本

7.2.1 估算精确度等级

估算成本在项目的不同时段对估算精确度的要求不同，如表 7-1 所示。

表 7-1 估算精确度等级

估算级别	项目阶段	目的	常用方法	估算精确度
粗略量级估算	启动阶段	可行性研究	类比估算	–25% ~ +75%
预算级估算	规划阶段	编制预算	自下而上	–10% ~ +25%
确定性估算	规划阶段	签订合同	自下而上	–5% ~ +10%

粗略量级估算（Rough Order of Magnitude，ROM）

在项目启动阶段，估算成本只是为了进行可行性研究，是否做这个项目还不一定，所以不需要花很多时间和精力估算得太精确，只要估算出一个概数就可以。

预算级估算（Budget Estimates）

在已经确定要做这个项目之后，在规划阶段，编制项目预算意味着估算精确度应该相应提高。

确定性估算（Definitive Estimates）

在签订合同准备实施时，估算精确度要求更高，便于控制项目成本和实施采购。

7.2.2　资金限制平衡

项目资金支出往往是持续的，项目一旦开始，天天都要产生成本；但项目的资金来源往往是分阶段到位的，呈现出台阶状折线。

我们应该把资金支出计划与项目资金到位承诺进行对比，识别资金限制与计划支出之间的差异，量入为出，必要时调整工期、减少资源投入强度，以避免资金链断裂而导致项目失败，如图 7-4 所示。

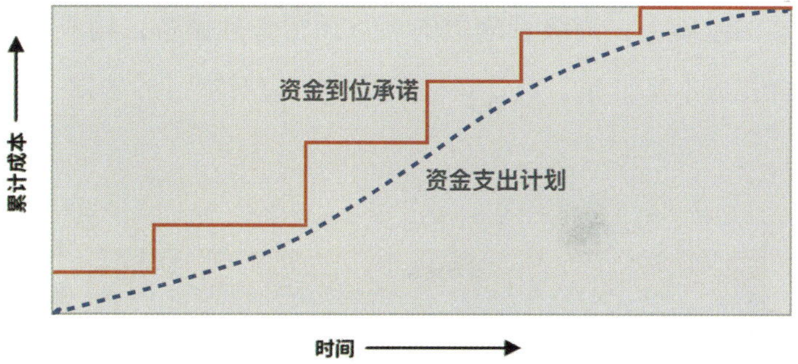

图 7-4　资金限制平衡

7.3　制定预算

制定预算是汇总所有单个活动或工作包的估算成本，建立一个经批准的成本基准的过程。本过程的主要作用是确定成本基准，据此监督和控制项目绩效。

项目预算的组成

我们应该从右向左看图 7-5，团队成员先估算每个活动的成本，为了应对风险、提高活动完成的把握，在活动成本估算的基础上增加应急储备。

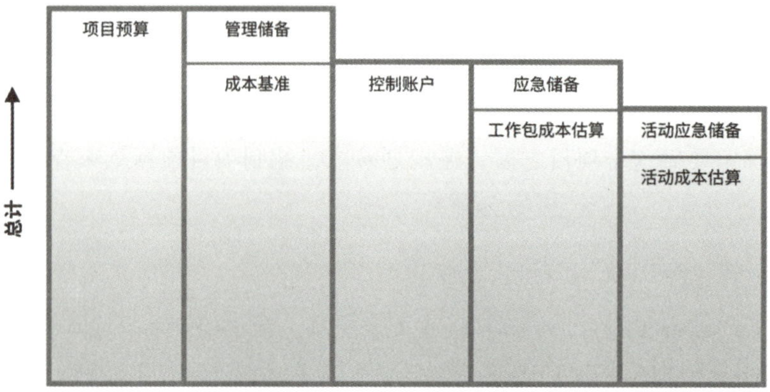

图 7-5　项目预算的组成

资料来源：《PMBOK® 指南》(第 6 版)。

项目经理将多项活动汇总到上一级的工作包，并根据风险的评估为工作包增加应急储备。

项目经理把多个工作包汇总到控制账户，控制资金的支出，使其符合项目计划。

将所有的控制账户汇总到一起就得到了项目的完工预算，也是项目的成本基准，由项目经理控制。显而易见，项目的所有应急储备都包含在成本基准中。

在成本基准的基础上，高级管理层为项目预留管理储备，构成了项目总的预算。管理储备不包含在成本基准里，但管理储备是为了应对项目的未知—未知风险，包含在项目预算中。

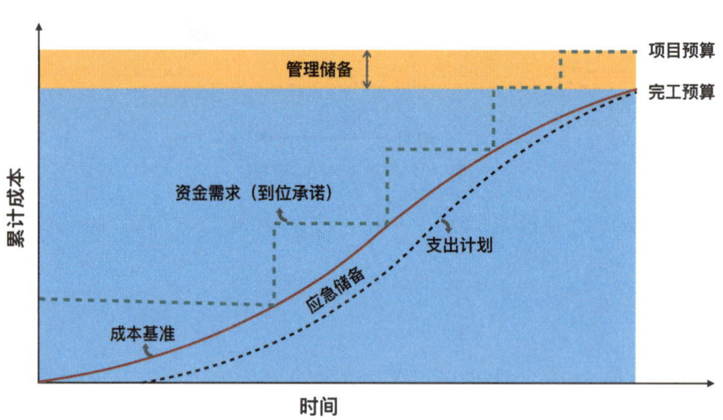

图 7-6　项目成本管理中的各种概念

图 7-6 展现了项目支出计划、成本基准、资金需求（到位承诺）、完工预算（成本基准累计到项目结束时的值）、管理储备和项目预算之间的关系。

7.4　控制成本

控制成本是监督项目状态，以更新项目成本、管理成本基准变更的过程。本过程的主要作用是发现实际发生成本与计划成本的差异，以便采取纠正措施，降低风险。

7.4.1　挣值分析

挣值分析（EVA）是把范围、进度和资源绩效综合起来考虑，以评估项目绩效和进展的方法。它是一种常用的项目绩效测量方法，通过将范围基准、成本基准和进度基准进行整合，形成绩效基准，以便项目管理团队评估和测量项目绩效和进展。

如图 7-7 所示，挣值分析的 3 个指标如下。

图 7-7　挣值分析的 3 个指标

- **计划值**（PV）：到评估时刻为止，实际将要花费的成本。
- **实际成本**（AC）：到评估时刻为止，实际完成工作所花费的成本。
- **挣值**（EV）：到评估时刻为止，实际完成有效工作所对应的被认可的成本。

例如，如图 7-8 所示，该项目任务是 10 天种 10 棵树，每种一棵树连树苗带人工的成本是 100 元，验收标准是种活了的才算，死了的不算。现在已经过去 5 天，需要评估一下项目的绩效。

根据目标任务 10 天种 10 棵树，那么按计划，5 天应该种 5 棵树；而实际 5 天结束时已经种了 6 棵，但是其中有 2 棵死了，只有 4 棵活了。

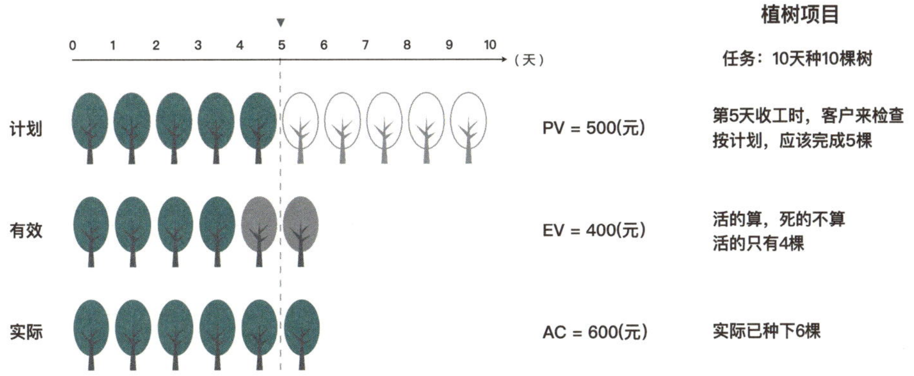

图 7-8　植树项目挣值分析

如图 7-9 所示，每棵树的成本是 100 元，评估时刻计划值（PV）=500（元），挣值（EV）=400（元），**进度偏差**（SV）=EV–PV=-100（元）。也就是说，与计划相比，还有一棵树（价值 100 元的工作）没有种好，说明进度落后。

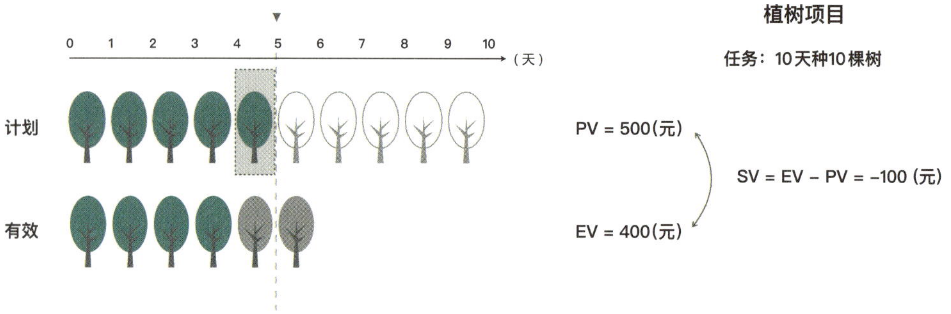

图 7-9　植树项目挣值分析步骤 1

如图 7-10 所示，实际成本（AC）=600（元），**成本偏差**（CV）=EV–AC=-200（元）。也就是说，到目前（评估时刻）为止，实际花掉的成本比有效成本（能被认可的成本）多出 200 元，这 200 元没有创造价值，被浪费掉了，说明成本控制不力。

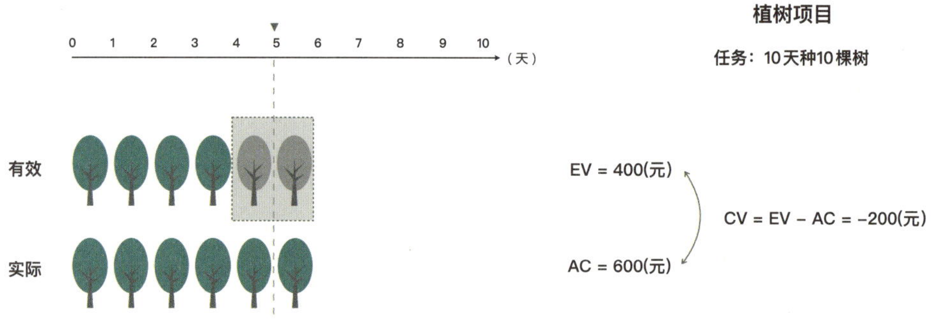

图 7-10　植树项目挣值分析步骤 2

如何横向比较不同规模的项目绩效

在挣值分析中，除了有两个偏差（SV、CV）之外，还有两个指数，即进度绩效指数（SPI）和成本绩效指数（CPI）。

如图 7-11 所示，在植树项目中，SPI=EV/PV=400/500=0.8，SPI ＜ 1，说明进度落后；CPI=EV/AC=400/600=0.67，CPI ＜ 1，说明成本被浪费了。

从指数公式和偏差公式来看，它们都是衡量两个相同的值的差异。那么，为什么有了两个偏差（SV、CV），还要有两个指数（SPI、CPI）呢？

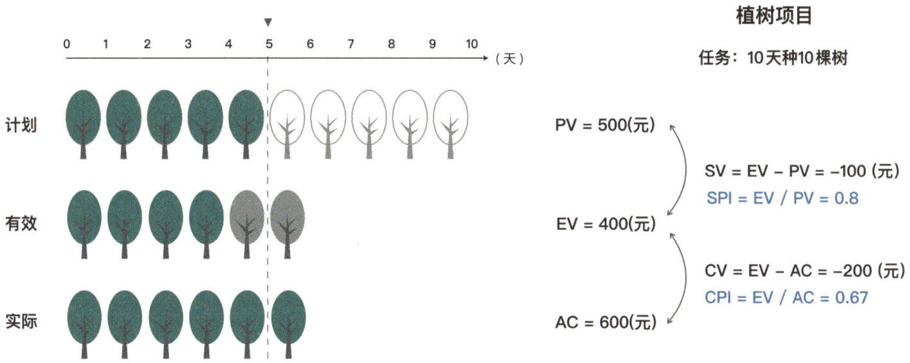

图 7-11　植树项目挣值分析步骤 3

例如，如图 7-12 所示，公司有两个项目，项目 A 是建一座小房子，预算是 100 万元，项目 B 是建一座大厦，预算是 10 亿元。评估时，项目 A 的成本偏差（CV）为 -10 万元，项目 B 的成本偏差（CV）为 -50 万元，这能说明项目 A 的成本管控比项目 B 的成本管控好吗？

	项目A	项目B
总预算（万元）	100万元	100 000万元
实际成本（AC）	50万元	50 000万元
挣值（EV）	40万元	49 950万元
成本偏差（CV）	-10万元	-50万元
成本绩效指数（CPI）	0.8	0.999

图 7-12　偏差与指数

显然不能，我们在评估两个规模不同的项目的绩效时，不能用偏差，因为偏差是个绝对的钱数，10 万元的偏差相对于 100 万元的总预算，比例已经非常高了；而 50 万元的偏差相对于 10 亿元规模的预算，比例并不高。

这时候就体现出指数的价值了。指数是一个相对的比值（没有单位），不管项目规模大小，CPI 为 0.75 的项目在绩效管控上一定不如 CPI 为 0.99 的项目。

挣值分析的本质

如图 7-13 所示，实际成本（AC）=400（元），挣值（EV）=400（元），成本偏差

（CV）=0（元），CPI=1，这能说项目绩效管控得好吗？

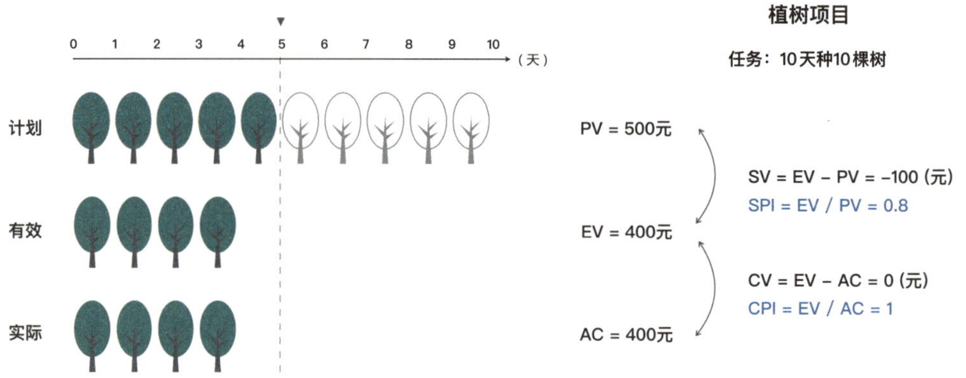

图 7-13 挣值分析的核心

不能。虽然看上去成本没有被浪费，但是计划值（PV）=500（元），进度偏差（SV）=-100（元），说明进度落后了，该干的活儿没干出来，浪费了机会一样很糟糕。

挣值分析的本质是对成本偏差和进度偏差一起衡量，单独分析成本偏差与单独分析进度偏差都不能衡量项目的绩效水平。

挣值曲线

到了评估时刻，计划值（PV）、实际成本（AC）、挣值（EV）可能都不相同，它们的累计曲线如图 7-14 所示。我们通过挣值曲线可以很直观地观察成本偏差（CV）、进度偏差（SV），评价当前的绩效状态，也可以根据目前的状态预测项目未来的发展趋势。

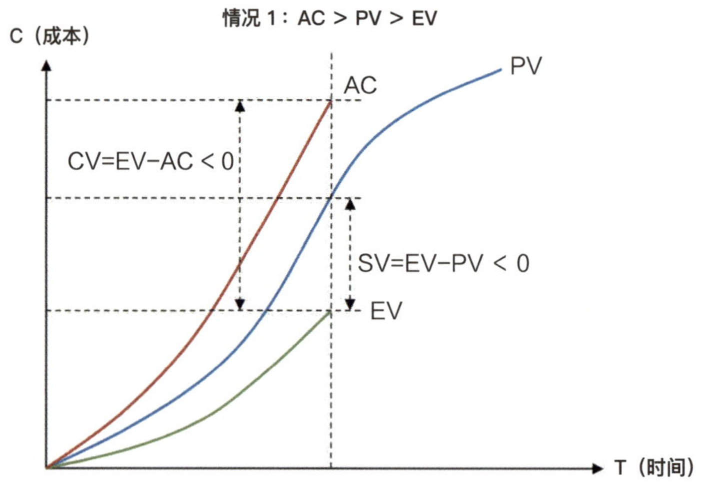

图 7-14 挣值曲线

我们在评估时刻如果发现了偏差，那么就希望在项目剩下的时间里做出改进，以逐步修正项目绩效。如果我们能在原计划完工时间内使三条曲线汇聚到一点，那就说明我们还是以原来的预算、原来的工期完成了项目，如图 7-15 所示。

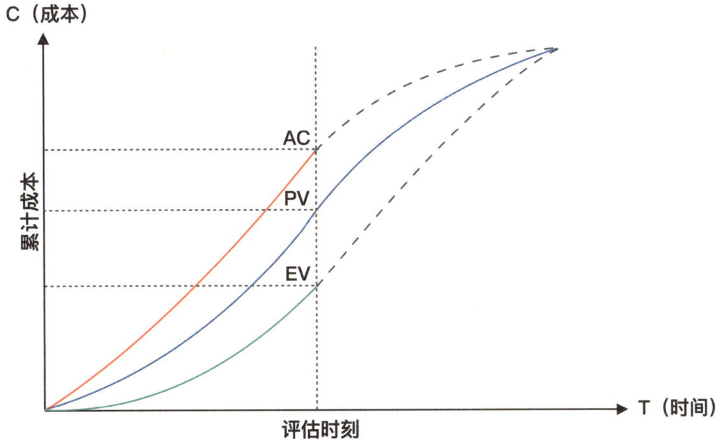

图 7-15　挣值曲线的预测作用

所以，灰色的虚线是我们希望项目发展的趋势，是我们努力的方向。这三条曲线构成的图形像一根“香蕉”，所以我们也把挣值曲线称为“香蕉曲线”。

那么，这根“香蕉”是粗一点好，还是细一点好呢？

当然是细一点好，越细越好。因为这根“香蕉”细，说明偏差小，项目得到有效控制；而如果这根“香蕉”太粗，说明偏差很大，往往很难弥补，项目会失去控制。

偏差的含义

PV、AC、EV 都是成本，成本偏差（CV）=EV−AC，比如成本偏差为 −70 万元，这意味着有 70 万元的成本被浪费掉了。

进度偏差（SV）=EV−PV，比如进度偏差为 −30 万元，这意味着什么呢？进度偏差不是应该以时间为单位（比如落后 2 天，超前 1 周）吗？

如图 7-16 右侧图所示，在第 7 天 EV 的位置画一条水平的虚线，与 PV 曲线相交，意味着团队如果按计划完成 EV 为 50 万元的工作，那么第 5 天就应该完成，而实际上，进度落后了 2 天。按计划，团队第 7 天应该完成 EV 为 80 万元的工作，也就是说，团队欠了价值 30 万元的活儿没干出来。2 天和 30 万元都可以表达进度落后的程度。

进度偏差（SV）以货币为单位，可以直接由公式 SV=EV−PV 计算获得，不需要再转换成时间。挣值分析的本质是要同时对照进度偏差和成本偏差来衡量绩效，而且只有单位一致，才可以比较。

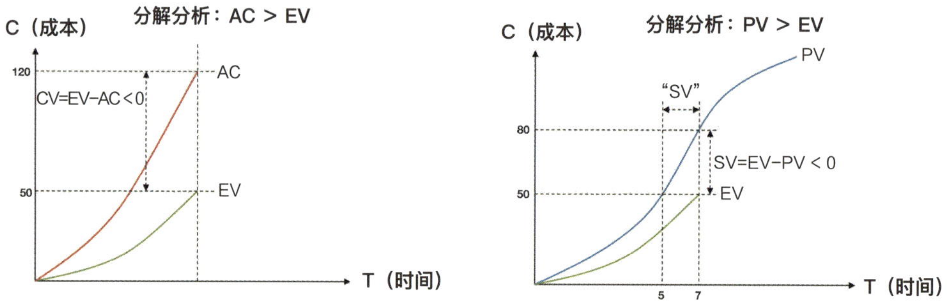

图 7-16　挣值曲线偏差的含义

挣值曲线的 6 种情况

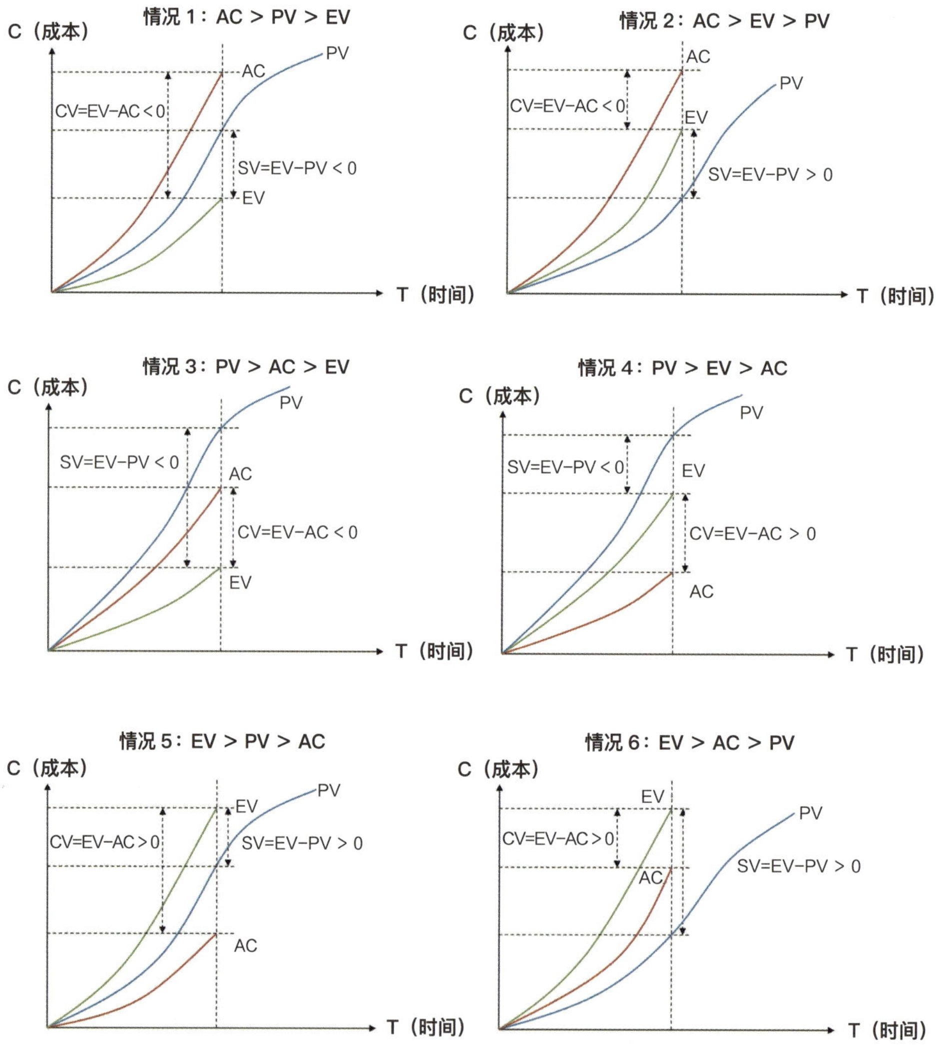

图 7-17　挣值曲线的 6 种情况

如图 7-17 所示，挣值曲线的 6 种情况代表不同的“成本效率”，需要团队采取适当的改进措施，在接下来的时间里逐步修正偏差，回归到原计划的目标，如表 7-2 所示。

表 7-2　挣值分析的状态与纠正措施

情况	状态	CV	SV	成本效率	宜采取的措施
1	AC > PV > EV	< 0	< 0	很低	及时预警，全面强化成本绩效管理，必要时变更基准
2	AC > EV > PV	< 0	> 0	较低	降低成本，必要时可通过适当释放资源放缓进度
3	PV > AC > EV	< 0	< 0	较低	强化监督考核，加快项目进展速度，同时控制成本
4	PV > EV > AC	> 0	< 0	较高	加大资源投入，采取激励措施，加快项目进展速度
5	EV > PV > AC	> 0	> 0	很高	根据需要提前完成项目，或释放部分资源
6	EV > AC > PV	> 0	> 0	较高	释放部分资源，放缓进度并降低成本

完工估算（EAC）

完工预算（BAC）是指计划中完成全部工作所需的成本。

计划值（PV）作为成本基准，是随着时间变化的一条连续曲线，如图 7-18 所示。PV 到了项目完工时的值就等于完工预算（BAC）。

完工预算（BAC）加上管理储备就是项目预算（Project Budget）。

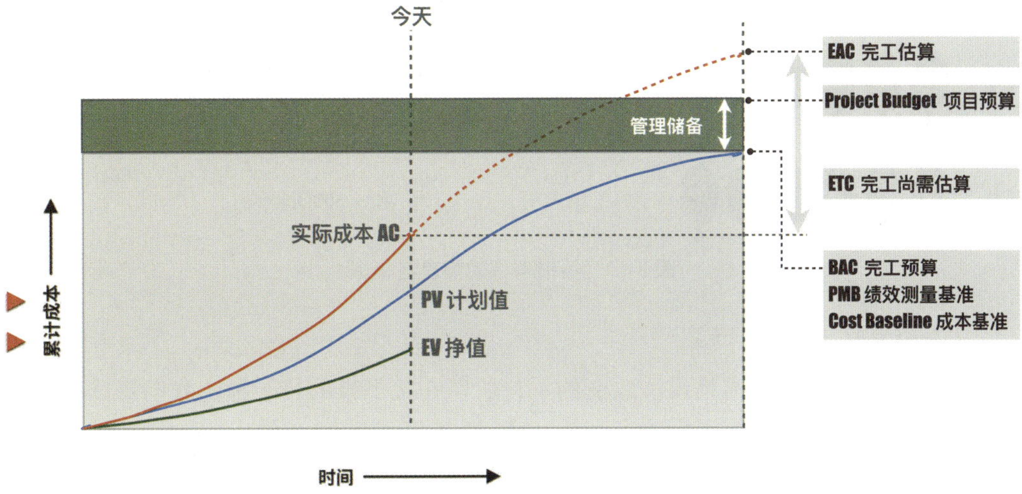

图 7-18　挣值曲线分析

如果我们在评估时发现，实际成本（AC）与挣值（EV）不相等，存在成本偏差，那么按照目前 AC 的水平，到项目结束时，总成本一定和当初定的完工预算（BAC）不一致。如果 AC 曲线按照目前的绩效水平发展下去，那么预期到项目完工时的 AC

值就是完工估算（EAC）。

实际成本（AC）是团队已经花掉的钱，属于沉没成本。那么到项目结束时团队还需要花多少钱呢？这个值就是完工尚需估算（ETC），EAC=AC+ETC。

完工估算（EAC）的计算

最常用的 EAC 计算公式有如下两个。

1. EAC=BAC/CPI

如果我们按当前实际单价继续做，直到完成项目，不对当前的实际单价和计划单价的偏差做纠正，那么这种偏差就是典型偏差。

以植树项目为例，如图 7-19 所示，实际种了 6 棵树，实际成本（AC）为 600 元；种活 4 棵树，挣值（EV）为 400 元；相当于每种活 1 棵树的真实成本是 150 元。如果以后也按每种 3 棵活 2 棵的水平继续干下去，那么完成种活 10 棵树的任务需要花 1 500 元，即完工估算（EAC）。如果按公式 EAC=BAC/CPI 计算，会得到同样的结果，如表 7-3 所示。

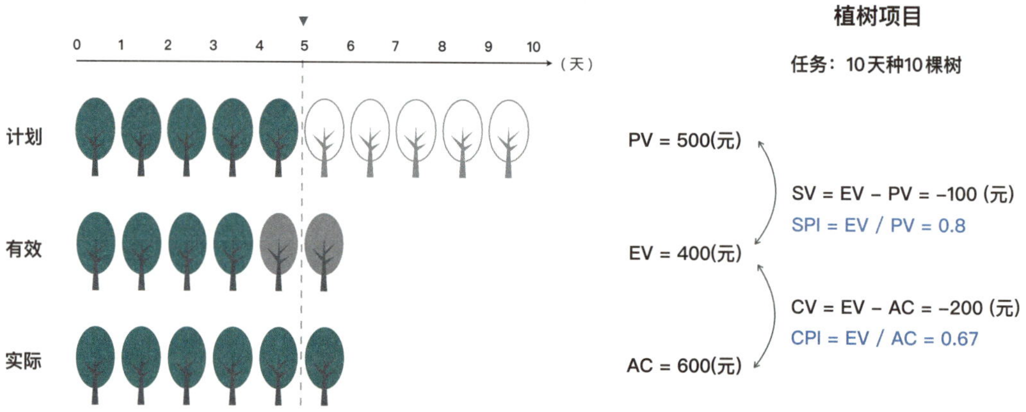

图 7-19 植树项目的偏差与指数

2. EAC=AC+（BAC−EV）

我们已经花了的成本是没法改变的了，所以在接下来的日子里，我们要按照计划的单价完成剩下的工作。我们可以纠正实际单价和计划单价的偏差，这种偏差就是非典型偏差。

以植树项目为例，实际成本（AC）为 600 元，挣值（EV）为 400 元，完工预算（BAC）=100×10=1 000（元）。完工估算（EAC）=600+（1 000−400）=1 200（元），意味着我们对之前种死的那 2 棵树已经没办法了，接下来就要“种 1 棵活 1 棵”。完成种活 10 棵树的任务，需要花种 12 棵树的成本，如表 7-3 所示。

表 7-3 完工估算（EAC）的公式

公式	EAC（元）	剩余工作
EAC=BAC/CPI=1 000/0.67	1 500	成本不纠正
EAC=AC+（BAC–EV）=600+（1 000–400）	1 200	成本纠正

完工尚需绩效指数

如图 7-20 所示，完工尚需绩效指数（To Complete Performance Index, TCPI）是指为了实现具体的管理目标（如 BAC 或 EAC），剩余工作的实施必须达到的成本绩效指标。也就是说，从现在（绩效测量时间）开始到完工，团队应该按照什么样的成本绩效指数（CPI）去干。

初始的 TCPI 公式：$TCPI_0$=（BAC-EV）/（BAC-AC）。

其中，分子是尚未完成的工作，分母是剩余的预算。

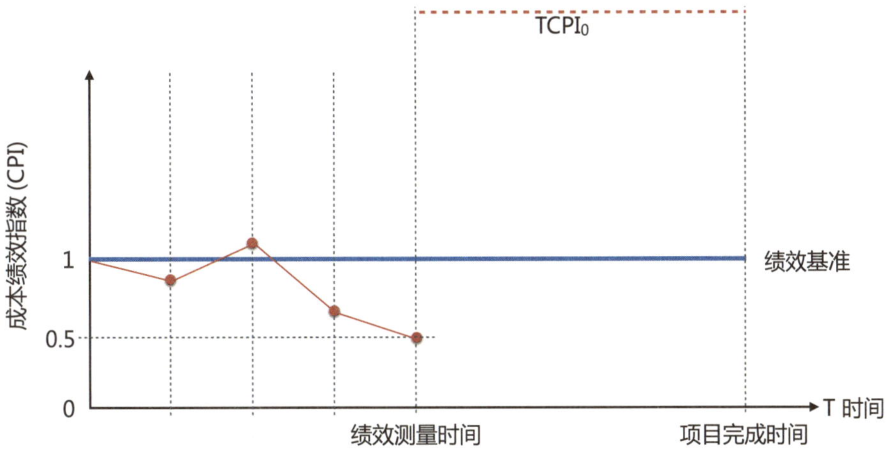

图 7-20 完工尚需绩效指数（TCPI）

如果 TCPI 大于 1，通常项目不可行。项目经理应考虑使用预测的 EAC。经过批准后，就用 EAC 取代 BAC。

新的 TCPI 公式：TCPI =（BAC – EV）/（EAC – AC）。

其中，分母中的完工预算（BAC）用完工估算（EAC）替代，分母变成了成本经过预测并修正后项目还需要的成本，即完工尚需估算（ETC）。

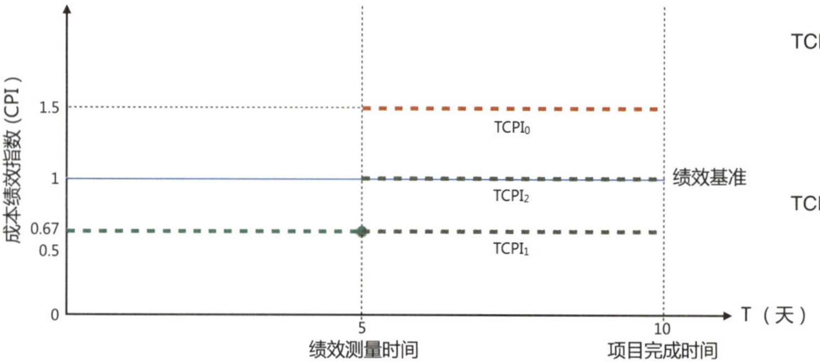

$TCPI_0 = (BAC - EV) / (BAC - AC)$
$= (1\,000 - 400) / (1\,000 - 600)$
$= 600 / 400$
$= 1.5$

$TCPI_1 = (BAC - EV) / (EAC_1 - AC)$
$= (1\,000 - 400) / (1\,500 - 600)$
$= 600 / 900$
$= 0.67$

$TCPI_2 = (BAC - EV) / (EAC_2 - AC)$
$= (1\,000 - 400) / (1\,200 - 600)$
$= 600 / 600$
$= 1$

图 7-21 植树项目完工尚需绩效指数（TCPI）

如图 7-21 所示，以植树项目为例，我们用 EAC 的第一个公式（典型偏差，成本不纠正）计算，EAC_1=1 500（元），将其代入 TCPI 公式，得到 $TCPI_1$=0.67。也就是说，今后的成本控制水平和之前一样，即种 3 棵活 2 棵。

如果我们用 EAC 的第二个公式（非典型偏差，成本纠正）计算，EAC_2=1 200（元），将其代入 TCPI 公式，得到 $TCPI_2$=1。也就是说，从现在起，种 1 棵就得活 1 棵。

完工偏差（VAC）

如图 7-22 所示，完工偏差是完工预算与完工估算之间的差（VAC=BAC–EAC），含义就是根据现在的状况预测干完整个项目比预算要多花或少花多少钱。

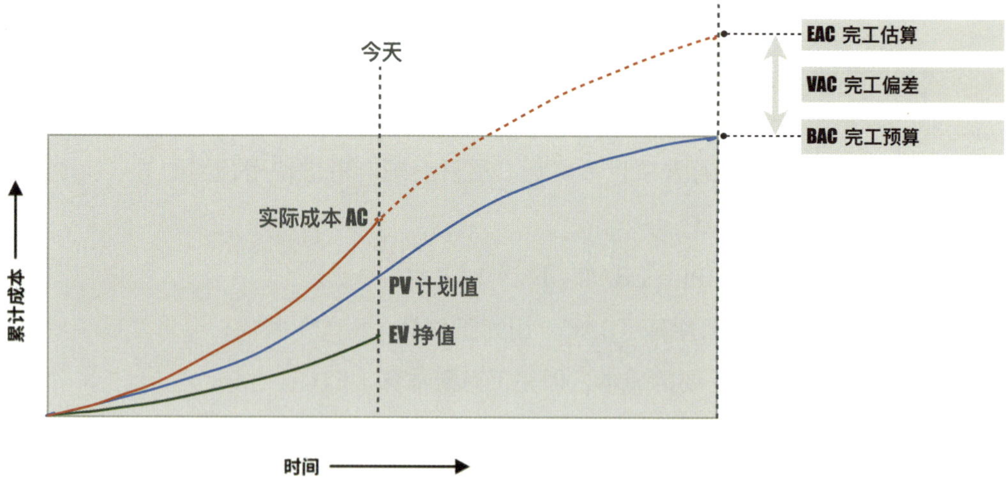

图 7-22 完工偏差 VAC

7.4.2　挣值分析案例

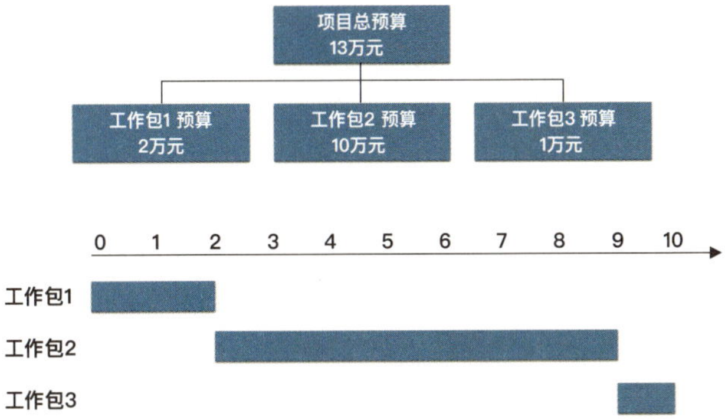

图 7-23　挣值分析案例

如图 7-23 所示，工作包 1 的任务发生在第 1 周至第 2 周，工作包 2 的任务发生在第 3 周至第 9 周，工作包 3 的任务发生在第 10 周。

计划值（PV）的计算步骤如下：

1. 把所有工作包分配在每周的预算合计中；

2. 把合计值按周累计，得到一组累计值就是 PV，如图 7-24 所示。

	预算	第1周	第2周	第3周	第4周	第5周	第6周	第7周	第8周	第9周	第10周
工作包1	2	1	1								
工作包2	10			1	1	2	2	2	1	1	
工作包3	1										1
合计:	13	1	1	1	1	2	2	2	1	1	1
计划值		1	2	3	4	6	8	10	11	12	13

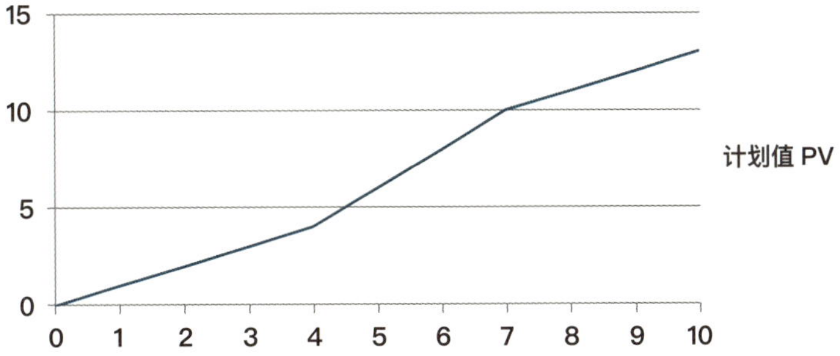

图 7-24　PV 值计算

实际成本（AC）的计算步骤如下：

1. 把所有工作包分配在每周实际发生的成本合计中；

2. 把合计值按周累计，得到一组累计值就是 AC，如图 7-25 所示。

	第1周	第2周	第3周	第4周	第5周	第6周
工作包1	0.5	1.2	0.3			
工作包2			1.8	1.4	2.3	1.6
工作包3						
合计：	0.5	1.2	2.1	1.4	2.3	1.6
实际成本AC	0.5	1.7	3.8	5.2	7.5	9.1

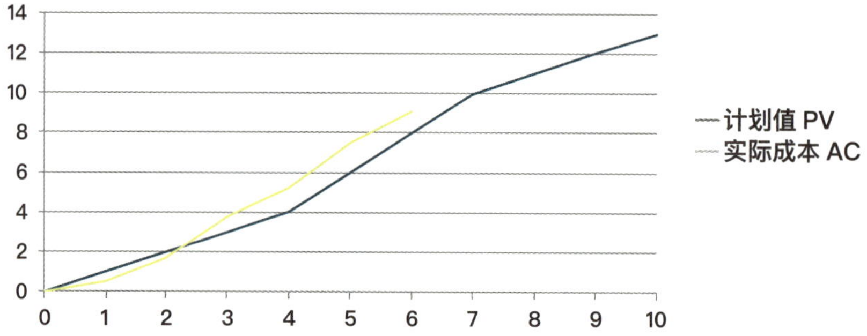

图 7-25　AC 值计算

挣值（EV）的计算步骤如下：

1. 记录每个工作包在每周完成到的百分比；

2. 用每周工作包完成的百分比乘以工作包的预算，得到每周各工作包的挣值；

3. 把每周所有工作包的挣值进行合计，得到项目在每周的挣值，如图 7-26 所示。

注意：**完成到**的百分比已经是累计概念，不需要再次累计。

	预算	第1周	第2周	第3周	第4周	第5周	第6周
工作包1	2	35%	85%	100%	100%	100%	100%
		0.7	1.7	2	2	2	2
工作包2	10			5%	12%	25%	36%
				0.5	1.2	2.5	3.6
工作包3	1						
挣值EV		0.7	1.7	2.5	3.2	4.5	5.6

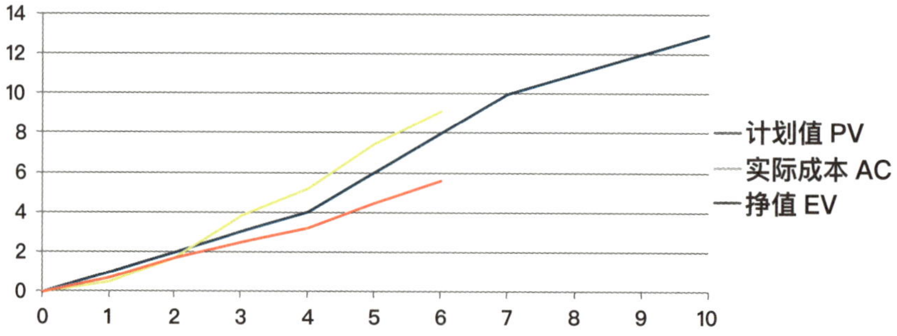

图 7-26　EV 值计算

7.4.3 挣值分析的应用难点

在挣值分析的三个指标（PV、AC、EV）中，PV 比较容易获得，我们只要做了进度计划和活动成本估算，就可以画出 PV 曲线。

AC 也相对容易获得，毕竟是实实在在已经花掉的成本，所以统计起来不难。

EV 就不容易获得，因为它是已经完成的工作所对应的能被认可的成本。

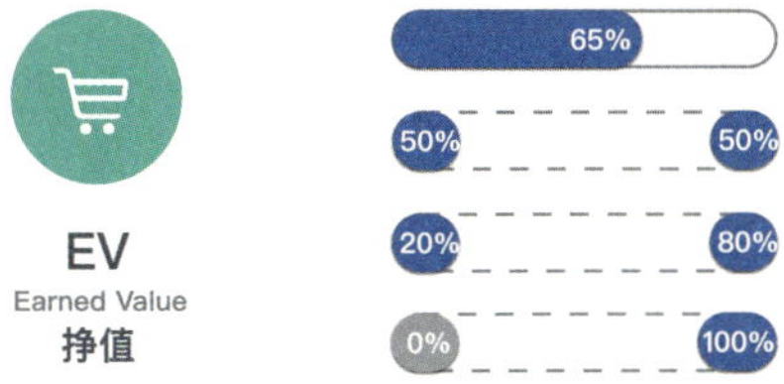

图 7-27 EV 值的获取

如图 7-27 所示，挣值（EV）的获取方法如下。

百分比法

客观评估每个工作包完成的百分比。

里程碑法

在项目预先设定的多个里程碑上定义完成的百分比。

50：50 法则

评估时需要确认此刻已开始的工作包和此刻已完成的工作包，此刻已开始的工作包算完成 50%，此刻已完成的工作包算完成了其余的 50%，未开始和进行中的工作包不需要统计。我们把持续评估变成了两点评估，这样就容易很多。虽然这种方法对单个工作包的评估不准确，但是对于成百上千个工作包构成的整个项目而言，其误差是可以被接受的。

20：80 法则

与 50：50 法则相似，此刻已开始的工作包算完成 20%，已完成的工作包算完成了其余的 80%。

0：100 法则

与 50：50 法则和 20：80 法则相似，此刻已开始的工作包不算，已完成的工作包算完成 100%。

材料消耗法

根据某种随工作量进展而产生的线性消耗的材料的数量来确定挣值。

7.4.4 挣值计算汇总表

表 7-4 挣值计算汇总表

挣值分析					
名称	英文缩写	定义	使用方法	公式	结果说明
计划值	PV	为计划工作分配的经批准的预算	某时间点（通常为数据日期或项目完成日期）计划完成的工作的价值		
挣值	EV	对已完成工作的测量，用该工作的批准预算来表示	某时间点（通常为数据日期）所有已完成工作的计划价值（挣值），与实际成本无关	EV= 已完成工作的计划价值之和	
实际成本	AC	在给定的时间段内，因执行项目活动而实际发生的成本	某时间点（通常为数据日期）所有已完成工作的实际成本		
完工预算	BAC	为将要执行的工作所建立的全部预算的总和	总计划工作的价值，项目成本基准		
成本偏差	CV	在某个给定的时间点，预算亏空或盈余量，表示为挣值与实际成本之差	某时间点（通常为数据日期）已完成工作的价值与同一时间点的实际成本之差	CV=EV-AC	CV ＞ 0，低于计划成本 CV=0，按计划成本进行 CV ＜ 0，超出计划成本
进度偏差	SV	在某个给定的时间点，项目与计划交付日期相比的亏空或盈余量，表示为挣值与计划价值之差	某时间点（通常为数据日期）已完成的工作的价值与同一时间点计划完成的工作的价值之差	SV=EV-PV	SV ＞ 0，比进度计划提前 SV=0，按进度计划进行 SV ＜ 0，比进度计划滞后
完工偏差	VAC	对预算亏空量或盈余量的一种预测，是完工预算与完工估算之差	项目完成时的成本估算差距	VAC=BAC-EAC	VAC ＞ 0，低于计划成本 VAC=0，按计划成本进行 VAC ＜ 0，超出计划成本
成本绩效指数	CPI	测量预算资源的成本效率的一种指标，表示为挣值与实际成本之比	若 CPI=1，则意味着截至目前项目能够被认可的成本与实际花费的成本完全相符；若 CPI ＜ 1，说明成本有效性低；若 CPI ＞ 1（很少出现），说明成本有效性高	CPI=EV/AC	CPI ＞ 1，低于计划成本 CPI=1，按计划成本进行 CPI ＜ 1，超出计划成本

（续表）

挣值分析					
名称	英文缩写	定义	使用方法	公式	结果说明
进度绩效指数	SPI	测量进度效率的一种指标，表示为挣值与计划值之比	SPI 为 1 意味着项目完全按进度计划进行，目前实际完成的工作与计划完成的工作完全相同。其他值表示计划的工作超出或低于预算成本的比例	SPI=EV/PV	SPI ＞ 1，比进度计划提前 SPI=1，按进度计划进行 SPI ＜ 1，比进度计划滞后
完工估算	EAC	完成所有工作所需的预期总成本，等于截至目前的实际成本加上完工尚需估算	如果预期项目剩余部分的 CPI 不变，则可使用右侧公式计算 EAC	EAC=BAC/CPI	
			如果未来工作将按计划速度完成，则可使用右侧公式计算 EAV	EAC=AC+（BAC−EV）	
			如果最初计划不再有效，则可使用右侧公式计算 EAC	EAC=AC+ETC ETC 需要重新估算	
			如果 CPI 和 SPI 都会影响剩余工作，则可使用右侧公式计算 EAC	EAC=AC+[（BAC−EV）/（CPI × SPI）]	
完工尚需估算	ETC	完成所有剩余项目工作的预计成本	假设工作继续按计划进行，那么完成批准的剩余工作的成本可利用以下方法计算：	ETC=EAC−AC	
			重新自下而上估算剩余工作	ETC 需要重新估算	
完工尚需绩效指数	TCPI	为了实现特定的管理目标，剩余资源的使用必须达到的成本绩效指标，是完成剩余工作所需成本与可用预算之比	为完成计划必须保持的效率	TCPI=（BAC−EV）/（BAC−AC）	TCPI ＞ 1，难以完成 TCPI=1，等于完成 TCPI ＜ 1，轻易完成
			为完成当前完工估算必须保持的效率	TCPI=（BAC−EV）/（EAC−AC）	TCPI ＞ 1，难以完成 TCPI=1，等于完成 TCPI ＜ 1，轻易完成

7.4.5 挣得进度

挣得进度（Earned Schedule，ES）是挣值管理（EVM）的扩展方法，我们可以使用 EVM 数据来估算完工时间或预测完工日期，这种方法比用挣值推算工期更加直观和方便，如图 7-28 所示。

挣得进度方法中常用的参数如下。

- 完工进度（Schedule at Completion, SAC）：项目原定的完工时间（日期）。
- 挣得进度（Earned Schedule, ES）：从项目开始到 PV 应该等于当前日期 EV 的持续时间。
- 实际时间（Actual Time, AT）：从项目开始到当前日期的持续时间。
- 计划完成速度 (Planned Accomplished Rate, PAR)：完工预算与完工进度的比值，即 PAR = BAC/SAC。

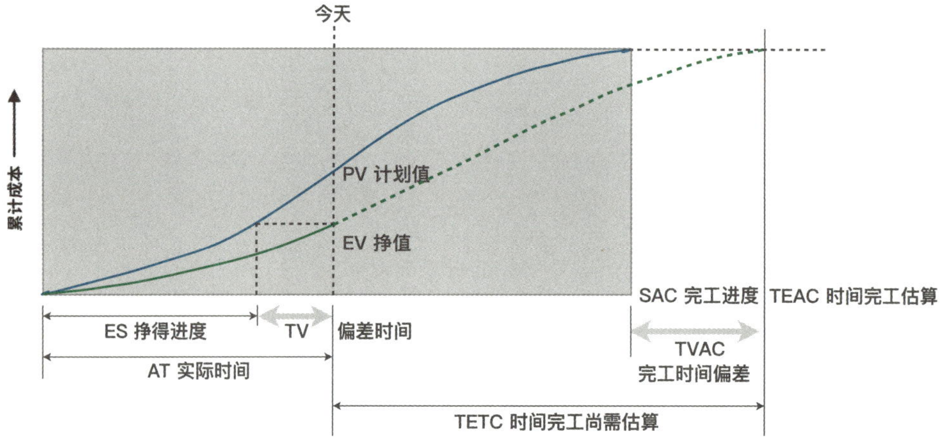

图 7-28 挣得进度

计算公式

进度偏差（SV）可以通过除以 PAR 转成时间单位，这一结果将以时间单位，而不是成本单位来测量进度绩效，该结果称为时间偏差（Time Variance，TV）。

根据下面的公式，如何进行时间完工估算（Time Estimate at Completion，TEAC）？

- 挣得进度（ES）= EV/PAR。
- 时间偏差（TV）= SV/PAR = ES−AT。
- 时间绩效指数（TPI）= ES/AT。

情景 1：假设剩余工作将按照原计划执行，不会再有进一步的延期，则 TEAC = SAC−TV。

情景 2：假设剩余工作将按照当前的延期比率执行，则 TEAC = SAC/TPI。

时间完工尚需估算 (Time Estimate to Complete，TETC）= TEAC-AT。

完工时间偏差（Time Variance at Completion，TVAC）反映了项目估算的提前或落后进度的时间量，TVAC = SAC-TEAC。

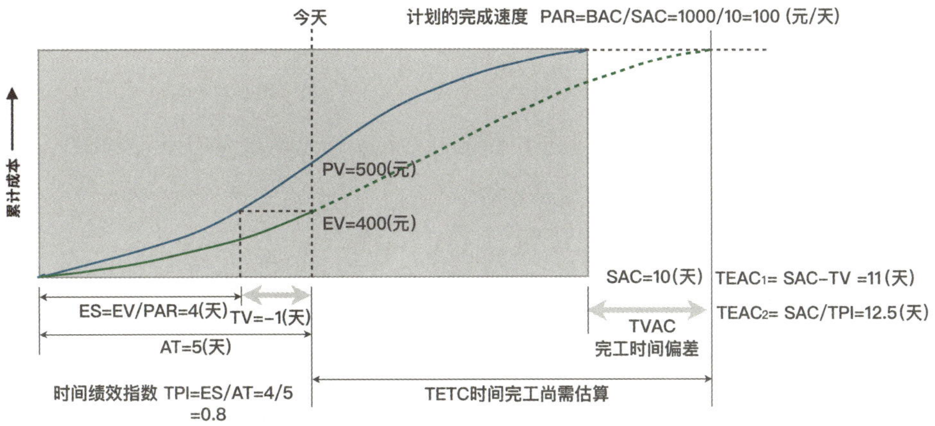

图 7-29　植树项目挣得进度

如图 7-29 所示，以植树项目为例，计划完成速度（PAR）=100（元/天），5 天结束时，EV=400（元），按原计划 4 天就应该完成，所以挣得进度（ES）=4（天），时间偏差（TV）=ES-AT=4-5=-1（天），时间绩效指数（TPI）=0.8。所以，$TEAC_1$=SAC-TV=10-(-1）=11（天），$TEAC_2$=SAC/TPI=10/0.8=12.5（天）。

7.5　本章考试要点

1. 成本的分类☆☆☆
2. 盈亏平衡分析☆☆☆
3. 项目预算的组成☆☆☆☆☆
4. 资金限制平衡☆☆☆
5. 挣值分析三个指标的含义☆☆☆☆
6. 挣值分析的两个偏差和两个指数☆☆☆☆☆
7. 挣值曲线☆☆☆
8. 完工预算（BAC）与项目预算（PB）☆☆☆
9. 完工估算（EAC）与完工尚需估算（ETC）☆☆☆☆☆
10. 挣得进度（ES）☆☆☆

7.6 本章测试题及解析

7-1 关于管理储备，以下表述哪一项是正确的?

A. 管理储备包含在成本基准中

B. 管理储备包含在项目预算中

C. 管理储备由项目经理掌握

D. 管理储备用于应对已知—未知风险

7-2 一个项目的进度绩效指数（SPI）为 0.89，成本绩效指数（CPI）为 0.91，下面哪一项是出现这种情况的最合理的解释?

A. 范围发生了改变

B. 一个供应商歇业了，需要寻找一家新的供应商

C. 额外购买了需要的设备

D. 关键路径上的活动延迟了，被迫投入更多人手去完成

7-3 某个预算为 200 万美元的项目计划在第一年花掉 100 万美元，而第一年的实际成本为 120 万美元。经过评估，团队在第一年完成了总计划 40% 的工作。项目主要相关方讨论决定，就按当前项目成本绩效水平预测，那么完成项目还需要多少成本?

A. 120 万美元

B. 180 万美元

C. 200 万美元

D. 300 万美元

7-4 项目进度过半，项目经理在项目挣值分析时发现，成本绩效指数（CPI）=0.7，进度绩效指数（SPI）=1.1。通过根本原因分析，项目经理发现，当初低估了某种原材料的用量。发起人询问项目的最终成本将会是多少，项目经理应该如何回复?

A. 利用公式 EAC=BAC/CPI，计算出完工估算，报告给发起人最终成本将超出预算

B. 利用公式 EAC=AC+（BAC−EV），计算出完工估算，报告给发起人最终成本将超出预算

C. 改进成本绩效，纠正成本偏差，报告给发起人最终成本不会超出预算

D. 根据趋势分析，报告给发起人项目将提前完工，且成本不会超出预算

答案及解析

7-1　B

管理储备专门用于应对未知—未知风险，所以选项 D 不正确。管理储备由高级管理层掌握，所以选项 C 不正确。管理储备不包含在成本基准中，但包含在项目预算中（项目预算 = 成本基准 + 管理储备），因此，选项 A 不正确，只有选项 B 正确。

7-2　D

SPI 和 CPI 都小于 1，说明进度延误，同时成本被浪费，而且，只有关键路径上的工作延误了，才必须要投入更多的资源进行赶工，所以选项 D 能解释这个状况。选项 A，范围发生了改变，也可能是范围缩小了。选项 B，寻找新的供应商需要多花时间，不一定需要增加成本。选项 C，额外购买设备需要多花钱，不一定多花时间，设备多了可能还会节省时间。

7-3　B

根据已知条件：BAC=200（万美元），PV=100（万美元），AC=120（万美元），得出 EV=200×40%=80（万美元）。完成项目还需要多少成本是指完工尚需估算（ETC）。“就按当前项目成本绩效水平预测”说明在未来的工作中，不对成本绩效水平进行修正，我们可以先计算 CPI 和 EAC，CPI=EV/AC=80/120=2/3，EAC=BAC/CPI=200/（2/3）=300（万美元），所以，ETC=EAC−AC=300−120=180（万美元）。

7-4　A

发起人询问最终成本，即完工估算（EAC）的值。计划时低估了某种原材料的用量，说明这种偏差属于典型偏差，也就是没办法通过管理改进去纠正的偏差，应该用公式 EAC=BAC/CPI 计算。因为典型偏差无法纠正，所以 EAC 一定大于完工预算（BAC），项目经理应如实报告给发起人。

第 8 章　项目质量管理

质量管理的核心概念

质量管理包括执行组织确定质量政策、目标与职责的各个过程和活动，从而使项目满足其预定的需求。

质量管理包含项目产品（交付物）的质量管理和项目质量管理（过程和活动）。其中，任何方面的质量未能达到要求，都会给相关方带来严重的后果。

等级与质量

百达翡丽（Patek Philippe）几乎是腕表中等级最高的，动辄上千万元一只；而电子表在淘宝上可能只卖 50 元，而且包邮，根本谈不上等级。但是论“走时准确”（这是评价手表质量的最重要的指标），百达翡丽的误差远大于 50 元包邮的电子表！

高等级不意味着高质量，低等级不一定是问题，但低质量肯定是问题。

精确与准确

精确是指重复测量数据聚合，而准确是指测量值与预期值吻合。

质量管理水平的五个层次

如图 8-1 所示，从用户发现缺陷到全面质量管理（TQM），企业的质量管理水平分为五个层次。

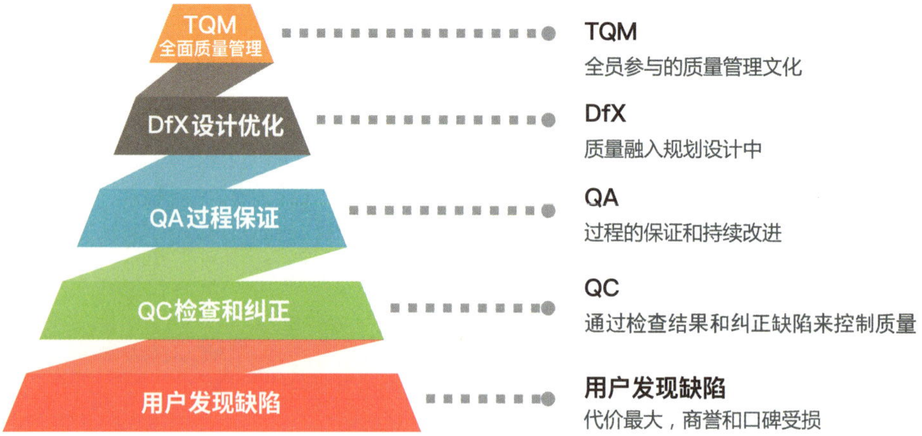

图 8-1　质量管理水平

质量管理发展历程

工匠自控阶段（20 世纪以前）

在漫长的手工业时代，作坊主本身就是手工艺人。为了避免残次品卖到客户手中而影响口碑，他们会自发剔除不合格产品。

质量检验阶段（20 世纪初叶）

20 世纪初，工业生产有了很大的发展，生产与检验开始分工。这个阶段的质量管理的特点是依靠事后检查剔除废品。质量管理的范围仅限于产品形成后，是一种狭义的质量管理概念。

统计质量控制阶段（20 世纪中叶）

随着大工业时代的到来，大量的产品报废，造成巨大的浪费，导致生产者成本增加、效益下降。另外，战争对军需品生产质量的刚性需求，使其产生了减少甚至消除废次品损失的强烈要求。这一阶段质量管理的特点是利用数理统计的方法寻找不合格产品产生的原因，进而实施有效控制，实现了从产品完成后的被动检查到产品生产过程中的主动控制的转变。

质量保证阶段（20 世纪 60 年代起）

这一阶段强调过程的重要性，企业不断开发、完善生产工艺和操作过程，以保证品质的稳定性。

全面质量管理阶段（20 世纪 70 年代至今）

利用系统的原理，考虑影响质量的所有因素，综合运用组织管理、数理统计方法及现代科学技术、社会心理学、行为科学等理念和方法，针对不同的企业和项目建设，建立和使用完善的工作体系，在项目执行中对每一个生产环节加以管理和控制，确保客户所要求的质量目标的实现。

质量管理的发展趋势

趋势 1：客户满意

质量好与不好，既不是由厂商自己定义，也不是由质量协会评价，而是由客户说了算，只有客户满意，才能算产品质量好。所以，质量管理的目标是一切以满足客户需求、获得客户满意为出发点。

代表人物：约瑟夫·朱兰（Joseph M. Juran）

《管理突破》（*Management Breakthrough*）和《质量计划》（*Quality Planning*）这两本书是朱兰的经典之作。由朱兰主编的《质量控制手册》（*Quality Control Handbook*）被称为当今世界质量控制科学的经典著作。朱兰为奠定全面质量管理（TQM）的理论基础和基本方法做出了卓越的贡献。

关于质量管理，朱兰的核心思想是符合要求、适于使用。他提出了质量管理三部曲：改进、计划、控制，并定义了等级和质量的区别和联系。

趋势 2：持续改进

爱德华兹·戴明（W. Edwards. Deming）提出了 PDCA 的概念，即著名的戴明环（PDCA）。

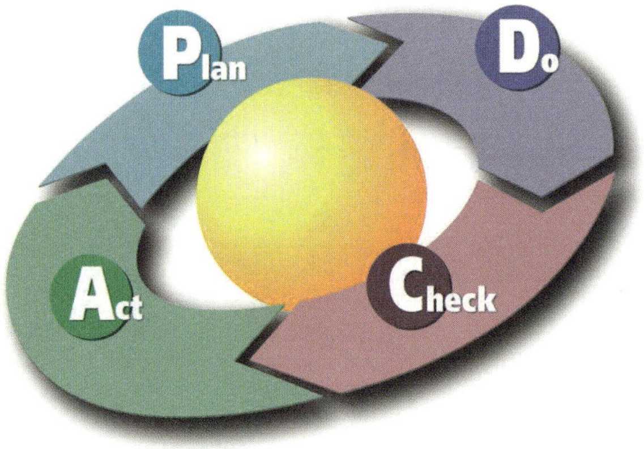

图 8-2 PDCA 循环

如图 8-2 所示，PDCA 循环的含义是将质量管理分为四个过程，即计划（Plan）、执行（Do）、检查（Check）、处理（Act）。这四个过程不是运行一次就结束，而是周而复始地运行，一个循环完了，解决了一些问题，未解决的问题进入下一个循环。通过这样的持续改进，质量是螺旋式上升的。

趋势 3：管理层的责任

爱德华兹·戴明认为，员工只需对 15% 的问题负责，另外 85% 归咎于制度和流程。既然制度和流程都是企业管理层制定的，那么质量出了问题，管理层应当承担主要责任。

趋势 4：与供应商持续合作，互利共赢

只有与供应商持续合作，才能有效地控制产品的质量，拥有持续满意的客户。

质量成本（COQ）

质量成本包括为预防质量不合格或纠正不合格（返工等）而发生的成本，如图 8-3 所示。

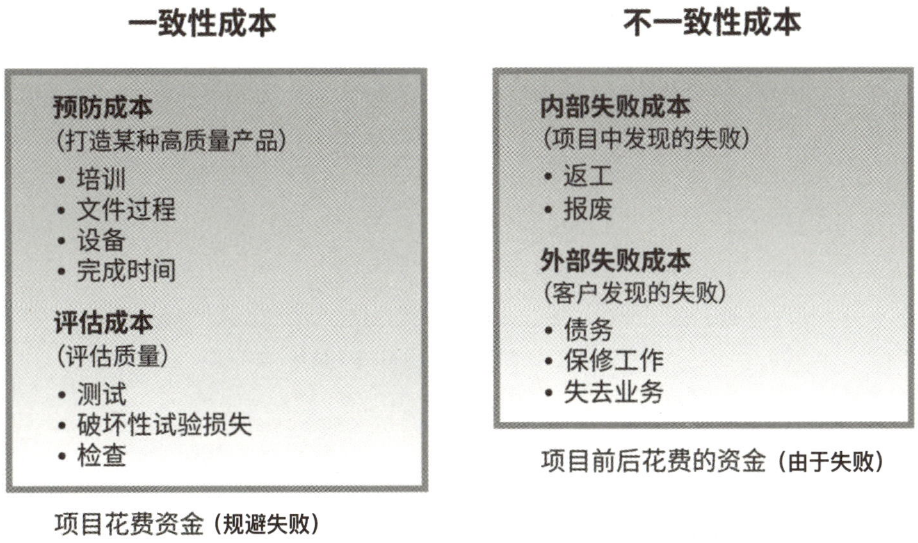

图 8-3　质量成本（COQ）

资料来源：《PMBOK® 指南》（第 6 版）。

菲利普·克劳斯比（Philip B. Crosby) 是“零缺陷”之父，著有惊世巨著《质量免费》（*Quality is Free*）。

克劳斯比的观点如下：

- 第一次就把工作做对，总是比较划算的；
- 质量产生于预防，而不是“评估”；
- 质量成本是以“不符合要求的代价”衡量的。

田口玄一（Genichi Taguchi）创造了田口方法 (Taguchi Method)，是品质工程的奠基者。

田口玄一原来是一名电气工程师，他把信噪比（也称信号杂音比）用于描述质量管理的目标。信噪比低，说明质量不符合要求；而信噪比过高，说明成本大幅增加，偏离了管理的初衷。

田口玄一将产品质量定义为产品出厂后避免对社会造成损失的特性，并用“质量损失”来对产品质量进行定量描述。质量损失是指产品出厂后“给社会带来的损失”，包括直接损失（如空气污染、噪声污染等）和间接损失（如顾客对产品不满意及由此导致的市场损失、销售损失等）。如图 8-4 所示，质量特性值偏离目标值越大，损失越大，即质量越差；反之，质量就越好。

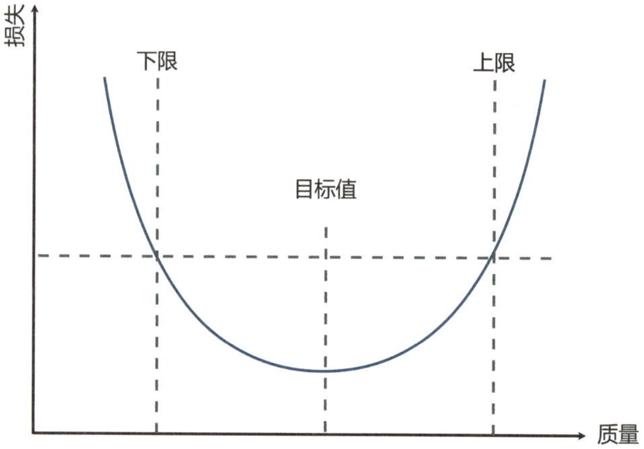

图 8-4　田口玄一的质量损失曲线

8.1　规划质量管理

规划质量管理是识别项目及其可交付成果的质量要求（或标准），并书面描述项目将如何证明其符合质量要求的过程。本过程的主要作用是为整个项目中如何管理和确认质量提供了指南和方向。

规划质量管理的工具与技术如下。

1. 逻辑数据模型（Logic Data Model，LDM）

逻辑数据模型是一种图形化的展现方式，一般采用面向对象的设计方法，有效组织来源多样的各种业务数据，使用统一的逻辑语言描述业务。通过模型分析和设计，保证数据产生、传递、加工、存储等过程准确无误，如图 8-5 所示。

2. 矩阵图（Matrix Diagram）

我们将影响质量的因素分类，按照每个维度代表一类因素绘制矩阵图，通过分析成对因素之间的关系就可以寻找到管理和改进质量的着力点。常见的矩阵图有 L 型、T 型、X 型、Y 型、C 型等，如图 8-6 所示。

图 8-7 是矩阵图实例。

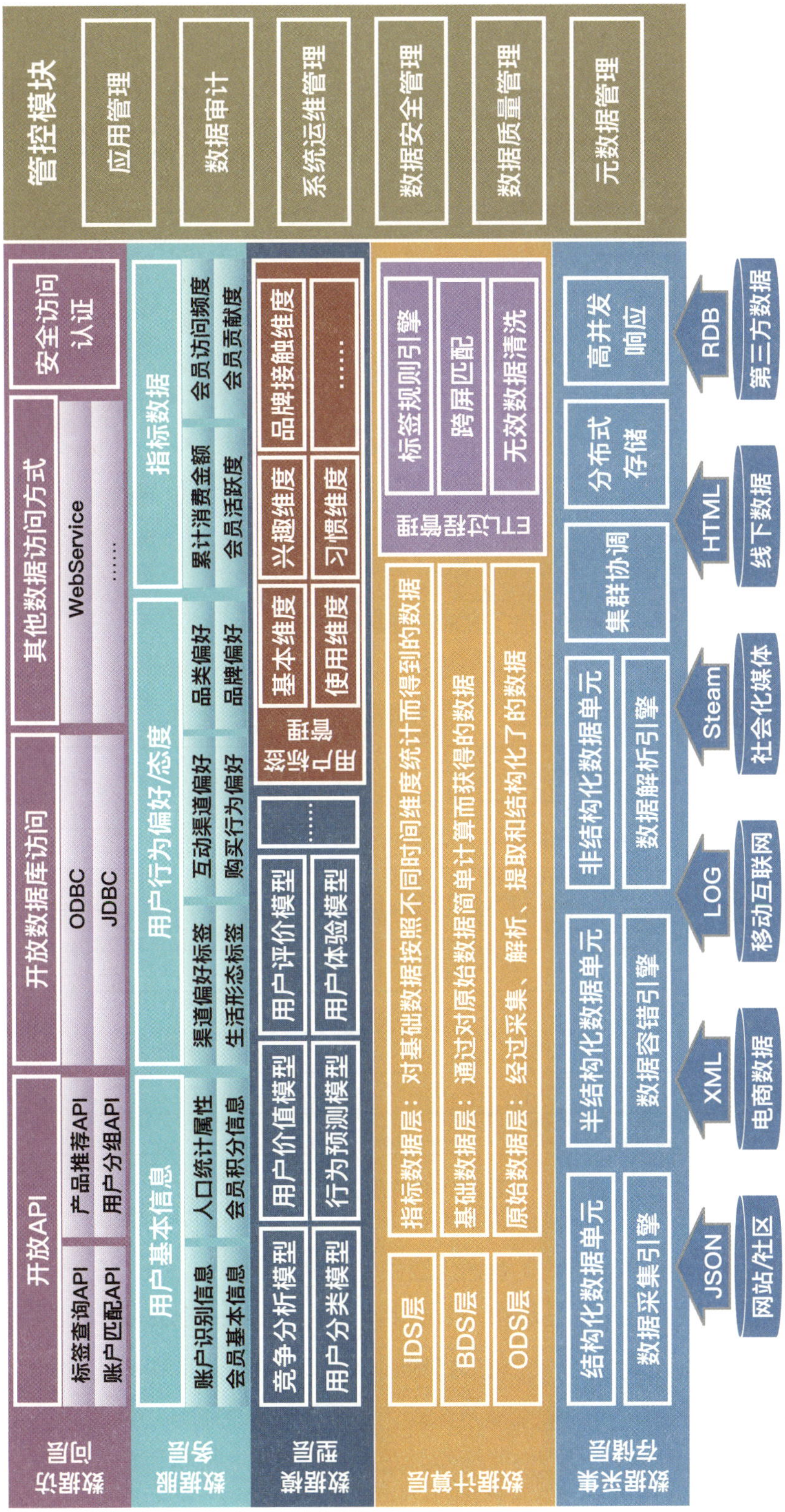
管控模块
应用管理
数据审计
系统运维管理
数据安全管理
数据质量管理
元数据管理
数据访问
开放API
标签查询API
账户匹配API
产品推荐API
用户分组API
开放数据库访问
ODBC
JDBC
其他数据访问方式
WebService
......
安全访问认证
数据服务
用户基本信息
账户识别信息
会员基本信息
人口统计属性
会员积分信息
渠道偏好标签
生活形态标签
用户行为偏好/态度
互动渠道偏好
购买行为偏好
品类偏好
品牌偏好
指标数据
累计消费金额
会员活跃度
会员访问频度
会员贡献度
数据模型
竞争分析模型
用户分类模型
用户价值模型
行为预测模型
用户评价模型
用户体验模型
......
基本维度
使用维度
兴趣维度
习惯维度
品牌接触维度
......
数据计算
IDS层
BDS层
ODS层
指标数据层：对基础数据按照不同时间维度统计而得到的数据
基础数据层：通过对原始数据简单计算而获得的数据
原始数据层：经过采集、解析、提取和结构化了的数据
标签规则引擎
跨屏匹配
无效数据清洗
数据采集
结构化数据单元
数据采集引擎
半结构化数据单元
数据容错引擎
非结构化数据单元
数据解析引擎
集群协调
分布式存储
高并发响应
JSON
XML
LOG
Steam
HTML
RDB
网站/社区
电商数据
移动互联网
社会化媒体
线下数据
第三方数据

图 8-5　逻辑数据模型

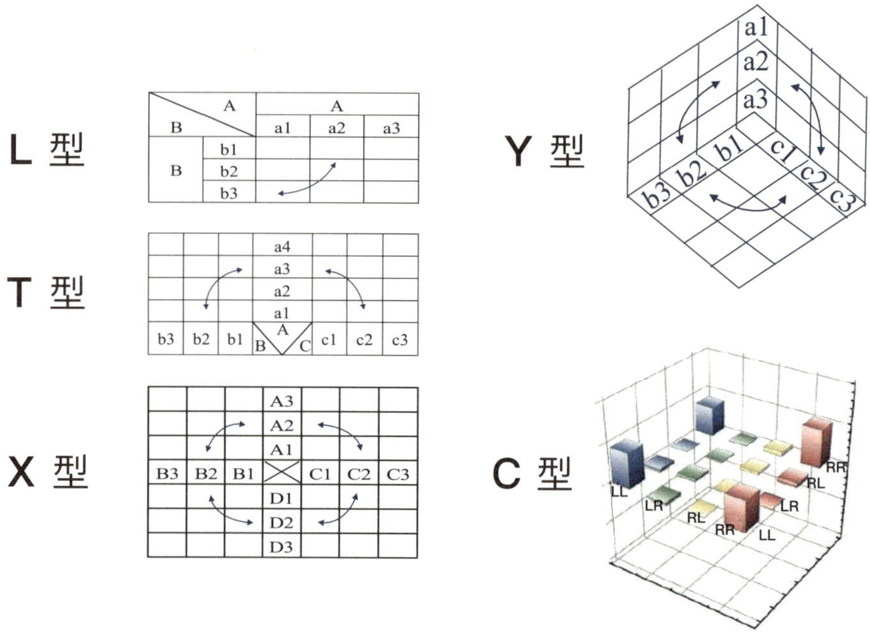

图 8-6　矩阵图

产品型号	SB540-A02			零件名称	缸体			零件图号	SB02540-1		顾客名称					
序号	描述		公差	过程号 / 过程名称												
	产品特性	符号		过程 项目	1201/漆前处理	1202/喷底漆	1203/喷中层漆	1204/喷面漆								
				重要度	重要	重要	重要	重要								
				控制方法	检验报告	检验报告	检验报告	检验报告								
1	底漆厚度	▽	0.06	抽查	◎	◎	○	○								
2	中层漆厚度	▽	0.12	抽查	○	○	◎	○								
3	面漆厚度	▽	0.06	抽查	○	○	○	◎								
4	面漆颜色	▽		目测	○	○	○	◎								
备注：1. "○" 表示一般关系，"◎" 表示密切关系 2. "▼" 表示产品与安全有关的特殊特性符号，"▽" 表示产品与安全无关的特殊特性符号																

图 8-7　矩阵图实例

3. 流程图（Flow Chart）

流程图也称过程图，用来显示在一个或多个输入转化成一个或多个输出的过程中，所需要的步骤顺序和可能的分支。它通过映射 SIPOC 模型（戴明提出的组织系统模型）中的水平价值链的过程细节来显示活动、决策点、分支循环、并行路径及整体处理顺序，如图 8-8 所示。

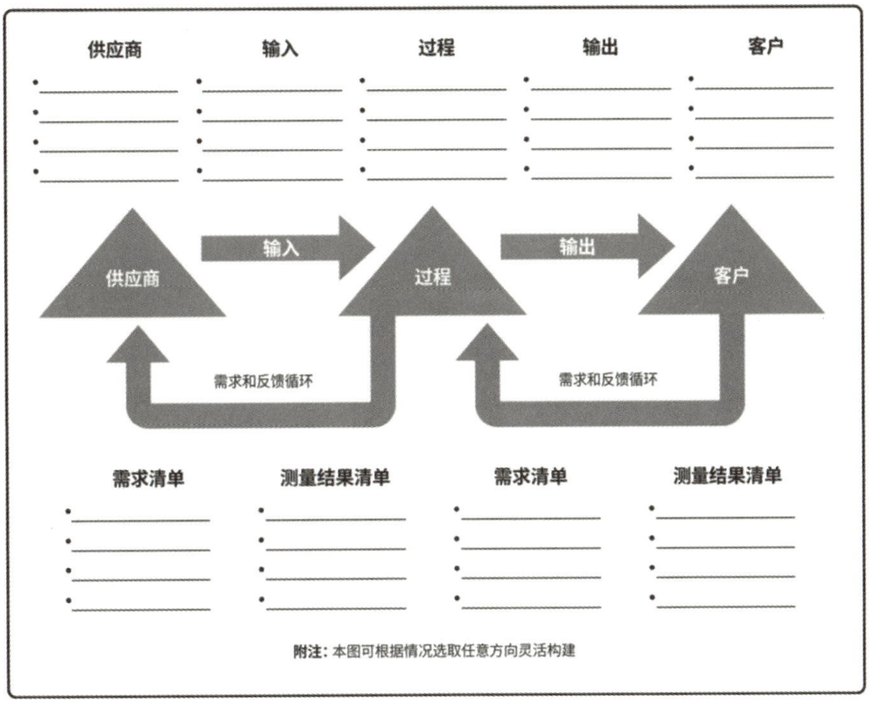

图 8-8　SIPOC 模型

资料来源：《PMBOK® 指南》（第 6 版）。

8.2　管理质量

管理质量有时也叫“质量保证”（QA），是审计质量要求和质量控制测量结果，确保采用合理的质量标准和操作性定义的过程。本过程的主要作用是促进质量过程改进。

8.2.1　质量审计

质量审计是确定项目活动是否遵循了组织和项目的政策、过程与程序的一种结构化的、独立的过程。质量审计包含如下过程。

- 识别：全部正在实施的良好 / 最佳实践及全部差距 / 不足。
- 分享：所在组织和 / 或行业中类似项目的良好实践。
- 协助：提供协助，改进过程，帮助团队提高效率。
- 积累：强调每次审计都对组织经验教训的积累做出了贡献。
- 确认：已批准的变更请求的实施情况。

质量保证（QA）和质量控制（QC）的区别如表 8-1 所示。

表 8-1 QA 与 QC 的区别

	质量保证（QA）	质量控制（QC）
过程组	执行	监控
对象	过程	结果
目标	合规	合格
工具和技术	分析、审计	检查

8.2.2 面向“X”的设计

面向“X”的设计（DfX）最初是以 DfM（面向制造的设计）和 DfA（面向装配的设计）的形式出现的。DfM 技术强调，在设计过程中考虑加工因素，即可加工性和加工的方便性；DfA 技术强调，在设计过程中考虑装配因素，即可装配性、装配的方便性和装配价格。DfX 技术中的“X”是将面向制造的设计和面向装配的设计进一步扩展到产品生命周期的所有领域，并逐渐形成一个技术族，力图设计出容易加工、装配、控制质量、运输、收纳、使用、保养维护、修理、回收报废的产品。

8.2.3 管理质量的方法和工具

管理质量的方法

根本原因分析（Root Cause Analysis，RCA）

RCA 是一项结构化、系统化的问题处理方法，其目的不只是着眼于引发事故的直接原因，而且是通过分析调查逐步探寻可能再次引发类似事故的潜在原因，采取有效的纠正和预防措施，从而达到彻底解决问题的目的，将“处理事故 + 处罚责任人”变为“主动性维护和预防”。

管理质量的工具

1. 因果图（也称鱼骨图或石川图）

因果图由石川馨（Kaoru Ishikawa）提出，是一种发现问题根本原因的方法。

如图 8-9 所示，我们将问题陈述放在鱼骨的头部，作为起点，顺着鱼骨（大刺—毛刺）追溯问题来源，回推到问题的根本原因。

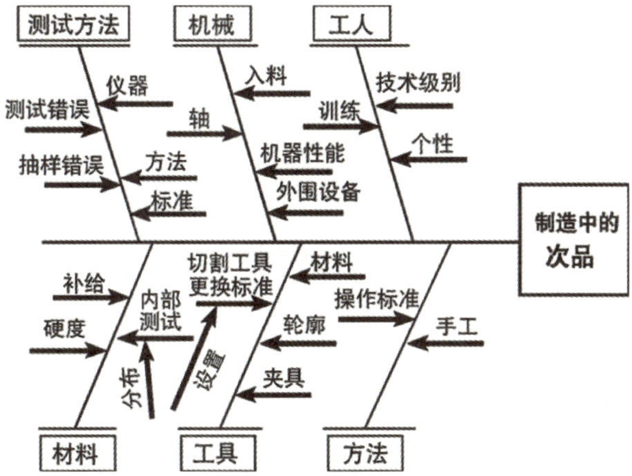

图 8-9　鱼骨图

2. 直方图（Histogram）

理想的直方图分布如下：

- 基本符合正态分布；
- 产品数据全部在规格以内；
- 均值和规格的中心一致；
- 规格线位于 4 倍标准差的位置。

例如，如图 8-10 所示，某奶粉厂生产 1 000g/ 罐的奶粉，如奶粉灌装量小于 996g 或大于 1 004g，就属于不合格产品。所有数据都应该在这两条规格线之内，且数据呈正态分布，正态分布曲线的标准差为 1g（从均值到规格线四分之一的距离）。

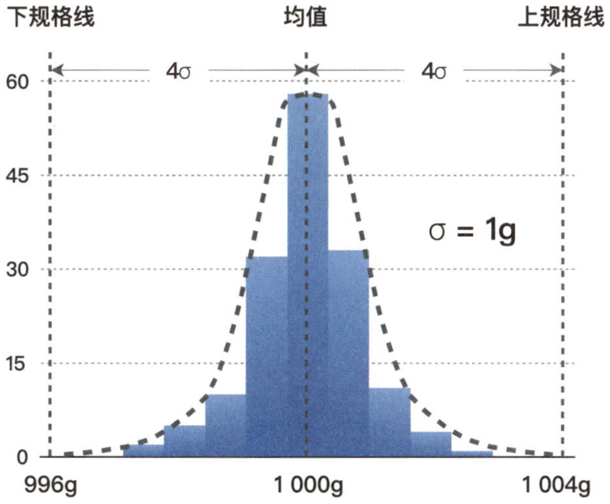

图 8-10　奶粉厂直方图

直方图的各种分布如图 8-11 所示。

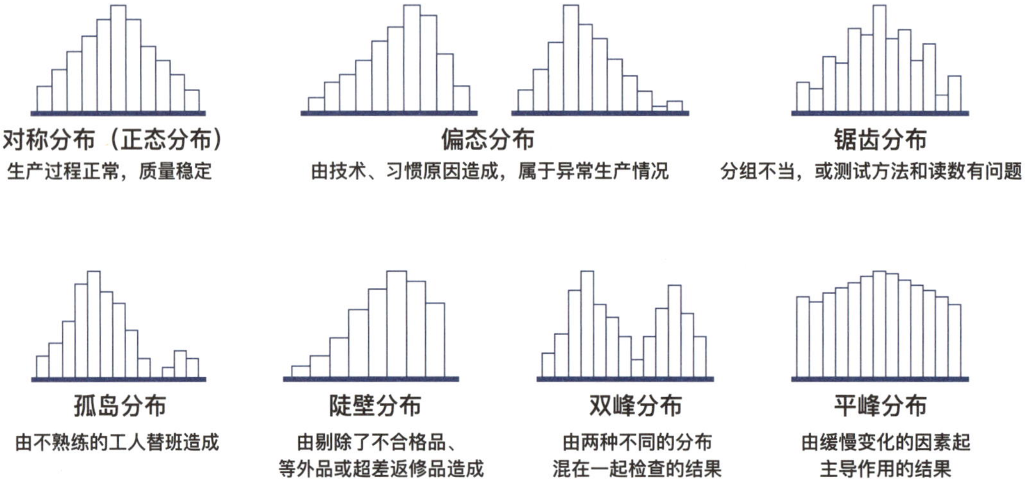

图 8-11　直方图分析

不好的直方图如图 8-12 所示。

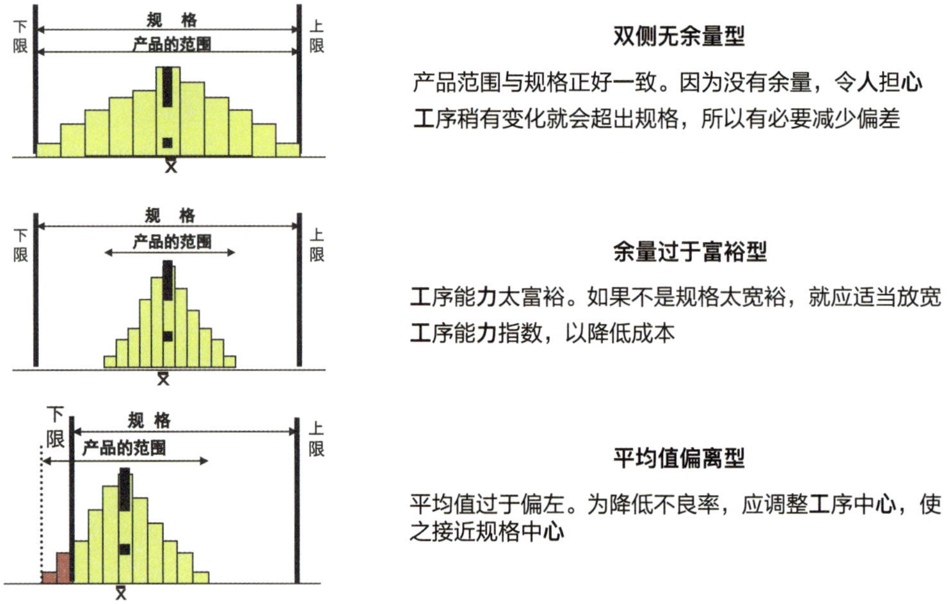

图 8-12　几种应纠正的直方图形态

3. 散点图（Scatter Diagram）

散点图可以帮助我们通过变量之间的相关性来分析质量问题产生的原因，所以散点图又称相关图，如图 8-13 所示。相关性可以分为正比例（正相关）、负比例（负相关）或不存在（零相关）。如果变量之间存在相关性，我们就可以画出一条回归线，来估算自变量的变化将如何影响因变量的值。

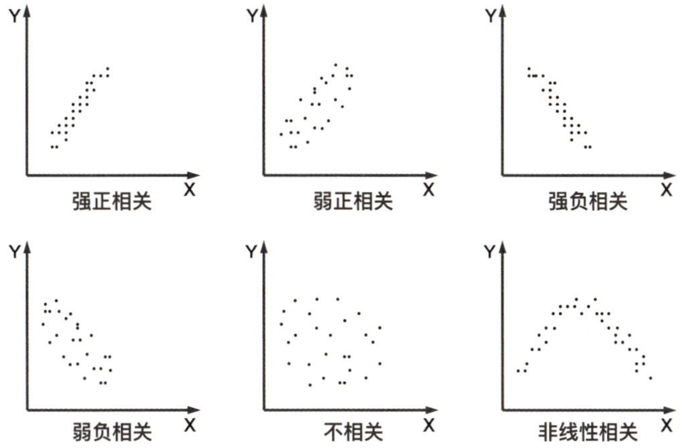

图 8-13　散点图

4. 检查表

检查表又称计数表，是用于收集数据的核对清单，如图 8-14 所示。在开展质量检查以识别缺陷时，用检查表收集属性数据特别方便。用核查表收集的关于缺陷数量或后果的数据，又经常被用于帕累托图分析。

日期		班组		检查员	
缺陷类型	检查记录				小计
凹陷	//				2
焊瘤	~~////~~ /				6
裂纹	///				3
烧伤	/				1
咬边	////				4
气孔	~~////~~ ~~////~~ ~~////~~ /				16
夹渣	~~////~~ ////				9
其他	//				2
总计					43

图 8-14　检查表

5. 帕累托图（Pareto Chart）

帕累托图是由意大利经济学家维弗雷多 · 帕累托（Vilfredo Pareto）的名字而命名的，如图 8-15 所示。帕累托法则往往被称为“二八原理”，即 80% 的问题是由 20% 的原因造成的。如果我们集中精力解决了 20% 的原因，那么 80% 的问题就能得到解决。

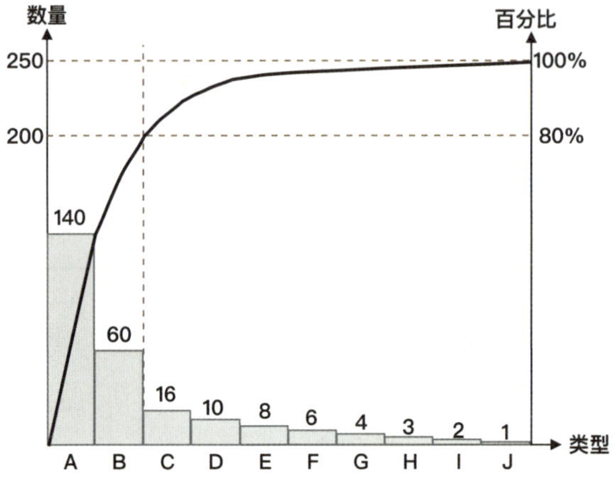

图 8-15　帕累托图

6. 控制图（Control Chart）

如图 8-16 所示，我们要找出以下非随机事件产生的原因并消除：

- 连续 7 点出现在均值一侧（上 / 下）；
- 连续 7 点单调上升或下降；
- 数据出现在控制范围外。

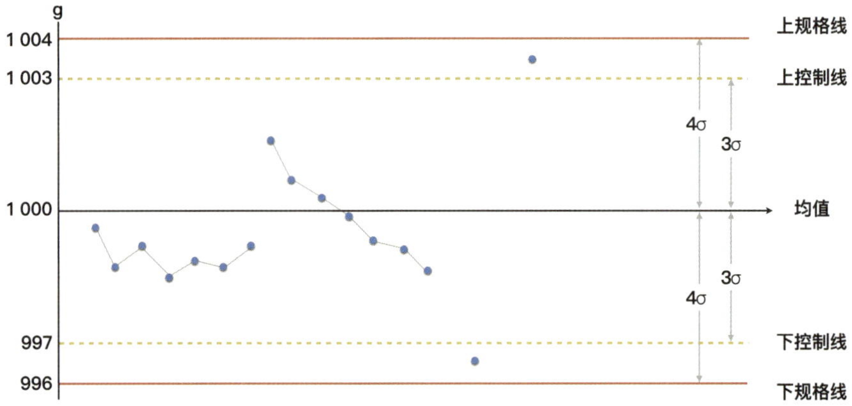

图 8-16　控制图

7. 层别法

层别法也称数据分层法，是将性质相同的、在同一条件下收集的数据归纳在一起，以便进行比较分析。层别法的实施步骤如下：

（1）提出将要叙述的问题或项目；

（2）确定分析的方法和过程；

（3）制作表单，记录数据资料。

层别对象 (4M1E) 如下：

- 人（Man）；
- 机器设备（Machine）；
- 材料（Material）；
- 方法（Method）；
- 环境（Environment）。

例如，航空公司的服务质量如表 8-2 所示。

表 8-2　层级图

对象	指标	投诉次数
人	服务态度	115
	专业程度	72
机	娱乐设备	38
	安全设施	0
料	航空餐饮	298
	枕头、毛毯	110
法	购票流程	91
	值机手续	66
环	机上卫生	157
	候机环境	63

质量管理的 7 大工具口诀如下：

- 鱼骨追原因；
- 检查集数据；
- 帕累托重点；
- 直方显分布；
- 散点看相关；
- 控制找异常；
- 层别作解析。

8.3　控制质量

控制质量是监督并记录质量活动执行结果，以便评估绩效，并推荐必要的变更的过程。本过程的主要作用包括：

- 识别过程低效或产品质量低劣的原因，建议并/或采取相应措施消除这些原因；
- 确认项目的可交付成果及工作满足主要相关方的既定需求，足以进行最终验收。

控制质量的工具

1. 核对单（Check List）

核对单是一种结构化工具，通过具体列出各检查项来核实一系列步骤是否已经执行，确保在质量控制过程中规范地执行经常性任务。

2. 统计抽样

统计抽样是指从目标总体中选取部分样本用于检查。抽样的频率和规模应在规划质量管理过程中确定，以便在质量成本中考虑测试数量和预期废料等。

统计抽样具备两种特征：（1）随机选取样本；（2）运用概率论评价样本结果。

过程决策程序图

如图 8-17 所示，我们通过事先预测可能发生的障碍（不理想的事态或结果）来设计出一系列对策，以最大的可能达到最终目标。该方法可用于防止重大事故的发生，因此也称之为重大事故预测图法。

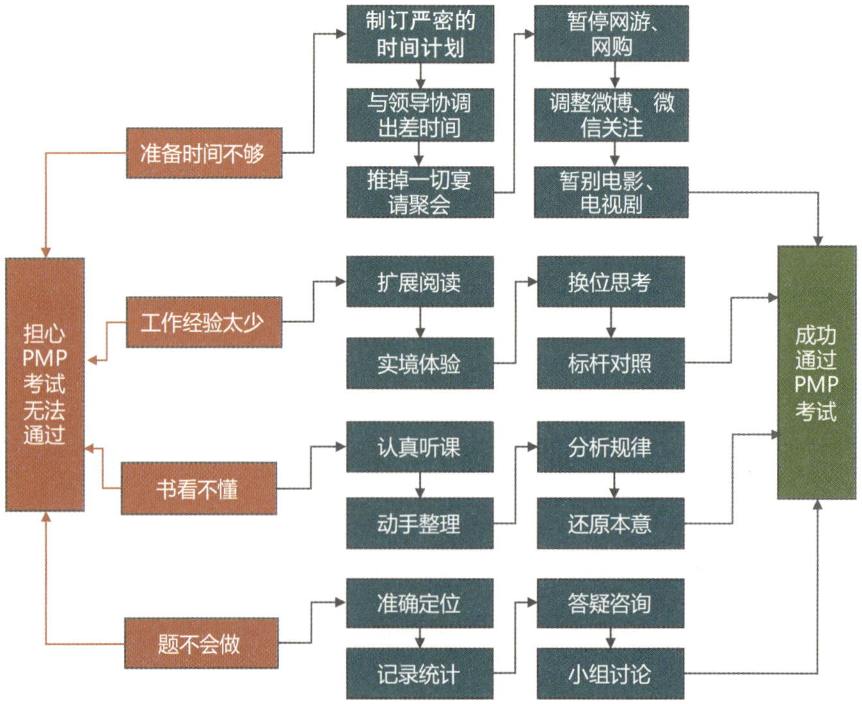

图 8-17　过程决策程序图（PMP 考试）

质量管理观念

质量管理观念的改变如表 8-3 所示。

表 8-3　质量管理观念的改变

	以前的观念	现在的观念
定义	好、优、美	与要求一致
制度	缺陷减少→成本增加	缺陷减少→成本降低
标准	合格	零缺陷
测量	检验指标	质量成本（COQ）
重点	检查、测试	设计、预防

8.4　本章考试要点

1. 等级与质量的区别和联系☆☆☆
2. 精确度与准确度☆☆☆
3. 持续改进☆☆☆☆☆
4. QA 和 QC 的区别☆☆☆☆☆
5. 质量成本（COQ）☆☆☆☆
6. 质量审计☆☆☆☆
7. 根本原因分析及鱼骨图☆☆☆☆☆
8. 控制图☆☆☆☆
9. 直方图☆☆☆
10. 质量管理观念的改变☆☆☆☆

8.5 本章测试题及解析

8-1 过程改进通常是在哪个过程中？

A. 规划质量管理

B. 管理质量

C. 控制质量

D. 检查质量

8-2 下面哪一项不属于非一致性成本的例子？

A. 返工

B. 培训

C. 报废

D. 保修

8-3 当控制图中出现 7 个数据点在平均线一侧连成一条线时，应该怎么办？

A. 删除这组数据

B. 调整控制图，画出新的平均线

C. 找到根本原因

D. 什么也不用做，这属于正常现象

8-4 一家公司生产 1 000g/ 包的咖啡。在质量管理计划阶段，项目经理发现，装包机器的历史标准差为 1g，那么应该使用控制图中的哪一组控制限制？

A. 1 000~1 006 g

B. 994~1 006 g

C. 996~1 004 g

D. 997~1 003 g

8-5 项目经理希望将质量管理技术引进到项目中。下列哪一项可以作为质量持续改进的基础？

A. 根本原因分析

B. “计划—实施—检查—行动”循环

C. 标杆对照

D. 过程决策程序图

答案及解析

8-1　B

管理质量又称质量保证（QA）。针对质量管理过程的有效性，我们可能会发现过程可以优化的机会，这也就是过程改进的含义。

8-2　B

培训是为了提高团队成员的能力或统一团队成员对项目质量的认识，是为了预防缺陷的产生，属于一致性成本。

8-3　C

控制图的规则是只要出现：（1）连续七点在均值一侧；（2）连续七点呈单调上升或下降趋势；（3）数据点在控制线之外，都需要找到根本原因并排除。

8-4　D

控制线应该是距离均值 3 倍的标准差（而规格线是距离均值 4 倍的标准差）。

8-5　B

戴明提出的 PDCA 循环就是质量持续改进的基础。

第 9 章　项目资源管理

资源管理的核心概念

团队资源管理相对于实物资源管理，对项目经理提出了不同的技能和能力要求。实物资源包括设备、材料、设施和基础设施，而团队资源或团队成员指的是人力资源。团队成员可能具备不同的技能，可能是全职的或兼职的，可能随项目进展而增加或减少。

项目资源管理的趋势和新兴实践

自组织团队

敏捷宣言指出，最好的架构、需求和设计出自自组织团队。

“知识工作者必须要自我管理，他们必须有自主权。”管理学大师彼得·德鲁克（Peter Drucker）在他所著的《21 世纪的管理挑战》（*Management Challenges for the 21st Century*）中说道。

权力矩阵

如图 9-1 所示，在权力矩阵中，团队自己的职责越多，管理者的职责越少，团队的自组织程度就越高。自组织团队更适合创造性的工作，如策划、设计、创作、新产品开发等。

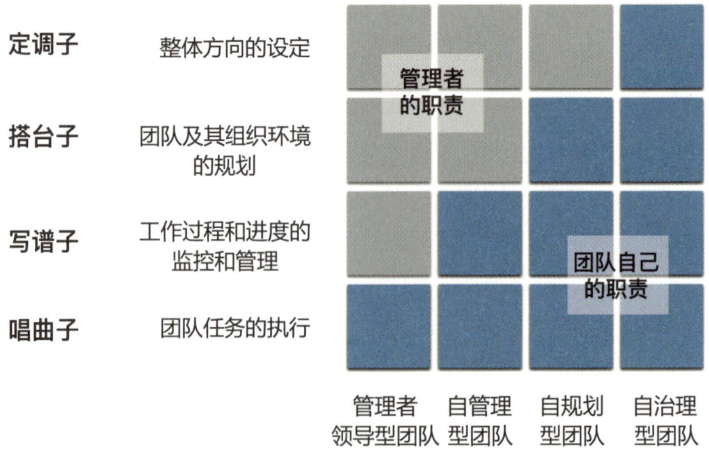

图 9-1　权力矩阵

根据布鲁塞尔自由大学研究员弗朗西斯·海利根（Francis Heylighen）在《复杂性与自组织》(*Complexity and Self-organization*）一文中发表的观点，所有自组织系统都有以下特征：

- 分散式控制，与集中式控制截然相反，去中心化；
- 不断适应改变的环境；
- 在局部相互作用下自然浮现出来的结构；
- 有效反馈，包括肯定的和否定的意见；
- 弹性，即团队自我修复和调整的能力。

虚拟团队 / 分布式团队

项目全球化推动了对虚拟团队 / 分布式团队的需求的增长。分布式团队是指团队中不同的小组分布在不同的地方。虚拟团队是指团队成员基于网络进行协作。沟通技术（如电子邮件、电话会议、社交媒体、网络会议和视频会议等）的使用，使虚拟团队 / 分布式团队的组建和协作变得可行。

虚拟团队 / 分布式团队的优点是不受地域限制，不受交通影响；缺点是基于网络的沟通方式不利于团队充分讨论，沟通不到位，而且还会受到时差和文化差异的影响。特别是虚拟团队的成员，他们通过网络办公，工作缺乏仪式感，时常感到孤独，并且这种工作方式对团队成员的自制力要求高，他们的工作进度不易同步。

9.1 规划资源管理

规划资源管理是识别和记录项目角色、职责、所需技能、报告关系的过程。本过程的主要作用是建立项目角色与职责、资源分解结构，以及制订团队人员招募和遣散计划。

9.1.1 项目人力资源管理与企业人力资源管理的区别

企业传统人力资源管理关注人才的“选、用、育、留”。而项目的临时性决定了人力资源管理也具有临时性的特点。项目的人力资源是从各职能部门、其他项目，甚至供应商处“借”来的，所以项目人力资源管理应该关注人才的“借、用、育、还”，在规划项目人力资源时，就应该做好项目结束后的人员遣散计划。

9.1.2 团队章程

团队章程（Team Charter）是由团队共同创建的包含团队价值观、共识和工作指南的文件。

团队章程可能包括如下内容：

- 团队价值观；
- 沟通指南；
- 决策标准和过程；
- 冲突处理过程；
- 会议指南；
- 团队共识。

在团队成立之初，项目经理就应该与团队成员共同讨论并确定团队章程的条款，比如：

- 每天早上 11 点开每日站会；
- 站会不超过 15 分钟；
- 开会迟到者做 10 个俯卧撑；
- 有不同意见必须第一时间提出；
- 少数服从多数。

9.1.3 培训

团队成员的培训到底是谁的职责？这个问题是 PMP 考试中常考的内容。其实，各类管理者对培训都有责任，他们需要各司其职，明确各自的分工，如表 9-1 所示。

表 9-1 培训的责任

管理者	培训责任	例子
人力资源经理	公司规章、流程、制度	怎么请年假，向谁请
资源经理 *	业务、技术能力	如何开发自动化测试脚本
项目经理	项目管理的知识、工具、方法	如何识别关键路径

注：资源经理是成员所属的职能部门的经理。

9.2　估算活动资源

9.2.1　资源分解结构

如图 9-2 所示，资源分解结构（RBS）是指将资源分类分层并编号，用在项目管理信息系统中与工作分解结构（WBS）的元素对应。例如，编号为 1.2.1.3 的活动由编号为 1.3.2 的人负责。

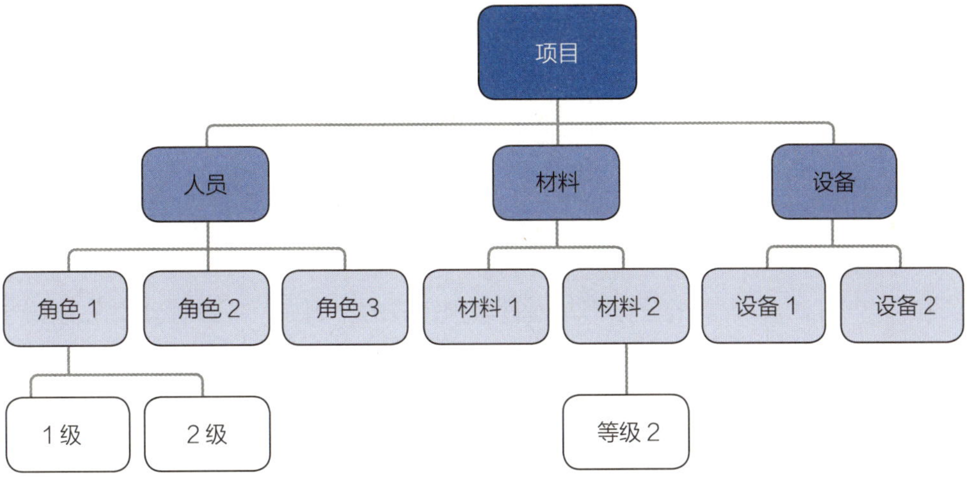

图 9-2　资源分解结构（RBS）

9.2.2　RACI 矩阵

RACI 矩阵是责任分配矩阵（RAM）中的一种，如图 9-3 所示。RAM 常被用来表示工作包和团队角色之间的关系，而 RACI 往往用来表示活动和每个具体的团队成员之间的关系。

RACI 矩阵	人员				
活动	安	本	卡洛斯	迪娜	艾德
创建章程	A	R	I	I	I
收集需求	I	A	R	C	C
提交变更请求	I	A	R	R	C
制订测试计划	A	C	I	I	R

R= 执行　A= 负责　C= 咨询　I= 知情

图 9-3　RACI 矩阵

9.3 获取资源

获取资源是指项目经理从各职能部门及合作伙伴处抽调人手组建项目团队的过程。

获取资源的方法

获取资源有如下两种方法。

1. 预分派

如果项目团队成员是事先选定的，他们就是被预分派的。预分派可在下列情况中发生：

- 在竞标过程中承诺分派特定人员开展项目工作；
- 项目的进展和质量取决于特定人员的专有技能；
- 项目章程中指定了某些人员的工作分派。

2. 谈判

在许多项目中，人员的分派都是通过谈判完成的。例如，项目管理团队需要与以下各方谈判。

- 职能经理。确保项目能够在需要时获得具备适当能力的人员，确保团队成员能够愿意并且有权开展项目工作，直到履行完其职责。
- 执行组织中其他项目的管理团队。合理分配稀缺或特殊的人力资源。
- 外部组织、卖方、供应商、承包商等。获取合适的、稀缺的、特殊的、合格的、经认证的人力资源。

选择“队友”

如图 9-4 所示，横轴代表价值观（人品），纵轴代表业绩（能力）。

- 右上角的队友：人品好，能力强，属于“明星队友”，人见人爱。
- 左下角的队友：能力差，人品也差，属于“狗队友”，人人嫌弃。
- 左上角的队友：能力强，但人品差，属于“野狗队友”，人人避之不及。这种队友能力越强，破坏性越大，让团队

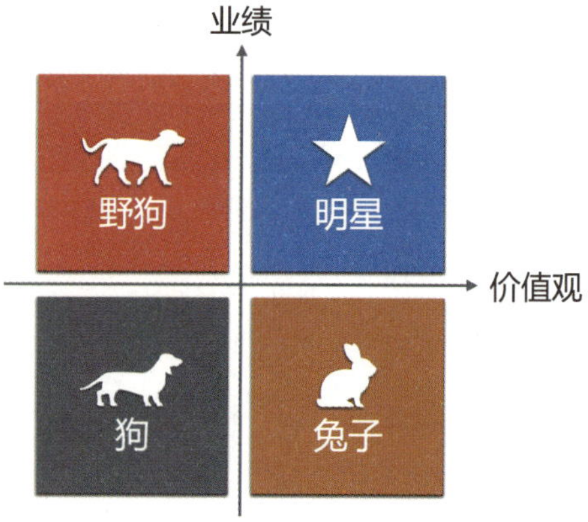

图 9-4　价值观与业绩矩阵

"翻车"的往往就是这种"野狗队友"。

- 右下角的队友：能力差，但人品好，属于"兔子队友"，最好不用。让"兔子队友"带新人，将"一窝不如一窝"。虽然"兔子队友"看上去很友善，但是拉低了团队整体能力，气跑了"明星队友"。"兔子队友"往往容易满足于现状且不爱学习，容易沦落为掉队者。

谁都想要"明星队友"，可没有那么多，这怎么办？这就要求团队领导者自己是"明星队友"。团队领导者越优秀，兼容性就越强。这样的领导者既能镇住一部分"野狗"，让他们恶的一面没有机会释放，也能带动一部分"兔子"，让他们勤学上进。

9.4　建设团队

建设项目团队是提高工作能力、促进团队成员互动、改善团队整体氛围，以提高项目绩效的过程。本过程的主要作用是改进团队协作、增强人际交往技能、激励团队成员、降低人员离职率、提升整体项目绩效。

9.4.1　塔克曼阶梯理论

图 9-5 展示的是团队建设通常要经过的五个阶段。尽管这些阶段通常按顺序进行，但是，团队停滞在某个阶段或退回到较早阶段的情况也并非罕见。

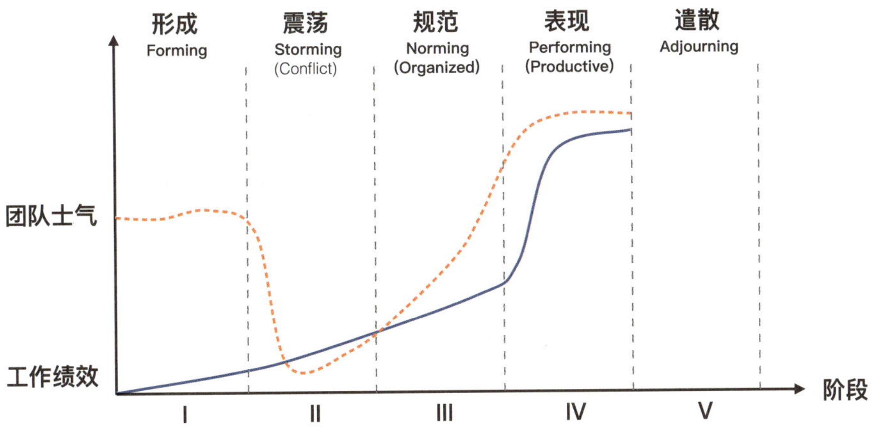

图 9-5　塔克曼阶梯理论

如果团队成员曾经共事过，那么项目团队建设也可跳过某个阶段。

9.4.2 项目经理的角色和职责

项目经理在团队中的角色和职责如图 9-6 所示。

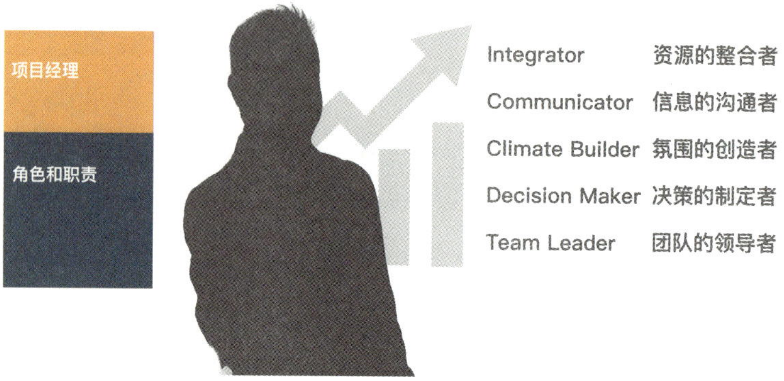

图 9-6 项目经理在团队中的角色和职责

9.4.3 项目经理在团队不同发展阶段的领导风格

如图 9-7 所示，项目经理在团队不同发展阶段的领导风格如下。

- **形成阶段**。团队成员刚刚加入团队，对项目的任务和分工通常都不甚了解，需要项目经理直截了当、清晰明确地指明工作内容和要求。
- **震荡阶段**。团队成员之间爆发冲突，士气低落，项目经理应通过斡旋、调解，利用自己的影响力引导团队走出冲突的旋涡。
- **规范阶段**。团队成员已经开始互相认可、彼此适应，项目经理应该适度后撤，需要参与时再参与，主要起到帮助和促进团队建设的作用。
- **表现阶段**。团队已经配合默契，项目经理应该充分信任团队，给团队成员更充分的授权，为团队提供必要的支持。

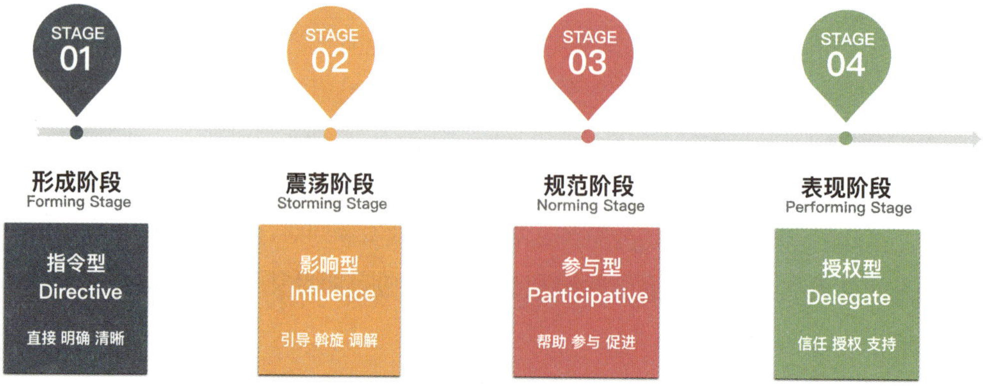

图 9-7 团队不同发展阶段项目经理的领导风格

9.4.4　建设团队的方法和工具

集中办公（War Room）

集中办公也称为“紧密矩阵”，是指把许多或全部最活跃的项目团队成员安排在同一个物理地点工作，以增强团队的工作能力。集中办公既可以是临时的（如仅在项目特别重要的时期），也可以是贯穿整个项目始终的。

团队绩效评价

随着项目团队建设工作（如培训、集中办公等）的开展，项目管理团队应该对项目团队的有效性进行评价，以识别有效的团队建设的策略和活动，提高团队绩效。

评价团队有效性的指标如下：

- 个人技能的改进：团队成员能够更有效地完成工作任务。
- 团队整体能力的改进：团队成员配合更默契，效率更高。
- 团队成员离职率降低：团队士气得到提升。
- 团队凝聚力增强：例如，团队成员主动分享信息和经验，互相帮助。

通过对团队绩效进行评价，项目管理团队能够识别出项目团队所需的特殊培训、教练、辅导、协助或改变；也可以识别出合适的人，以执行和实现在绩效评价过程中获得的改进建议。

在 PMP 考试中，我们需要注意团队绩效评价和项目绩效评价的区别，如表 9-2 所示。

表 9-2　团队绩效评价与项目绩效评价

	团队绩效评价	项目绩效评价
对象	人：项目团队	事：项目进度、成本等指标
标准	团队有效性	计划吻合度
过程组	执行过程组	监控过程组
方法	回顾会议	挣值分析

有效的项目团队与无效的项目团队的差别如表 9-3 所示。

表 9-3　有效的项目团队与无效的项目团队

	有效的项目团队	无效的项目团队
目标	拥有共同的目标	每个人对目标的理解不一致
团结	喜欢一起工作，互相帮助	彼此排斥，单打独斗
分工	分工明确，优势互补	职责不清，专业重复或缺位

（续表）

	有效的项目团队	无效的项目团队
凝聚力	凝聚力强，彼此信任	产生冲突和不良的竞争
沟通	沟通顺畅，主动分享	沟通有障碍，会议没有效率
绩效	总能按计划达成目标	遭遇挫折进行无谓的返工
表现	1+1>2	1+1<2

9.4.5 敏捷场景下的项目团队

打造高效能团队的经验如下。

- 短期加班可以临时提高生产力，但长期加班反而会降低生产力，如图 9-8 所示。所以，团队成员每周工作时间应不超过 40 个小时，脑力劳动者应不超过 35 个小时。
- 每天上班 8 个小时，只安排 6 个小时的工作，因为团队成员要有思考的时间。
- 结果（Outcome）比产出（Output）重要，要让团队成员创造 1 个让人尖叫的功能，而不是 10 个可有可无的功能；
- 团队成员应专职而不是兼职工作，因为切换成本远比你想象的高。
- 团队需要集中办公。
- 团队保持精干，7 ± 2 个人是合适的范围，如图 9-9 所示。人太多，沟通成本太高；人太少，解决问题的能力有限。我们要掌握“两个比萨原则”，如果两个比萨都不足以喂饱一个项目团队，那么这个团队就太大了。

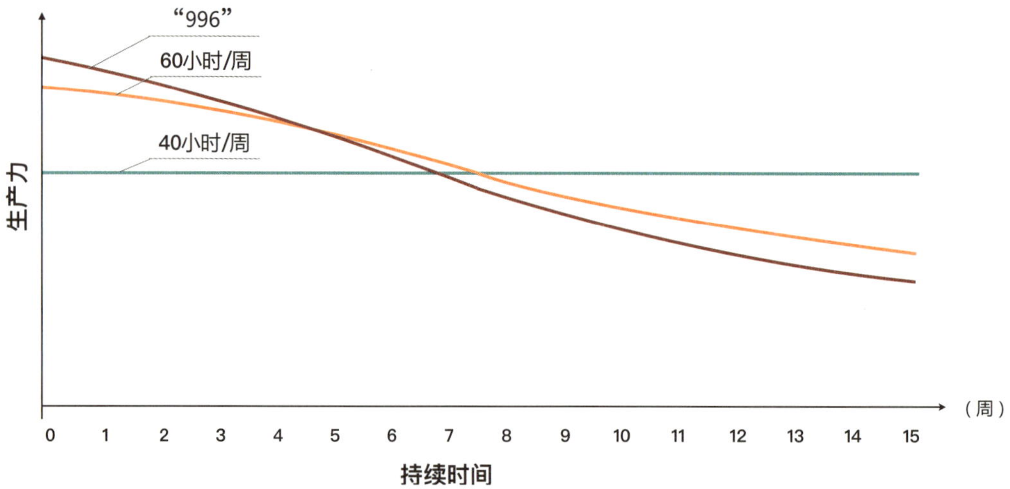

图 9-8　团队工作时长与生产力

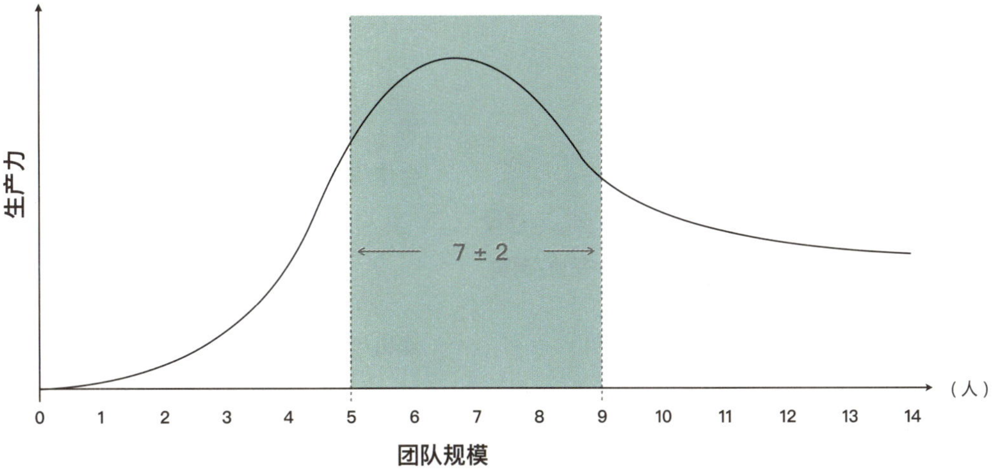

图 9-9　团队规模与生产力

9.5　管理团队

冲突管理

在项目环境中，冲突是不可避免的。冲突的来源包括资源稀缺、进度优先级排序和个人工作风格差异等。我们需要注意，冲突有时候是有益的，成功的冲突管理可以提高生产力和改进工作关系。冲突的积极意义如下：

- 促进磨合，增进了解；
- 激发灵感，提升动力；
- 暴露问题，降低风险；
- 加速决策，改进管理。

项目经理在面对冲突时不必惊慌失措，很多冲突不需要干涉也会自生自灭。项目经理应该观察冲突是良性的，还是恶性的。良性冲突是指“对事不对人”，冲突仍然聚焦在解决问题的思路和方法的争论上，项目经理就不必过多干涉，让冲突自然发展；而如果冲突已经发展到“对人不对事”了，开始恶语相向、人身攻击，那就是恶性冲突，项目经理必须及时干预，避免冲突进一步恶化。

如图 9-10 所示，冲突的五种解决方法如下。

1. 撤退 / 回避（Withdraw/Avoid）

从实际或潜在的冲突中退出，将问题推迟到准备充分的时候，或者推给其他人来解决，是一种临时解决冲突的方法。

图 9-10　冲突的五种解决方法

2. 缓和 / 包容（Smooth/Accommodate）

淡化双方之间的分歧，注意双方意见一致的地方，即求同存异；或牺牲自己的利益而满足对方，以保持和睦关系。

3. 妥协 / 调解（Compromise/Reconcile）

妥协是冲突双方通过沟通均做出让步，使各方诉求能够得到一定程度的满足，以暂时或部分解决冲突。

4. 强迫 / 命令（Force/Direct）

以牺牲一方为代价，强制推行另一方的观点。这种方法在解决紧急问题时是必要的。

5. 合作 / 解决问题（Collaborate/Problem Solve）

以合作的态度积极对话，寻求可以满足双方诉求的方法。这是双赢的结果，因此是最好的方法。

这五种冲突解决方法的区别，如表 9-4 所示。

表 9-4　五种冲突解决方法对比

	特征	结果	影响
撤退 / 回避	搁置争议，从冲突中退出	暂无结果	冲突未解决
缓和 / 包容	牺牲利益，迁就对方	输—赢	冲突解决，可能复发
妥协 / 调解	各让一步，达成和解	输—输	都能接受，达到平衡
强迫 / 命令	紧急情况，迫使对方服从	赢—输	影响团结，破坏氛围
合作 / 解决	开诚布公，达成共识	赢—赢	彻底解决，皆大欢喜

冲突的性质与解决思路

根据冲突的紧急程度和重要程度，我们需要采用不用的解决思路。例如，冲突既紧急又重要，那么应采取强迫 / 命令的方法去解决，如图 9-11 所示。

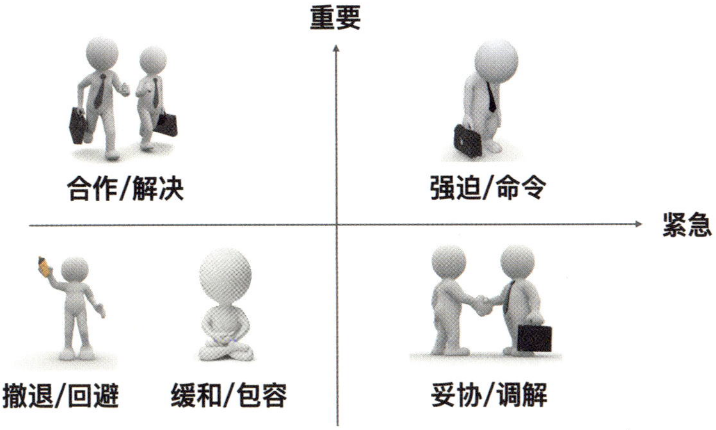

图 9-11　冲突性质与解决思路

9.6　控制资源

9.6.1　人员遣散计划

事先确定遣散团队成员的方法与时间，对项目和团队成员都有好处。一旦把团队成员从项目中遣散出去，项目就不再负担与这些成员相关的成本，从而节约项目成本。如果项目经理已经为团队成员安排好向新项目的平滑过渡，则可以提高士气。人员遣散计划也有助于减轻项目过程中或项目结束时可能发生的人力资源风险。

9.6.2　人力资源管理理论

X-Y 理论

X 理论假设：大多数人是懒惰的，且逃避工作、无理想、在乎利益、不愿负责任。

管理者必须对采取强制性的管理方法进行严格的领导和控制。用严格的规章制度规范员工的行动，用利益来换取员工的效率和服从，用监督和惩罚使员工为组织创造绩效。

Y 理论假设：工作是人的本能，人是积极进取的，人是乐于承担责任的，人是关心自我发展和自我实现的。

管理者的工作重点是创造一个使员工能发挥才能的工作环境，让员工承担挑战性的工作，担负更多责任，发挥员工潜力，满足员工自我实现的需求，给员工更多的自主权，让员工参与管理与决策。

X—Y 理论认为，员工总会朝着你对他们假设的方向发展，强调环境会改变人。

马斯洛需求层次理论

人们在较高层次的需求得到满足之前首先要满足较低层次的需求，如图 9-12 所示。

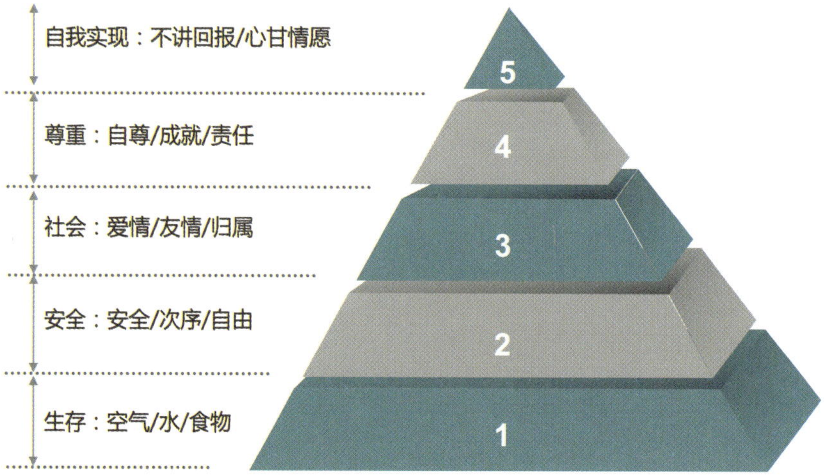

图 9-12　马斯洛需求层次理论

企业要实现对员工的激励必须考虑人的不同需求，通过满足员工不同层次的需求来激发员工工作的积极性，获得员工对企业的认同感和归属感，从而使员工能够把个人需求同企业目标联系在一起。

激励—保健理论

这一理论也称双因素理论。这一理论把不满足就会导致员工对工作不满的因素称为保健因素，而把那些为员工带来工作满意感的因素称为激励因素，如图 9-13 所示。

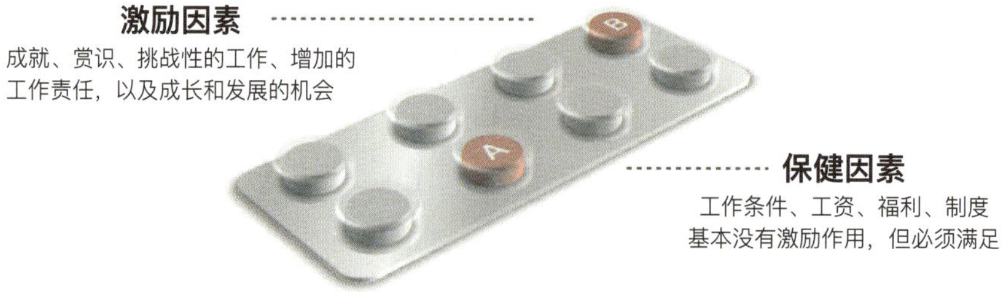

图 9-13　激励—保健理论

图 9-14 展示了双因素与员工满意度之间的关系，具体解释如下。

- 保健因素：若不满足，员工就会不满意；若满足了，员工不会更满意。
- 激励因素：若不满足，员工不会不满意；若满足了，员工才会更满意。

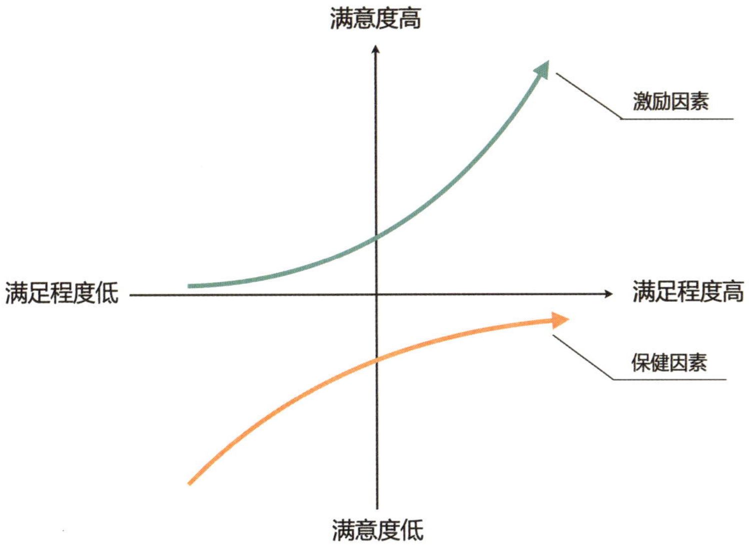

图 9-14　激励—保健因素曲线

期望理论

该理论认为，当人们预期某一行为可以带来既定并具有吸引力的结果时，就会采取特定的行为，如图 9-15 所示。

图 9-15　期望理论

9.7 本章考试要点

1. 自组织团队的特点☆☆☆
2. 团队章程☆☆☆☆☆
3. 培训的职责☆☆☆☆
4. 获取资源中谈判的含义☆☆☆
5. 塔克曼阶梯理论☆☆☆☆☆
6. 项目经理在团队不同发展阶段的管理风格☆☆☆☆
7. 团队绩效评价与项目绩效评价☆☆☆☆
8. 冲突的积极意义☆☆☆☆
9. 冲突的五种解决方法☆☆☆☆☆
10. 人员遣散计划☆☆☆☆

9.8　本章测试题及解析

9-1　下列哪一种方式有助于激发出团队成员最大的潜能和发挥他们的主观能动性？

A. 集中办公

B. 虚拟团队

C. 自组织团队

D. 强矩阵

9-2　项目经理应该把项目团队开会的纪律和表决的规则写进：

A. 项目章程

B. 团队章程

C. 沟通管理计划

D. 相关方参与计划

9-3　项目经理正在国外为当地客户实施交付项目。客户要求项目团队 50% 的资源必须从当地雇佣。但项目经理发现，当地大部分候选人员不具备必要技能。若要解决这个问题，项目经理应该怎么做？

A. 由国内团队远程支持来补充当地人员能力的不足

B. 将主要任务分包给当地团队，以转移风险

C. 雇佣当地资源，并提供必要的技能培训

D. 让团队中其余 50% 的自有成员承担大部分工作

9-4　项目经理观察到，有些项目团队成员开始调整工作习惯以配合其他成员。但是，他们彼此仍然缺乏信任。项目经理可以得出下列哪一项结论？

A. 团队处于规范阶段，很有可能进入成熟阶段

B. 团队处于规范阶段，很有可能退回到震荡阶段

C. 团队处于震荡阶段，很有可能进入规范阶段

D. 团队处于震荡阶段，很有可能退回到形成阶段

9-5　在一次项目团队内部会议中，一名团队成员坚决不同意项目经理建议的方案，项目经理无法说服他，导致会议无法继续下去。项目经理提出，先讨论下一项议

程，现在的分歧会后单独沟通。项目经理使用的是哪种冲突管理技术？

A. 缓和 / 包容

B. 合作 / 解决

C. 强迫 / 命令

D. 撤退 / 回避

答案及解析

9-1　C

自组织团队自己分工、自主决策、风险共担、利益共享，最有利于发挥成员的潜能和主动性。

9-2　B

团队章程是为团队创建团队价值观、共识和工作指南的文件，见《PMBOK® 指南》（第 6 版）9.1.3.2。

9-3　C

在海外项目中，这种情况很常见。若项目经理必须在遵守当地的劳务政策的前提下完成项目工作，就必须给当地雇员提供必要的技能培训。虽然在现实中也可采用选项 A、B、D 的做法，但只有选项 C 才是最优选择。

9-4　B

一些团队成员开始调整自己的工作习惯来配合其他成员，说明团队已经进入规范阶段，但是彼此仍然不信任，说明当前状态不稳定，如果遇到干扰因素或新的冲突，可能会退回震荡阶段。

9-5　D

搁置争议，暂时从冲突中退出属于“撤退 / 回避”。需要注意“撤退 / 回避”和“缓和 / 包容”的区别，后者是迁就对方，为了缓和双方的关系而牺牲自己的诉求，包容对方。

第 10 章　项目沟通管理

沟通管理的核心概念

在实际项目中，大部分冲突、挫折和低效率都是由于沟通不畅造成的。

项目管理者 75%~90% 的时间都会花费在与项目相关方的沟通上，包括提供项目指导、做出决策、授予工作、指导行动、进行谈判、撰写报告、参加会议、解决冲突等。项目经理与相关方之间的沟通贯穿于项目生命周期的始终。

沟通的方式

我们可以从多种维度对沟通方式进行分类。

1. 内部和外部

内部是指团队成员之间，外部是指客户、供应商等。

2. 正式和非正式

开会、谈判都属于正式沟通，一般的沟通活动都属于非正式沟通。

3. 垂直和水平

上下级之间的沟通属于垂直沟通，同级之间的沟通属于水平沟通。

4. 官方和非官方

代表组织发布的信息属于官方沟通，不代表组织发布的信息属于非官方沟通。

5. 书面和口头

在项目管理中，员工被鼓励尽可能采用书面沟通并保存记录。

6. 言语和体语

信息不仅在语言和文字中传递，而且也通过表情、手势传递，它们同样重要。

沟通的效果

从表 10-1 可以看出，再先进的远程沟通方式都赶不上面对面沟通的效果。

表 10-1　沟通效果

方式		文字	语音	视频	面对面
例子		Email/ 短信	电话 / 语音聊天	视频通话	一起喝咖啡
表达层次	信息内容	√	√	√	√
	语速 / 语音 / 语调		√	√	√
	口型 / 眼神 / 表情			√	√
	着装 / 姿态 / 手势				√

10.1　规划沟通管理

规划沟通管理是根据相关方的信息需要和要求及组织的可用资产情况，制定合适的项目沟通方式和计划的过程。本过程的主要作用是识别和记录与相关方的最有效率且最有效果的沟通方式。

团队应该在整个项目期间定期审查规划沟通管理过程的成果，以确保其持续适用。

10.1.1　有效的沟通

有效的沟通是指以正确的形式、在正确的时间把信息提供给正确的受众，并且使信息产生正确的影响。

乔哈里窗

乔哈里窗被称为“自我意识的发现—反馈模型”。这个理论最初是由乔瑟夫（Joseph）和哈里（Harry）在 20 世纪 50 年代提出的。如图 10-1 所示，视窗理论将人际沟通的信息比作一扇窗，它被分为四个区域：开放区、隐秘区、盲目区、未知区，人的有效沟通就是这四个区域的有机融合。

图 10-1　乔哈里窗

1. 开放区

自己知道、别人也知道的信息。在实际工作中和人际交往中，共同的开放区越多，沟通起来也就越便利，越不易产生误会。要想使你的开放区变大，就要多说，多询问，询问别人对你的意见和反馈。

2. 隐秘区

自己知道、别人却可能不知道的秘密。一个真诚的人也需要隐秘区，完全没有隐秘区的人是心智不成熟的。而适度地打开隐秘区是增加沟通成功率的一条捷径。

3. 盲目区

自己不知道、别人却可能知道的盲点。性格上妄自尊大，听不进别人意见的人，很难听到关于自己的真话。只有主动沟通、积极寻求反馈，才是缩小自己盲目区的方法。

4. 未知区

自己和别人都不知道的信息。未知区是尚待挖掘的黑洞。我们要尽可能地缩小双方的未知区，主动地通过别人了解自己，主动地告诉别人自己能够做什么。

乔哈里窗能够用来展现、提高个人与组织的自我意识，也可以用来改变整个组织的动态信息沟通系统。

书面沟通的 5C 原则

1. 正确的语法和拼写（Correct）

语法不当或拼写错误会分散注意力，还有可能扭曲信息含义，降低可信度。

2. 简洁的表述和无多余字（Concise）

简洁且精心组织的信息能降低误解信息意图的可能性。

3. 清晰的目的和表述（Clear）

确保在信息中包含能满足受众需求与激发其兴趣的内容。

4. 连贯的思维逻辑（Coherent）

写作思路连贯，结构清晰、完整，上下文呼应。

5. 受控的语句和想法承接（Controlled）

可能需要使用图表或小结来控制语句和想法的承接。

规划沟通管理需要考虑的问题

规划沟通管理需要考虑的问题如下：

- 谁需要什么信息和谁有权接触这些信息；
- 他们什么时候需要信息；
- 信息应存储在什么地方；
- 信息应以什么形式存储；

- 如何检索这些信息；
- 是否需要考虑时差、语言障碍和跨文化因素等。

10.1.2　沟通基本模型

如图 10-2 所示，发送方想把自己的想法传递给接收方，需要先对想法进行编码，将其变成语言或文字，再选择传递的方式，过程中会受到噪声的影响。这里的噪声是广义的，包括所有影响信息传递效果的因素，如杂音、情绪、专业差异等。接收方收到信息后需要进行解码，将其变成自己的理解。在这些环节中，必然会有信息损失的现象。

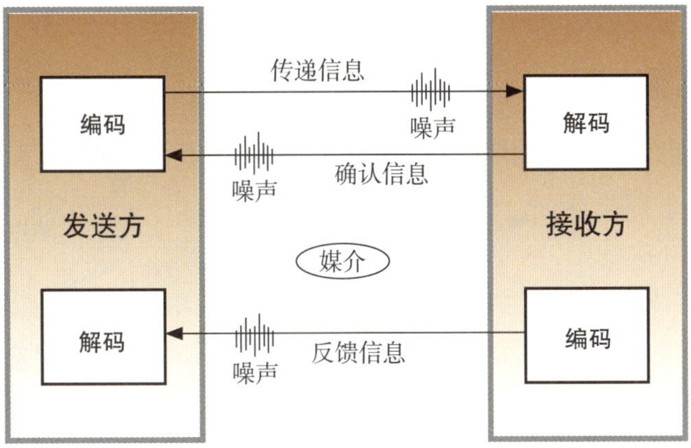

图 10-2　沟通基本模型

资料来源：《PMBOK® 指南》（第 6 版）。

沟通漏斗

如图 10-3 所示，沟通漏斗形象地表达了在沟通过程中信息损失的现象。为了减少信息损失，最有效的办法就是增加反馈环节，让接收方给信息发送方反馈，及时确认收到的信息的准确性和完整性，把单向沟通变成双向沟通，形成沟通的闭环，有效避免沟通中信息的损失。

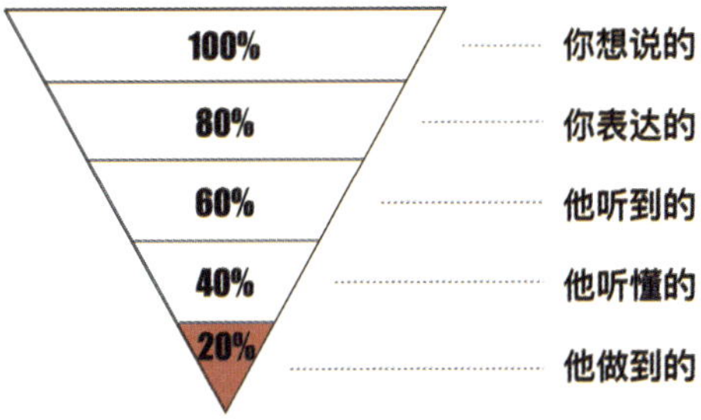

图 10-3　沟通漏斗

沟通路径

两个人之间的沟通算作一条沟通路径。如图 10-4 所示，如果项目中参与沟通的人数为 n，那么沟通路径总数计算就是个组合问题，公式如下：

$$C_n^2=\frac{n\times(n-1)}{2}$$

例如，团队有 5 个人，那么沟通路径就有 10 条。计算过程如下：

$$C_5^2=\frac{5\times(5-1)}{2}=10\text{（条）}$$

图 10-4　沟通路径

10.1.3　沟通障碍

沟通障碍是指延误或者曲解信息。沟通出现障碍会增加冲突。沟通障碍包括以下几个方面：

- 信息过载；
- 缺少知识；
- 文化差异；
- 分散注意力的环境因素；
- 有害的态度；
- 不良的情绪；
- 不懂行业术语和技术术语；
- 沟通渠道过多；
- 选择性认知。

产生沟通障碍的原因如下：

- 不同的相关方对项目目标的理解不同；
- 人力、设备、材料等资源的竞争；
- 人员之间的个人冲突；
- 对变化的抵制（如新技术、新流程）。

10.1.4　沟通方法和技术

项目相关方之间的沟通技术如下：

- 简化运用语言；
- 采取视觉辅助手段；
- 积极倾听；
- 有效反馈；
- 控制情绪。

项目相关方之间的沟通方法如下。

- **交互式沟通**。在两方或多方之间进行多向信息交换。这是确保全体参与者对特定话题达成共识的最有效的方法，包括会议、电话、即时通信、视频会议等。
- **推式沟通**。把信息发送给需要接收这些信息的特定接收方。这种方法可以确保信息的发送，但不能确保信息被目标受众理解。推式沟通包括信件、备忘录、报告、电子邮件、传真、语音邮件、日志、新闻稿等。
- **拉式沟通**。用于信息量很大或受众很多的情况。要求接收者自主地访问信息内容。这种方法包括企业内网、电子在线课程、经验教训数据库、知识库等。

以上三种沟通方法有各自的优缺点，如表 10-2 所示。团队要根据项目的实际情况，选用适当的沟通方法。

表 10-2 沟通方法对比

沟通方法	特征	优点	缺点	举例
交互式沟通	在两方或多方之间进行实时、多向的信息交换	实时互动、沟通充分、反馈及时	规模受限，若人数增加，则沟通效率和效果会快速下降	会议、电话、即时通信、视频会议
推式沟通	向需要接收信息的特定接收方发布或推送	确保信息已定向发出	无法保证受众接受，无法保证受众理解	信件、备忘录、报告、电子邮件、广播、博客、新闻
拉式沟通	信息量大且复杂，请庞大受众自行取阅	信息量大且受众多，需求方各取所需	无法保证受众接受，无法保证受众理解	订阅、下载、百科、文库、知识库、在线影音

10.2 管理沟通

管理沟通是根据沟通管理计划，生成、收集、分发、储存、检索及最终处置项目信息的过程。本过程的主要作用是促进项目相关方之间实现有效率且有效果的沟通。

会议管理（Meeting Management）

会议管理是采取必要的步骤确保会议有效并高效地达到预期目标。规划会议时应采取以下步骤：

1. 准备并发布会议议程（其中包含会议目标）；
2. 确保会议在规定的时间开始和结束；
3. 确保参与者受邀并出席；
4. 确保整场会议内容切题；
5. 处理会议中的期望、问题和冲突；
6. 记录所有行动及为其分配的行动责任人。

10.3 监督沟通

监督沟通是确保满足项目及其相关方的信息需求的过程。本过程的主要作用是按沟通管理计划和相关方参与计划的要求优化信息传递流程。

沟通管理计划中定义的沟通活动在监督沟通过程中应根据需要进行调整，并采取行动实施干预。产生的变更请求需要通过实施整体变更控制程序。变更可能导致以下两种结果：

- 修正相关方的沟通要求，包括相关方对信息发布、内容或形式，以及发布方式的要求；
- 建立消除瓶颈的新程序。

10.4 本章考试要点

1. 沟通占用项目管理者多少精力☆☆☆☆
2. 沟通类型☆☆☆
3. 沟通模型☆☆☆☆
4. 沟通漏斗☆☆☆
5. 沟通路径☆☆☆☆☆
6. 沟通方法☆☆☆☆☆
7. 沟通障碍☆☆☆☆
8. 沟通技术☆☆☆☆
9. 会议管理☆☆☆
10. 沟通中的变更☆☆☆☆

10.5　本章测试题及解析

10-1 在项目执行期间，一名团队成员抱怨说，总是不能及时获得必要的项目信息。项目经理应该怎么做？

A. 审查沟通管理计划

B. 检查该团队成员的绩效历史记录

C. 与所有团队成员定期召开情况通报会

D. 与该团队成员召开“一对一”的会议

10-2 项目经理正在负责一个高科技研发项目。该项目很快受到了广泛的关注，大量媒体争相采访，还有很多机构甚至同行预约参观学习。但是发起人强调必须保护好核心技术机密。项目经理应该先更新下列哪一项？

A. 范围管理计划

B. 风险管理计划

C. 沟通管理计划

D. 相关方管理计划

10-3 项目经理负责一个新项目，团队成员来自不同的部门。设计师认为，团队内部应该面对面讨论问题才能保障沟通效果，但是工程师坚持认为，团队应该通过邮件讨论问题，可以更省时间，而且有记录，责任清晰。项目经理应该怎么办？

A. 支持设计师的意见，当面沟通的优势无法替代

B. 支持工程师的意见，沟通记录是十分必要的

C. 组织团队开展沟通风格评估并确定沟通规则

D. 鼓励团队成员按自己习惯的方式沟通

10-4 沟通对项目成功非常关键。作为项目经理，你已经有 3 个相关方需要沟通，这时，你又有 1 个新的相关方需要沟通，那么沟通渠道增加了几条？

A. 1

B. 2

C. 3

D. 4

答案及解析

10-1　A

沟通管理计划中定义了项目信息存储及传递的方式、频率、载体等。若团队成员不能及时获得必要的信息，就要审查沟通管理计划是否有问题，以及执行计划是否有问题。

10-2　C

项目得到外界关注，虽然会增加团队的接待压力，但是对扩大项目影响是有利的。项目经理需要注意的是，哪些信息可以公开，如何公开，以及哪些信息需要保密。这些都属于沟通管理计划的内容。

10-3　C

沟通风格评估可以用来比较不同沟通风格的优缺点，并确定最合适的沟通方式。

10-4　D

原来有 3 个相关方，加上项目经理自己一共是 4 个人，那么沟通渠道 $C_4^2=n\times(n-1)/2=(4\times3)/2=6$（条）。相关方新增 1 人，就变成 5 个人沟通，那么沟通渠道 $C_5^2=n\times(n-1)/2=(5\times4)/2=10$（条）。所以沟通渠道新增 4 条（$C_5^2-C_4^2$）。

第 11 章　项目风险管理

风险管理的核心概念

风险来源于不确定性，包括负面的威胁和正面的机会。风险有两个属性：概率和影响。风险管理是通过识别、分析和应对风险来提高正面机会的概率和影响，降低负面威胁的概率和影响。

风险敞口（Risk Exposure）

风险敞口是未加保护的风险，也称“风险暴露”，是指对风险未采取任何防范措施而可能导致出现损失的部分。

例如，即便项目是按客户要求交付的，仍然可能有 10% 的项目尾款因为各种原因收不回来，那么对于这个项目而言，就存在着 10% 的风险敞口。

已知风险的风险敞口是从零到该风险产生的最大损失之间，未知风险的风险敞口是从零到无穷大。

单个项目风险与整体项目风险

风险管理专家大卫·希尔森（David Hillson）博士认为，只关注单个项目风险，而忽略整体项目风险；只关注项目局部风险，而忽略项目全局风险；只关注项目短期风险，而忽略项目长期风险；只关注项目战术风险，而忽略项目战略风险，这些都是风险近视症的表现。

比如一个互联网金融 P2P 项目，代码 Bug、系统安全漏洞、服务器宕机、项目团队骨干离职都是单个项目风险，而国家出台政策限制 P2P 业务就是整体项目风险。

变异性风险

如果项目所依赖的关键条件或制约因素出现异常改变，就会导致变异性风险，例如我们常说的“黑天鹅事件”“草根逆袭”等一切不按常理出牌的局面。

我们可以通过模拟技术，如蒙特卡洛技术进行风险定量分析，来评估变异性风险的概率和影响。

模糊性风险

模糊性风险意味着人们不确定未来可能会发生什么。知识不足可能影响团队达成项目目标的能力，例如，无法预测技术发展的方向和速度、政策法规的未来变化、快速变化的用户需求等。团队可采取迭代开发、增量开发及适应型（敏捷型）开发模式，提高对此类风险的适应能力。

项目韧性

项目韧性是指当项目遭遇风险或受到干扰时，整个项目团队还能保持维持状态的能力、迅速恢复的能力，以及应对未来不确定性的能力。

整合式风险管理

整合式风险管理是指在项目、项目集、项目组合及项目所在组织进行多层次的风险统筹管理。有些风险应该授权下放，有些风险超出了项目管理者的能力范围或影响多个项目，应上报给合适的高级管理层。企业应将风险管理贯通至项目管理各个层次，形成一个有机、动态的风险管理系统。

11.1 规划风险管理

11.1.1 风险的分类

1. 已知风险和未知风险

已知风险是指人们事先能够识别和分析概率及影响的风险。

未知风险是指人们事先无法识别和分析概率及影响的风险。未知风险又分为以下两种。

- 已知—未知风险：人们事先能够识别该风险（已知），但是不知道风险发生的概率和影响（未知）。例如，你明天出差参加投标，预定的航班可能延误（已知），但是今天无法判断到底延误，还是准时；如果延误，会延误多长时间（未知）。应对此类风险的资源为应急储备，你在预定航班时就要考虑在航班到达和开始投标之间留出足够的时间储备。
- 未知—未知风险：人们事先无法识别的风险（第一个未知），当然更无法知道发生的概率和影响（第二个未知）。应对此类风险的资金来源是管理储备，由高层管理者掌握，不包含在成本基准中。

2. 内部风险和外部风险

内部风险与外部风险的区别是内部风险在项目团队的控制和影响范围内，外部风险则超出了这个范围，如表 11-1 所示。

表 11-1　内部风险与外部风险

<table>
<tr><th colspan="2">风险类别</th><th>举例</th></tr>
<tr><td rowspan="2">内部风险</td><td>技术风险</td><td>• 采用的技术过于复杂
• 绩效目标脱离实际
• 在实施过程中改变技术或标准</td></tr>
<tr><td>项目管理风险</td><td>• 成本或工期估算错误
• 项目计划质量不高
• 项目沟通不畅
• 时间和资源分配不当
• 项目管理原则使用不当</td></tr>
<tr><td rowspan="2">外部风险</td><td>组织内部风险
（项目外部）</td><td>• 项目之间资源冲突
• 项目资金不足或中断
• 各项目的优先级不清晰
• 对项目目标理解不一致</td></tr>
<tr><td>组织外部风险</td><td>• 市场通货膨胀
• 法律、法规有变化
• 客户变更或破产
• 发生地震、洪水、瘟疫等</td></tr>
</table>

3. 商业风险和可保险风险

商业风险是指正常的经营、技术、市场等风险。项目可能带来盈利，也可能带来损失。项目团队应将主要精力放在对商业风险的管理上。

可保险风险是指只会带来损失的风险，例如，由火灾、洪水、地震、塌方等自然灾害带来的财产损失，或由停工、人员伤亡而带来的损失，可通过购买保险、签订合同等手段将风险转移出去。

11.1.2　风险分解结构

如表 11-2 所示，风险分解结构（RBS）是指将识别出来的风险分类、分级并编号，按照编码录入项目管理信息系统，方便与工作分解结构（WBS）中的单元对应。例如，2.1.2 的工作包中存在编号为 1.2.2 的风险。

需要注意的是，风险类别中的已知 / 未知风险、内部 / 外部风险、商业 / 可保险风险是风险分类的三个不同维度，它们之间并非并列关系。例如，新型冠状病毒肺炎疫情属于未知风险，同时它也属于外部风险。

表 11-2 风险分解结构（RBS）

RBS 1 级	RBS 2 级	RBS 3 级
1. 内部风险	1.1 技术风险	1.1.1 采用的技术过于复杂 1.1.2 绩效目标脱离实际 1.1.3 在实施过程中改变技术或标准
	1.2 项目管理风险	1.2.1 成本或工期估算错误 1.2.2 项目计划质量不高 1.2.3 项目沟通不畅 1.2.4 时间和资源分配不当 1.2.5 项目管理原则使用不当
2. 外部风险	2.1 组织内部风险（项目外部）	2.1.1 项目之间资源冲突 2.1.2 项目资金不足或中断 2.1.3 各项目的优先级不清晰 2.1.4 对项目目标理解不一致
	2.2 组织外部风险	2.2.1 市场通货膨胀 2.2.2 法律、法规有变化 2.2.3 客户变更或破产 2.2.4 发生地震、洪水、瘟疫等

11.1.3 相关方对风险的态度

相关方表现出来的对风险的态度通常与风险偏好和风险承受力有关。风险偏好是指为了预期的回报，相关方愿意承受不确定性的程度，属于主观意愿；风险承受力是指相关方能承受的风险程度或数量，属于客观能力。

我们通常用风险临界值来表示相关方对风险的态度：如果风险低于临界值，相关方会接受风险；如果风险高于临界值，相关方会拒绝风险。

11.2 识别风险

识别风险是判断哪些风险可能影响项目并记录其特征的过程。本过程的主要作用是对已有风险进行文档化，并为项目团队预测未来事件积累知识和技能。

11.2.1 识别风险的工具和技术

头脑风暴法（Brainstorming）

参与风险识别的小组成员在正常、融洽和不受任何限制的气氛中以会议的形式进行讨论、座谈，小组成员在会上可以打破常规、积极思考、畅所欲言、充分发表自己的看法。小组成员互相启发，而且不轻易评价，甚至鼓励看似愚蠢的想法，以获得尽可能多的想法。

德尔菲法（Delphi Method）

德尔菲法又称专家规定程序调查法。该方法主要是由调查者拟定调查表，按照既定程序，以函件的方式分别向专家组成员进行征询，而专家组成员又以匿名的方式（函件）提交意见。经过几次反复征询和反馈，专家组成员的意见逐步趋于集中，最后获得具有很高准确率的集体判断结果。

德尔菲法的特点是专家们始终不见面，也不知道其他专家是谁，从而最大限度地避免了由于个别专家的偏见而误导其他专家的判断的情况发生。

根本原因分析（Root Cause Analysis）

根本原因分析是一种结构化的问题处理法，用来逐步找出问题的根本原因并加以解决，而不是仅仅关注问题的表征。根本原因分析是一个系统化的问题处理过程，包括确定和分析问题的原因、找出问题解决办法并制定问题预防措施。

核对单分析（Check List Analysis）

为了查找项目中人员、设备设施、物料、工件、操作、管理和组织措施中的风险，事先把检查对象加以分解，将大系统分割成若干个小的子系统，以提问或打分的形式对检查项目列表中的各项进行逐一检查，避免遗漏。我们将这种表称为核对单，也叫检查表。用核对单进行项目风险盘点的方法叫核对单分析。

假设分析

每个项目及其计划都是基于一套假设而构建的。假设分析是检验假设条件在项目中的有效性，并识别因其中假设的不准确、不稳定、不一致或不完整而导致的项目风险。

假设分析的步骤如下。

1. 提出一个假设，这个假设可能会产生我们担心的结果。
2. 验证这个假设，对其进行确认或排除。
3. 如果排除，再提出第二个假设；如果确认，提出更具体的下一层级的假设。
4. 验证，逐步缩窄范围，直到找出问题可能会产生的真正的原因。

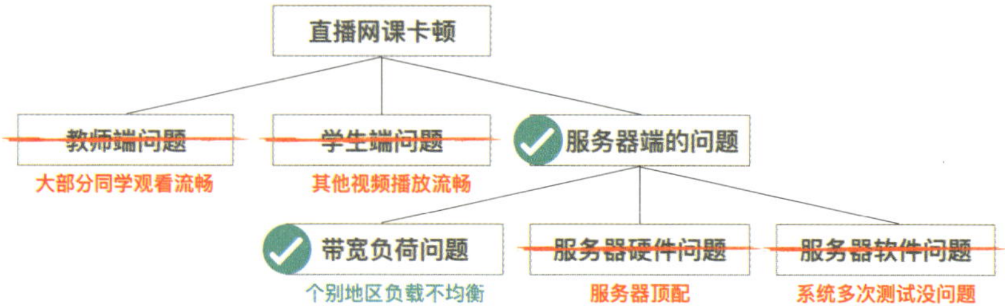

图 11-1　直播网课卡顿问题假设分析

图 11-1 展示了“直播网课卡顿”问题的假设分析过程。该问题的分析一共有三种假设：假设一，教师端的问题，大部分同学反馈视频流畅，所以此项排除；假设二，学生端的问题，同一个学生看到的其他视频是流畅的，所以此项排除；假设三，服务器端的问题。这三种假设中，前两种假设已经被排除了，那么问题只能是出自第三种假设了。

第三种假设包含三个子假设：子假设一，服务器软件问题，该软件已经过多次测试，所以此项排除；子假设二，服务器硬件问题，该硬件已经是顶配，所以此项排除；子假设三，带宽负荷问题，个别地区负载不均衡，这应该就是直播网课卡顿问题的罪魁祸首。

鱼骨图

鱼骨图是一种发现问题“根本原因”的方法，又称“因果图”。它看上去有些像鱼骨，其特点是简单、实用、深入、直观。项目的风险、问题或缺陷（即后果）被标在“鱼头”处。鱼刺上，按出现机会多寡列出问题产生的可能的原因，有助于说明各个原因之间是如何相互影响的，如图 11-2 所示。

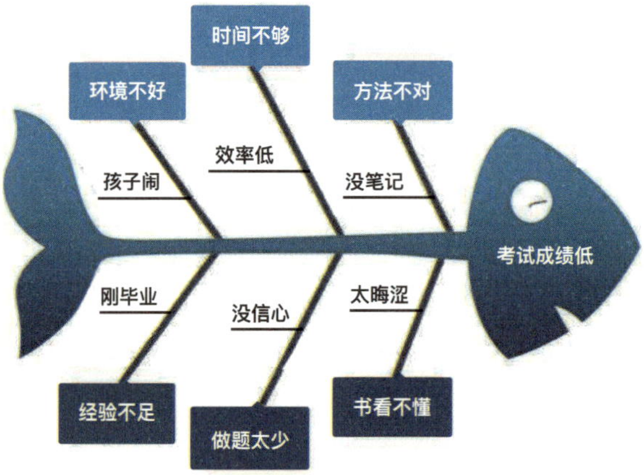

图 11-2　鱼骨图

系统或过程流程图（System Flowchart）

该流程图是描绘系统物理模型的传统工具。它的基本思想是用图形符号以黑盒子形式描绘系统里面的每个部件（程序、文件、数据库、表格、人工过程等），表达信息在各个部件之间流动的情况，如图 11-3 所示。

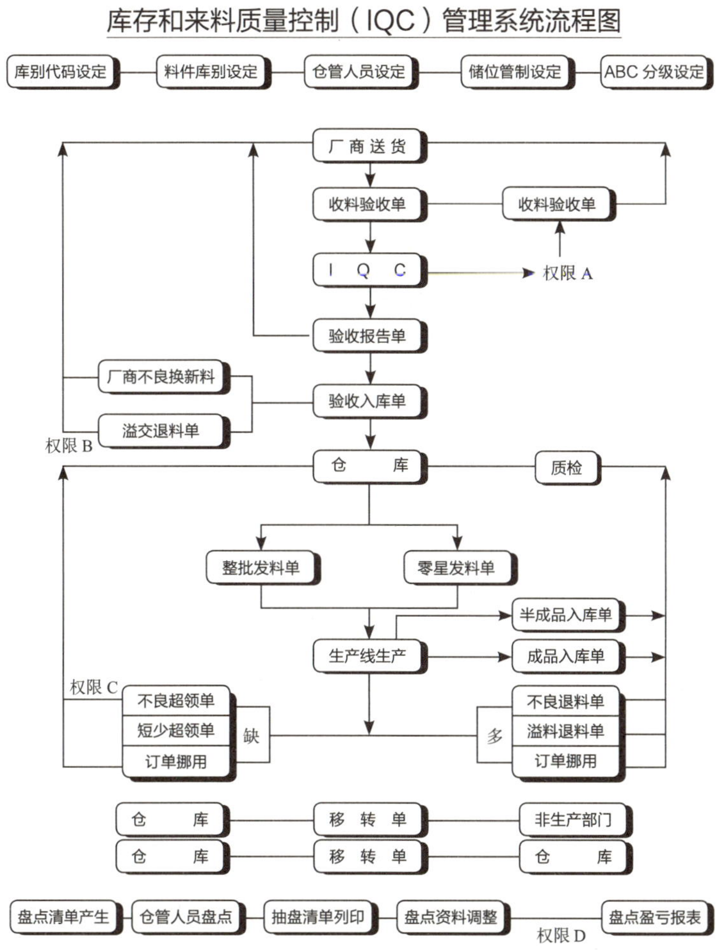

图 11-3　系统流程图实例

专家判断

拥有类似项目或业务领域经验的专家可以直接识别风险。在借助专家的判断时，我们需要注意专家的偏见，同时，也要重视专家的直觉。

假设条件和制约因素分析

每个项目及其项目管理计划的构思和开发都基于一系列的假设条件（不确定的），

并受一系列制约因素（确定的）的限制。这些假设条件和制约因素往往都已纳入范围基准和项目估算。通过开展假设条件和制约因素分析，我们可以判断假设条件和制约因素的有效性，确定其中哪些会引发项目风险。我们可以从不准确、不稳定、不一致或不完整的假设条件中识别出威胁，通过清除影响项目或过程执行的制约因素来创造机会。例如，适当放宽制约因素，如果在 6 个人的基础上再增加 2 个人，那么完不成项目的风险就会降低；如果适当收紧假设条件，比如客户不会更改需求（实践证明这是不可能的），那么项目的风险就会暴露。

SWOT 分析

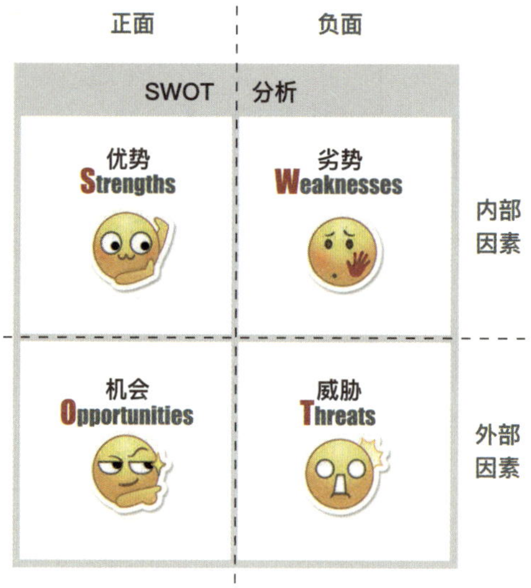

图 11-4　SWOT 分析

SWOT 分析法又称态势分析法，如图 11-4 所示。20 世纪 80 年代初，旧金山大学的管理学教授海因茨·韦里克（Heinz Weihrich）提出 SWOT 分析法。SWOT 分析法是一种能够较客观而准确地分析和研究一个项目现实情况的方法。其中，S 代表优势（Strengths），W 代表劣势（Weaknesses），它们属于内部因素；O 代表机会（Opportunities），T 代表威胁（Threats），它们属于外部因素。

11.2.2　单个项目风险与整体项目风险

提示清单

提示清单是关于可能引发单个项目风险及可作为整体项目风险来源的风险类别的预设清单。在采用风险识别技术时，提示清单可用于协助项目团队形成想法。我们可以用风险分解结构（RBS）底层的风险类别作为提示清单来识别单个项目风险，如表 11-3 所示。

表 11-3 风险分解结构（RBS）

RBS 0 级	RBS 1 级	RBS 2 级
0. 项目风险所有来源	1. 技术风险	1.1 范围定义
		1.2 需求定义
		1.3 估算、假设和制约因素
		1.4 技术过程
		1.5 技术
		1.6 技术联系
	2. 管理风险	2.1 项目管理
		2.2 项目集 / 项目组合管理
		2.3 运营管理
		2.4 组织
		2.5 提供资源
		2.6 沟通
	3. 商业风险	3.1 合同条款和条件
		3.2 内部采购
		3.3 供应商与卖方
		3.4 分包合同
		3.5 客户稳定性
		3.6 合伙企业与合资企业
	4. 外部风险	4.1 法律
		4.2 汇率
		4.3 地点 / 设施
		4.4 环境 / 天气
		4.5 竞争
		4.6 监管

战略框架

某些常见的战略框架更适用于识别整体项目风险的来源，如“PESTLE”（政治、经济、社会、技术、法律、环境）、“TECOP”（技术、环境、商业、运营、政治），或“VUCA”（易变性、不确定性、复杂性、模糊性）。

11.2.3 层级图（气泡图）

如图 11-5 所示，在气泡图中，我们把每个风险都绘制成一个气泡，并用X轴的值、Y 轴的值和气泡大小来表示风险的三个参数。其中，X 轴代表可监测性，Y 轴代表邻近性，影响值则以气泡大小表示。

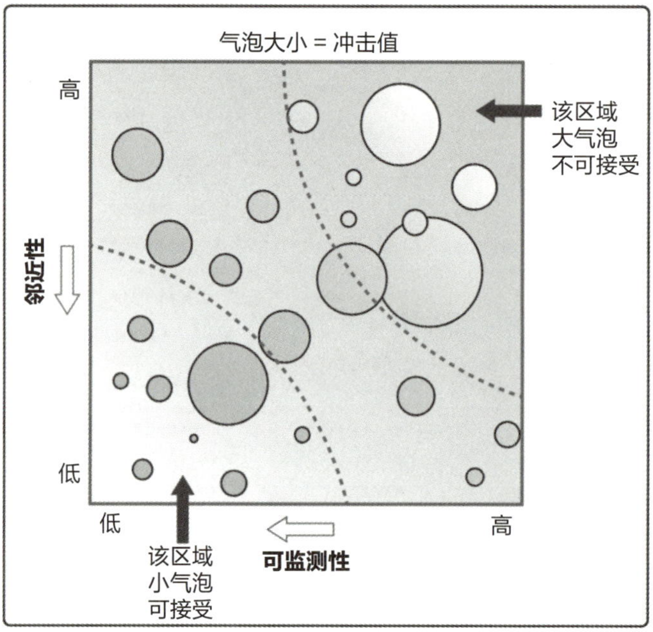

图 11-5　气泡图

资料来源：《PMBOK® 指南》（第 6 版）。

我们还可以选择的指标有紧迫性、潜伏期、可管理性、可控性、连通性、战略影响力及密切度等。

11.3 实施定性风险分析

实施定性风险分析是评估并综合分析风险发生的概率和影响，对风险进行优先级排序，从而为后续分析或行动提供参考的过程。本过程的主要作用是使项目经理能够梳理项目风险的级别，并重点关注高优先级的风险。

11.3.1 风险概率和影响评估量表

如表 11-4 所示，我们先编制一个评估风险概率和影响程度的量表，根据量表给每个风险评级（高、中、低等）。我们需要制作量表的原因是每个人对同一个风险的认识是不同的。例如，一个风险如果发生，会导致工期延误 1 周，新手可能认为延误 1 周已经是非常要命的问题，而在“饱经沧桑”的人眼里，1 周可能算不了什么。所以，如果我们只是根据自己的主观判断来评级，很可能结果差别很大，而按照量表评级可以消除评价者主观因素的影响。

表 11-4　风险概率和影响评估量表

风险等级	概率	+/– 对项目目标的影响		
		时间	成本	质量
很高	>70%	>6 个月	>500 万美元	对整体功能的影响非常大
高	51%~70%	3–6 个月	100 万 ~500 万美元	对整体功能的影响很大
中	31%~50%	1–3 个月	50.1 万 ~100 万美元	对关键功能领域有一些影响
低	11%~30%	1–4 周	10 万 ~50 万美元	对整体功能有微小的影响
很低	1%~10%	1 周	<10 万美元	对辅助功能有微小的影响
零	<1%	不变	不变	功能不变

11.3.2　风险概率与影响矩阵

我们给每个风险打两个分数，一个是概率分，另一个是影响分，并且把这两个分数相乘，按照对应的方格标记风险的位置，如图 11-6 所示。

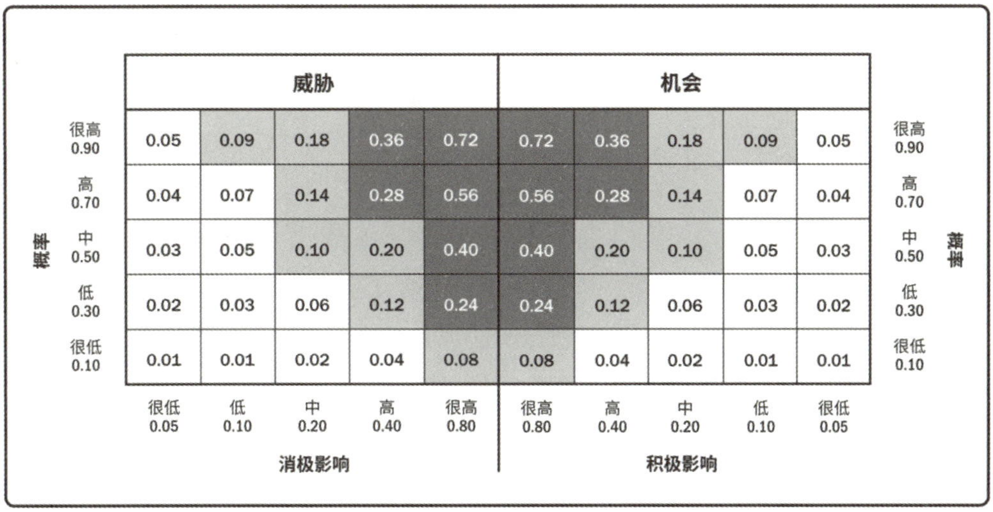

图 11-6　风险概率与影响矩阵

资料来源：《PMBOK® 指南》（第 6 版）。

深灰色区域的风险意味着概率高且影响大，应该被列入风险短名单实施重点管理，并且有针对性地编制风险应对计划。

剩下的风险要么概率很低，要么影响很小，或者概率和影响都很低。我们可将其列入风险观察清单，在项目例会上定期回顾并维护风险观察清单，补充新风险，删除已没机会发生的风险。

11.4 实施定量风险分析

实施定量风险分析是就已识别的风险对项目整体目标的影响进行定量分析的过程。本过程的主要作用是产生量化风险信息，支持决策制定，降低项目的不确定性。

11.4.1 蒙特卡洛模拟

蒙特卡洛模拟（Monte Carlo Simulation）方法的原理是当问题或对象本身具有概率特征时，可以用计算机模拟的方法产生抽样结果，再根据抽样计算统计量或者参数的值。随着模拟次数的增多，我们可以通过对各次统计量或参数的估计值求平均的方法得到稳定的结论。

在项目管理中，蒙特卡洛模拟方法的一般步骤如下：

1. 为每一项活动的历时或成本输入最小、最可能和最大估计值，并为其选择合适的概率分布模型；
2. 计算机根据上述输入，利用给定的某种规则，快速进行随机抽样；
3. 对随机抽样的数据进行数学计算，得出结果；
4. 对得出的结果进行统计学处理，求出最小值、最大值，以及数学期望值和标准偏差；
5. 根据统计学数据，让计算机自动生成概率分布曲线和概率累积曲线（通常是基于正态分布的概率累积 S 曲线）；
6. 依据概率累积曲线进行项目风险分析。

图 11-7 展示的是通过蒙特卡洛模拟技术形成的曲线，项目预计总成本和按这个成本完成项目的可能性（概率）具备了对应关系。例如，我们可以进行量化评价，从 23% 的概率增加到 85% 的概率，即成本需要从 220 万美元增加到 245 万美元。

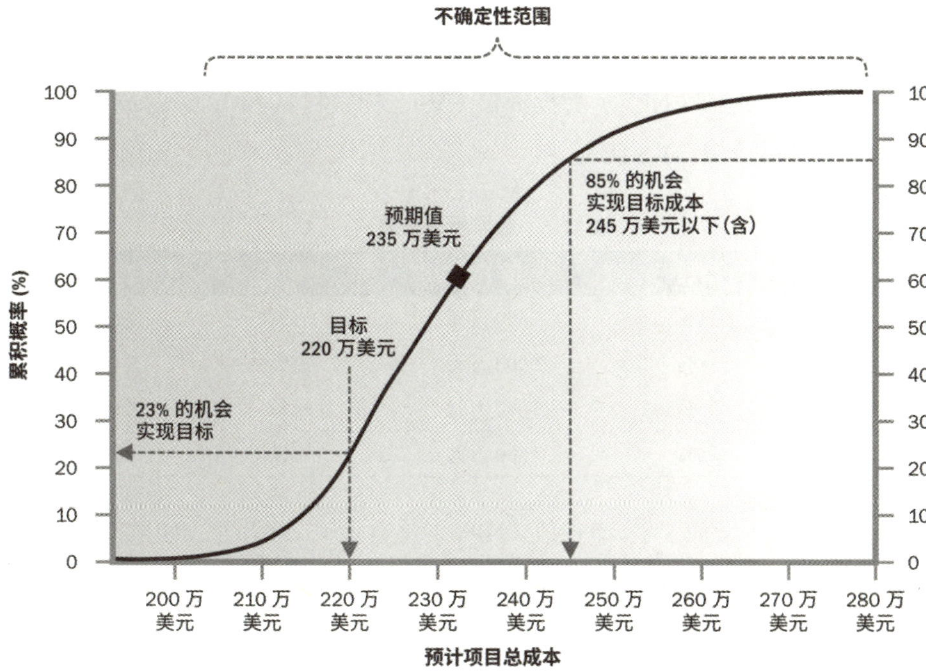

图 11-7　项目成本与概率累积曲线

资料来源：《PMBOK® 指南》（第 6 版）。

11.4.2　敏感性分析

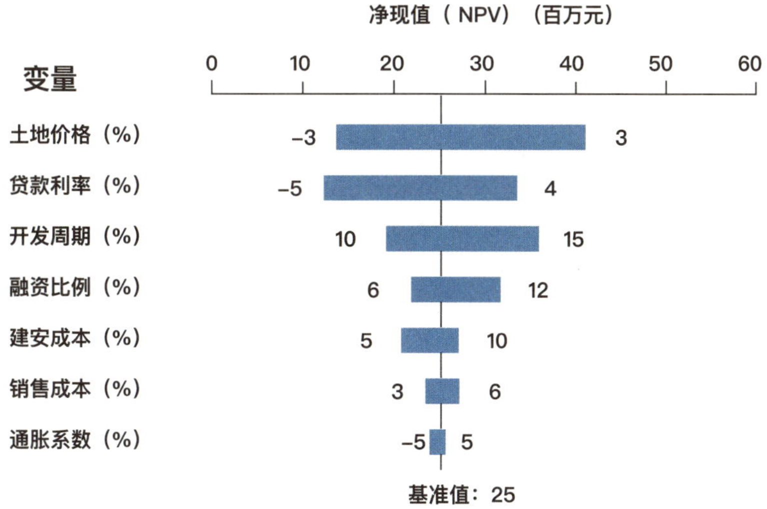

图 11-8　敏感性分析图

项目的结果指标，比如净现值（NPV）受很多因素影响，而且对各种因素的敏感性不同。根据敏感性从大到小排列所形成的图形像龙卷风，因此，敏感性分析图也称为龙卷风图，如图 11-8 所示。

例如，项目的净现值（NPV）受投资额（V）、贷款利率（i）、经营成本（C）和销售额（S）的影响，如表 11-5 所示。

表 11-5　敏感性分析表

影响因素	增加	净现值（NPV）	减少	净现值（NPV）
投资额（V）	+5%	4 500 万元	-5%	7 500 万元
贷款利率（i）	+5%	3 000 万元	-5%	9 000 万元
经营成本（C）	+5%	5 000 万元	-5%	7 000 万元
销售额（S）	+5%	7 800 万元	-5%	4 200 万元

如果投资额（V）增加 5%，净现值（NPV）将会是 45 00 万元；如果投资额（V）减少 5%，净现值（NPV）将会是 7 500 万元。同理，我们可以计算出贷款利率（i）、经营成本（C）、销售额（S）分别增加 5% 和减少 5%，净现值（NPV）的值。

如图 11-9 所示，净现值（NPV）对 4 个影响因素的敏感度由高到低依次是：（1）贷款利率（i）；（2）销售额（S）；（3）投资额（V）；（4）经营成本（C）。

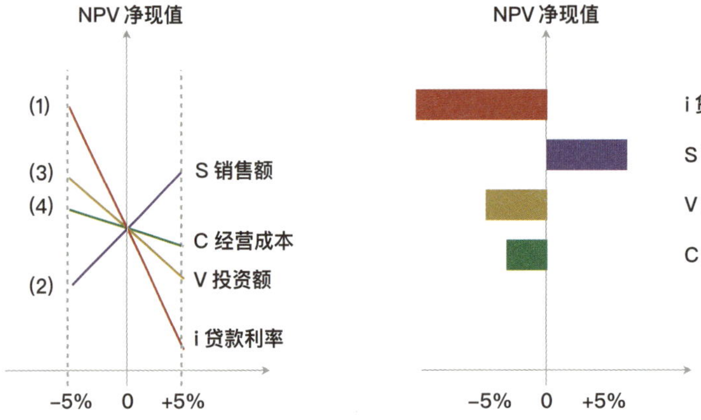

图 11-9　敏感性分析案例

11.4.3　决策树分析

通过决策树分析，我们可以在若干备选行动方案中选择一个最佳方案。在决策树中，不同的分支代表不同的决策或事件，即项目的备选路径。每个决策或事件都有相关的成本和单个项目风险（包括威胁和机会）。决策树分支的终点表示沿特定路径发展的最后结果，可能是负面的结果，也可能是正面的结果。如图 11-10 所示，一家酒店利用决策树分析进行装修决策（改造成四星级酒店还是五星级酒店），该决策树分析中已经包含了未来市场波动的风险。

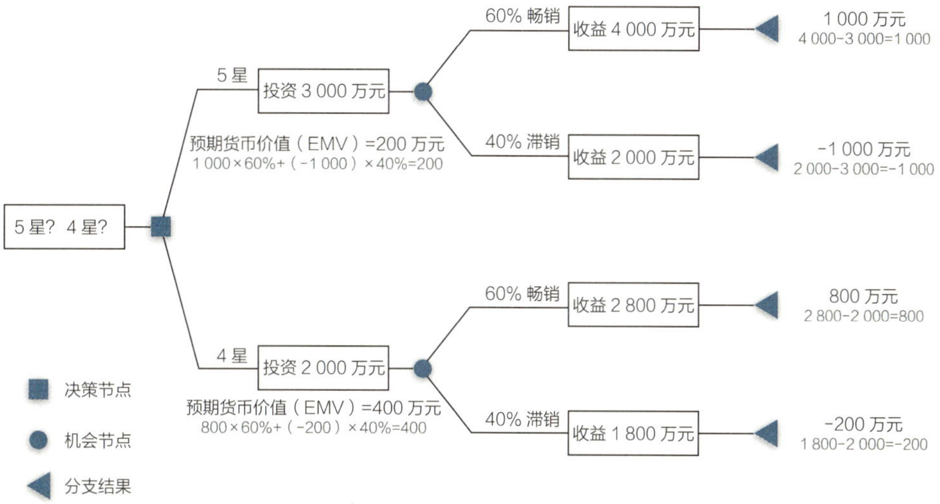

图 11-10 决策树分析案例

11.4.4 影响图

如图 11-11 所示，影响图是由结点和有向弧组成的无环路的有向图。其中，结点表示研究的变量，有向弧表示变量间的各种相互关系。

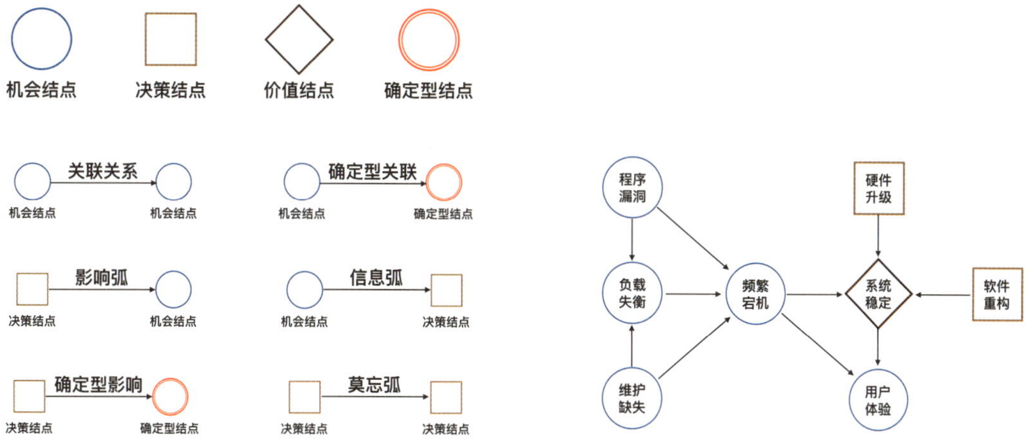

图 11-11 影响图

结点分为机会结点、决策结点、价值结点和确定型结点。

机会结点到机会结点的箭头表示关联关系，机会结点到确定型结点的箭头表示确定型关联，决策结点到机会结点的箭头表示影响弧，机会结点到决策结点的箭头表示信息弧，决策结点到确定型结点的箭头表示确定型影响，决策结点到决策结点的箭头表示莫忘弧。

11.5 规划风险应对

规划风险应对是针对项目目标制定提高机会、降低威胁的方案和措施的过程。本过程的主要作用是根据风险的优先级来制定应对措施，并把风险应对所需的资源和活动加进项目的预算、进度计划和管理计划中。

11.5.1 风险应对方法

1. 原计划（Original Plan）

原计划是指在项目初期编制计划时，已经对风险做出了识别、分析和应对方案。

2. 应急计划（Contingency Plan）

应急计划是针对某些特定事件而提前设计的一套应对计划，俗称“B 计划”，是只有在某些预定条件发生时才能实施的应对计划。

3. 弹回计划（Fallback Plan）

弹回计划是指提前预备的一套行动方案，以便在应对计划因风险或其他问题而废弃时采用。也就是说，当项目目标被放弃或项目发生重大改变时，弹回计划就是以最小损失收尾或过渡的方案，或称为“保底方案”。

4. 权变措施（Workaround Response）

权变措施是指在未事先制定应对措施或事先制定的应对措施无效时，针对已发生的威胁而采取的随机应变的措施。一般在权变措施实施前，项目仍需要经过变更控制程序。只有在人命关天或者确实来不及走程序的情况下，才可以先采取权变措施。这种权变措施被称为自动权变。

风险与资源的关系如表 11-6 所示。

表 11-6 风险与资源的关系

风险种类	应对措施	动用资源	成本基准	管理责任
已知	原计划	活动预算	√	团队成员
已知—未知	应急计划	应急储备	√	项目经理
未知—未知	权变措施	管理储备	×	高层管理者

以上四种风险应对方法的使用场景如图 11-12 所示。

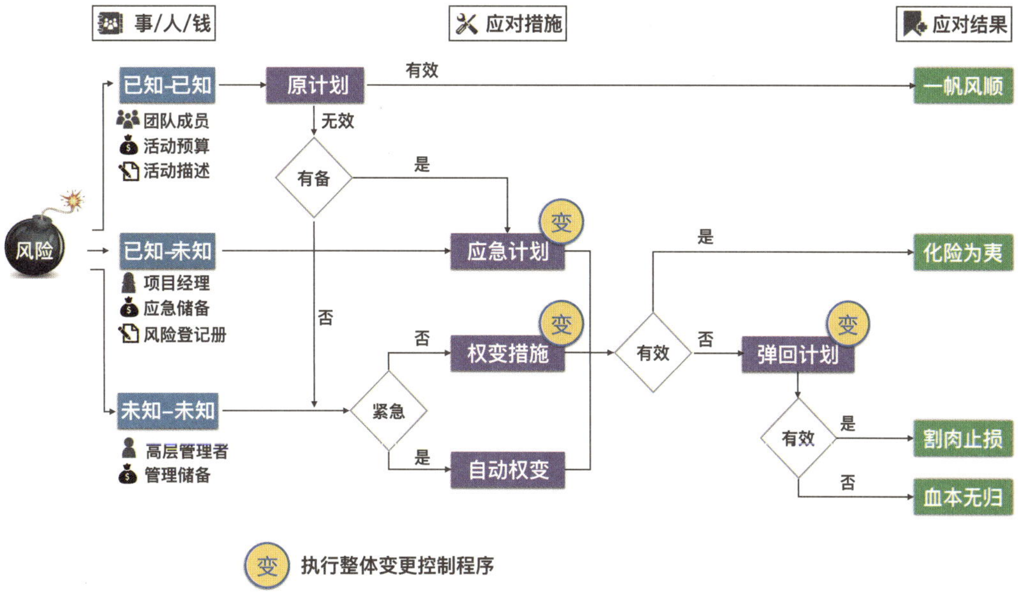

图 11-12　风险应对方法的使用场景

11.5.2　风险应对策略

图 11-13 展示的是当我们应对正面风险、负面风险，或两种风险同时存在时，可以采取的策略。

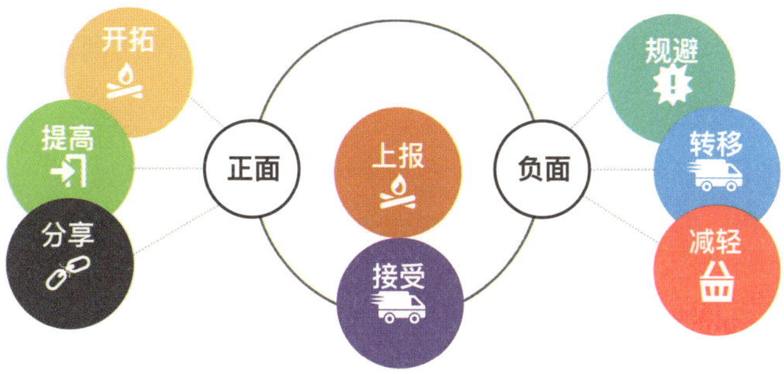

图 11-13　风险应对策略

当我们应对负面风险时，可以采取以下策略。

1. 规避

修改甚至放弃项目计划，以避免已经识别出来的风险可能带来的损失。

2. 转移

把不擅长做的或没有能力做的工作分包给第三方合作伙伴，这相当于同时也把这部分工作的风险转移出去了。这就是风险转移的例子。风险转移常用的方法包括（但不限于）保险、分包、履约保函、担保书和保证书等。

3. 减轻

通过事先消除或干预风险发生的条件来降低风险发生的概率，或采取防范措施减轻风险发生时造成的损失。例如，采用更简单的工艺、更可靠的流程，增加设计冗余，进行更多的测试，或者选用更熟悉的供应商。

下面举一道例题。

例如 11-1 项目经理在和客户签约前评估出其中一个软件开发子项目的工作量很大，担心团队因为人手不足而无法按时交付。项目经理与团队经过商议决定与一家合作伙伴签订合同，项目期间从合作伙伴那里临时聘用 5 名成员加入团队，这属于：

A. 风险规避

B. 风险转移

C. 风险减轻

D. 风险接受

答案是 C，风险减轻。如果把这个软件开发子项目都包给第三方，则属于风险转移。风险转移和风险减轻的区别在于，风险转移是让第三方承担相应的风险，风险减轻只是缓解自己的风险，关键看责任有没有转移出去。

如果团队认为子项目风险太高，事先没有接这个子项目，而是建议客户找别的供应商，这就属于风险规避。

团队硬着头皮做，如果没办法按期交付，甘愿承担合同规定的罚款，这就属于风险接受。

当我们应对的是带有正面机会的风险时，可以采取以下策略。

1. 开拓

创造条件获得机会。例如，罗先生在创业遭遇挫折后，尝试抖音直播带货，开拓出了一条新路。

2. 分享

通过合作，把机会分享给其他方，以换取自己不具备的资源或优势。例如，凭自身技术创业的团队与投资商合作换取资金，与平台合作换取流量，在成就了别人的同时也成就了自己。

3. 提高

通过增加资源等方式提高机会带来的潜在收益。例如，当新产品已验证市场需求巨大时，通过加人加班来扩大产能，提高市场占有率。

当我们应对的风险中既有正面的机会，又有负面的威胁时，可以采取以下策略。

1. 上报

当威胁或机会超出了项目范围，或团队无力应对时，项目经理要上报给更高层级的管理层，以便及时采取措施，避免风险造成的后果，或提高机会带来的收益。

2. 接受

承认风险的存在，但不主动采取应对措施来避免、转移或减少风险，而是接受风险带来的影响。此策略可用于低优先级风险，也可用于无法以任何方式有效应对的风险。接受策略又分为主动接受或被动接受。最常见的主动接受策略是在风险发生前建立应急储备，包括预留时间、资金或资源；被动接受策略则不会主动采取行动，而只是定期对风险进行审查，确保其并未发生重大改变。

如图 11-14 所示，我们在选择风险应对策略时会受到相关方风险承受力和组织管理程序的影响。

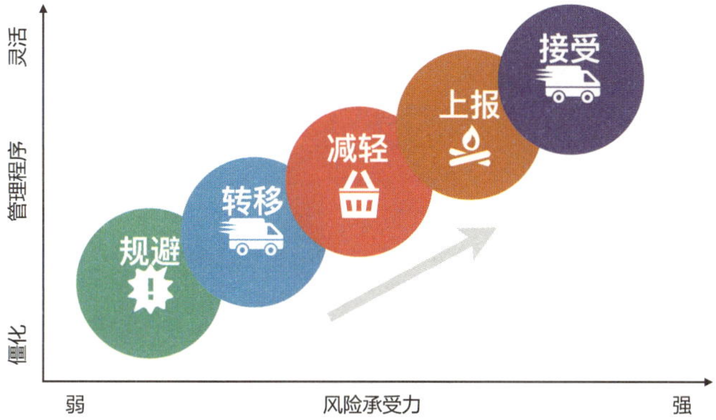

图 11-14　选择风险应对策略的影响因素

选择风险应对策略会受相关方风险承受力的影响：如果风险承受力强，项目团队就可以选择激进的应对策略，比如，设法降低风险，或者及时上报，实在不行就认了，选择接受风险；如果风险承受力弱，团队就会选择保守的策略，将没把握的部分分包给专业组织，以转移风险，或者换一种实现方式来规避风险，甚至干脆放弃。

选择风险应对策略还受组织管理程序的影响：如果程序僵化，管理层不近人情，项目团队就会选择保守的策略；如果程序灵活，管理层鼓励创新，团队就会选择积极的策略。

11.6 控制风险

控制风险是在整个项目中实施风险应对计划、跟踪已识别风险、监督残余风险、识别新风险，以及评估风险过程有效性的过程。本过程的主要作用是在整个项目生命周期中提高应对风险的效率，不断优化风险应对过程。

11.7 监督风险

监督风险是在整个项目期间监督风险应对计划的实施、跟踪已识别风险、识别和分析新风险，以及评估风险管理有效性的过程。本过程的主要作用是使项目决策都基于整体项目风险敞口和单个项目风险的当前信息。本过程需要在整个项目期间开展。

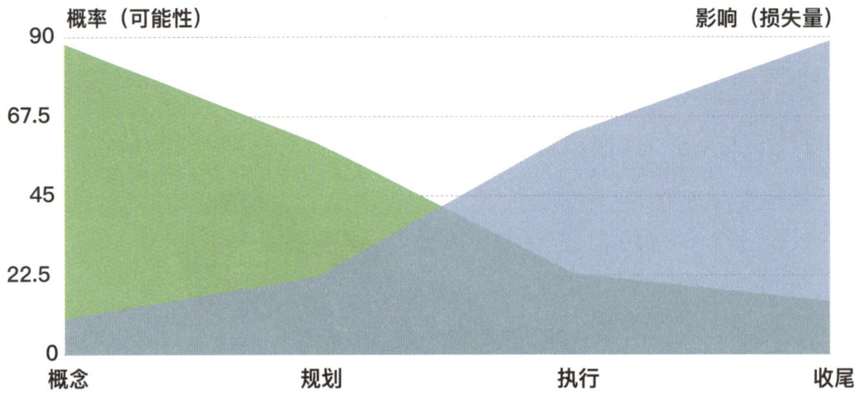

图 11-15　风险要素与项目生命周期

如图 11-15 所示，风险发生的概率会随着项目的推进逐渐降低，因为可能时过境迁，风险发生的条件已不具备；但是风险造成的影响会随着项目的推进持续上升，因为投入的资源越来越多，所以风险越晚发生，损失就越大。

11.8 本章考试要点

1. 单个风险与整体风险☆☆☆☆
2. 整合式风险管理☆☆☆

3. 风险的分类☆☆☆☆

4. 风险概率与影响矩阵☆☆☆

5. 风险模拟（蒙特卡洛技术）☆☆☆☆

6. 决策树☆☆☆☆

7. 风险应对策略☆☆☆☆☆

8. 风险应对工具☆☆☆☆☆

9. 风险与资源的关系☆☆☆☆☆

10. 风险要素与项目生命周期☆☆☆

11.9 本章测试题及解析

11-1 项目经理正在为客户实施客户关系管理系统（CRM）项目。团队成员提出，系统可能存在客户信息泄漏的漏洞，这个漏洞如果真的存在，不仅影响这位客户，而且还会影响公司服务的所有涉及客户关系管理系统（CRM）的客户。项目经理应该怎么办？

A. 按照整合式风险管理原则，将该风险上报给高级管理层

B. 产品安全漏洞不属于交付项目的范围，不用担心

C. 对这个风险进行定性和定量分析

D. 暂停项目实施，并带领团队修复这个漏洞

11-2 关于储备和风险的关系，下面表述正确的是？

A. 应急储备用于应对已知—已知风险

B. 应急储备用于应对未知—未知风险

C. 管理储备用于应对已知—未知风险

D. 管理储备用于应对未知—未知风险

11-3 一名项目团队成员告诉项目经理，因为个人原因，他将在下个月请两周假。该团队成员是能够执行一项关键路径任务的唯一资源。项目经理应首先更新哪一份文件？

A. 责任分配矩阵

B. 风险登记册

C. 人力资源管理计划

D. 项目进度计划

11-4 在一个项目中途，公司披露正在与另一家昔日的竞争对手谈判合并事宜。以哪种方式合并、合并后项目的归属，甚至项目是否继续进行都是未知数。发起人要求项目经理评估合并对项目的影响，项目经理应使用下列哪一项工具与技术？

A. 假设情景分析

B. 挣值分析

C. 趋势分析

D. SWOT 分析

11-5 在项目预算评审会上，项目经理说，以目前的预算，团队可以完成项目的概率是 75%，并解释了这是由多种风险综合影响的结果。发起人问，如果将完成的概率提高到 85%，需要追加多少预算？项目经理需要用到下面哪一种技术来回答这个问题？

A. 敏感性分析

B. 决策树分析

C. 趋势分析

D. 蒙特卡洛分析

11-6 客户要求项目经理提前一个月让系统上线。项目经理组织团队进行了影响分析后提出了两个变更请求：一是将自己团队不擅长的子项目 M 分包给更为专业的外部团队，二是申请将需要创新性研发且不确定性很强的功能 X 从本项目范围中移出，上交给由技术总监负责的开发团队。项目经理分别采取的是哪种风险应对策略？

A. 转移、上报

B. 转移、减轻

C. 转移、规避

D. 规避、上报

答案及解析

11-1 A

如果风险不仅影响单个项目，而且影响项目集或项目组合甚至公司战略，就应该及时上报风险，让更有能力、更有资源的高层管理者去统一处理。这道题的考点是整合式风险管理。

11-2 D

应急储备用于应对已知—未知风险，管理储备用于应对未知—未知风险，而用于已知—已知风险的不是储备，而是活动预算。

11-3 B

核心团队成员将缺席两周，很可能造成整个项目工期延误，项目经理需要先更新风险登记册并研究应对方案。

11-4 A

假设情景分析是逐个逐级确认或排除各种假设情形，并评估其对项目的影响。

11-5 D

蒙特卡洛分析是量化风险分析中的一种。通过计算机模拟（每增加单位预算，对应的项目完成的概率就会发生变化），我们可以分析预算变化与项目完成概率的关系曲线。因此，通过曲线分析，我们就可以回答发起人，从 75% 的概率提高到 85% 需要追加的预算。

11-6 C

将自己不擅长的工作外包属于典型的风险转移，而把工作从范围中移出，不管交给谁做，都是规避了这个工作带来的风险。上报是指项目经理将自己没有获得授权的决策上报给高级管理层。

第 12 章　项目采购管理

采购管理的核心概念

项目采购管理包括从项目团队外部采购或获得所需**产品**、**服务或成果**的过程。

建筑信息模型（BIM）

对于建筑项目而言，BIM 具有如下优势。

- 可视化：3D（三维空间）、4D（空间 + 时间轴）等。
- 协调性：便于碰撞检查、便于在设计、采购、施工和各专业之间的协调配合。
- 模拟性：可展现未来的建造过程和成果。
- 优化性：可随时更新模型，随时出新图。
- 持续性：从规划、设计、加工、安装、维修到报废。

BIM 是建筑信息化的趋势，为合同和采购带来深刻的变化，需要项目各方配合才能发挥其价值。

国际标准采购合同范本

市场全球化导致项目参与各方来自不同国家，采用谁家的合同模板成了一个问题。为了解决这个问题，有些专业组织提供了标准的采购合同范本，比如：

- 国际咨询工程师联合会（FIDIC）；
- 美国建筑师学会（AIA）；
- 英国土木工程师学会（ICE）；
- 世界银行（World Bank）。

敏捷场景中的采购管理

因为甲乙双方对项目的范围无法确定，需要根据现实的开发情况和外部反馈实时地做出调整，所以适合采取敏捷方法或混合开发模式。可是不确定范围，怎么签订采购合同呢？

甲乙双方往往通过主要服务协议（MSA）来管辖整体协作关系，用附录或补充文件记录适应型的工作内容。变更只针对适应型工作，不会对主体协议造成影响。

12.1 规划采购管理

规划采购管理的主要作用是确定是否需要外部支持，如果需要，则还要决定采购什么、如何采购、采购多少，以及何时采购。

12.1.1 采购合同的基本类型

采购合同包含以下三种类型。

1. 总价类合同

总价类合同包括以下三种类型。

（1）固定总价合同（Firm Fixed Price Contract，FFP）

固定总价合同也称总价包死。对于合同中签订的固定总价，双方可约定完工时支付或分阶段支付。

固定总价合同适用于边界清晰、设计完整的中小型项目。

（2）总价加激励费用合同（Fixed Price Plus Incentive Fee Contract，FPIF）

总价加激励费用合同需要甲乙双方事先确定如下内容：

- 目标成本；
- 目标利润（费用）；
- 最高限价（天花板价格），即甲方可以支付的最高合同价；
- 分成比例。

合同款结算步骤如下。

第一步：计算总付款。计算公式如下：

总付款 = 实际成本 + 目标利润 −（实际成本 − 目标成本）× 卖方分成比例

第二步：检验总付款是否超过最高限价。

- 总付款＜最高限价，按总付款支付；
- 总付款≥最高限价，按最高限价支付。

例题 12-1　某项目预算成本为 300 万元，约定费用为 100 万元，天花板价格为 450 万元。如果实际成本超出或低于预算成本，甲乙双方按 80：20 的比例分担或分享。如果实际成本为 400 万元，甲方应支付给乙方的总付款是多少？

总付款 =400+100−（400−300）× 20% = 480（万元）

总付款（480 万元）> 最高限价（450 万元），所以甲方只付 450 万元。

（3）总价加经济价格调整合同（Fixed Price with Economic Price Adjustment Contract，FPEPA）

如果卖方的履约期较长（数年），对外部条件变化（如通货膨胀、材料价格波动等）无法准确预测，那么我们建议使用本合同类型。它有利于买卖方之间维持长期关系。

经济价格调整（EPA）的规则条款应事先确定。总价加经济价格调整合同可以保护甲乙双方的合作关系免受外界不可控的情况的影响。

2. 成本类合同

成本类合同包括以下三种类型。

（1）成本加固定费用合同（Cost Plus Fixed Fee Contract，CPFF）

合同规定：成本实报实销，乙方完工后，甲方另外支付乙方固定的费用。

例题 12-2　合同规定，成本由甲方承担，乙方完工后，甲方另支付乙方 100 万元的费用。如果最终成本为 300 万元，那么甲方应支付给乙方的总付款是多少？

总付款 =300+100=400（万元）

这种合同一般用于项目开始前无法判断项目能否成功，更无法估算项目的成本，只有项目进行到一定程度，才能判断项目是否可以成功的项目，比如创新研发类项目。

（2）成本加激励费用合同（Cost Plus Incentive Fee Contract，CPIF）

合同规定：成本按预算控制另加约定费用。例如，成本超支或节约，按约定的比例分担或分享。

例题 12-3　成本预算为 300 万元，约定费用为 100 万元，如果成本超支或节约，按 80 : 20 分担或分享。如果最终成本为 400 万元，那么甲方应给乙方结算多少合同款？

总付款 =400+100-（400-300）×20%=480（万元）

成本加激励费用合同与总价加激励费用合同唯一的区别就是，成本加激励费用合同没有天花板价格，也就是没有封顶价，直接按计算结果支付。

（3）成本加奖励费用合同（Cost Plus Award Fee Contract，CPAF）

合同规定：成本实报实销，乙方完工后，甲方根据绩效决定奖励乙方的数额。甲方报销一切合法成本。奖励数额完全由甲方主观判断决定，一般不允许申诉。

成本加激励费用合同和成本加奖励费用合同的本质区别在于，成本加激励费用合同约定了激励规则（有计算公式），甲乙双方都可以独立计算出激励的金额；而成本加奖励费用合同奖励的金额是靠甲方评价乙方表现后决定的（没有计算公式），乙方事先无法计算出会得到多少奖励，事后也没法讨价还价。需要注意的是，成本加激励费用合同激励的依据不一定是节省的成本，有时依据的是提前的工期、提升的质量等。

3. 工料合同（T&M）

工料合同的特点如下：

- 买方按卖方实际消耗的工时支付工时费；
- 卖方提供材料，买方支付材料费；
- 买方和卖方预先确定了单位人力和材料成本（包含卖方税费及利润）。

工料合同适用于工作内容明确，但工作量不容易实现准确评估的情况。例如，在工程项目基础处理中需要对溶洞进行回填，回填多少混凝土事先很难准确预测，所以该项目适合采用工料合同，直到溶洞被填满为止。

12.1.2 采购文件和项目交付方式

采购文件

采购文件包括招标文件、采购工作说明书（SOW）和工作大纲。

1. 招标文件

招标文件是指买方向卖方提供的关于招标内容和要求的文件，包括以下几种类型。

信息邀请书（RFI）

如果买方需要卖方提供关于拟采购货物和服务的更多信息，就使用信息邀请书。随后一般还会使用报价邀请书或建议邀请书。

报价邀请书（RFQ）

如果买方需要卖方提供关于将如何满足需求和（或）需要多少成本的更多信息，就使用报价邀请书。

建议邀请书（RFP）

如果买方需要卖方提供完整的解决方案，就使用建议邀请书。这是最正式的“邀请书”文件，需要买方遵守与内容、时间表和卖方应答有关的严格的采购规则。

2. 采购工作说明书（SOW）

依据项目范围基准，项目经理为每次采购编制工作说明书，仅对将要包含在相关合同中的那一部分项目范围进行定义。工作说明书会详细描述拟采购的产品、服务或成果，以便潜在卖方确定是否有能力提供此类产品、服务或成果。根据采购品的性质、买方的需求，或拟采用的合同形式，工作说明书的详细程度会有较大不同。采购工作说明书的内容包括规格、数量、质量水平、绩效数据、履约期限、工作地点和其他要求。

3. 工作大纲（TOR）

工作大纲适用于服务采购，比如咨询合同、顾问合同。与采购工作说明书类似，工作大纲通常包括以下内容：

- 承包商需要执行的任务，以及所需的协调工作；
- 承包商必须达到的适用标准；
- 需要提交批准的报告和数据等。

采购工作说明书和工作大纲通常是由项目经理根据项目范围基准，摘出本次采购需要的部分编写而成。

如图 12-1 所示，公司采购部门（职能部门）遵照法律法规（如合同法、招标法等）、行业规范，并结合公司采购流程制度，在项目经理提供的采购工作说明书或工作大纲的基础上补充必要的规则说明和条款，将其编制成采购文件。

项目经理对采购文件中的范围负责，采购部门对采购文件的合法合规性负责。

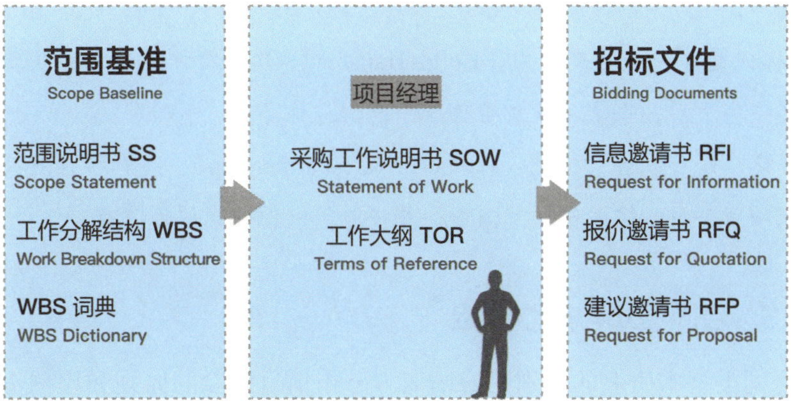

图 12-1　采购文件之间的关系

项目交付方式

1. DBB 模式

DBB 模式是传统的设计—招标—建造模式 (Design-Bid-Build)。买方分别招标设计方、施工方，并自行采购主材和设备。买方协调工作量大，协调难度高。这种模式对买方的专业程度要求高，但买方拥有较高的主动性和管控深度。

2. 总承包模式

EPC 模式是设计—采购—施工总承包模式（Engineering-Procurement-Construction），也称交钥匙工程。EPC 模式是指买方把设计、采购和施工统一包给 EPC 总承包商，EPC 总承包商通过设计、采购和施工之间的统筹协调，创造更加高效、经济和优质的工程。在 EPC 模式下，双方通常签订总价类合同，所以买方风险低，而 EPC 总承包商肩负起更多的管理责任，也承担了更多的项目风险。

DB 模式是设计—建造总承包模式（Design-Build）。DB 模式与 EPC 模式类似，只是在 DB 模式下，买方保留采购主导权，只把设计和施工统一委托给总承包商。买方自己采购，对材料的质量和采购成本管控更为主动。

3. 特许融资模式

特许融资模式是指政府为基础设施项目的建设和经营提供特许权，比如公路、地铁、污水处理厂等项目，企业可以凭借政府授予的特许权向银行贷款，用于项目建设。以下是几种常见的特许融资模式。

- BOT 模式是建造—运营—移交模式（Build-Operation-Transfer）。政府特许某家企业负责基础设施项目的建造和一定年限的运营，企业通过运营收回成本并获得利润，到期后将项目移交给政府。
- BT 模式是建造—移交模式（Build-Transfer）。政府特许某家企业负责建造，企业建造完成后，将项目移交给政府，没有运营环节。
- PPP 模式是公私合营模式（Public-Private-Partnership）。政府和企业共同成立合伙制项目公司，按股份比例出资，并按股份比例分享项目收益。

12.1.3 合同模式与风险分担

不同合同类型本质上的区别是合同双方分担项目风险的原则和比例不同，如表 12-1 所示。

表 12-1 合同类型与风险分担

合同类型	项目范围	不确定性	风险分担
固定总价合同（FFP）	明确	低	乙方
总价加激励费用合同（FPIF） 或成本加激励费用合同（CPIF）	不太明确	中	甲乙双方
成本加固定费用合同（CPFF）	不明确	高	甲方

固定总价合同，因为合同总价是固定的，对甲方而言没有不确定性，不管节省还是超支，这个不确定性都由乙方承担。

激励费用合同包括总价加激励费用合同（FPIF）和成本加激励费用合同（CPIF）。无论项目超支还是节约，甲乙双方均按比例分担或分享，这有利于甲乙双方一起努力控制成本，一同承担风险。

因为成本加固定费用合同（CPFF）中的费用是固定的，成本实报实销，所以对于乙方而言，项目没有不确定性，项目的不确定性都由甲方承担。

12.1.4　自制与外购分析

自制是指在项目执行组织内部完成某一项工作。

外购是指从执行组织外部获得所需的产品、服务或成果。

项目经理通过对多种因素综合考虑来决定是自制，还是外购。如果决定外购，则继续做出购买或租赁的决策。项目经理需要考虑的因素见表 12-2。

表 12-2　自制—外购的原因

自制的原因	外购的原因
自制成本低	外购成本低
保证供应充足	降低库存压力
无合适的供应商	保留对供应商的许诺
利用过剩劳动力	生产能力不足
获得供应的主动性	获得技术或管理能力
排除供应商之间的勾结	获得供应的灵活性和可替代性
保护专利设计或商业秘密	产品受到专利或商业秘密的保护
自制质量可靠	外购质量可靠
维持组织的规模或能力	享受配套的售后服务

自制与外购分析例题如下。

例题 12-4　产品需要包装纸箱，如果直接从纸箱厂买，纸箱价格为 8 元 / 个；如果自制，则需要购置机器，机器的价格为 3 万元 / 台，每个纸箱消耗的材料、人工等费用是 5 元。问：什么情况下该外购？什么情况下该自制？

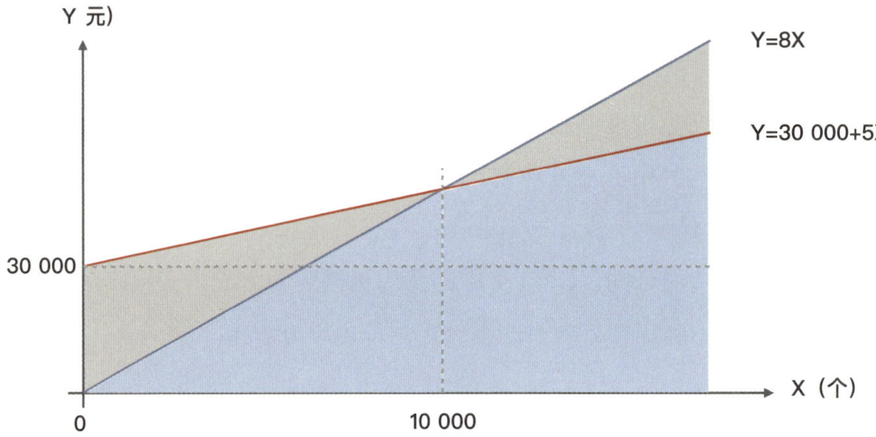

图 12-2　自制与外购分析例题

如图 12-2 所示，我们用 X 代表纸箱数量，Y 代表所需费用。如果自制，则 Y=30 000+5X；如果外购，则 Y=8X。通过解方程组，我们可以得到：X=10 000（个）。当 X=10 000（个）时，两条斜线相交，也就是说，当 X=10 000（个）时，自制成本和外购成本一样。

所以，当纸箱需求量小于 10 000（个）时，外购合适；当纸箱需求量大于 10 000（个）时，自制合适。

12.1.5　供方选择分析

如表 12-3 所示，供方要根据不同的项目场景和买方关注重点来决定采取哪种选择标准。不同的选择依据对应不同的选择标准。

表 12-3　供方选择分析

选择依据	适用场景	选择标准
成本最低	有成熟的标准、明确的范围和预期成果	选择出价最低者
资质	采购价值小，不值得大费周章	买方从短名单中选择等级最高、经验和历史业绩最佳的投标人
质量或技术方案得分	买方最看重质量或技术方案，成本可商量	在评估技术建议书时，只要成本可接受，就选择技术方案或质量得分最高的投标人
质量和成本得分	买方最看重质量和成本，适合不确定性较高的项目	选择质量和成本得分最高的投标人
独有来源	有依据证明没有别家可以提供相同的产品或服务	独此一家，别无选择
固定预算	工作说明书对工作定义得完整、精确，预期不会发生变更，并且预算是固定的，不能超出预算	预算是公开的，选择技术建议书得分最高的投标人

12.2　实施采购

实施采购是获取卖方应答、选择卖方并授予合同的过程。本过程的主要作用是通过达成协议使内部和外部相关方的期望协调一致。

12.2.1　采购流程

采购的一般流程如图 12-3 所示。

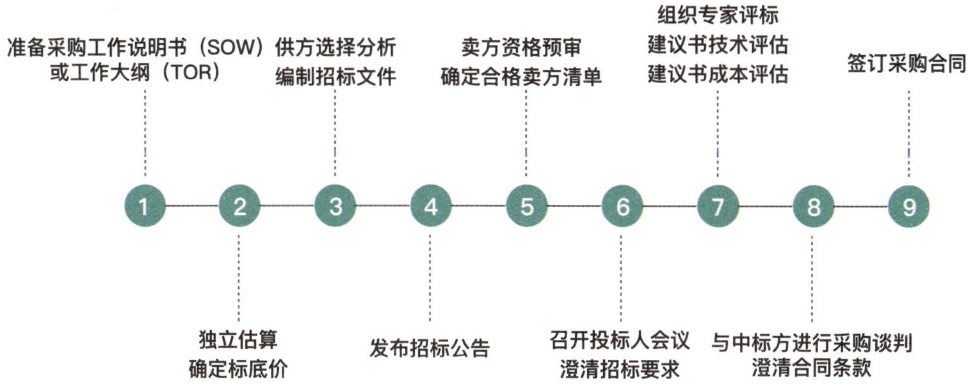

图 12-3　采购的一般流程

12.2.2　实施采购的工具与技术

实施采购的工具与技术如下。

独立估算（Independent Estimates）

采购组织可以自行编制独立估算，或者邀请外部专业估算师做出成本估算，并以此作为标杆，与潜在卖方的应答做比较。

投标人会议（Bidders Conference）

投标人会议（又称承包商会议、供应商会议、投标前会议、招标文件交底会议）是在卖方提交建议书之前，在买方和潜在卖方之间召开的会议。其目的是确保所有潜在投标人对采购要求都有清楚且一致的理解，并确保没有任何投标人会得到特别优待。

采购谈判

采购谈判是指在合同签署之前对合同的结构、要求及条款加以澄清，以取得谈判双方一致的意见。最终的合同措辞应该反映双方达成的全部一致意见。

合同中需要澄清的内容包括双方应承担的责任、变更的权限、使用的条款和法律、技术和商务要求、所有权、合同融资、技术解决方案、总体进度计划、付款方式及金额等。

投标人会议与采购谈判的区别如表 12-4 所示。

表 12-4　投标人会议与采购谈判的区别

采购工具	召开时间	邀请的参与方	要澄清的内容
投标人会议	投标前	所有符合条件的投标方	招标文件
采购谈判	中标后，签合同前	中标方	合同

12.3　控制采购

控制采购是管理采购关系、监督合同执行情况，并根据需要实施变更和采取纠正措施的过程。本过程的主要作用是确保买卖双方履行法律协议，满足采购需求。

控制采购的工具和技术如下。

索赔管理

如果买卖双方不能就变更补偿达成一致意见，甚至对变更是否已经发生都存在分歧，那么被请求的变更就成为有争议的变更或潜在的推定变更。有争议的变更也称为索赔、争议或诉求。

如果合同双方无法自行解决索赔问题，则要按照合同中规定的争议解决程序进行处理，如调解、仲裁或诉讼，而谈判是解决所有索赔和争议的首选方法。

采购审计

采购审计是指对从规划采购管理过程到控制采购过程的所有采购过程进行结构化审查。其目的是找出合同准备或管理方面的成功经验与失败教训，供本项目其他采购合同或执行组织内其他项目的采购合同借鉴。

替代争议解决方式（ADR）

替代争议解决方式是指可以被法律程序接受的，通过协议而非强制性和有约束力的裁定来解决争议的任何方法，是非诉讼、非仲裁的选择性争议解决方式的概括性的统称，又称选择性争议解决方式。

简单地说，替代争议解决方式就是当合同双方无法达成一致意见时请一个双方都信得过的第三方来评理。

替代争议解决方式主要包括调解或调停、中立听者协议、小型审理、简易陪审团审判、租借法官、事实发现法、特别主事人、法院附属仲裁及监察专员制度等。

替代争议解决方式是对诉讼和仲裁的辅助手段，是社会有机体自我完善机制的表现，目前已成为民商事争议解决方式体系中的重要形式。

替代争议解决方式具有非正式性、非强制性、广泛性、灵活性的特点。替代争议解决方式是一种可以广泛地适用于解决争议的纯粹自愿的程序。

采购合同争议解决方式对比

当买卖双方因采购合同存在争议时，要考虑的解决方式如表 12-5 所示。在这几种解决方式中，应首选谈判的解决方式。

表 12-5　采购合同争议解决方式

	谈判	替代争议解决	仲裁	诉讼
正式性				√
保密性	√	√	√	
便利性	√	√		
双方自愿	√	√	√	

采购合同结束的方式

如图 12-4 所示，我们可以从采购合同双方的关系和项目范围内工作的完成度这两个维度来分析采购合同结束的不同方式。

- 第一种情况：项目顺利完成，且双方保持了良好的关系，这是最好的结果。
- 第二种情况：项目虽然完成，但过程很曲折，出现大量的变更、索赔、补偿，双方都不愉快。
- 第三种情况：项目没有完成，双方却陷入仲裁或诉讼中，这是最糟糕的结果。
- 第四种情况：虽然项目没有完成，但双方经过友好协商，提前终止了合作，双方关系没有破裂。

双方在签订采购合同前就应尽最大努力对合同内容达成共识，并确保各自具备履约能力。双方在采购合同执行中应充分沟通，积极协商，争取项目圆满，长期合作。

图 12-4　采购合同结束的方式

采购合同中各方的责任

采购合同中各方的责任如下：

- 项目经理对采购合同中的需求负责；
- 技术经理对采购合同中的技术规范负责；
- 采购经理对采购合同中的合法合规负责。

12.4　本章考试要点

1. 敏捷中的采购管理☆☆☆☆
2. 各种采购合同形式☆☆☆☆☆
3. 各种采购文件☆☆☆☆
4. 各种交付方式☆☆☆
5. 自制与外购分析☆☆☆☆
6. 供方选择分析☆☆☆
7. 投标人会议与采购谈判☆☆☆☆
8. 采购合同争议解决☆☆☆
9. 采购合同收尾与行政收尾☆☆☆☆☆
10. 采购合同中各方的责任☆☆☆

12.5 本章测试题及解析

12-1 在采购规划过程中，发起人指示项目经理，必须创建一个风险最小的采购计划。以下哪种合同类型对买方风险最小？

A. 总价加激励费用合同

B. 固定总价合同

C. 成本加奖励费用合同

D. 工料合同

12-2 合同约定只要是清单中允许的成本，供应商都可以报销。而且，合同规定卖方如能提前交付，那么每提前一天，买方还要额外支付 1% 的费用。买方与供应商签订的合同属于什么类型？

A. 总价加激励费用合同

B. 成本加激励费用合同

C. 成本加奖励费用合同

D. 成本加成本百分比合同

12-3 项目经理怀疑一家分包商所做的工作超出了他们应做的范围。项目经理应该审查哪一份文件？

A. 项目范围说明书

B. 投标方案建议书

C. 采购工作说明书

D. 项目需求文件

12-4 当前项目的进度绩效指数（SPI）为 0.7。为了满足进度要求，团队经过评估决定，将项目的一部分工作外包给外部制造商。在签订合同之前，项目经理需要完成以下哪些工作？

A. 变更程序、投标人会议、独立估算和采购谈判

B. 自制与外购分析、独立估算、投标人会议和关键路径分析

C. 采购谈判、独立估算、采购审计和挣值分析

D. 自制与外购分析、变更程序、建议邀请书（RFP）、采购绩效审查

答案及解析

12-1　B

对买方来说，总价类合同比成本补偿类合同风险小，总价类合同中固定总价合同风险最小。我们容易选错的选项 A，虽然成本得到节约，买方也可以分享收益，但这里不是评估总付款的高低，而是风险的高低。风险即不确定性，固定总价合同对买方来说没有不确定性，而总价加激励费用合同对买方而言是不确定的，最终可能多付，也可能少付。

12-2　B

成本都可以报销的就是成本补偿类合同。根据团队提前完成的时间，按约定比例额外给予 1% 的费用属于激励费用。激励费用和奖励费用的主要区别是，激励费用的规则和计算方法是事先约定在合同中的，卖方自己就可以算出来，而奖励费用是买方根据卖方表现给予的，没有规则和计算公式。激励的条件不只是成本，也可以是工期、质量等其他项目制约因素。

12-3　C

采购工作说明书（SOW）定义了需要分包商负责的工作范围。项目范围说明书定义的是项目经理负责整个项目的范围。采购工作说明书中的范围只是整个项目范围中需要分包出去的部分。

12-4　A

如果将原计划团队自己完成的部分工作改为外包，则需要走变更控制程序。在签订合同之前，召开投标人会议和进行独立估算是项目经理在开标前的工作。卖方中标后，在签订合同前，双方需要进行合同谈判，以明确卖方对合同要求理解得准确、完整。既然团队已经决定外包，那么说明自制与外购分析就是项目经理事先已完成了的工作。采购审计和采购绩效审查是控制采购过程中的工作，不在签订合同前。因此，选项 A 是正确的。

第 13 章 项目相关方管理

相关方管理的核心概念

项目相关方管理包括识别能影响项目或受项目影响的全部人员、群体或组织，分析相关方对项目的期望和影响，制定合适的管理策略来有效调动相关方参与和支持项目。

相关方管理还包括关注与相关方的持续沟通，以便动态了解相关方的需求和期望的变化，解决随时产生的问题，管理利益冲突，促进相关方合理参与项目决策和活动。

相关方满意度高是关键的项目目标。

相关方管理可以解决以下问题：

- 谁是你的相关方？
- 他们有什么期望？
- 他们的影响有多大？
- 如何调动他们的积极性？
- 如何与他们沟通？
- 如何解决利益冲突？

相关方管理的发展趋势是“共创”。“共创”是将受项目影响或对项目影响较突出的相关方作为合作伙伴，构建价值共同体（包括利益、事业、理念、情怀、理想等），从过去的买卖关系、管理和被管理关系，甚至竞争关系转化为方向相同、利益相关、理念相容、资源相衬、行动相佐的共赢共生关系。

敏捷场景中的相关方管理

敏捷场景中的项目需求、环境都在变化之中，更需要项目相关方的有效互动和积极参与。敏捷团队应直接与相关方互动，而不需要通过各层级管理者。

客户、用户和团队在动态的共创过程中及时、充分地交换信息，通常能实现更高的相关方参与度和满意度。

在整个项目期间，团队保持与相关方的互动，有利于降低风险、建立信任和及时做出调整，从而节约成本，提高项目成功的可能性。

为了让相关方更好地参与项目并与团队互动，敏捷方法提倡高度透明。例如，邀请相关方参与项目会议和审查，将代表事项、看板等项目信息发布在公共空间，以便各相关方及时发现分歧或问题。

13.1 识别相关方

识别相关方是识别能影响项目决策、活动或结果的个人、群体或组织，以及被项目决策、活动或结果所影响的个人、群体或组织，并分析和记录他们的相关信息的过程。这些信息包括他们的权力、利益、态度、参与度及对项目成功的潜在影响等。本过程的主要作用是帮助项目经理建立对各个相关方或相关方群体的适度关注。

13.1.1 相关方分析

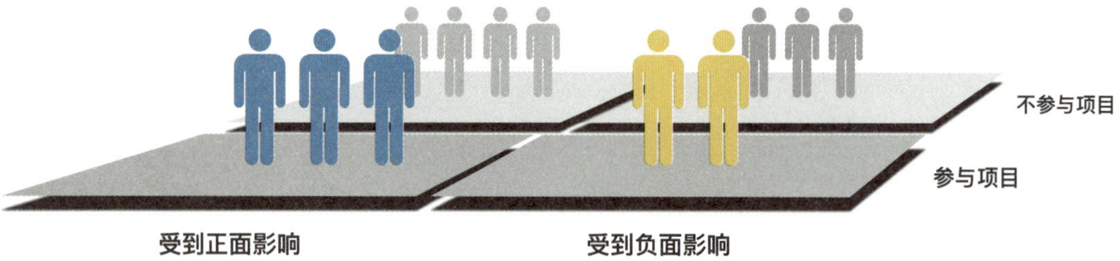

图 13-1 相关方分析

如图 13-1 所示，相关方分析是系统地收集和分析各种信息，以便确定在整个项目中应该考虑哪些人的利益。通过相关方分析，识别出相关方的利益、期望和影响，并把他们与项目目标联系起来。

相关方分析也有助于团队了解相关方与项目的关系、相关方之间的关系，以便利用这些关系来建立联盟和伙伴合作，从而提高项目成功的可能性。在项目或阶段的不同时期，应该对相关方之间的关系施加不同的影响。

识别相关方的维度

按相关方关系密切程度或物理距离由近及远分类，如图 13-2 所示。

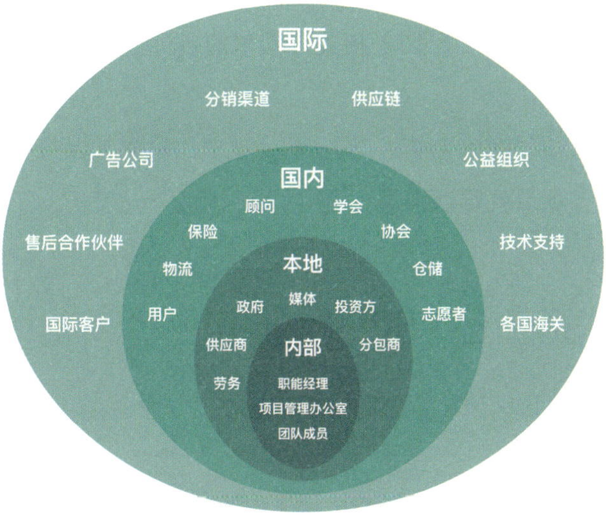

图 13-2　按相关方关系密切程度或物理距离分类

按相关方特征分类（立场、角色、专业等），如图 13-3 所示。

图 13-3　按相关方特征分类

如图 13-4 所示，我们根据相关方的影响力和态度给他们分别打分。分数越高，说明影响力越强、态度越积极。

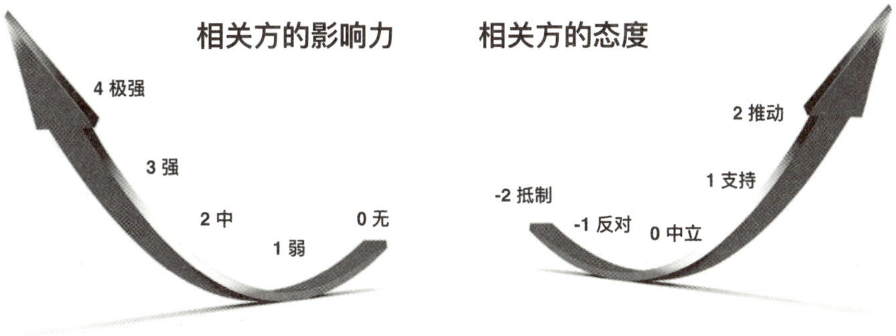

图 13-4　相关方的影响力与态度评分

如果我们把态度是正面的（支持和推动）相关方称为“天使”，那么态度是负面的（反对和抵制）相关方就是“魔鬼”。相关方管理的目标就是让“魔鬼”变成“天使”，如图 13-5 所示。

就算我们没办法使“魔鬼”变成“天使”，也要尽量使其保持中立的态度，因为如如果“魔鬼”太多，项目就难以推进。

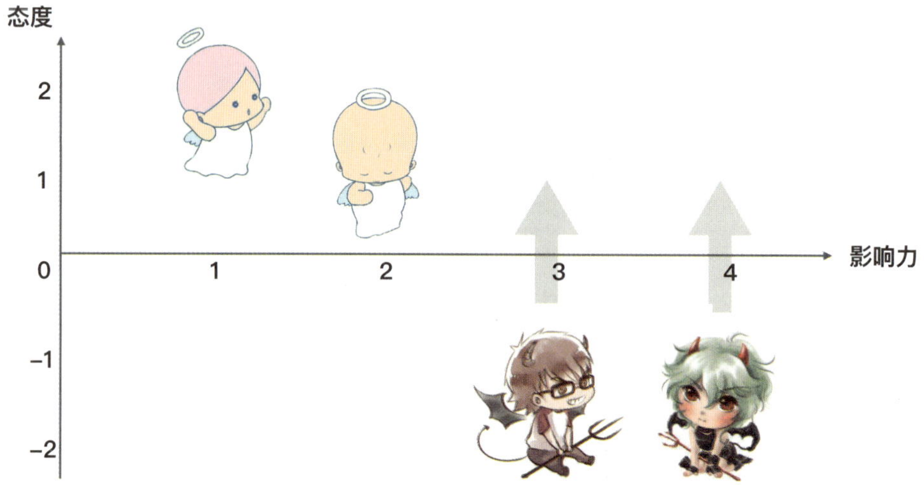

图 13-5　相关方管理思路

相关方管理经验告诉我们：

- 如果“魔鬼”能够被感化成“天使”，那么他们的支持也很给力；
- 感化“魔鬼”的工作不能靠项目经理的一己之力，项目经理应该充分动员“天使”的力量；
- 与相关方“共创”，把竞争关系、买卖关系转化为方向一致、利益共享的共赢关系才是最佳选择。

相关方权力—利益方格

如图 13-6 所示，相关方权力—利益方格的作用就是根据相关方的特征来规划团队与相关方互动的方式和频率。特别重要的相关方需要得到充分的关照，团队根据优先级把有限的精力更好地投入到与相关方的互动之中。

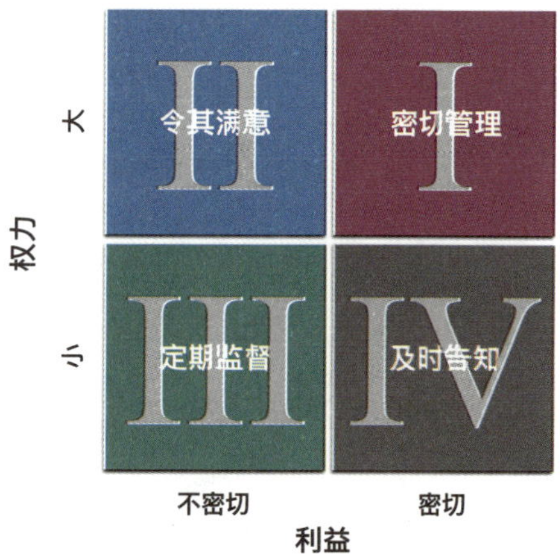

图 13-6　相关方权力—利益方格

相关方立方体

如图 13-7 所示，相关方立方体是上述权力—利益方格的改良模型。该立方体把权利、利益和态度三个要素组合成三维模型，项目经理和团队可据此分析相关方并引导相关方参与项目。

在相关方立方体中，我们可将相关方视为一个多维实体，更好地加以分析，从而有助于沟通策略的制定。

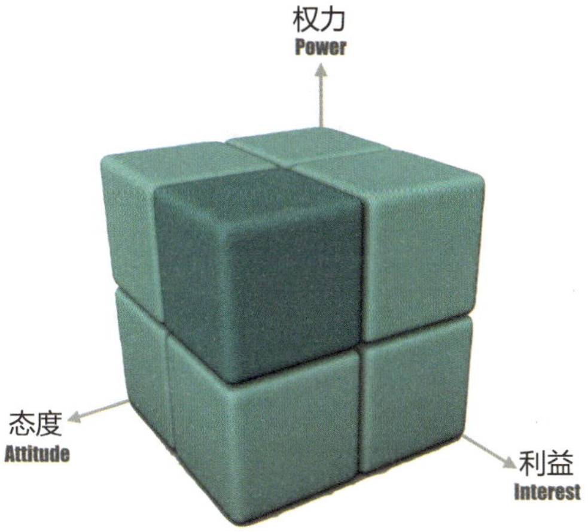

图 13-7 相关方立方体

凸显模型（Salience Model）

如图 13-8 所示，凸显模型中有代表相关方的权力、需要被关注的紧迫性、参与项目的合法性三个指标。该模型由三个圆形区域相互交叠构成七个区域，分别代表“凸显性”不同的七类相关方。我们可以以此来分析哪些是项目经理应该优先关注的相关方，并根据相关方的“凸显”特征确定合适的相关方管理策略。

1 Dormant Stakeholders 潜伏型
2 Discretionary Stakeholders 随意型
3 Demanding Stakeholders 矫情型
4 Dominant Stakeholders 权贵型
5 Dangerous Stakeholders 危险型
6 Dependent Stakeholders 从众型
7 Definitive Stakeholders 统治型

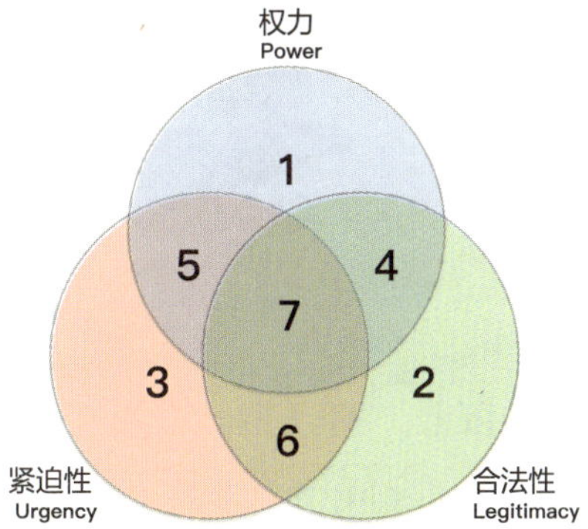

图 13-8 相关方凸显模型

图 13-9 展示的是相关方凸显模型分析，前六种类型的相关方都存在发展为第七种类型统治型的潜力，蓝色区域表示相关方已拥有的特性，灰色区域表示相关方欠缺的特性，灰色区域中的文字代表相关方发展为第七种类型统治型所需要的条件。

凸显性	相关方类型			Power 权力	Legitimacy 合法性	Urgency 紧迫性
低	1	Dormant	潜伏型		Authority 授权	Exercise 尝试
	2	Discretionary	随意型	Rights 权益		Voice 表达
	3	Demanding	矫情型	Action in Favour 行动支持	Access 机会	
中	4	Dominant	权贵型			Exercise 尝试
	5	Dangerous	危险型		Authority 授权	
	6	Dependent	从众型	Action in Favour 行动支持		
高	7	Definitive	统治型			

图 13-9　相关方凸显模型分析

凸显模型可以指导团队努力让相关方处于团队希望的凸显性水平。对于多数相关方，团队最好使其保持在现在较低的凸显性水平，不要随便触发让相关方凸显性升级的条件，否则团队就会陷入四面楚歌、首尾难顾的局面。

相关方影响方向

图 13-10　相关方的影响方向

如图 13-10 所示，“西天取经”项目的项目经理是“唐僧”，他受到来自不同方向相关方的影响。根据相关方对项目工作或项目团队本身不同方向的影响，我们可以把相关方分为以下几种类型。

- **向上**：执行组织或客户组织、发起人和指导委员会的高层管理者。
- **向下**：团队成员、临时贡献知识或技能的团队或专家。
- **向外**：项目团队外的相关方群体及其代表，如供应商、最终用户和监管部门。
- **横向**：项目经理的同级人员，如其他项目经理或职能经理，他们与项目经理竞争稀缺项目资源、合作共享资源和信息。

13.1.2　相关方登记册

如图 13-11 所示，相关方登记册记录的相关方信息如下。

- 基本信息：姓名、职位、项目角色、地址、联系方式。
- 评估信息：主要需求、主要期望、对项目的潜在影响、与哪个阶段最密切相关。

编号	相关方	影响力	态度	影响阶段	需求
1	客户总经理	4	2	I、C	按期交付，不超预算
2	客户财务经理	3	−1	P、E、C	越简越好，不做更好
3	分包商项目经理	2	1	E、C	少提变更，及时结款
……	……				

影响力：无（0），弱（1），中（2），强（3），极强（4）

态度：抵制（-2），反对（-1），中立（0），支持（1），推动（2）

影响阶段：I 启动，P 规划，E 执行，C 收尾

图 13-11　相关方登记册

13.2　规划相关方参与

规划相关方参与是基于对相关方需求、利益及对项目成功的潜在影响的分析，制定合适的管理策略，以有效调动相关方参与整个项目生命周期的过程。本过程的主要作用是为与项目相关方的互动提供清晰且可操作的计划，以指导相关方参与项目。

相关方参与度评估矩阵

在整个项目生命周期中，相关方的参与对项目的成功至关重要。

相关方的参与度可分为以下几种类别。

- **不知晓**：对项目和潜在影响不知晓。
- **抵制**：知晓项目和潜在影响，抵制变更。

- **中立**：知晓项目和潜在影响，既不支持，也不反对。
- **支持**：知晓项目和潜在影响，支持变更。
- **领导**：知晓项目和潜在影响，积极致力于保证项目成功。

我们应该比较所有相关方当前的参与度与计划参与度（项目成功所需的参与度）。如图 13-12 所示，项目团队可在相关方参与度评估矩阵中记录相关方当前的参与度和项目成功所需的参与度。其中，C 表示相关方当前的参与度，D 表示项目成功所需的参与度。项目团队应该基于可获取的信息，确定项目当前阶段所需要的相关方参与度。

相关方	不知晓	抵制	中立	支持	领导
相关方 1	C			D	
相关方 2			C	D	
相关方 3				D C	

图 13-12　相关方参与度评估矩阵

通过分析，项目团队可以识别出相关方当前的参与度与项目成功所需参与度之间的差距。项目团队可以使用专家判断来制定行动和沟通方案，以消除上述差距。

13.3　管理相关方参与

管理相关方参与是在整个项目生命周期中与相关方进行沟通和协作，以满足其需要与期望，解决实际出现的问题，并促进相关方合理参与项目活动的过程。本过程的主要作用是帮助项目经理提升来自相关方的支持，并把相关方的抵制程度降到最低，从而显著提高项目成功的机会。

13.4　监督相关方参与

监督相关方参与是全面监督项目相关方之间的关系，调整策略和计划，以调动相关方参与的过程。本过程的主要作用是随着项目的进展和环境的变化，维持并提升相关方参与活动的效率和效果。

13.5　本章考试要点

1. 共创思维☆☆☆

2. 敏捷中的相关方管理☆☆☆☆

3. 权力—利益方格☆☆☆☆☆

4. 凸显模型☆☆☆

5. 相关方登记册☆☆☆☆

6. 相关方参与度评估矩阵☆☆☆☆

13.6 本章测试题及解析

13-1 项目目前符合预算、进度和范围。虽然项目进展顺利，但是项目经理希望在每周项目状态会上跟踪项目的所有方面。然而，会议的出席人数一直在下降，若要鼓励相关方积极参与，项目经理应该查阅什么？

A. 相关方登记册

B. 沟通管理计划

C. 人力资源管理计划

D. 相关方参与计划

13-2 项目经理中途接手一个复杂的项目。由于项目相关方众多，项目经理担心特别需要被关照的相关方被自己冷落。项目经理应该查阅什么？

A. 沟通管理计划

B. 相关方管理计划

C. 权力—利益方格

D. 相关方参与度评估矩阵

13-3 项目经理在负责一个信息管理系统升级的项目，这个项目获得了大部分相关方的支持，但遭到一位关键相关方的强烈反对。项目经理应该怎么做？

A. 忽略这位反对的相关方并开始实施项目

B. 请求项目发起人限制这位反对者的参与

C. 执行相关方分析，找到这位相关方反对的主要原因

D. 根据持反对意见的相关方的要求修改项目目标

答案及解析

13-1　D

相关方参与度下降，应审查相关方参与计划及其执行情况。

13-2　C

通过分析相关方的权力和利益，可以确定哪些相关方应重点关注，所以选项 C 最符合题意。

13-3　C

分析相关方的权力、态度和需求属于相关方分析。

第三篇

突破篇

第 14 章　PMP 考试中容易混淆的概念

在 PMP 考题的 4 个备选答案中，易混淆选项往往和正确选项是很相近的概念，出题人有意增加了备选答案的辨识难度。

例题 14-1　采购经理提示项目经理，项目所需的某种材料由于供应商工厂遭遇洪水，可能无法按时到货，项目经理下一步应该查阅哪个文件？

A. 相关方登记册

B. 经验教训登记册

C. 风险登记册

D. 材料库存登记册

我们可以看到，备选答案里都是“××登记册”，包括 3 个《PMBOK® 指南》（第 6 版）中反复提到的登记册，也就是选项 A、B、C；而选项 D 是《PMBOK® 指南》（第 6 版）中不存在的，很可能是出题人故意“捏造”出来的。你只有对这些登记册很熟悉，知道它们的含义和特征，才能从中找出正确答案。本题的正确答案是 C，风险登记册。

本章为备考的同学们整理出了 PMP 考试中经常出现，但容易混淆的 15 个会议、2 个日历、3 个日志、3 个登记册、4 个分解结构、4 个评估、5 个清单、5 个报告、5 个审计、6 个矩阵和 40 个分析，希望能够对你掌握这些易混淆的概念有所帮助。

PMP 考试中的 15 个会议

编号	会议名称	召开时间	目的和作用	参与者	重要性
1	项目启动会 Initiating Meeting	项目启动时	发布章程， 任命项目经理， 宣布项目开始	项目发起人及各相关方	☆☆☆☆☆
2	项目开工会 （开踢会） Kick-off Meeting	计划完成后，执行开始前；如果是多阶段的项目，则每个阶段开始执行前都应该开一次	团队对项目或阶段的目标、范围等达成一致	项目团队	☆☆☆☆☆
3	焦点小组会议	识别需求、风险时	了解相关方和主题专家对产品、服务或成果的期望和态度	特定的相关方和主题专家	☆☆☆☆

（续表）

编号	会议名称	召开时间	目的和作用	参与者	重要性
4	引导式研讨会	识别需求、风险时	跨职能、跨专业会商项目需求	各专业、各职能专家及代表	☆☆☆☆
5	头脑风暴会议	识别需求、风险和产生创意时	集思广益、互相启发	项目团队及外部专家	☆☆☆☆
6	投标人会议	投标之前	澄清招标文件的内容，公示招标过程合规	买方及所有报名且具备投标资格的卖方	☆☆☆☆
7	变更控制会	影响基准的变更决策时	审查变更请求，做出变更、否决或推迟的决策	CCB 成员	☆☆☆
8	联合应用设计或开发（JAD 会议）	收集需求、改进方案时	收集需求、改进软件开发过程	业务主题专家、开发团队	☆☆
9	风险研讨会	识别风险时和进行风险定性分析时	风险定性分析，审查已识别风险，评估概率和影响，对风险进行分类和优先级排序，分配风险责任人	项目团队及风险专家	☆☆
10	需求研讨会	识别、评审需求时	讨论和评审需求	项目团队、相关方及主题专家	☆
11	项目规划会	编制计划时	编制各项计划	项目团队及主题专家	☆
12	Sprint 计划会 *	Sprint 开始时	计划本次迭代要完成的工作内容和开发方案	开发团队、产品负责人（PO）、Scrum Master	☆☆☆☆
13	Sprint 评审会 *	Sprint 结束前	对本次迭代的交付成果进行评审	开发团队、产品负责人（PO）、Scrum Master	☆☆☆☆
14	Sprint 回顾会 *	Sprint 结束前	回顾本次迭代的开发过程，总结经验教训，讨论改进方案	开发团队、Scrum Master	☆☆☆☆
15	每日站会 *	每日固定时间	每位成员向团队分享昨日完成的工作和今日计划的工作，以及遇到的障碍和需要的支持	开发团队、Scrum Master	☆☆☆☆

注：* Scrum 中的会议

PMP 考试中的 2 个日历

编号	名称	含义
1	资源日历	展示具体某个资源可以参与项目工作的时间的日历
2	项目日历	表明进度活动可用的工作日和工作班次的日历，比如，每周工作 5 天还是 6 天，每天进行 1 班还是 3 班轮换

PMP 考试中的 3 个日志

编号	名称	含义
1	问题日志	记录和跟进所有问题的文件
2	假设日志	记录所有假设条件和制约因素的文件
3	变更日志	记录项目变更及项目当前状态的综合清单

PMP 考试中的 3 个登记册

编号	名称	含义
1	经验教训登记册	记录在项目中所获知识的项目文件
2	相关方登记册	记录项目相关方对结果进行识别、评估和分类的项目文件
3	风险登记册	记录已识别的单个项目风险的详细信息

PMP 考试中的 4 个分解结构

编号	名称	含义
1	组织分解结构（OBS）	项目活动与组织单元之间关系的层级描述
2	工作分解结构（WBS）	项目需要实施的全部工作范围的层级分解
3	资源分解结构（RBS）	项目所需资源按类别展示的层级结构
4	风险分解结构（RBS）	潜在风险来源的层级展现

PMP 考试中的 4 个评估

编号	名称	含义
1	风险数据质量评估	评估风险数据对风险管理有用程度的技术
2	风险概率与影响评估	为单个风险的概率及其对项目的影响打分，并排优先级的技术
3	沟通风格评估	识别与相关方沟通的优选方法、形式和内容的技术

（续表）

编号	名称	含义
4	个人和团队评估	项目经理和项目团队洞察成员的优势和劣势，评估团队成员的偏好、愿望，评估团队成员如何处理和整理信息，如何制定决策，以及如何与他人打交道的技术

PMP 考试中的 5 个清单

编号	名称	含义
1	活动清单	记录活动描述、标识及工作范围的表格
2	里程碑清单	列出项目所有里程碑的表格
3	提示清单	记录已识别的单个项目风险的详细信息的表格
4	预审合格的卖方清单	记录已经通过资格审查的所有潜在卖方的表格
5	观察清单	记录所有低优先级的威胁和机会，并需要定期维护的表格

PMP 考试中的 5 个报告

编号	名称	含义
1	质量报告	关于质量管理问题、纠正措施建议及质量控制活动中的其他情况的报告
2	风险报告	概述单个项目风险的情况和整体项目风险程度的报告
3	工作绩效报告	为制定决策、采取行动或引起关注而将工作绩效信息汇编所形成的文件
4	可行性研究报告	对项目的技术、经济、市场等方面的可行性进行研究论证，证明项目可以投资的报告
5	项目报告	按沟通计划向相关方发送项目信息的报告

PMP 考试中的 5 个审计

编号	名称	含义
1	质量审计	确定质量管理活动是否遵循了政策、过程和程序
2	风险审计	评估风险管理过程的有效性
3	采购审计	对合同和采购过程的完整性、正确性和有效性进行审查
4	项目终期审计	项目收尾过程中对项目管理过程的合规性进行审查
5	配置项核实与审计	确保配置项组成的正确性，以及变更都被登记、评估、批准、跟踪和正确实施，确保配置文件规定的功能要求都已实现

PMP 考试中的 6 个矩阵

编号	名称	含义
1	概率和影响矩阵	每个风险分别从概率和影响两个维度评分，以分配优先级的表格
2	相关方参与度评估矩阵	相关方当前的参与水平与期望的参与水平的比较表格
3	责任分配矩阵（RAM）	展示项目资源在各个工作包中的任务分配的表格
4	需求跟踪矩阵	从需求来源连接到相应可交付成果的表格
5	RACI 矩阵	反映每项活动与每位团队成员之间关系的表格
6	决策矩阵	在多标准决策分析中，对各标准打分排序的表格

PMP 考试中的 40 个分析

编号	名称	含义
1	商业分析	确定项目成果具有足够商业价值的活动
2	定性风险分析	评估单个风险概率、影响和优先级排序
3	定量风险分析	单个风险对项目目标影响的定量评估
4	储备分析	为项目工期、成本或资金需求设定储备的技术
5	蒙特卡洛分析	模拟风险发生的各种组合来评估其对项目的影响
6	敏感性分析	确定影响项目目标的各种因素的敏感性顺序
7	根本原因分析	确定引起偏差、缺陷或风险的根本原因的技术
8	相关方分析	通过收集和分析相关方信息来确定项目中应该考虑哪些相关方的利益及其影响的技术
9	SWOT 分析	对项目的优势、劣势、机会和威胁逐个检查
10	技术绩效分析	将项目执行取得的技术成果与计划进行比较
11	趋势分析	根据以往结果，预测未来绩效
12	形势分析	商业论证中对机会、风险和目标的评估
13	回归分析	分析项目结果的不同变量之间的关系
14	需求分析	对需求的必要性、优先级等指标进行评估
15	偏差分析	成本偏差、进度偏差和完工偏差的原因、影响和纠正措施
16	备选方案分析	多角度评估多个备选方案中哪个是最适合的
17	假设情景分析	对各种情景进行评估，预测它们对项目目标的影响
18	假设条件与制约因素分析	探索假设条件和制约因素的有效性，确定哪些会引发项目风险
19	成本效益分析	用来对照项目成本与其带来的收益的财务分析工具
20	决策树分析	评估与一个决策相关的多个可选方案在不确定情形下可能出现的后果

（续表）

编号	名称	含义
21	产品分析	对产品的用途、特征等方面的描述
22	文件分析	评估现有的文件，以获取需求、风险和经验教训
23	挣值分析	将实际进度和成本绩效与绩效测量基准进行比较
24	自制或外购分析	用于内部制造或外部采购决策的技术
25	租赁或购买分析	决定项目所需设备应该租赁还是购买的分析技术
26	过程分析	识别过程改进机会，检查过程中遇到的问题
27	多标准决策分析	对多个方案进行多项标准打分，按总分选择最优方案
28	数据分析	组织、评估和评价数据与信息的技术
29	价值分析	确定产品功能或组件最终对客户（用户）的价值
30	关键性分析	确定风险模型的哪些活动对项目关键路径影响最大
31	相关方映射分析	用不同的方法对相关方进行分类的方法
32	供方选择分析	根据必要性确定合适的供方选择方法，降低供方不必要的前期投入
33	进度网络分析	利用网络图推导关键路径，从而优化进度、优化资源等
34	投资回报率分析	对项目未来年化收益与投资额的比值进行分析和评价
35	现金流贴现分析	项目现金流贴现后的资金价值分析
36	投资回收期分析	推导项目累计净现金流为零的时刻，即收回投资的时间
37	沟通需求分析	确定相关方获取信息的范围、方式和频率
38	故障分析	分析故障机理、模式、概率、影响和发展变化规律
39	核对单分析	用清单来审核材料的准确性及完整性的一种技术
40	系统分析	以系统整体运行最优为目标，对系统的各个方面进行定性和定量分析

第 15 章 PMP 备考 100 问

1. 项目治理和项目管理的区别是什么？

项目治理的目的是制定项目制度和规则、定义决策机制，比如，确定项目的管理层级、汇报对象、变更流程、决策人等。项目治理通常是组织的责任，比如，项目治理由 PMO 负责。

项目管理的目的是实现项目目标，通过组织资源、制订计划并指导团队按计划完成来实现。项目管理主要是项目经理和项目管理团队的工作。

2. 项目阶段和项目过程组是不是一回事？

两回事。项目阶段是时间维度的概念，是为了便于管理长期的项目而把项目生命周期分成若干阶段进行分段管控，阶段之间是前后衔接的关系，不重叠。

过程组是管理维度的概念，是根据管理活动的特征，把管理活动分成“启动、规划、执行、监控、收尾”五大过程组，包含 49 个过程。过程组之间是互动关系，同时存在，相互影响。如果执行过程中产生绩效数据，监控过程中发现绩效与计划有偏差，团队就会纠正执行过程，也可能需要修正计划。

3. 项目管理计划与项目文件的区别是什么？

项目管理计划是指规则文件。例如，成本管理计划定义的不是项目的成本预算，而是如何做预算的规则（比如，单位是元还是万元，精确到小数点后面 2 位还是 3 位等）。

项目文件是记录项目具体的数据和信息，如需求文件、成本估算、问题日志等。

项目管理计划是规则文件，一般不轻易变更；而项目文件会随着项目的执行和需求的变化频繁变更。

4. 如果项目成果已交付验收，还能不能变更？

项目成果已交付验收，客户只要签署了验收文件，就标志着客户已接受了所有项目可交付成果，此时不再接受变更。如果有质量问题，根据合同约定，乙方有质保责任的话，仍需履行质保责任，但这不属于变更。

不过，我们需要注意以下两种情形：第一，虽然阶段性可交付成果获得了客户确认，但这不是项目最终验收，而是进行范围确认，不影响变更的提出；第二，在敏捷开发中，团队是以创造对用户有价值的产品为目标，即便已经发布了产品已发布，但不符合用户需求的功能仍然需要迭代完善，因此，敏捷开发对变更比较友好，变更流程也比较简单。

5. 动用应急储备是否需要走整体变更控制程序？由项目经理决策还是变更控制委员会（CCB）决策？

动用应急储备的目的只有一个，即应对已知—未知风险。即便应急计划是事先规划好的，应急储备是事先被批准的，启用应急计划和动用应急储备也都需要经过整体变更控制程序。

关于变更的决策者是项目经理还是变更控制委员会（CCB），这个问题只取决于该变更是否影响到项目基准，与是否动用应急储备没有必然关系。如果变更影响项目基准，就由变更控制委员会批准；如果不影响项目基准，就由项目经理批准。需要注意的是，哪怕项目经理自己批准，也要留下变更记录，保持流程严谨。

6. 计划和基准是什么关系？

在经典的项目场景中，强调计划的基准化。也就是说，第一版编制好的范围、进度、成本计划需要获得各主要相关方的确认和批准，批准之后就形成了范围、进度、成本三大基准，用于项目绩效的整体控制。在不影响基准的前提下，项目经理和项目团队有较大的自主权和管理空间；而一旦要修改基准，就必须经过变更控制委员会（CCB）的批准。

7. 工具和工件有什么区别？

“工件”的概念来源于制造业，工件是指制造过程中的一个产品部件，比如机械加工过程中的加工对象，它可以是单个零件，也可以是固定在一起的几个零件的组合体。工件的加工方式种类多样，包括车、铣、刨、磨、铸造、锻造等。而加工过程中用到的车床、铣床、台钳、锤子、锉刀等都是工具。

项目管理中的“工件”包括项目管理过程、输入、工具、技术、输出、事业环境因素和组织过程资产。项目经理和项目管理团队需要选择和调整合适的工件，用于特定项目。这种选择和调整活动被称为裁剪。各类项目管理计划和各种项目文件就是工件。例如，通过电子邮件发送项目状态报告，就属于沟通工件。

工具和技术往往被归为一大类，涵盖大量的已被反复验证、普遍适用并被良好定义的工具和技术，比如头脑风暴法、鱼骨图、蒙特卡洛技术等。

工件更具有针对性，比如本项目的计划和文件，它们属于项目的组成部分；工具更具有通用性，适用于各种项目，但并不属于项目的组成部分。

8. 合同收尾后还是行政收尾后就不接受新需求？

合同收尾后。合同收尾一般是指如果客户签署了验收文件，接受了所有项目交付物，就不接受新需求了。行政收尾是指收集整理项目文件并总结经验教训的过程，发生在项目全过程中，和接受新需求没有必然关系。

9. 定义范围和确认范围有什么区别？

定义范围是项目开始执行前确定要完成哪些工作。确认范围并不是对定义的范围进行确认，而是针对各阶段完成的交付成果及时得到客户的确认，使其符合客户的需求。

10. 进度储备和浮动时间有什么区别？

浮动时间通常是指非关键路径上的活动拥有的机动时间，因为关键路径上的活动历时加在一起决定了项目总工期，而非关键路径上的活动不需要这么长的时间，所以多余出来的就是浮动时间。

进度储备通常被加在关键路径上，为了提高项目完成的概率。

浮动时间和进度储备是两个不同范畴的概念。浮动时间是进度计划中客观存在的，浮动时间又细分为自由浮动时间和总浮动时间；进度储备是项目管理者为了应对风险而预留的安全时间，进度储备又细分为应急储备和管理储备。

11. 里程碑受到影响是否一定影响进度基准？

里程碑是为了控制进度而设立的若干关键时间节点，里程碑往往也是进度基准的表达方式，里程碑受到影响也就意味着进度基准受到影响。

需要注意的是，进度基准不是总工期一个数值，而是基准化之后全过程的进度计划。

12. 质量成本（COQ）中的一致性成本和非一致性成本，哪个更应该被严格控制？

一致性成本是预防质量缺陷发生的成本，非一致性成本是对已发生缺陷进行补救的成本。从质量管理理念的发展趋势来看，应尽量避免或减少缺陷的产生，所以要投入必要的一致性成本；但是对于产生的缺陷也必须及时纠正，避免造成更为严重的负面影响。所以一致性成本和非一致性成本并不具有可比性，只有强化预防，才能减少缺陷的产生和缺陷补救。

13. 沟通管理和相关方管理的区别是什么？

沟通管理和相关方管理有非常强的相关性，管理相关方要通过沟通，沟通的对象是相关方。沟通管理的重点是为整个项目制订沟通计划（比如定义沟通方式、沟通频率、沟通语言等），并按计划执行。

相关方管理的重点是识别每个相关方，并针对他们不同的特点和诉求分别制定管理方案，其中包括如何与每个相关方进行有效沟通。

14. 资源日历和项目日历有什么区别，怎么用？

资源日历是针对每个项目资源的设定。例如，参与项目工作的一位设计师，项目经理需要知道他的个人工作日历，因为他可能同时参与多个项目的设计工作。对于某个项目而言，能给他安排工作的时间取决于他的工作日历中尚未被占用的时间。

项目日历是针对整个项目的作息时间的设定。例如，每周工作 5 天、6 天还是 7 天？每周从周日开始还是从周一开始工作？每天工作几个小时？项目日历可以让团队都很明确该项目的工作日和非工作日，以及每天的工作时间和非工作时间。

15. 问题和风险有什么区别？

问题和风险最主要的区别如下：问题是已经出现需要被解决的，是确定的；而风险是尚未发生但有可能会发生的，是不确定的。

例如，服务器可能会宕机，这是风险；而服务器宕机了，这就是问题。

问题和风险可能会相互转化：风险发生了，就成了问题；问题可能预示着还有可能再出现，就是风险。

16. 变更日志和经验教训登记册里的内容是不是都是组织过程资产？

变更日志和经验教训登记册里的内容不一定都能成为组织过程资产，有些只是这个项目独有的，不具有普遍适用性。只有经过组织的评审（如 PMO 组织的评审），经过验证且可以为组织中其他项目所参考的内容才会被列入组织过程资产，并不断被分享和推广。

17. 弹回计划和应急计划的本质区别是什么？

应急计划是备用计划，也叫“B 计划”。当原计划遭遇风险项目无法继续时，可启用应急计划。弹回计划（Fallback Plan）是撤退计划，也叫保底方案，含义是放弃了原来的目标，以最小损失体面收场。考生在答题时要注意英文翻译，有时“Fallback Plan”也被翻译成“应急计划”。

18. 风险定性分析和风险定量分析都是必须做的吗？

风险定性分析是必须做的。我们要在识别风险之后通过定性分析排列风险的优先级，而我们不一定要做风险定量分析，只有重要的项目中存在重大的风险才需要进一步做定量分析，便于量化评估“风险与进度”或“风险与成本”的关系。

19. 风险观察清单和风险登记册是一回事吗？

风险观察清单与风险登记册不一样。风险登记册记录所有已识别出来的风险，而风险观察清单只记录经过风险定性分析之后风险概率和影响乘积不高的风险，用于定期回顾和观察风险的变化情况。我们要将概率和影响乘积高的风险列入短名单，并进一步制订详细的管理计划。

20. 风险审计和风险审查有区别吗？

风险审查（Risk Review）是指检查和记录应对整体项目风险和已识别单个项目风险的有效性，而风险审计（Risk Audit）是指评价风险管理过程的有效性。

风险审查是针对每个具体风险，检查风险的概率、影响及应对措施是否恰当；风险审计是针对管理过程，是评审风险管理的执行情况是否符合风险管理计划。

我们可以在风险审查会上开展风险审计，也可以召开专门的风险审计会。

21. 成本加激励费用合同和成本加奖励费用合同的核心区别是什么？

成本加激励费用合同（CPIF）与成本加奖励费用合同（CPAF），它们的成本部分都是实报实销，费用部分有显著区别。CPIF 合同费用是按合同中双方事先约定的规则执行。例如，甲乙双方约定，节省的成本按 80∶20 分享，每提前一天交付，乙方可获得约定费用 5% 的“奖励”。只要事先有明确规则，双方都可以计算出来的费用就属于激励费用。

奖励费用是甲方根据乙方表现给予的，额度由甲方决定，乙方没法提前计算出能获得多少奖励费用。

22. 项目团队成员也是项目相关方吗？

项目团队成员是项目核心的参与者和利益相关者，当然属于项目相关方。但在 PMP 考试中提到的项目相关方，多数都是指项目团队所面对的其他项目相关方。

23. 自由浮动时间和总浮动时间的区别是什么？

自由浮动时间是指在不影响紧后活动最早开始时间（ES）的前提下，活动可以拖延的时间；总浮动时间是指在不影响项目总工期的前提下，活动可以拖延的总时间。总浮动时间不仅包含本活动的自由浮动时间，还包含这条路径上后序所有活动的自由浮动时间，因为在后序活动还没开始时，前面的活动在必要时可以挤占后序活动的自由浮动时间。

24. 强矩阵、弱矩阵和平衡矩阵的区别是什么？

强矩阵、弱矩阵和平衡矩阵的核心区别在于组织中项目经理相对于职能经理的级别和权限。如果项目经理比职能经理级别高、权限大，那么资源和预算主要由项目经理支配，那就是强矩阵；反之，就是弱矩阵；如果他们的级别和权限一样，就是平衡矩阵。

25. 为什么项目有两个启动会（“Initiating Meeting”和“Kick-off Meeting”）？

“Initiating Meeting”是真正的项目启动会，是在项目启动时召开的，由项目发起人主持，会上通常要发布项目章程，任命项目经理。在项目启动会之后，由项目经理组织资源编制计划。

“Kick-off Meeting”应该翻译成项目开工会或开踢会，“Kick-off”来源于足球比赛的中圈开球。项目开工会是计划编制完成后，在会议上和各相关方确认计划并宣布开始执行，项目开工会由项目经理主持。在多阶段的项目中，每个阶段执行开始前都应召开项目开工会。

在 PMP 考试中，“Kick-off Meeting”也经常被翻译成项目启动会，所以请一定对照题目英文部分检查并确认。

26. 迭代评审会和迭代回顾会有什么不同？

迭代评审会和迭代回顾会都是迭代开发（尤其是敏捷开发）中的会议，并且两个会议都是在迭代结束前召开的。这两个会议的目的不同：迭代评审会是评审迭代的产品增量（可交付成果）是否满足既定的要求；迭代回顾会是讨论本次迭代过程中团队的工作方式和沟通协作等存在哪些问题，如何改进。

27. 项目管理信息系统（PMIS）是事业环境因素还是组织过程资产？

项目管理信息系统（PMIS）和企业的其他信息系统（如 OA、ERP、CRM）一样，都是通用的管理信息化平台，要求所有项目团队遵照使用，因此，PMIS 属于事业环境因素。

在 PMIS 中，历史项目留下来的经验教训、计划模板是可以用于本项目参考的，这些属于组织过程资产。

28. 变更必须由 CCB 批准吗？

不一定，变更由谁批准取决于变更是否影响项目基准。如果变更影响基准，必须由 CCB 批准；如果变更不影响基准，项目经理就可以批准。需要注意的是，项目经理自己批准也是批准，过程不能省。

29. 合同收尾和行政收尾哪个是应该先做的？

合同收尾是对外验收项目交付成果并完成支付，履行完毕合同中规定的责任和义务；行政收尾是对内进行文件归档、总结经验教训等。行政收尾的活动是贯穿项目全过程的，只是当项目结束时，先完成对外的合同收尾，最后再结束对内的行政收尾。

30. 为什么项目只有范围、进度、成本三大基准，而没有质量基准？

项目基准中没有质量基准并不代表质量不重要，而恰恰是因为质量太重要，以至于质量标准通常不是由单个项目来确定，而是已经上升到企业标准，甚至行业标准、国家标准。

31. 从题干中的哪些信息可以看出其影响到了项目基准？

影响项目基准最直接的因素是“要求增加范围之外的工作”。首先，范围一旦改变，不仅影响范围基准，而且影响进度和成本基准。其次，当关键路径上的工作已严重延误，无法纠正回来时，进度基准就需要更新。最后，如果我们在成本上发现了典型偏差，比如，因材料价格上涨、估算错误而无法按计划单价执行，那么就必然改变成本基准。影响项目基准的情况非常多，也比较明显，只要大家多看书、多做题，就能准确识别。

32. 工作包和规划包在一个层次上吗？有什么不一样？

工作包是可以用来详细评估工期、成本的，而规划包只是用来识别出有这些工作，但暂时不能或不必详细估算工期、成本。工作包和规划包可以是一个层次，但也有例外。例如，我们在规划包到了需要细化的时候发现，它包含的工作内容多，而且比较复杂，应该将其进一步分解成多个工作包，这时候规划包就比工作包高了一个层次。

33. 控制账户中包含成本应急储备和管理储备吗？

应急储备是分配到活动上和工作包上的，工作包包含多个活动，而控制账户包含多个工作包，所以成本应急储备一定包含在控制账户中。

控制账户汇总在一起就是完工预算（也是成本基准的终点时刻值），不包含管理储备。在完工预算基础上再加上管理储备才是项目预算。

应急储备用于应对已知—未知风险，由项目经理管理；而管理储备用于应对未知—未知风险，由高级管理层管理。

34. 完工预算和项目预算一样吗？

不一样。完工预算是团队把预计的工作都做完需要消耗的成本，不包含管理储备；为了应对未知—未知风险，在完工预算的基础上增加管理储备，才是项目预算。

35. 挣值曲线中的 PV 曲线、完工预算、成本基准三者之间是什么关系？

PV 曲线是根据项目进度计划和活动成本估算描绘出的随时间增长的成本累计曲线。只要做了计划，就能从头画到尾。PV 曲线是一条连续的曲线，我们可以看到，按计划在未来任何时刻项目将消耗的成本；完工预算是 PV 曲线的终点值，是按计划完成所有工作对应的成本；成本计划被相关方批准，PV 曲线代表的就是成本基准。

36. 范围说明书、需求跟踪矩阵、需求文件的作用分别是什么？

需求文件用于记录和描述项目的各种需求，可以逐步细化。只有明确的（可测量和可测试的）、可跟踪的、完整的、相互协调的且主要相关方愿意认可的需求，才能作为范围基准的来源。需求文件的格式多种多样，既可以是一份按相关方和优先级分类列出全部需求的简单文件，也可以是一份包括内容提要、细节描述和附件的详细文件。

需求跟踪矩阵是把产品需求从其来源连接到能满足需求的可交付成果的一种表格。使用需求跟踪矩阵，可以把每个需求与业务目标或项目目标联系起来，有助于确保每个需求都具有商业价值。需求跟踪矩阵提供了在整个项目生命周期中跟踪需求的一种方法，有助于确保需求文件中被批准的每项需求在项目结束时都能交付。需求跟踪矩阵还为管理产品范围变更提供了框架。

项目范围说明书是对项目范围、主要可交付成果、假设条件和制约因素的描述。它记录了整个范围，包括项目和产品范围，详细描述了项目的可交付成果，代表项目相关方之间就项目范围所达成的共识。为了便于管理相关方的期望，项目范围说明书可明确指出哪些工作不属于本项目范围。项目范围说明书使项目团队能进行更详细的规划，在执行过程中指导项目团队的工作，并为评价变更请求或额外工作是否超过项目边界提供基准。

需求文件管理的是“你要什么”，范围说明书管理的是“我干什么”，需求跟踪矩阵管理的是“从需求到成果的过程”。

37. 资源平衡和资源平滑的目的和区别是什么？

资源平衡（Resource Leveling）的目的是消除或减轻资源过载的问题。资源过载就是同一时间需要的资源超出了资源限制。平衡的办法是向前或向后挪动同期发生的活动，以错开对资源的需求。如果向后挪动关键路径上的活动，会导致工期延长。

资源平滑（Resource Smoothing）是利用非关键路径上的活动的浮动时间，挪动非关键路径上的活动，削峰填谷，让资源数量随时间的波动而减少。资源平滑也常常用于把非关键路径上的资源调动到关键路径上，以保障项目如期完成。

38. 赶工和快速跟进有什么不同？

赶工（Crashing）是增加活动资源来缩短活动历时。快速跟进（Fast Tracking）是把后序活动提前，与前序活动搭接，并行开展，以达到缩短工期的目的。

赶工是直接用钱换时间，快速跟进虽然不直接增加成本，但增加了后序活动因被连累而被迫返工的风险。

39. 关键路径法和关键链法的核心区别是什么？

关键路径法（Critical Path Method，CPM）是把应急储备分配到活动上，以提升每个活动完成的概率。关键链法（Critical Chain Method，CCM）是把应急储备交由项目经理统一管理，活动只按三点估算法估出的期望值设定历时和成本，在实际执行中，若成本或工期不够，可向项目经理申请额外的储备，以避免分配的储备被浪费。

40. 滞后量是不是自由浮动时间？提前量是不是快速跟进？

滞后量如果在非关键路径上，则可被看作是活动的自由浮动时间。浮动时间是关键路径法中的概念，是指非关键路径上的活动可以拖延的时间。在关键路径上，为了降低风险、提高完成概率而增加的滞后量往往叫作安全时间，是储备分析中的概念。

提前量用在关键路径上相当于快速跟进，快速跟进是压缩工期的方法；提前量用在非关键路径上不一定是为了压缩工期，有可能是为了压缩成本或优化资源，所以不叫快速跟进。

提前量和滞后量是活动之间的逻辑，自由浮动时间和总浮动时间是关键路径法中的术语，快速跟进和赶工是工期压缩技术。它们之间有联系，但不是同一范畴的概念。

41. 里程碑图与甘特图的区别是什么？

里程碑图和甘特图都是在时间坐标上标记对象，只是里程碑图中标记的是里程碑事件，甘特图中标记的是项目活动。里程碑是为了管控项目进度而定义的若干重要事件，如签约、开工、上线等。一般里程碑本身不消耗时间或耗时很短，目的是限定里程碑之前的活动必须按时完成，分阶段控制项目进度。但甘特图中的活动历时有长有短，直观地展现了活动开始到结束的计划。

42. 总价类合同与成本类合同的主要区别是什么？

成本类合同的特征是成本实报实销，费用另外按规则约定；总价类合同的特征是总价（包括成本和费用）有限额或总价有限制规则。

43. 工料合同用于什么情况？

工料合同一般用于工作内容比较确定，但工作量不易提前确定的项目，如基坑开挖、溶洞回填等，挖多少，填多少，我们事先很难准确判断，需由实际地质条件来决定最终工和料的用量。

44. 成本偏差（CV）不是计划值（PV）和实际成本（AC）的差吗？

成本偏差衡量的是被认可成本（EV）与实际成本（AC）的差，而不是计划值（PV）与实际成本（AC）的差。例如，团队计划第一个月花 100 万元（PV），实际第一个月花了 80 万元（AC），这并不表示节约了 20 万元的成本。团队干出来的活儿只能被认可 60 万元的成本（EV），说明浪费了 20 万元的成本！所以，我们只有将实际成本（AC）和挣值（EV）比较才有价值，而将实际成本（AC）和计划值（PV）比较，在评价绩效上没有意义。

45. 当风险发生时，如果应急储备不够，是否可以动用管理储备？

从理论上来说，即便在风险发生时应急储备不够，也不能动用管理储备。这两个储备的性质是完全不同的，应急储备用于应对已知—未知风险（风险已知，影响未知），应急储备由项目经理管理；而管理储备用于应对未知—未知风险，完全不在风险登记册中，属于未识别到的风险，管理储备由高级管理层管理。

如果应急储备不够，项目经理只能申请变更来追加相应的应急储备。

46. 管理质量和控制质量的区别是什么?

管理质量也常叫作质量保证（Quality Assurance，QA），目的是审计质量管理过程是否合规。控制质量（Quality Control，QC）的目的是检查质量结果是否合格。

47. 属性抽样和变量抽样的区别是什么?

属性抽样的结果是合格或不合格。变量抽样是在连续量表上显示结果所处的位置，表明合格的程度。

48. 虚拟团队与集中办公各有什么优势?

虚拟团队是指利用互联网等通信手段把不在同一地点的成员组织在一起的团队，优点是不受地理位置限制，便于跨地区、跨国家协作。集中办公（War Room）强调团队成员必须在同一地址工作，彼此抬头就能看见，张嘴就能沟通，优点是沟通直接、充分、效率高。

49. 冲突管理中妥协 / 调解、缓和 / 包容和撤退 / 回避的区别是什么?

妥协 / 调解的本质是双方各让一步。缓和 / 包容的本质是迁就对方，为了缓和关系包容对方的诉求。撤退 / 回避的本质是搁置争议，从冲突中暂时退出，等将来再找机会处理冲突。

例如，桌子上只有一个橘子，两个人都想要，那么一人半个是妥协 / 调解；让给对方是缓和 / 包容；橘子先放那儿，等忙完工作再议是撤退 / 回避。

50. 把干不完的工作包出去属于风险减轻、风险转移还是风险规避?

在项目完成一半时，你发现自己的团队在交付时间之前干不完剩下的工作，那么把其中一部分工作分包出去，这属于风险减轻。因为自己负责的工作范围减少了，所以也就减轻了完不成的风险。如果你在接项目的时候就发现一部分工作自己干不了，没有擅长干这类工作的团队成员，那就趁早分包出去，这属于风险转移。如果评估后发现项目技术难度太大，你没有把握接，那么事先拒绝接这个项目或者和甲方商量只承接其中你擅长的部分，而建议甲方把剩下的部分包给别的承包商，这属于风险规避。

风险规避和风险转移的区别在于采购主体。你接了项目之后，将自己不擅长的部分包出去，这是转移；你事先不接项目，而让甲方自己找合适的承包商，这是风险规避。

风险转移和风险减轻的区别之一是风险的责任。项目范围连带相应的责任一起转给第三方，属于风险转移；只是让第三方来帮自己减轻压力，风险还是按合同规定由自己承担，属于风险减轻。

风险转移和风险减轻的区别之二是目的。风险转移往往是针对自己没有能力解决的风险，比如，没有相应的技术和专业资源。风险减轻一般是针对工作量，自己不是不会干，而是人手不足或时间不够，需要通过采购来补充资源，从而降低风险。

51. 面对正面机会，开拓和提高有什么不同？

开拓是想方设法得到潜在的机会，提高是通过扩大机会来提高收益。例如，随着移动互联网的发展，原来做线下培训的机构开始推出线上直播课程，这就是开拓；原来就有线上课程的机构抓紧采购更多的带宽资源，接纳暴增的需求，这就是提高。

52. 概算、估算、预算、结算、决算等文件的区别和联系？

估算

如表 15-1 所示，估算也叫投资估算，发生在项目建议书和可行性研究报告的编制阶段。

表 15-1　概算、估算、预算、结算、决算等文件的区别和联系

序号	名称	工程建设阶段	编制人	用途
1	投资估算	可行性研究阶段	建设单位	决策（投资及融资）
2	设计概算	初步设计阶段	设计单位	合规（定额和规范）
3	预算造价	施工图设计阶段		计划（计量和计价）
4	标底价	招投标阶段	建设单位	评标依据（独立估算）
5	招标控制价			合规确认（采购审计）
6	投标报价		施工单位	成本承诺
7	合同价	合同谈判阶段	合同双方	合同签订
8	结算价	竣工验收阶段	施工单位	合同支付
9	决算价		建设单位	投资评价

估算的依据是项目规划方案（方案设计），即对工程项目可能发生的工程建设费用（含土建、机电等费用）、工程建设其他费用、预备费用和建设期利息（如果有贷款）

进行计算。项目规划方案用于计算项目投资规模和选择融资方案，供项目投资决策部门参考。

估算方法是对同类项目、同类科目（土地、财务、管理、工程等）的经验数据进行估算。

概算

概算也叫设计概算，发生在初步设计或扩大初步设计阶段。

以初步设计或施工图设计图纸、概算指标、概算定额及现行的计费标准、市场信息等为依据，按照建设项目设计概算规程，逐级（单项工程、单位工程、分部工程、分项工程）计算项目建设总投资。概算标准要符合定额或规范。

概算编制依据如下：

- 国际和地方有关工程建设的政策和规定；
- 经批准的建设项目可行性研究报告和主管部门的有关规定；
- 初步设计项目一览表；
- 初步设计或者扩大初步设计的图纸及文字说明。

预算

预算也叫施工图预算，发生在施工图设计阶段。

以建筑安装施工图设计图纸为对象，依据现行的计价规范（工程量清单计价规范）、消耗量定额、人材机市场价格、费用标准，按照建设项目施工图预算编审规程，逐级（单项工程、单位工程、分部工程、分项工程）计算工程造价。

标底价

标底价是由招标单位组织专门人员（或委托造价咨询机构）为准备招标的那一部分工程或设备计算出的一个合理的基本价格。它不等于工程（或设备）的概（预）算，也不等于合同价格。标底价是招标单位的绝密资料，不能向任何无关人员泄露。标底价是评标、定标的重要参考依据，开标时公布。如果投标价均过分低于标底价，那么为避免恶性竞争，招标单位可宣布流标，并不承担责任。PMP 考试中的“独立估算”就是对这个标底价的计算。

招标控制价

招标控制价是招标单位根据国家或省级、行业建设主管部门颁发的有关计价依据和办法，按设计施工图纸计算的对招标工程限定的最高工程造价。招标控制价是公开的。

投标报价

投标报价是施工单位根据甲方提供的招标文件要求，结合自身的资源情况计算出的价格。通常施工单位既要让报价有竞争力，也要使其不得低于成本，从而避免恶性竞争。

合同价

建设单位与中标的施工单位通过合同谈判，逐项确认合同中的成本和费用，将最终签订的合同中的价格作为控制成本和结算的基本依据。

结算

结算也叫竣工结算，发生在工程竣工后的验收阶段，是在施工结束后，对实际的工程造价进行核对与结清。

结算一般由承包商（施工单位）提交，以招标文件选定的计价方式，依据施工合同、实施过程中的变更签证等，按照合同规定、建设项目结算规程及清单计价规范，完成施工过程价款结算与竣工最后结清。同时，承包商要汇总、编制实际工程造价竣工结算文件。

决算

决算也叫竣工决算，是整个项目竣工后，发包方（建设单位）对完成的整个项目从筹建到竣工投产使用的实际花费所做的财务汇总。

竣工决算的成果文件叫作竣工决算书。竣工决算书由竣工财务决算说明书、竣工财务决算报表、工程竣工图和工程竣工造价对比分析四部分组成。

建设项目竣工决算是办理交付使用资产的依据，也是竣工验收报告的重要组成部分。

一般情况下，各科目结算是项目总决算的基础。决算不应超过预算，预算不应超过概算，概算不应超过估算，即决算价≤预算价≤概算价≤估算价。

53. 项目集一定包含在项目组合里吗？

项目集管理和项目组合管理是不同的管理方式。项目集是对相互关联的多个项目进行统一协调，实现 1+1>2 的效果；项目组合是把战略方向一致、战略优先级一致的项目打包一起管，实现投资效益最大化。通常情况下，在组织级项目管理体系中，项目组合管理面向价值决策，层级高于面向成果交付的项目集管理，但这并不能说明项目集一定包含在项目组合里，有些项目集不隶属于任何项目组合，或者有些项目集中的项目分属于不同的项目组合。

54. 收尾过程组里只有一个过程“结束项目或阶段”，为什么也叫过程组？

虽然收尾过程组里只有一个过程“结束项目或阶段”，但这个过程内涵很丰富，包含了结束项目的一整套完整活动，既有对外的合同收尾，又有对内的行政收尾。

收尾过程组可以有广泛的外延，不同行业甚至不同企业可以根据自身的业务特点，拓展和补充收尾过程中的活动。

55. 项目效益管理计划和项目管理计划的关系是什么？

项目效益管理计划描述了项目实现效益的方式和时间，以及效益衡量机制，是在项目前期（启动之前）根据商业论证和需求评估信息，经过成本效益分析来制订的。

项目管理计划是项目已启动之后，为了管理项目进度、成本等各个方面而制定的管理规则和实施方式。

项目效益管理计划是由发起人组织或委托专业人员编制的，项目启动后，由发起人与项目经理共同维护。项目管理计划是由项目经理组织团队编制并维护的。在项目开展过程中，应保持项目管理计划、项目效益管理计划和项目章程的一致性。

56. 项目章程和团队章程有关系吗？

它们的关系很微弱。项目章程是由项目发起人签署发布的，规定了项目的目标、成功标准和高层级的交付成果。团队章程是由项目经理与项目团队一起讨论制定的团队成员共同遵守的规则，包含价值观、沟通方式、冲突解决原则等。

57. 假设条件和制约因素的区别是什么？

制约因素是客观存在的，而且是确定的；假设条件是主观判断的，而且是不确定的。例如，一个项目只有 30 天时间，且团队只有 5 个人，这些就是制约因素；不会再有需求变更，不会发生人员离职风险等，这些属于假设条件。

如果适当放宽制约因素，就可以消除一些风险；如果适当收紧假设条件，就会暴露更多风险。

58. 配置管理与变更管理之间的关系是什么？

配置管理是为了可靠、完整地交付项目成果，对产品包含的部件及其属性、开发计划、项目文件等进行结构化的定义，并按版本进行控制。

变更管理是为了保证项目范围和项目计划的严谨和可控，制定整体变更控制程序，规定变更的流程和批准规则。

变更管理服务于配置管理，所以变更管理是配置管理的一部分。

59. β 分布和三角分布的区别是什么？

β 分布和三角分布都是三点估算法中常用的概率分布，都是利用最乐观估计、最可能估计、最悲观估计三个点，但三角分布是直线构成的三角形分布形态，β 分布是连续的曲线。期望值公式如下：

三角分布期望值 =（最悲观时间 + 最乐观时间 + 最可能时间）/3

β 分布期望值 =（最悲观时间 + 最可能时间 ×4+ 最乐观时间）/6

从期望值公式可以看出，β 分布期望值更准确，而三角分布期望值的计算更简单。

60. 标准差、均方差、方差有什么不同？

方差是每个样本与期望值的差的平方和的平均数。标准差是方差的平方根，标准差也叫均方差。方差和标准差都可以用来衡量样本离散的程度，在 β 分布、三角分布、正态分布中，标准差更为常用。

计算公式如下：

方差 $$\sigma^2=\frac{\sum_{i=1}^{N}(x_i-\mu)^2}{N}$$

标准差 $$\sigma=\sqrt{\sigma^2}=\sqrt{\frac{\sum_{i=1}^{N}(x_i-\mu)^2}{N}}$$

61. 应急储备和管理储备的区别是什么？

应急储备用于应对已知—未知风险，由项目经理掌控，包含在成本基准中；管理储备用于应对未知—未知风险，由高级管理层掌控，不包含在成本基准中。

62. 在应对已知风险时，应该用应急储备还是管理储备？

我们在应对已知风险时，既不用应急储备，也不用管理储备，而是用活动预算，因为已知风险与具体的活动关联，应对已知风险的成本和时间已分配到活动中，由负责活动的团队成员管理。

63. 成本基准就是项目预算吗?

不是。成本基准是完成项目工作所需的成本，成本基准是连续的值，即挣值分析中的计划值（PV）。在项目结束时的成本基准就是完工预算（BAC），完工预算加上管理储备才是项目预算。

虽然管理储备不归项目经理管理，但管理储备是为了应对项目的未知—未知风险，所以属于项目预算的组成部分。

64. 完工估算和完工预算的区别是什么?

完工预算（BAC）是计划中完成所有项目工作的总成本，完工估算（EAC）是经过挣值分析，根据当前项目绩效而预测的完成项目工作的总成本。EAC 和 BAC 很可能不一致，它们之间的差叫作完工偏差（VAC）。

65. 紧密矩阵和强矩阵的区别是什么?

紧密矩阵其实并不是一种矩阵组织形式，而是指集中办公，和强矩阵没有什么关系。强矩阵是矩阵组织的一种，特征是项目经理的级别和权限高于职能经理。

66. 如何区分震荡阶段与规范阶段?

震荡阶段的特征是团队成员之间相互不信任、不认可，摩擦不断，冲突爆发。规范阶段的特征是团队成员之间开始发现对方的优点，逐渐接受对方、认可对方，甚至改变自己的行为和习惯以适应对方。从结果来看，震荡阶段的团队士气最低落，绩效也很差；规范阶段的团队士气开始回升，绩效开始提升。

67. 团队绩效评价与项目绩效评价的区别是什么?

团队绩效评价是对团队有效性的评价，通过培训、团队建设和集中办公等方式可以提高团队绩效。团队有效性的指标包括个人技能、团队能力、团队凝聚力的提升和成员离职率的降低。

项目绩效评价是依照范围基准、进度基准、成本基准对项目绩效进行评估的，通过偏差分析、根本原因分析、趋势分析、挣值分析等方式可以提升项目绩效。

团队绩效评价的对象是人，项目绩效评价的对象是事。

68. 采用妥协 / 调解的冲突解决方法所产生的结果是双赢还是双输?

妥协 / 调解是指双方各让一步，都放弃了一部分诉求，为了达成一致而做出了牺牲，结果是双输。这里的“输”不是指彻底失败，而是有所损失。

69. 激励因素和保健因素对提升团队士气哪个更重要？

都很重要。保健因素是必要条件，虽然满足了此条件并不一定能提升团队士气，但不满足会直接伤害团队士气；激励因素是充分条件，不满足此条件不一定伤害团队士气，但只有满足了此条件，才能提升团队士气。

70. 推式沟通和拉式沟通的区别是什么？

推式沟通是指通过邮件、报告、广播等方式向受众主动发布或推送信息。拉式沟通是指受众主动从知识库、百科、文库、在线影音门户中搜索、订阅和下载所需的信息，拉式沟通更适合信息量大而且受众庞大的场景。

71. 项目信息是否越透明越好？

不是！我们要提前规划项目信息适合的受众范围和保密级别。例如，项目中很多信息涉及商业机密或技术机密，必须在授权的受众范围内以安全的方式传递；也有的信息涉及用户或团队成员的个人隐私，需要妥善保护；还有的信息不利于团结，影响团队士气，也应妥善管理。

只有在授权范围内，信息被及时、准确、充分地交换，才能产生最佳效果。

72. 实施权变措施需要走变更控制程序吗？

权变措施分为两种：普通权变和自动权变。在紧急情况下来不及汇报和走变更控制程序，比如，当人命关天或有把握决策且来不及汇报时，可以采取自动权变，避免发生难以承受的损失。

不符合自动权变条件的，应采取普通权变，但实施前必须走变更控制程序并获得批准。

73. 成本和费用有什么不同？

成本是乙方为甲方做项目而产生的实际开支，比如消耗材料、燃料、机械、人工等；费用是甲方承诺给乙方的补偿或激励。

成本的含义是不管这些工作由谁来做，都会客观发生的开支。乙方为甲方做项目，成本应该由甲方承担。但甲方光承担成本还不够，乙方不能白干，所以甲方还应支付给乙方合理的费用，费用才是乙方做这些工作应得的报酬。

74. 总价加激励费用合同与成本加激励费用合同的区别在哪里？

总价加激励费用合同（FPIF）和成本加激励费用合同（CPIF）非常相似，都是用预算控制成本，另外约定费用，都有约定的分担 / 分享比率。

唯一不同的是总价加激励费用合同中还规定了最高限价，即天花板价格（Ceiling Price），不管计算出来的总价金额是多少，一旦高于最高限价，甲方只按最高限价支付。因此，它属于总价类合同。而成本加激励费用合同中没有规定最高限价，也没有规定最低限价，支付总额完全跟发生的实际成本相关，所以它属于成本类合同。

75. 信息邀请书（RFI）、报价邀请书（RFQ）、建议邀请书（RFP）的区别是什么？

RFI 只是为了获取供应商的相关信息，并了解供应商的业务范围和产品信息的请求文件。RFQ 是买方用来向卖方询价的文件。建议邀请书也叫需求建议书，是买方向卖方陈述为了满足其已识别的需求而应做的准备工作，以便卖方做出有效的应答，比如给出项目实施方案。

RFI 只是用来初步了解卖方的情况，不是很正式。RFQ 适合贸易性的采购，比如，在采购成熟的产品或配件时，只需询价。RFP 适合复杂的项目型采购，需要给卖方提供详细的需求信息，以获得卖方的建议方案。

76. 范围说明书与工作说明书的区别是什么？

范围说明书是对整个项目的工作范围的描述，是项目经理控制项目范围的依据。工作说明书是买方项目经理向卖方提供的针对外包部分的工作范围的描述，我们可以将其理解为范围说明书的一部分。

从客户的角度来说，客户作为买方提供给卖方项目经理的是工作说明书，乙方项目经理要带领团队完成的是范围说明书里的工作。

77. 采购经理和项目经理当中，谁对采购文件的质量负责？

采购文件的质量包含（采购）工作说明书的质量和采购文件的合规性。项目经理对（采购）工作说明书负责，对外包的工作进行定义和描述；采购经理对采购文件的合法、合规负责。

78. 是不是相关方参与项目的积极性越高越好？

不是！我们应对相关方参与度进行评估，并编制相关方参与度评估矩阵。我们希望有些相关方能够积极参与，有些相关方尽量少参与，这样对项目的推进最有利，而不是一味地要求相关方都积极参与项目。

79. 修改章程要不要通过 CCB 批准？

首先，章程发布是在 CCB 成立之前，只有发布章程，才标志项目正式启动。其次，章程是由项目发起人签署发布的，修改章程需要由发起人批准。最后，章程很少被修改，因为章程是项目的总原则，是项目各项计划的依据，根基不能随便动。

CCB 决策的是影响基准的变更，针对的是基准，章程比基准层级高，变更章程不在 CCB 的权限范围内，必须由项目发起人批准。

80. 使用敏捷方法就不需要做计划，也不需要变更控制程序吗？

不是的。我们使用敏捷方法也需要做计划，从需求开始就要做用户故事地图，分析需求的优先级，以确定实现的顺序。每个冲刺（Sprint）开始时都要召开 Sprint 规划会，确定本冲刺要完成的工作及相应的分工。只是敏捷方法中计划的周期更短，频率更高，适应变化的能力更强。

敏捷方法中也有变更管理。例如，在冲刺期间原则上不可以被打扰，不鼓励中间插入新需求和需求变更。新需求将被放入产品待办事项列表（Product Backlog）中，优先级高的事项会在下一个冲刺解决。当然，对于特殊的紧急情况来说，新需求也是可以在冲刺期间被接纳的。敏捷方法中没有 CCB，也没有复杂的变更控制程序，变更需要团队讨论决定。

81. 被 CCB 否决了的变更请求，要不要通知相关方？

如果 CCB 否决了变更，应及时告知提出变更的相关方，不是征求意见，只是通知结果。另外，不需要通知其他相关方，因为变更被否决后不会执行，不影响其他相关方，所以应减少对其他相关方的干扰。

82. 自下而上的估算和自上而下的估算是什么含义？

自下而上的估算是从细节入手，先估算每个活动的成本或历时，然后逐层向上汇总；自上而下的估算就是类比估算，从大到小，由粗到细地逐步求精的估算。

自下而上和自上而下都是指 WBS 层级的高低。

83. 什么是典型偏差和非典型偏差？

在挣值分析中，我们需要根据当前的绩效来预测未来的发展趋势。例如，我们在计算完工估算（EAC）时，就要分析当前的偏差是什么原因造成的。通过分析，我们得知，偏差是由实际材料采购价格比做计划时上涨所导致，而且项目完工前也不会降回来，这意味着我们还得按上涨后的价格继续采购。这就属于典型偏差，意思是造成偏差的原因具有典型性。我们可以用公式 EAC=BAC/CPI 来计算完工估算。

如果当前成本高是因为之前经验不足，现在已经找到了原因和改进措施，在之后的工作中可以恢复到计划的成本水平，那么当前的偏差就属于非典型偏差。我们可以用这个公式 EAC=AC+（BAC−EV）来计算完工估算。

84. 敏捷和迭代有什么区别?

敏捷和迭代有联系，但也有明显的不同。很多敏捷实践都具有迭代的特征，比如，在 Scrum 框架中，每一个冲刺（Sprint）都可以被认为是一个迭代的过程。但敏捷并不等于迭代，它们的区别如表 15-2 所示。

表 15-2　敏捷和迭代的区别

	迭代	敏捷
性质	项目生命周期模型	多种开发方法的集合
模型	对应瀑布模型、螺旋模型	Scrum/XP/Kanban/Lean/Crystal
目的	周期性的计划，有规律的发布	面向用户，快速验证，拥抱变化
场景	需求信息不够完整和明确，或工程浩大、无法短期内一步到位的项目	需求易变，需要快速开发—验证—修正，每个产品增量都体现用户价值
特征	计划充分，步骤规范，文档健全	测试驱动，持续集成，持续发布
团队	规模可大可小，由项目经理领导	规模稳定（5~9 人），自组织团队

85. 迭代规划会属于滚动式规划吗?

不属于！迭代规划会，比如，在 Scrum 开发中，每个冲刺（Sprint）开始时都要召开 Sprint 计划会，计划本冲刺需要完成的产品增量。滚动式规划是在经典的项目场景（如瀑布开发）中对近期要完成的工作做详细规划，对远期工作只做粗略规划。

迭代规划会面向一个迭代周期内的规划，滚动式规划面向全项目生命周期的规划。滚动式规划确实具有“迭代”特征，但此“迭代”非彼“迭代”。滚动式规划的“迭代”特征是一轮一轮地规划活动，而敏捷中的“迭代”是指一个一个很短的开发周期。

86.EMV 和 EVM 是什么关系?

没关系！ EMV 是指预期货币价值（Expected Monetary Value），在风险定量分析的决策树方法中，用于多条路径的决策；而 EVM 是指挣值管理（Earned Value Management），用于项目绩效评价。

87. 镀金和范围爬行有什么区别?

镀金（Gold Plating）是指客户没有要求，团队主动增加了工作内容，扩大了项目范围。范围爬行（Creeping）是指客户不断提出新增或修改的需求，团队被动接受，导致项目范围扩大。

需要注意的是，两者都是未经变更控制程序而发生的范围变化，统称为范围蔓延。

88. 在项目经理的管理风格中，指导型、影响型、参与型和授权型有什么不同?

这四种管理风格的区别如表 15-3 所示。

表 15-3　项目经理管理风格的区别

类型	团队阶段	特征	举例
指导型	形成	直截了当地指定任务、讲解要求	指派、分工、演示
影响型	震荡	运用领导力帮助团队化解冲突，促进团队磨合	调解、斡旋、团建
参与型	规范	必要时参与讨论，提供支持和帮助	支持、鼓励、帮助
授权型	表现	充分信任并授权团队自己决策	放手、授权、担责

89. AOA 和 AON 有什么区别?

活动在箭线上（Activity on Arrow，AOA），即双代号网络图。箭线代表活动，箭线的起点和终点的数字只代表活动连接点的编号，比如，“2—3”可以表示一个活动。

活动在节点上（Activity on Node，AON），即单代号网络图。节点代表活动，箭线表示活动与活动之间的依赖关系。

90. 控制线和规格线有什么区别?

控制线和规格线都是质量控制图中的术语。规格线是产品质量合格的标准，比如罐装奶粉每罐的奶粉量，期望值是 1 000g，只要在 996g~1 004g 都属于合格范围，可以出厂。控制线是为了控制质量合格的概率达到预期，标准比规格线更严格，控制线的标准是 997g~1 003g。控制线到期望值的距离是 3 倍标准差，规格线到期望值的距离是 4 倍标准差。

91. 精确度与准确度的区别是什么?

精确度是反映样本之间的距离，准确度是反映样本与目标值的距离。比如打靶，如果弹孔之间的距离小，说明射击精确度高；如果弹孔到靶心的距离小，说明射击准确度高。在定量研究中，精确度反映数据的信度，准确度反映数据的效度。

92. 等级高一定代表质量高吗？

等级和质量是不同的概念，质量代表人们对需求的满足程度，等级是人们对产品或服务根据某个指标进行的排序，比如专业度。等级低不一定是个问题，但产品质量低一定是个问题。等级高，不代表质量也高。

例如，国际乒联把乒乓球的等级用星来表示，级别最高为三星，级别最低为一星。三星球是国际乒联专业比赛指定用球，二星球适用于国内重大比赛及国家队专业训练，一星球适用于业余比赛或健身。不过，一星球也不见得质量不好。

93. 直接成本与间接成本的区别是什么？

直接成本是与产品开发或生产直接相关的成本，比如原材料、能源及燃料、机器设备折旧等；间接成本是与产品开发或生产不直接相关的成本，如房租、水电、管理人员工资等。

如果缩短工期后，节省的间接成本比增加的直接成本多，那么就意味着缩短工期的同时总成本也下降了。

94. 固定成本与可变成本的区别是什么？

固定成本是指不随产量变化而变动的成本，比如生产线、厂房，这些固定资产的投入不随产量的变化而变化，也就是说，生产 100 件和生产 100 万件产品所消耗的固定成本都是一样的。

可变成本是指随产量变化而变动的成本，比如材料、能源、包装等，每件产品对应消耗一定的成本。

95. 拉动式生产与推动式生产的区别是什么？

推动式生产是指每一道工序的成员都根据生产计划尽其所能地生产，尽快完成生产任务，不管下一道工序在当下是否需要。这种生产方式容易造成在制品在工序之间堆积，而且为了保证按时交货，必须确保库存安全。

拉动式生产，比如丰田生产模式中的准时生产（Just In Time，JIT），是指下一道工序从上一道工序拉取工件，被拉走多少，上一道工序就补充多少。这种生产方式的好处是减少了在制品的堆积。按照这一原理，如果根据销量来决定产量，按订单生产，那么就可以实现零库存。

96. 零缺陷、零库存分别是什么意思?

零缺陷是由菲利普·克罗斯比（Philip B. Crosby）在 20 世纪 60 年代提出，核心思想是“第一次就把事情做对”。因为没有缺陷，所以不需要检查、返工、维修、报废的成本，在降低了成本的同时，也大大提高了生产效率。

零库存是指丰田模式的准时生产（JIT），用看板方法实现拉动式生产，把采购、生产、销售等经营环节打通，根据销售数据组织生产，形成产品快速周转，从而把库存压缩到最低。

97. 单向沟通与双向沟通的区别是什么?

信息由发送方到达接收方的过程就是单向沟通。如果接收方收到信息后给发送方反馈，形成闭合回路，就形成了双向沟通。双向沟通可以有效消除“沟通漏斗”的负面影响。

98. 残余风险与次生风险的区别是什么?

残余风险是指采取了保护措施之后剩下的风险。因为并不是所有的安全措施都能 100% 消除风险，所以我们只能让残余风险降低到我们能承受的程度。

次生风险是由原风险及在应对风险过程中产生的新的风险，所以我们在应对风险时必须小心，避免引发次生风险。

99. 过程改进与质量改进的关系是什么?

过程改进针对的是过程，是指通过实践不断优化和提高管理过程的有效性。质量改进针对的是结果，是指增强满足质量要求的能力。过程改进会对质量改进起到直接的促进作用。

100. 项目管理办公室和项目指导委员会的关系是什么?

项目管理办公室（PMO）通常是组织中的常设职能部门，为企业的多个项目提供支持、指导等服务；项目指导委员会不一定是常设部门，而是为重要项目临时设立的由高级管理层组成的支持、决策和领导小组，为项目协调资源、排除障碍及快速决策。

参考文献

[1] 项目管理协会（PMI）.项目管理知识体系指南（PMBOK® 指南）第 6 版［M］. 电子工业出版社，2018.

[2] 项目管理协会（PMI）. 项目集管理标准（第 4 版）［M］. 电子工业出版社，2019.

[3] 项目管理协会（PMI）.项目组合管理标准（第 4 版）［M］. 张智喨，苏金艺，译 . 北京：电子工业出版社，2019.

[4] 项目管理协会（PMI）. 项目集管理实践指南［M］. 傅永康，陈正洪，苏金艺，译 . 北京：电子工业出版社，2019.

[5] 项目管理协会（PMI）. PMI 商业分析指南［M］. 于兆鹏，译 . 北京：电子工业出版社，2019.

[6] 项目管理协会（PMI）. 敏捷实践指南［M］. 电子工业出版社，2018.

[7] 项目管理协会（PMI）. 组织级项目管理标准［M］. 傅永康，译 . 北京：电子工业出版社，2019.

[8] 斯坦利·麦克里斯特尔，坦吐姆·科林斯，戴维·西尔弗曼，克里斯·富塞尔. 赋能：打造应对不确定性的敏捷团队［M］. 林爽喆，译 . 北京：中信出版社，2017.

[9] 项目管理协会（PMI）. 项目管理知识体系指南（第 6 版）疑难解答［M］. 高屹，译 . 北京：电子工业出版社，2019.

[10] 哈罗德·科兹纳 . 项目管理最佳实践方法：达成全球卓越表现（第 4 版）［M］. 栾梦恺，唐胜男，王颖，等译 . 北京：电子工业出版社，2020.

［11］产品开发与管理协会．产品经理认证（NPDP）知识体系指南［M］．陈劲，译．北京：电子工业出版社，2017.
［12］埃里克·莱斯．精益创业：新创企业的成长思维［M］．吴彤，译．北京：中信出版社，2012.
［13］哈罗德·科兹纳．项目管理案例集（第 5 版）［M］．陈丽兰，刘淑敏，王丽珍，译．北京：电子工业出版社，2018.
［14］王明兰．敏捷转型：打造 VUCA 时代的高效能组织［M］．北京：人民邮电出版社，2018.
［15］马克·莱顿．敏捷项目管理从入门到精通实战指南［M］．傅永康，郭雷华，钟晓华，译．北京：人民邮电出版社，2015.
［16］乔梁．持续交付 2.0：业务引领的 DevOps 精要［M］．人民邮电出版社，2019.
［17］詹姆斯·M. 库泽斯，巴里·Z. 波斯纳．领导力：如何在组织中成就卓越（第 6 版）［M］．徐中，沈小滨，译．北京：电子工业出版社，2018.
［18］拉姆·查兰，斯蒂芬·德罗特，詹姆斯·诺埃尔．领导梯队：全面打造领导力驱动型公司［M］．徐中，林嵩，雷静，译．北京：机械工业出版社，2016.
［19］丽萨·阿金斯．创建敏捷团队：Scrum Master 敏捷教练与项目经理的实用指南［M］．徐蓓蓓，白云峰，刘江华，译．北京：电子工业出版社，2019.
［20］罗德尼·特纳．项目管理手册（第 5 版）［M］．丁杉，译．北京：中国电力出版社，2014.
［21］罗曼·皮希勒．Scrum 敏捷产品管理：打造用户喜爱的产品［M］．李忠利，译．北京：清华大学出版社，2013.
［22］吉姆·海史密斯．敏捷项目管理：快速交付创新产品（第 2 版）［M］．李健昊，译．北京：电子工业出版社，2019.
［23］王立杰，许舟平，姚冬．敏捷无敌之 DevOps 时代［M］．北京：清华大学出版社，2019.